북녘의 종교를 찾아가다

북녘의 종교를 찾아가다

2019년 4월 15일 처음 찍음
2024년 11월 22일 두 번째 찍음

지은이 | 최재영
펴낸이 | 김영호
펴낸곳 | 도서출판 동연
등 록 | 제1-1383호(1992. 6. 12)
주 소 | 서울시 마포구 월드컵로 163-3
전 화 | (02)335-2630
팩 스 | (02)335-2640
이메일 | yh4321@gmail.com
인스타그램 | instagram.com/dongyeon_press

ISBN 978-89-6447-485-3 03200

최재영 목사의 이북 종교 제대로 보기

북녘의 종교를 찾아가다

최재영 지음

동연

머리말

　이 책은 평양에 설립된 가톨릭교회와 러시아정교회를 비롯해 불교 사찰 몇 군데를 탐방한 이야기들과 정통 개신교에서는 이단으로 규정한 통일교 교회당 탐방을 비롯해 몰몬교, 안식교의 대북 선교 실태 등을 사실에 입각해 매우 구체적으로 집중해서 다뤘다. 또한 이들이 어떤 과정을 통해 북에 진출했으며 어떤 목적으로 활동하고 있는가도 구체적으로 알아보았다. 그러나 나는 통일 지향적인 측면에서 이단 혹은 타 종파라는 선입견을 버리고 이들도 조국 통일의 구성원으로 간주하여 진솔하고 객관적인 측면에서 접촉하여 이들이 통일 문제와 남북문제를 어떻게 인식하고 있으며 통일을 위해 각자 어떻게 기여하고 있는지를 심층적으로 알아보았다.

　원래 광복 70주년을 전후해 민간 차원의 대북 프로젝트를 세워 몇 년에 걸쳐 북측 영토 내에 있는 모든 개신교 교회와 기관들을 빠짐없이 두루 돌아보는 것이 주된 목적이었으나 평양에 건립된 가톨릭교회와 러시아정교회, 통일교 교회당을 비롯해 몰몬교와 안식교까지 알아보게 된 것이며 더 나아가 불교 사찰 참관으로 확대된 것이다. 비록 정통 개신교로부터는 이단으로 지목됐으나 기성교회들보다 더 열정적으로 북한 선교와 대북 지원 사역을 하는 모습을 파악했으며 어떤 방식으로 선교와 포교 활동을 하는지를, 발품을 팔아가며 심층적으로 알아보았다.

　어느 날 필자가 방북 중에 만난 관료들을 통해 우연히 들은 이야기

중에 "많은 평양시민 중에는 통일교라는 종교를 진짜 정통 기독교로 알고 있는 사람들이 많다"라는 놀라운 내용을 들은 적이 있다. 기존의 정통 기독교를 쉽게 접할 기회가 많지 않은 시민들이나 관리들은 자신들이 '고난의 행군' 시기에 식량난으로 큰 어려움을 겪을 때 통일교 측에서 보건, 복지, 식량 등을 지속적으로 지원해 준 것에 대한 고마움을 간직하고 있었고 그동안 여러 대북경제사업을 통해 여러모로 기여를 하고 있기 때문에 고맙게 생각하고 있는 것이다. 또한 최근 몇 년 전에는 문선명 총재의 유지에 따라 통일교가 운영하던 평화자동차와 보통강호텔마저 북측에 무상으로 양도하는 바람에 통일교에 대한 호감도와 신뢰도는 한층 더 높아졌다고 한다. 이런 이유로 인해 북측 인민들은 통일교를 '고마운 기독교', '행동으로 실천하는 기독교', '민족의 운명과 함께하는 종교'로 알고 있음이 확인되었다.

그러나 통일교가 경영하는 기업들이라고 해도 그 최종 목적이 결국은 종교적 목적 실현을 염두에 둔 하나의 과정에 불과하며 통일교 산하 대북 기업들의 활동 목적도 문 총재의 '원리강론'을 통해 실현되는 지상천국 건설에 있는 것이다. 이처럼 북에서 운영되는 통일교 기업들은 결국 통일교 교세 확장과 포교를 위한 지원 세력임을 부인할 수 없으며 궁극적 목적은 북측 인민들에게 원리강론 교리를 가르쳐 신자들을 확보하기 위한 것이다.

필자의 탐방 결과 북에서는 이미 오래전에 통일교 포교의 전초기지가 확보되었다. 통일교 공식 교회당인 '평양가정연합교회'와 그 교회당이 입주해 있는 보통강호텔 앞에 있는 초현대식 빌딩인 '평양세계평화센터'가 위용을 드러내고 운영 중에 있었다. 또한 문 총재가 김일성 주석과 최초로 만나 단독회담을 하며 협상을 통해 평양에 통일교

교회당뿐 아니라 당시 일본인 출신 통일교 목사를 형식적이나마 평양에 체류하는 통일교 공식 선교사 역할을 하도록 합의하였다. 이로써 분단 이후 최초로 북측에 선교사를 공식적으로 파송한 종교라는 기록을 통일교가 보유하게 됐다.

이처럼 통일교의 막강한 북 진출 사업들은 통일교의 종교적 목적 실현을 염두에 둔 하나의 과정이며, 교리 내용의 변화가 아닌 포교 형식의 변화에 불과한 것이다. 그럼에도 불구하고 한국교회나 해외 한인교회들은 아직도 구태의연하게 북에 대한 왜곡된 정보와 대북 인식만을 의존해 단편적인 대북 사역에 몰두하고 있으며 날조되고 비현실적인 오류투성이의 대북 자료를 바탕으로 근본주의적이고 극우적인 관점에서의 북한 선교만을 외치고 있다. 고도로 압축된 통일교의 적극적이고 헌신적인 대북 사역 전략과 비교해 볼 때, 기존 정통 개신교 교회들은 아직도 매우 낭만적이고 고비용 저효율 단계에 머물러 있으며 선교의 허상을 잡는 듯해 보였다.

그러나 재림교회(안식교)의 대북 선교 사역의 경우는 통일교와는 판이하게 다르다. 지금으로부터 110년 전인 1904년에 자체 선교사들을 통해 이북 지역을 교두보 삼아 최초로 조선 땅에 안식교 복음을 전파한 안식교는 분단 후 63년이 지난 2008년 5월 30일, 미국의 안식교단 본부가 금강산 북측 지역에서 역사적인 집행위원회 회의를 열며 본격적으로 대북 선교가 가동되었다. 남과 북이 소속한 동아시아 지역을 관할하는 '북아시아-태평양 지부'가 연례 중간 집행위원회 회의를 의도적으로 금강산에서 개최하면서 안식교의 북한 선교 시대가 열린 것이다. 그 후 안식교 국제구호단체 ADRA의 대북 지원을 통해 보건, 복지, 식량, 의료지원을 통해 지속적으로 간접 선교를 하고 있음이 밝혔으며 이에 필자는 미주 지역의 안식교 대북 사역 단체들과 미주 이민 사회에 불고 있는 한인 안식교회들의 북한 선교 열풍도 확인해 보았다.

끝으로 정통 교회는 아직도 이단으로 규정하고 있으나 국제사회에서는 기독교의 한 교파로 자리매김한 몰몬교가 이북에 어떻게 진출했으며 어떤 방식의 대북 사역을 하고 있는지를 자세히 파악하였으며 현재 몰몬교와 이북과의 관계도 심도 있게 바라보았다. 특히 미국에서 활동하는 대표적인 몰몬교 출신 대북 인사들을 파악해 그들의 활동을 면밀히 관찰했다. 특히 국제사회는 물론 북미 간 혹은 남북 간에 매우 예민한 사안으로 부각되고 있는 북 인권 문제를 전문적으로 다루는 로버트 킹 대북 인권 특사는 과거 몰몬교 선교사를 지원해 다녀올 정도로 독실한 신자인데 그가 몰몬교 신자로서 어떻게 북을 바라보고 대북 특사 활동을 조화롭게 수행하는지 점검해 보았다. 평소 몰몬교의 선교적 마인드를 가지고 있는 킹 대사는 불행하게도 북을 이해하는 방식이 객관적이고 내재적인 접근방식이 아닌 미국의 기존 정책을 수행하는 대북 고립 압박 정책을 고수하는 인물로 드러났는데 이런 그의 대북관과 종교관도 점검하였다.

한편 2004년에는 북측이 한국에서 활동했던 젊은 몰몬교 선교사를 납치해 평양에서 영어 교사를 시키고 있다는 극우 보수주의자들의 허무맹랑한 주장에 대한 내막을 파헤쳐 보았으며 황해도에 30만 그루의 미국 몰몬교(LDS)산(産) 사과 농장이 운영 중인 것을 비롯해 몰몬교의 대북 지원 사역 실태와 인도주의 활동을 통한 그들만의 북한 선교 방식을 들여다보았다. 또한 한인 동포 사회의 지도급 인사 중에는 몰몬교 신자들이 간혹 있는데 이들 중에 한국에서 몰몬교 교구장을 지내다가 이민 후 몰몬교 한인공보위원회 위원장을 지낸 차종환 박사의 대북 활동과 몰몬교 선교사 출신으로 워싱턴주 상원 부의장을 지낸 신호범 박사를 통한 대북 사역 현황을 알아보았다. 마지막으로 몰몬교와 북측과의 관계에 이어 몰몬교 신자들이 생각하는 북한은 어떠한가를 살펴보았다.

한편 이 책에서는 필자가 평양 장충성당을 찾아가 그 자리가 옛날 수녀원 자리였음을 최초로 입증한 이야기가 나온다. 장충성당 발원지를 찾기 위해 수녀회가 세운 모든 분원을 물색하는 수고를 통해 마침내 당시 수녀원 원장이던 장정온 수녀가 흘린 땀과 순교의 피 위에 현재의 장충성당이 세워졌음을 알게 되었으며 더 놀라운 사실은 훗날 장충성당이 완공되고 봉헌미사를 드릴 때 미사를 집전한 사제가 다름 아닌 장 수녀의 조카 장익 신부였음을 밝혔다. 고모가 순교한 자리에 세워진 성당을 그의 조카가 봉헌한 것은 많은 것을 시사했다. 또한 장충성당이 건축되기까지 막후에서 벌어진 여러 사건을 자세히 살펴봤으며 일제강점기 36년 동안 조선가톨릭교회가 행한 친일행각을 비롯해 우리나라 역사와 사회에 대한 가톨릭교회의 과오와 모순 그리고 북측 가톨릭교회가 남측 가톨릭에 간절히 원하는 것이 무엇인지를 살펴봤다. 또한 함경도 신포 지구에 설립된 금호성당과 개성공단의 공소예절에 관한 이야기도 다뤘다.

또한 개신교 신자들에게는 다소 생소한 러시아정교회 소속의 평양 정백교회당을 두 차례 찾아가 쉐뜨꼽스끼 신부 이후의 파란만장한 조선정교회 역사를 살펴보며 평양 정백교회당의 역사적 의미를 다시금 생각해 보았다. 또한 평양 정백교회당 착공식을 마치고 건축을 완공한 후 봉헌의 축성식을 하는 과정과 당시 김정일 국방위원장이 정백교회당을 세우게 된 계기와 김 위원장이 북측의 청년들 서너 명을 러시아

신학교로 직접 유학을 보낸 사연 등을 알아보았다. 또한 최초로 필자가 정백교회 담당 사제들과 인터뷰를 시도하며 주고받았던 여러 이야기들을 대화체로 재미있게 수록했으며 북측의 토종 사제들이 러시아 신학교 유학 생활 중에 겪었던 이야기들과 사제로 서품받는 과정에 대한 자세한 내막을 알아보았다. 또한 담당 사제들이 정백교회당이 축성되기 직전에 평양에서 기독교식(정교회식)으로 결혼예식을 거행한 전무후무한 이야기들도 재미있게 다루었으며 정백교회의 교세와 기독교 절기를 지키는 이야기들을 다뤘다.

끝으로 이 책에서는 몇 군데의 유명 불교 사찰을 탐방한 이야기가 수록됐다. 나는 한국 기독교와 불교가 대립적 종교이념 문제와 포교(선교)의 기득권을 점유하려는 경쟁에 몰두하기보다는 우리 민족의 절대적 지상 명령이며 최고 가치인 조국 통일에 중점을 두고 서로 소통하며 협력하는 관계가 형성되면 좋겠다는 생각을 해왔다. 불교와 기독교의 차이점이 무엇이고 공통점이 무엇인가는 그다지 중요하지 않다. 자기 종교만의 우월성과 기득권을 챙기려는 욕심보다 지금은 조국 통일이라는 대전제 아래 두 종교가 사회적으로 하나 되어 민족적 가치를 공유하며 힘을 합치는 일이 더욱 시급하고 중요할 뿐이다.

무엇보다 나는 여기서 우리나라의 불교를 종교 차원에서 바라보기보다는 역사 차원에서 바라보았다. 불교는 예로부터 내려오던 우리 민족의 산 역사 그 자체에 대한 물증이며, 민초들을 비롯해 제왕들에 이르기까지 국가의 모든 구성원과 함께해 왔던 민중의 안식처이며, 정신적 유산이다. 또한 찬란한 문화의 꽃을 피우는 과정에서 탄생한 헤아릴 수 없는 문화재와 역사 유적지를 우리에게 안겨준 민족의 보고(寶庫)이다. 이런 이유 때문에 종교 문제를 떠나서 민족 구성원의 한 사람으로서도 이북의 불교를 소홀히 할 수 없어 탐방하고자 했던 것이다. 우리 민족의 통일에 대한 열망을 종교인들과 종교 단체가 앞장선다면 통일 대업이 빠르게 이룩될 수 있을 것이며, 불교와 기독교의 다양한 인적 자원과 물적 자원을 조국 통일 성취 사업에 쏟아붓는다면 이보다 더 좋을 수는 없을 것이다.

현재 이북에는 크고 작은 사찰이나 암자 등이 모두 70여 개 정도가 보존돼 있으며 그중에서도 약 30여 개의 유서 깊은 사찰들을 일차적으로 참관 중에 있다. 그동안 사찰을 참관할 때 소상하게 설명해 준 북측의 해설사나 담당 스님들의 증언들을 정리하여 남북 불교 교류를 하고자 하는 불자들과 문화재 연구 관계자들에게 작은 도움이 될 수 있을 것으로 생각하여 우선적으로 남기려 한다.

로스앤젤레스 서재에서 다운타운을 내려다보며
최재영 목사

차 례

머리말 / 5

제1부 ｜ 불교 사찰

제2부 ｜ 러시아정교회

제1부

불
교
사
찰

북녘의 사찰을 찾아서

[사진 1] 백두산 천지 못가에 세워진 당시 종덕사 모습

필자와 불교와의 인연

필자의 신분은 기독교 교파 중 하나인 장로교단 소속의 목회자이다. 하지만 평소 전통적 장로교 교리보다는 '역사적 예수'를 선호하는 신학적 입장을 취하기 때문에 타종교 성직자들이나 타종교와의 교류

에 대해 우호적으로 생각한다. 내 종교가 소중할수록 타종교는 더욱 소중하며, 타종교를 통해 자신의 종교적 정체성은 더욱 확고해질 수 있다. 보수 세력이 다수를 차지하는 오늘날의 한국교회는 자신이 믿는 기독교만이 유일한 참 진리의 종교이며 나머지 타종교들을 미신과 우상으로 치부하는 배타주의(排他主義)적 성향이 강하다.

그래도 좀 더 나은 진보적인 교단과 신자들은 자신이 믿는 기독교가 모든 타종교를 예외 없이 포괄하고 있다고 여기며 무조건 배타적이지는 않다. 타종교의 가르침에도 어느 정도 참의적 요소가 있다고 보고 있다. 그러나 진보 교단들도 궁극적으로는 자신의 종교와 타종교의 우열 관계를 따지며 자신의 종교야말로 결국 최고의 진리라는 신념을 지니는 포괄주의(包括主義)에 머물러 있는 것이 대략적인 현실이다. 그러나 필자는 모든 종교의 동등성을 분명하게 인정하는 '상대주의'(相對主義)를 지지하며, 아울러 다종교 상황을 인정하는 '다원주의'(多元主義)를 지지한다.

특히 필자가 기독교에 입문하기 전까지는 불교 신자였던 부모님을 따라 중학교 2학년까지 절에 다녔던 경험 때문인지 불교라고 하는 종교가 어색함이나 불편함보다는 오히려 친근함으로 다가오며 지금도 서재에는 석굴암 본존불 사진을 걸어놓고 있는데 이 사진을 바라보노라면 항상 마음의 평온과 평정심이 유지된다. 고향인 경기도 양평의 절에 다닐 당시 큰아버지는 독실한 가톨릭 신자로서 마을에 가톨릭 공소(본당 분회)를 운영하셨으나, 나의 부친과 모친은 내가 성장해서 목회자가 되기 전까지는 절에 다니셨다. 부모님은 심지어 절간의 보살을 나의 수양어머니로 삼아주실 정도로 불교에 심취하셨고 열심이셨다. 이러한 특수한 종교 환경에서 자란 나는 큰아버지가 운영하는 우리 마을의 성당 공소를 뛰놀며 열심히 다녔고 나의 어린 시절 추억의 대부분은 성당 마당이었다. 또한 동시에 부모님이 다니시는 절간에도 꾸준히 다닌 특이한 종교적 체험을 하며 학창 시절을 보냈다.

그 후 신학을 공부하던 필자에게 한국 불교계에서 큰 이슈를 던져준 작은 사건이 하나 있었다. 그것은 30여 년 전 우연히 참석한 불교 전시회에서 벌어졌다. 서울 중앙청 경내 경복궁에서 개최된 '지장보살 특별전'을 참석하게 됐는데 전시회 명칭이 바로 "메시아 지장보살, 우리 곁에 오다"라는 타이틀이었다. 기독교 성경에 등장하는 그리스도 예수에게만 붙이는 명칭인 줄로만 알았던 '메시아'라는 호칭을 불교에서도 버젓이 사용하는 것을 본 나는 신선한 충격을 받았으며, 당시 불교 측에서 기독교에서 사용하는 명칭들을 도용한 줄로만 알았다.*

특히 그 전시회의 주인공인, 지장보살은 바로 우리나라 신라의 김교각이라는 왕자가 중국으로 건너가 지장보살이 된 인물이다. 전시회는 그의 일대기를 보여주었으며 마침내 지장보살이 되기까지의 스토리를 담고 있어서 더욱 신기하고 감동적이었다. 전시물들은 김교각이 실제 착용했던 의상과 신발 등을 비롯해 열반하던 당시의 육체를 그대로 보존한 미라 등신불(等身佛)(모조품) 등이 전시됐었는데 이를 계기로 그 후부터 자연스럽게 기독교와 불교를 비교하며 연구하는 습관이 생겼다. 아울러 평소 지니고 있던 나의 좁은 식견과 안목 그리고 보수 신학에 찌든 결과로 형성된 잘못된 고정관념과 배타적 편견들을 과감히 던져버리는 계기가 되었다.

---

* 불교에서 사용하는 메시아는 미래의 부처님을 일컫는 용어로서 석가모니가 열반한 후 56억 7천만 년이 지난 후에 나타나는 미륵불을 말한다. 이 미륵불은 석가모니 부처가 미처 제도하지 못한 중생들을 구제할 부처라고 한다.

아무튼 그때부터 지금까지 나의 종교적 정체성은 분명히 기독교지만 이웃 종교로서 불교를 염두에 두었을 때, 모든 종교의 궁극적 목적은 인간의 구제(인간 구원)에 있다고 보기 때문에 두 종교의 장점을 잘 조화시킬 수 있다면 하나의 종교를 통해서만 접할 수 있는 진리를 보다 풍요롭고 다채롭게 공유할 수 있을 것으로 생각한다.

이북의 종교들과 교류하려는 의도

평소 나는 분단된 조국 땅에 뿌리를 내린 반도 이남의 기독교와 불교는 둘 사이에 벌어진 대립적 종교이념 문제와 포교(선교)의 기득권을 점유하려는 경쟁에 몰두하기보다는 우리 민족 최대의 절대적 지상명령이며 최고 가치인 민족 통일에 중점을 두고 서로 소통하며 협력하는 관계가 형성되면 좋겠다는 생각을 해왔다. 불교와 기독교의 차이점이 무엇이고 공통점이 무엇인가는 그다지 중요하지 않다. 자기 종교만의 우월성과 기득권을 챙기려는 욕망보다 지금은 조국 통일이라는 대사명과 대전제 아래 두 종교가 사회적으로 하나가 되어 민족적 가치를 공유하며 힘을 합치는 일이 더욱 시급하고 중요할 뿐이다.

필자가 설립한 NK VISION 2020에서는 이러한 의도와 목적하에 산하 기구로 '동북아종교위원회'를 만들어서 종교 간의 소통 창구 역할을 하도록 했으며, '손정도목사기념학술원'이라는 학술연구단체도 설립하여 남과 북과 해외 동포 삼자가 꾸준하게 종교 교류에 앞장서도록 하고 있다. 아울러 북과의 종교 교류를 원하는 국내외 종교 단체와 신자들을 자문해 주거나 협력, 지원하고 있으며, 기독교라는 특정 종교에 국한하지 않고 통일 지향적으로 북과 소통하거나 교류하기를 원하는 목적을 가지고 있으면 어떤 종교든지 가능하도록 했다.

또한 통일운동과 대북 사역을 펼치는 가운데 필자는 광복 70주년을 맞이하던 2015년을 전후해 약 3년 동안, 현존하는 이북의 교회들을 골고루 참관하였으며 그 결과를 정리해 남측과 미국을 비롯해 해외 동포들을 대상으로 강연과 집필 활동을 하며 북측의 기독교 실태를 가감 없이 전달하고 있다. 그럼에도 불구하고 북측의 종교자유와 기독교에 대해 터무니없는 낭설과 사실 왜곡들이 난무하고 있는 상황이라 필자의 노력에도 불구하고 아직도 대부분 편견을 갖고 있는 현실이다.

무엇보다 필자의 입장에서는 우리나라의 불교를 종교 차원에서 바라보기보다는 우선 역사 차원에서 바라보고 있다. 불교는 예로부터 내려오던 우리 민족의 산 역사 그 자체에 대한 물증이며, 민초들을 비롯해 역대 제왕들에 이르기까지 국가의 모든 구성원과 유구한 역사를 함께해 왔던 민중의 안식처이며, 정신적 유산이다. 또한 찬란한 문화의

[사진 2] 과거 등산로 폐쇄 전에는 종덕사 터전을 찾아가려면 백두산 장백폭포 오른쪽 방향으로 올라가야 했으나 낙석과 폭설 등으로 겨울철은 산행로를 폐쇄했다. 지금은 연중에도 출입을 금지한다.

꽃을 피우는 과정에서 탄생한 헤아릴 수 없는 예술적 문화재와 역사 유적지를 우리에게 안겨준 민족의 보고(寶庫)이다. 이런 이유 때문에 종교 문제를 떠나서 민족 구성원의 한 사람으로서도 남측 불교는 물론 이북의 불교를 소홀히 할 수 없어 탐방하고자 했던 것이다. 우리 민족의 통일에 대한 열망을 종교인들과 종교 단체가 앞장선다면 통일 대업이 빠르게 이룩될 수 있을 것이며, 불교와 기독교의 다양한 인적 자원과 물적 자원을 조국 통일 성취 사업에 쏟아붓는다면 이보다 더 좋을 수는 없을 것이다.

백두산 천지 종덕사를 필두로 사찰들을 모두 탐방할 계획

올해는 고려 건국 1,100주년이 되는 뜻깊은 해이다. 남측 불교계에서는 작년부터 고려 건국을 기념하며 불교 문화제와 세미나 등의 행사를 곳곳에서 개최하기 시작했다. 특히 남측 불교계의 평신도들이 주축이 되어 남북 불교 학술 교류 차원에서 고려 불화 국제세미나를 준비 중에 있다는 소식을 들었다. 1,100주년을 기념하는 남북 학술대회는 고려 불화 세미나를 통해 태조 왕건과 고려 시대 불교의 역사적 위상에 대해 논의하며 북측이 가장 중요하게 여기는 고구려 불교와의 비교와 접목 그리고 역사적 의의를 남북의 불교인들이 모여 토론하는 매우 의미 있는 장이 될 것으로 예상한다. 특히 필자와 미주에서 종교평화협의회에서 함께 활동하는 범휴 스님이 남측 대표단을 이끌고 방북해 고려 불화 세미나를 개최하고자 동분서주하고 있는 중에 필자에게도 자문을 구한 적이 있어 적극 협력하기로 하였다.

필자는 최근 우리나라의 자생 종교 중 하나인 천불교(天佛敎) 터전을 참관하기 위해 일부러 여름과 겨울, 두 차례에 걸쳐 백두산 천지를 방문한 것을 비롯해 그 이전에도 여러 차례 틈나는 대로 거대한 백두산 방방곡곡을 미지의 세계를 헤매듯 탐방하여 왔다. 천불교는 김일성 주석의 자서전인 『세기와 더불어』에도 등장하는 불교에서 파생된 애국적 종교이다. 나는 여러 차례의 현지답사를 통해 현재 한국의 전통 불교는 아니지만 1900년대 초에 살던 우리 선조들에 의해 민족 종교화된 불교 분파인 '천불교'(天佛敎)라는 신생 민족 불교에 대해 연구를 해왔다. 마치 근세 들어 전통 불교에서 파생되어 민족 종교화된 원불교(圓佛敎)처럼 천불교도 그와 맥락을 같이한다.

천불교 지도자들은 백두산 천지 못가에 '종덕사'(宗德寺)라는 이름으로 절을 세웠고 백두산 자락 아래에 있는 내두촌 마을에는 '천불사'(天佛寺)라는 절도 세웠음을 구체적으로 밝히고 역사적인 고증 작업을 마쳤다. 1980년대 중반에 발굴된 유물들과 터전에 의해 알려진 바에 의하면 이 절은 모두 목재로 지어졌으며 절간을 99칸이나 되는 방으로 지어졌다. 중국 측 승사하 천지호를 거슬러 올라가다가 왼편의 웅장한 바위 위가 나타나면 그곳이 바로 종덕사 터전이다. 지금은 쓸쓸한 옛터만 남았으나 당시는 은은한 종소리와 더불어 예불을 드릴 때 '덩덕쿵' 하는 요란한 의식이 진행되었다. 일제강점기 때에 창건된 이 절간은 애국적이고 민족적인 반일 성향의 사찰이었고, 항일투쟁에 몸담은 투사들의 본거지가 되었으며 당시에는 평소에도 인근 산적들이나 일제에 의해 이곳에 기거하던 종교인들이 괴롭힘을 당했고 일제가 패망하며 퇴각할 때는 절간을 훼파해서 풍비박산이 되었다.

절터가 북측 영역이 아닌 중국 측 영역에 속하기 때문에 많은 제약이 따른다. 손정도목사기념학술원을 이끌고 있는 필자는 종덕사에 대한 학술적 연구를 위해 연구가들과 함께 공동으로 연구하며 복원 사업도 계획 중에 있다. 시대마다 종교는 사회와 국가를 위해 어떻게 해야 하는가를 종덕사는 말해주고 있다. 이와 같이 백두산 종덕사 터전 참관을 필두로 상황이 허락되는 범위에서 이북에 있는 불교 사찰들을 모두 참관할 계획이다.

현재 이북에는 크고 작은 사찰이나 암자 등이 모두 70여 개 정도가 보존돼 있는데 그중에서도 말로만 듣던 약 30여 개의 유서 깊은 사찰들은 일차적으로 참관 중이다. 북측 당국이 관심을 가지고 운영 중인 사찰들 위주로 순례하는 것은 매우 중요하며 이를 위해서 사전 준비와 공부가 철저해야 하기 때문에 참관을 서두르면 안 된다. 그동안 필자가 사찰을 참관할 때 소상하게 설명해 준 북측의 해설사나 담당 스님들의 증언들을 정리하여 남북 불교 교류를 하고자 하는 불자들과 문화재 연구 관계자들에게 작은 도움이 될 수 있을 것으로 생각하여 우선적으로 몇 개 사찰 탐방기를 남기려 한다.

준비된 질문으로 해설사와 스님에게 다가가다

필자가 백두산 종덕사 탐방을 하던 중 연변에서 우연히 만난 서일범 연변대 교수는 평양의 고구려 절터에 관한 경험담을 말해준 적이 있었다. 그의 증언에 의하면 평양의 여러 사찰 유적 중에 광개토대왕 시기에 창건한 '평양 9사'(寺) 중에 광법사, 금강사, 영명사 등이 있는데, 아쉽게도 금강사와 영명사 터전은 외국인들은 접근할 수 없는 상황이라고 귀띔해 주었다. 그 후 필자가 사실 여부를 확인해 보니 절터에 큰 공사가 진행 중인 것으로 보아 복원 작업과 관련된 사업이 진행

[사진 3] 평양민속공원에 건설된 철근콘크리트 구조의 청암리 사지 8각 8층 목탑의 실물 크기 모형물. 원래의 크기를 재현하면 80-90미터 크기이며 이는 황룡사 9층 목탑과 비슷한 크기라고 한다.

중인 듯했다.

금강사에 대해 정확히 말하자면 문자왕 7년(498)에 "평양 대동강변에 금강사(金剛寺)를 창건하여 많은 고승들을 배출하였다"는 기록이 있기 때문에 '청암리 사지(史地)'가 금강사 터전이라는 것을 구명하는 일이 역사적으로 매우 중요하게 여겨졌으며 북측 학자들이 정황상 금강사로 추측하고 있을 뿐 아직도 이 절의 명칭을 정확히 알 수가 없다.

필자는 할 수 없이 금강사로 추정되는 청암리 사지를 방문할 수 없게 되자 평양민속공원으로 발길을 향했다. 평양민속공원은 평양시 외곽에 있는 대성구역에 조성된 고구려 시대 유적인 안학궁 터전과 주변 부지에 60만 평의 엄청난 규모로 조성된 유적지 공원이다. 이 민속공원에 청암리 사지 목탑을 원본 크기대로 재현했기 때문에 찾은 것이다. 비록 철근 콘크리트 구조물로 건축했으나 그 규모와 위용은 대단했다. 이 목탑은 지금까지 총 세 차례나 복원되었는데, 첫 번째는 북측

사학자들이 미니어처로 제작한 모형물이고, 두 번째가 이곳 평양민속 공원에 철근 콘크리트 구조물로 복원한 실물 모형물이다. 그리고 세 번째는 남측의 국립부여박물관의 삼국 문화 교류 특별전에 전시된 디지털 복원물이 있다고 한다.

필자가 역사적으로 큰 매력을 느낀 것은, 평양 천도 시기인 장수왕 15년(427) 한 해 동안 무려 아홉 개의 대규모 절간을 지었다는 사실을 보면 고구려가 얼마만큼 국가적으로 불교를 적극 장려하였는가를 말해주는 것이며 동시에 평양 도읍 프로젝트를 얼마나 본격적으로 정권 차원에서 다그쳤다는 것을 알 수 있게 해 주고 있기 때문이다. 아무튼 금강사 터전으로 추측하는 청암리 사지와 평양민속공원을 뒤로하고 그다음은 평양 대성산 자락에 위치한 광법사와 시설물들을 참관할 수 있었다.

광법사 수덕 스님을 통해 이 절에 대한 여러 역사적 배경과 이곳에서 북 최초의 승려대학을 운영하는 이야기 등에 관한 자료들을 직접 접할 수 있었다. 또한 동명왕릉 앞에 복원된 정릉사를 참관했을 때는 북측 당국의 배려로 역사 지식이 매우 뛰어난 여성 해설사를 붙여 주어 사찰 터전 발굴과 관련한 일화들과 절간의 유래에 대해 북측 입장을 소상히 들을 수 있었다. 또한 신라 말기 도선국사가 창건한 황해도 정방산의 성불사를 방문했을 때는 법성 스님의 설명과 해설을 통해 많은 숨겨진 비화와 절간에 얽힌 이야기들을 직접 접할 수 있었다. 북측 스님들과 해설사들의 설명을 녹취하고 정리하여 몇 회 정도 이야기를 나눠보고자 한다.

평양 정릉사(定陵寺) 편

[사진 4] 정릉사 현판이 달린 출입문 전경

화창한 하늘 아래 정릉사를 찾다

화창한 날씨 속에 평양호텔을 나온 필자는 평양 력포구역 정릉사 (定陵寺) 방향을 향하여 출발했다. 설렘과 기대감에 잔뜩 부풀기 시작했는데 그 이유는 이미 오래전 이곳 정릉사의 유물 중 일부를 서울에서 만난 적이 있기 때문이다. 2002년 월드컵 경기를 마친 그해 연말, 서울 삼성동 코엑스 전시장에서 "고구려 유물 특별기획전"이 열렸을 때 정릉사의 유물 일부가 전시된 적이 있었다.

당시 북측의 조선중앙역사박물관의 협조를 받아 서울에서 고구려 유물들을 전시한다기에 만사를 제쳐놓고 서너 시간 관람했던 기억이 아직도 생생하다. 분단 반세기 만에 처음으로 서울을 찾은 북측의 국보급 문화재 진품 중에는 이곳 정릉사와 안학궁 일대에서 출토된 기왓장 등이 전시됐는데 나는 오늘 그 유물들이 원래 파묻혔던 역사의 현장에 직접 오게 된 것이다. 물론 그 후로도 김대중 정부를 이어 노무현 정부 시절인 2006년 5월에 다시 한번 더 100여 점에 가까운 북측의 국보급 문화재가 서울에서 전시회를 이어 갔던 적이 있었다. 무엇보다 남북 간의 정치적 교류가 선행되면 이로 인해 사회 각 분야가 자동으로 교류가 이어지기 때문에 새삼 남북 정상회담이 얼마나 중요한지 절감할 수밖에 없다.

정릉사는 동명왕릉으로 가는 널찍한 신작로를 따라 들어가다 보면 정문이 나오기 직전 오른쪽으로 빠지면 바로 나온다. 그 유명한 동명왕릉(주몽) 입구에 정릉사가 마주하듯 자리 잡은 것이다. 역사적으로 둘 사이는, 떼려야 뗄 수 없는 구조적 관계이니 어차피 가까이 있을 수밖에 없다. 나와 일행은 그에 앞서 동명왕릉에서 불과 10분 거리에 있는 해외 동포애국열사묘역 참관을 다녀온 후 다시 동명왕릉을 거쳐 마지막 코스로 이곳 정릉사에 당도한 것이다. 거리상으로는 동명왕릉에서 약 300m 오른쪽 하단 외딴곳에 절간이 위치해 있는데 평야처럼 아주 평평한 지형 위에 아늑하게 자리 잡았다.

지도상으로 본다면 평양 시내 중심에서 정릉사와의 거리는 동남쪽으로 22km 떨어진 곳에 자리하고 있으며, 행정구역상으로는 '평양시 력포구역(力浦區域) 용산리(龍山里)'라고 한다. 원래 '진파리'였는데 왕릉 개건 공사를 마친 후부터 다시 '용산리'로 지명이 바뀐 것이다. 옛날에는 이곳이 '평남 중화군 동두면 진파리'(東頭面 眞坡里)였다. 그래서 북측 문화재 당국은 동명왕릉을 '진파리 제10호분'으로 명명했던 것이고, 왕릉은 20여 개의 진파리 무덤군중에 하나에 속한다. 그 후 행정구역이 진파리에서 '력포구역 무진리(戊辰里)'로 또 바뀌었고 그 후 김일성 주석의 적극적인 주도로 동명왕릉이 개건되면서 또다시 행정구역 명칭이 '룡산리'로 바뀐 것이라고 한다. 그러니까 진파리, 무진리, 룡산리 등의 마을 이름들은 알고 보면 모두 같은 장소를 말하는 것이니 헷갈리면 안 된다.

현재의 정릉사는 1993년 왕릉 개건 당시 함께 복원되며 문을 연 것이며 사찰의 행정적인 주소는 '평양시 력포구역 용산리 왕릉동'(平壤市 力浦區域 龍山里 王陵洞)이라고 한다. 예로부터 경치가 좋기로 이름난 이곳 용산(龍山)에 위치한 동명왕릉과 정릉사는 뒤편 동쪽으로는 제령산, 남쪽으로는 마장산의 산줄기들로 에워싸여 있어 매우 아늑한 데다가 국립묘지로 간주하는 인근 해외 동포애국열사묘역에서 사방을 바라보면 마치 천하의 명당 부럽지 않을 형세를 지닌 곳에 자리하고 있었다. 사찰에 당도하고 보니 뒤로는 왕릉 주변의 고풍스러운 소나무 숲을 배경으로 하고 있어 이곳이 마치 무풍지대, 지상낙원 같다는 느낌이 들 정도로 매우 평온해 보였다.

해외 동포애국열사묘역, 동명왕릉, 정릉사 등 이들 삼각 지역을 오가는 길목에는 좌우로 옥수수밭(강냉이밭)이 유독 많이 눈에 띄었으며,

[사진 5] 멀리서 바라본 정릉사 전경. 정릉사 터 뒤편 언덕에는 수백 년 자란 제주산 소나무들이 우거져 있고, 이 숲속에 동명왕릉이 있다.

산세도 좋아 지금도 산짐승들이 많이 눈에 띈다고 한다. 절에 당도하니 스님들은 안 보이고 그 대신 필자 일행을 기다린 사람은 여성 해설사였다. 여느 해설사들과 달리 조선옷(한복)을 입지 않고 단출한 평상복을 입은 앳된 얼굴의 해설사는 우리 일행을 맞으면서 "어서 오십시오. 성불(成佛)하십시오"라며 정중하게 인사를 건넨 후 무언가 시간에 쫓기는 듯이 빠른 템포로 즉흥 해설에 들어가기 시작했다. 난 속으로 '거 참, 목사가 성불하면 어떻게 되는 거지?'라며 빙그레 쓴웃음을 지으며 귀를 기울이기 시작했다.

스님들은 출타 중

잠시 담장 밖 멀리 떨어진 왕릉 쪽을 다시 한번 흘깃 바라보니 수백 년 된 고풍스런 푸른 소나무들이 더욱 기품 있게 보였다. 왕릉에 들렀

[사진 6] 보광전 내부 모습. 높은 천정을 지닌 내부의 단청은 나름대로 화려했으며 기둥들도 길고 웅장했다.

을 때 설명해 준 해설사의 말에 의하면 그 소나무들은 옛날 제주도에서 직접 운반한 고급 소나무들이라고 했다. 정릉사 규모는 얼핏 보아도 전북 익산의 미륵사지나 경북 경주의 황룡사지보다 더 크게 보였다. 고구려 불교가 백제나 신라보다 더 융성했다는 것을 여실히 입증하는 것 같아 만감이 교차했고 마치 고구려인들의 기상과 숨결이 이 절간을 덮고 있는 듯 느껴졌다.

중국인들로 보이는 관광객들이 우르르 몰려와 와자지껄 떠들다 다시 우르르 떠나가는 동명왕릉과는 달리 이곳 정릉사는 오히려 한산하고 적막감마저 감돌았다. 정릉사라는 현판이 붙은 절간 출입문을 들어와 경내로 발걸음을 들여놓은 필자는 가장 먼저 스님들이 예불을 드리는 모습을 목격하고 싶었으나 오히려 대웅전 격인 보광전 출입문은 예상과 달리 굳게 닫혀 있었다. 다행히 해설사가 그 자리에서 모든 금당문을 열어주며 일일이 설명을 이어 가는 형식으로 안내를 해 주었다.

정릉사는 5세기 무렵 고구려 동명왕릉을 옮겨올 때 동명왕의 명복을 빌기 위한 특수한 목적으로 지은 절인데, 처음에는 사당(祠堂)에서 출발해 훗날 사찰로 승격된 곳이라서 '추모사찰', '수호사찰', '충신사찰'이라는 별칭으로 불린다고 했다. 왕의 명복을 빌기 위한 목적으로 건축한 고구려의 절집이라서 그런지 막상 경내를 들어와 보니 선입견 때문인지 오히려 사당 같은 분위기도 감돌았으며 참선이나 예불이 드려지는 남측 절간에 익숙한 나로서는 여러 건물 구조가 매우 생경스러웠다.

특히 신라나 고려 시대 혹은 조선 시대의 불교 건축양식을 따르는 남측 건축물과는 판이하게 달라 약간 이질감마저 들었으며 그나마 스피커에서 번갈아 들려오는 은은한 목탁 소리와 독경 소리가 간극을 좁혀 주고 안도감마저 들게 했다. 여성 해설사 동무는 나의 눈빛만 대충 읽고도 주지 스님의 안부를 전해주었다. 마침 내가 '스님은 어디 계신가?'라는 생각을 하고 있었는데 곧바로 내 생각을 스캔하듯이 눈치 빠르게 읽어 버린 것이다. 여기는 두 분의 스님이 계시는데 급한 일이 있어 두 분 모두 출타 중이라고 했다. 왠지 절간에 피치 못할 무슨 급한 용무가 생긴 듯했다.

수행보다는 인민들의 역사교육과 관광객들의 문화 휴식 공간

정릉사는 김일성 주석에 의한 동명왕릉 개건 공사 시작과 함께 자연스럽게 복원됨에 따라 북 당국에서도 사찰 운영 정책에 대해 많은 고심을 했을 것으로 예상한다. 그러나 전통적인 불교를 계승하는 수행 정진과 참선, 예불보다는 인민들에게 동명왕릉과 함께 옵션으로 한데 묶어 역사교육을 실시하며 문화 휴식처로서의 공간을 제공하는 데 치중하는 듯 보였다. 아울러 끊임없이 찾아오는 국내외 참관객들과 관광객들을 맞이하는 차원에 중점을 두고 운영되는 듯했다. 노동당과 내각의 강력한 문화재 보존 정책에 따라 사찰 유적지 발굴이나 복원 작업이 본격화되면서 승려들의 등장과 그들의 임무에 대한 지침과 활동들이 적극적으로 재개되었던 것이다.

그동안 필자가 만나본 북측 스님들은 삭발하지 않고 일반인과 동일하게 머리를 기른 스님들이 있는가 하면 삭발한 스님들도 있었다. 최근 들어서 스님들이 삭발한 경우가 많았다. 그럼에도 불구하고 절집에 상주하지 않고 대부분 집에서 출퇴근하는 대처승들로 보였다. 종교적 의미보다는 문화재로서의 가치가 더 많이 강조되고 있으며 승려들은 관리인의 업무 그 이상은 아닌 듯했다. 3대 기념 절기인 석가탄신일, 열반절, 성도절 등이 매년 돌아오면 공식적인 예불을 집전하고 법회도 열지만, 신자들의 신앙생활과 밀접하게 접목되지는 않은 듯했다. 조선불교도련맹(조불련)의 발표에 의하면 북측 승려는 현재 300명 정도인 것으로 알려져 있으며, 스님들의 구분도 조불련 자체 내에서 대선사, 선사, 대덕, 중덕 등으로 분류하고 있었다.

특히 조선식 사회주의 불교를 표방하는 조불련 소속 승려들은 모두가 결혼해서 가정을 갖고 있는 대처승들이며 수행 목적으로 독신생활을 하는 스님은 공식적으로는 존재하지 않는다. 간혹 독신 승려가 있을 경우에 자세히 알아보면 대부분 이혼이나 부인과 사별한 경우였다. 원래 남측 조계종은 소속 승려의 결혼을 철저히 금지하고 있기 때문에 북측 조불련 소속 승려들은 오히려 결혼을 허용하는 남측 태고종에 더 가깝다고 볼 수 있다. 필자나 신은미 선생의 방북기에도 드러났

듯이 스님들의 복장을 자세히 보면 예식을 치르거나 중요한 방문객을 영접할 때는 검은 예복을 입고 그 위에 붉은 장삼을 대충 걸치고 있는 모습들을 자주 목격했다. 그러나 평상시에는 양복을 입고 구두나 운동화를 착용하고 다녔으며 특히 스님들의 신발을 보면 일명 백구두로 불리는 흰색 구두를 비롯해 빨간색, 노란색 할 것 없이 오히려 일반 인민들보다 더 구두 색깔이 화려했다.

북측 승려들은 음식에도 구애받지 않아서 보신탕인 단고기(개고기) 요리도 매우 좋아할 뿐 아니라 일반 인민들과 마찬가지로 육류도 즐겨 먹는다. 불교의 종단을 대표하는 건 법당 중앙에 봉안되는 으뜸 되는 불상인 주불(主佛)이다. 그래서 우리나라 남측 사찰의 주불은 대부분 석가모니불을 모신다. 또한 각 종파에는 조사(祖師)를 일컫는 종조(宗祖)가 있고, 개인이나 종파에서 가르치는 소의경전(所依經典)이 분명히 있다. 화엄종의 화엄경, 천태종의 법화사부경, 정토종의 정토삼부경, 조계종의 금강경 등이 바로 소의경전이다. 그리고 종파의 근본 되는 핵심 교리와 취지인 종지(宗旨)도 저마다 교단마다 가지고 있다. 북측도 조불련 중앙위원장을 지낸 박태화 스님에 의해 자신들의 종단 형태와 내용은 전통적인 조계종이며 소의경전도 남측 조계종과 같이 금강경과 반야심경이라고 증언한 적이 있었다.

1탑 3금당을 모두 돌아보며 고구려인의 기상을 느끼다

필자는 오래전부터 정릉사 건축물 중 가장 중심축인 8각 7층 탑을 하루빨리 직접 눈으로 목격하기를 기대해 왔다. 기억에도 없을 정도로 아주 오래전에 폐사되어 흔적도 없던 이곳 절터를 발굴해 옛 모습을

복원한 북측 당국은 이 절
을 국보 문화유물 제173
호로 지정했다. 무엇보다
식량난을 비롯해 조·미
간의 대결로 인한 군사력
개발과 이로 인한 자금력
지출과 경제난에도 불구
하고 동명왕릉을 비롯해
단군릉, 왕건릉을 보수하
고 새로 단장한 것에 대해
서 이념을 떠나 찬사를 보
내고 싶다. 밥을 굶는 한
이 있더라도 우리 문화재
와 유산들을 복원하고 관

[사진 7] 보광전 앞의 8각 7층 석탑 앞에서의 필자 모습. 창
건 당시 원형은 목탑이었다.

리하여 그 정신을 후세에 보존 계승하려는 그 정신이야말로 자주와 주
체의 기본 아닌가라는 생각을 했다.

　발굴 당시의 8각 탑터를 중심으로 18채의 건물터 등 절터만 남겨
진 상태에서 김일성 주석의 적극적인 지도와 전폭적인 지원에 힘입어
탑을 중심으로 보광전, 극락전, 용화전 등이 복원되어 김일성 주석이
서거하기 1년 전에 그 옛 모습을 드러낸 것이다. 고고학적인 철저한
검증에 의해 하나씩 복원한 근거들이 많이 눈에 띄었다. 출토 유물 중
에 붉은 기와가 있었는데, 이를 반영해 붉은 기와를 제작해 올렸는데
얼핏 볼 때, 마치 구리 지붕처럼 보였다. 건물 단청도 신라와 고려 혹은
조선 시대의 단청이 아닌 고구려 때 유행하던 단청을 그대로 본떠서

복원했는데 이는 4~6세기경에 그려졌던 고구려 고분 벽화에 묘사된 단청 문양을 응용한 것이라고 한다.

해설사의 설명을 자세히 메모하며 3금당이라 불리는 중금당, 동금당, 서금당을 차례대로 둘러보니 남측 사찰에서는 볼 수 없는 법당 형태와 불상 모습 그리고 법당 내부의 단청이나 구조와 색상이 확연히 달랐다. 중금당에 해당하는 보광전은 외형은 2층 구조지만 내부는 위아래를 틔운 건물이라 천정이 매우 높았다. 석가여래 좌상을 중심으로 좌우에 문수보살과 보현보살의 입상 등 삼불을 모셨다. 또한 동금당에 해당하는 용화전에는 미륵불을 모셨으며 서금당에 해당하는 극락전에는 극락세계를 주재하는 아미타여래 입상과 관음보살, 지장보살 입상 등 삼불을 모셨다. 보광전 불상 앞에 드려진 꽃들은 생화가 아닌 조화라서 살짝 아쉬움이 들었다. 보광전 바로 뒤에는 후세의 왕들이 시조능에 제사 지내러 올 때마다 사용하던 별궁터가 있고, 그 뒤에는 잘 다듬은 돌로 쌓은 물도랑터가 사실적으로 복원되어 있었다.

절터 전체의 규모와 설계 디자인을 살펴보니, 마치 서울 덕수궁의 담벼락같이 보이는 회랑에 의해 다섯 개의 구역으로 나누어졌다. 원래 터전에는 남북의 길이가 132.8미터, 동서 너비가 223미터, 총면적이 3만㎡(9천 평)에 달하며 8각 탑 터를 중심으로 18채의 집터가 일목요연하게 배치되고 회랑이 사방을 둘러싸는 형국이었다. 8각 탑터는 평양 청암리 사지탑 터처럼 8각형의 목탑을 세웠던 자리이며 돌기단 너비는 20.4미터, 8각형 한 변의 길이가 약 8.4미터라고 한다.

그러나 안타깝게도 8각 7층탑을 복원했으나 최초로 발굴된 원형대로 목재 복원이 아닌 석재로 복원하여 매우 아쉬웠으며 탑 이외에도 금당들과 정문, 회랑 등도 일부를 복원하는 것에 머물러 아쉬움을 더

했다. 목탑을 석탑으로 복원하
고 다른 여러 건물도 일부만 복
원하다 보니 원래 설계대로 건
축된 발굴 당시의 위상에는 턱
없이 못 미친다. 그러나 복원된
일부를 보더라도 고구려 시대의
웅장한 기상과 화려한 기품은
충분히 엿볼 수 있었으며 무엇

[사진 8] 정릉사 담장 밖에 있는 사찰 전용 우물. 최근 복원한 모습이다.

보다 경내 전체 넓이가 9천 평이나 된다고 하니 그 규모의 방대함에
나는 입이 벌어질 수밖에 없었다.

　필자가 가장 인상 깊었던 것은 1,500여 년 전 것으로 추정되는 정
릉사 담장 너머의 복원된 우물이었는데 그 안에서 투구, 방패 등을 비
롯한 철제품과 정릉사의 머리글자인 '정', '고구려', '정릉', '능사'라고
새겨진 질그릇 조각들이 발견돼 '정릉사'라는 것을 입증하는 중요한
단서가 되었다고 한다. 현재 정릉사 입구 문에 높이 달린 현판은 출토
당시 그릇에 새겨진 글씨 원형을 살려 제작한 것이라고 한다. 그뿐 아
니라 토제품, 목제품, 석제품을 비롯해 동식물류들의 유골이나 유물
들이 많이 발견됐는데 특히 동물 뼈 중에는 호랑이, 사슴, 노루 외에
35종이 발굴됐고 모두 1,130점이나 되는 다양한 유물들이 발굴되었
다고 한다.

　발굴 당시 나온 각종 기와, 벽돌, 질그릇들은 고구려의 요업 기술과
공예술이 발전되었다는 사실과 그 시대 고구려인들의 생활풍습을 적
나라하게 보여주었으며 필자가 서울 코엑스에서 관람한 유물이 바로
이 기와 조각들이라서 고구려의 정서와 체취를 남김없이 반영한 듯했

다. 또한 정릉사터 우물에서 발굴된 유물들에 대한 필자의 자료요청에
대해 김일성종합대학 역사학부 교수 남일룡 박사가 작년 11월 말에
매우 구체적으로 공개해 고마운 마음을 전한다.

1,500명 발굴단의 수고로 발굴된 정릉사터

해설사의 증언에 의하면 평소 평양시 외곽 안학궁터 발굴에 공로
가 컸던 유명한 역사학자인 채희국 박사가 이끄는 발굴단이 동명왕릉
유물발굴과 묘실 벽화 발굴에 이어 정릉사터를 발굴하는 데 있어서도
지대한 공로를 세웠다고 한다. 채의국은 김일성종합대학에서 고고학
을 가르치는 유명한 교수(강좌장)인데 그가 가르치는 제자들을 비롯해
대학교 학생들을 무려 1,500명을 동원해 불철주야 교대로 발굴 작업
을 벌였다고 한다.

처음에는 왕릉발굴에 대한 수령님의 확고한 의지와 가르침을 채희국
동지가 높이 받들어 모시고 김일성종합대학 력사학부 학생 1,500명
을 동원하며 왕릉 발굴이 본격적으로 시작되었습니다. 결의모임을
갖고 현장을 달려간 학생들이 밤낮없이 교대로 무덤 밑바닥까지 파들
어갔으나 기대와 달리 유물은 전혀 나오지 않은 것입니다. 그러던 중
어느 날 기적이 일어났던 것입니다.

해설사의 말을 정리하자면 어느 날 억수같이 소낙비가 쏟아졌는데
비가 그친 후 작업을 하던 학생 한 명이 파낸 흙더미 위에서 무언가 반
짝거리는 것을 발견하였는데 그것이 바로 왕관에만 장식하는 조그만

[사진 9] 1,500명의 발굴단이 참가해 6개월간 작업 끝에 드러난 정릉사터. 총면적이 9천 평이나 된다.

금동제 장식 조각품이었다고 한다. 채 교수와 리정남 등을 비롯해 모든 핵심 관계자와 학생들이 기쁨의 환성을 지르며 그동안 파낸 흙들을 모조리 채반으로 치기 시작하자 그 속에서 금, 은으로 만든 왕관 잔편들과 구슬, 머리빗 같은 것들이 연속적으로 나타나기 시작했다는 것이다.

그 후 용기를 얻은 발굴자들은 이번에는 묘실로 들어가 돌 사이 접착 재로 사용했던 석회석 덩이들이 세월의 무게를 견디지 못해 모두 녹아내려 두껍게 겹겹이 쌓여있던 것을 모두 걷어내는 작업을 시작했는데 일주일이 되던 날, 모서리 부분에서 여섯 꽃잎으로 도안된 벽화가 조금 드러나기 시작하면서 벽화의 정체가 드러나기 시작하자 또다시 기쁨의 환성이 터졌는데 그날이 바로 74년 1월 23일이었습니다. 눈앞에 나타난 꽃잎 벽화들은 모두 기하학적으로 배치되어 있었으며 일정한 간격으로 열과 행을 이루며 그려진 련꽃들을 104송이 발견하였으며, 그것들을 바탕으로 각 모서리마다 벽면마다 모두 복원하여 보

[사진 1이] 진파리 제7호분 내부 묘실 천장. 고구려 석실봉토묘지의 특징인 말각조정법(일명 평행삼각고임법)으로 위로 갈수록 점차 좁혀지는 구조이다. 사방 3.5m의 좁은 묘실이며 높이가 6.6m나 되는 높은 천장이 특징이다. 이곳은 고구려 마리 장군의 묘인데 그는 주몽이 비류수(혼강) 가에서 고구려를 창건하는 데 이바지한 장수였다.

니 완전히 지워져 없어진 것들까지 추산해 모두 641송이의 련꽃무늬가 새겨져 있었다는 것이 판명되었습니다.

동명왕릉 널방(관이 놓인 묘실) 내부를 장식한 연꽃무늬 바탕에 칠해진 붉은 자색은 이 무덤의 급수가 왕릉급임을 뚜렷이 시사하는데 그 근거로는 당시 고구려에서는 관직에 따라 옷 색깔을 달리했고 특히 붉은 자색은 국왕급을 상징하는 이른바 로열 칼라를 의미한다고 했다. 또한 그 동명왕의 무덤방이 얼마나 아름다운지 마치 고급 실크 벽지에 그려진 빨간 꽃잎 문양의 벽지를 사방으로 도배한 방으로 상상하면 된다. 그런 아름다운 방안에 관이 놓여있다고 생각해 보자. 그 연꽃이 종교적으로 상징하는 것은 망자가 영원히 기거할 구택 자체가 이미 극락이며 천당이라는 것일 수도 있다.

일제가 저지른 참혹한 도굴 사건

이어서 해설사를 통해 일제강점기 우리나라 왕릉과 국보급 문화재들을 약탈한 일제 만행을 듣고 있노라니 피가 거꾸로 솟는 듯 분하고 억울했다.

일제가 우리나라 왕릉을 도굴할 때 발생한 일들이었습니다. 일제 도굴꾼들은 은밀히 작전을 수행하려고 주로 한밤중에 작업을 감행하였으며, 흔적 없이 몰래 하려다 보니 무덤 입구를 비좁게 만들었습니다. 그러니 작은 체구의 일꾼이 필요해 주로 어린아이들을 여기저기 돈으로 유혹해 불러와서 도굴 작업을 시켰는데 일제 놈들은 가장 마지막에 자신들이 원하는 보물들을 모두 꺼낸 후에 비밀을 간직하기 위해 작업에 동원됐던 아이들을 무덤 안에서 나오지 못하게 하고 산채로 봉인했다고 합니다.

해설사는 동명왕릉을 강탈한 일제 도굴꾼에 대한 가슴 아픈 이야기를 더 들려주었다. 이곳 동명왕릉 주변에는 수많은 고구려 무덤이 동쪽과 북쪽, 서쪽에 분포돼 있는데 그 가운데서 진파리 1호분과 진파리 4호분에는 화려한 벽화가 있을 뿐 아니라 이 무덤이 6세기 말에 활동한 고구려의 이름난 장수 온달장군과 평강공주의 합장묘라는 것도 밝혀졌는데 그곳도 예외가 아니었다. 일제 침략자들에 의해 동명왕릉은 한 번이 아닌 여러 차례 지속적으로 도굴을 당했고 결국 남아있는 벽화의 일부분도 파괴됐다고 한다.

나라가 침략을 받으면 력사도 수탈을 면치 못하는 것인데 일제 놈들은 우리 조선을 강점한 후 거의 모든 고분들을 도굴하다시피 하였으며 이곳 동명왕릉도 참혹한 수난을 당한 유적 중의 하나입니다. 처음에 왕릉을 발견한 사람은 룡산리 수풀 속에서 군사훈련을 하던 일제 침략군 부대의 한 분대였다고 합니다. 워낙 큰 릉묘여서 작업량이 이만저만하지 않았던 터라 그들은 주변 마을을 돌아다니며 농민들을 품삯으로 유혹해 끌어와 고분을 파헤치는 노역을 시켰답니다.

그러다가 밑바닥까지 거의 다 팠을 때 도굴을 지휘하던 일본군 장교는 모략을 꾸며 작업을 중지시키고 작업하던 농민들을 다 불러낸 다음 "사실 알고 보니 여기는 가짜 묘이다. 왕릉이라고 해서 팠는데 아무것도 없으니 다들 집으로 돌아가라" 했다는 것입니다. 아무것도 모르는 농민들은 교활한 장교의 말을 듣고 각자 무심코 집으로 돌아갔고 일본군들은 농민들을 다 돌려보내고 나서 자기들끼리 그 속에 있던 진짜 왕관과 희귀한 치레거리들을 손달구지로 담아서 몰래 달아났는데 그 양이 무려 달구지 10대 분량도 넘었답니다.

동명왕릉은 이처럼 일제 도굴꾼과 국내 일반 도굴꾼 등에 의해 그 후에도 몇 차례 더 약탈당했으며 광복 후에도 여전히 왕묘로서의 정식 대접을 받지 못하고 누구도 돌보지 않는 쓸쓸한 고총으로 남아있었다고 한다. 게다가 사대주의 역사학자들은 "중국 은나라 사람 기자(箕子)라는 인물이 조선에 와서 교화를 이루었다"는 기자동래설(箕子東來說)을 퍼트리면서 동명왕묘를 가짜 묘라고 주장해 왔다고 한다.

해설사에 의하면 이 같은 설은 고려와 조선 시대의 유학자들에게 자랑스러운 전승으로 믿어졌으며 그런 연고로 평양 시내에는 실제 기자묘라고 전해지는 무덤이 존재했고 기자가 실시했다는 정전제(井田制) 옛터가 남아있었으니 이처럼 가짜 묘를 진짜 시조묘라고 주장하면서도 정작 역사적으로 실재하는 자신들의 직계 조상인 동명왕의 묘는 한사코 가짜 묘라고 우겼던 비극적 현실을 김일성 주석이 직접 민원을 해결해 주며 역사 청산을 했다고 강조했다.

정릉사터가 발굴되기까지의 극적인 일화

동명왕의 명복을 빌기 위해 왕릉을 옮겨올 때 능 앞에 지어진 정릉사터는 김일성종합대 역사학부 연구팀들이 모두 달려들어 옥수수밭을 2미터가량 파내는 작업을 1974년 5월부터 11월까지 밤낮없이 반년 동안 진행하며 극적으로 발굴했다고 한다.

이제 정릉사가 발굴된 이야기를 들려 드리겠습니다. 왕릉에서 유품 잔여물들을 발견하고, 묘실에서 벽화들을 발견한 데 이어 이번엔 정릉사터가 기적적으로 발견되었단 말입니다. 발굴단 학생들이 왕릉 주변을 오고 가며 유심히 관찰하다 보니 유독 왕릉 앞벌의 10여 호 정도 되는 농가들이 심은 텃밭 강냉이(옥수수) 농사가 잘 안되더란 말입니다. 이상하리만치 같은 동네 다른 집 밭과는 달리 유독 이 지역만 하나같이 강냉이들이 여위고 키들이 낮다는 사실에 력점을 두고 꾸준히 관찰하게 된 것입니다.

학생들과 발굴단들은 이 고장 토착민들을 대상으로 설문조사를 실시해 매년 똑같은 흉작이 되풀이된다는 사실을 발견하게 되었으며 이

[사진 11] 동명왕릉 앞에 선 필자

것은 분명히 밭에 어떤 문제가 있다는 것을 짐작하며 무언가 큰 유적
지로 직감하게 됐다는 것이다.

발굴조의 성원들은 땅 주인들의 허락을 받고 밭을 파헤치기 시작하였
는데, 땅 껍데기를 얼마쯤 파내자 고색이 짙은 기왓장들이 가득 나타
나기 시작했습니다. 기왓장들에는 '정릉'이라는 글자와 '릉사'라는 글
자가 새겨져 있어 왕릉 앞에 조상의 명복을 빌기 위해 지었던 정릉사
라는 절간터였다는 사실을 알게 되었고 절터는 이렇게 해서 우연히
발견되었던 것입니다.

결국 이곳 옥수수밭에서는 30만㎡(9천 평)에 달하는 방대한 절터가
드러나게 되었고, 왕릉에서는 100여 점의 왕관 잔편들과 금관 못들이

그리고 묘실에서는 다양한 벽화들이 발굴되었는데 이 같은 발굴 업적들은 동명왕묘의 실재 여부를 확증하는 증거물들이 되었던 것이다. 이윽고 발굴단의 보고를 받은 김일성 주석은 몹시 감격하며 다음과 같이 복원 사업과 개건 지시를 내렸다고 한다.

발굴단 보고를 받으신 수령님께서는 "우리 고구려 시조가 이제서야 세상 빛을 보게 됐소. 고구려가 로동당 시대에 다시 태어난 것 같구만. 세상에 이런 경사도 다 있는가? 광복 후 30년 동안 바라오던 소원이 이제야 풀렸소. 이제야 모든 것이 풀렸으니 그 왕릉을 세상이 보란 듯이 개건하시기 바랍니다"라고 하시며 크게 기뻐하셨습니다.

그 후 동명왕릉은 주몽의 2,295번째 생일에 맞춰 1993년 5월 14일 개건했고 그날 이후로도 왕릉과 정릉사의 복원 공사에 대한 규모와 질에 대해 김일성 주석의 요구 수준이 워낙 높아서 여러 번 보완 작업이 진행되었고, 1998년까지 동명왕릉은 크게 두 번에 걸쳐 새롭게 개축을 거듭했으며, 김일성 주석은 왕릉과 정릉사 복원 준공식에 현장을 직접 방문하기도 했다고 한다.

정릉사 복원과 관련한 김일성 주석의 역사관

수령님께서는 정릉사를 복구하는 데 대하여 "정릉사는 동명왕릉을 위하여 세운 건물이니 잘 복구해 놓아야 고구려 시조왕릉으로서의 면모도 더 잘 살아날 수 있다"라고 하시면서 "정릉사를 복원한 다음에 유물진렬관을 하나 잘 꾸려 놓는 것이 좋겠다"라고 하셨습니다.

해설사에 의하면 유물전시관을 만들면 동명왕릉을 참관하려 온 사람들이 왕릉을 다 돌아본 후 정릉사로 이동해 유물전시관에 들러 고구려 시기의 유물들을 실물로 보게 할 수 있도록 한다는 의미였다. 이처럼 동명왕릉과 정릉사는 쌍둥이처럼 서로 떼려야 뗄 수 없는 매우 밀접한 관계였다.

동명왕릉에 왔다가 그저 무덤이나 한 바퀴 돌아보고 가서는 고구려의 력사를 잘 알 수 없습니다. 정릉사를 복구하여 놓고 그냥 비워둘 필요가 없다고 하시면서 "진렬관에 동명왕릉에서 발굴된 유물들을 비롯하여 고구려 시기의 유물들을 진렬해 놓고 동명왕릉에 찾아오는 사람들에게도 보여주면 몹시도 좋아할 것입니다"라고 하시며 일일이 가르침을 주셨습니다.

당시 동명왕릉 앞에 있는 유물전시관에는 유물도 별로 없고 내용이 빈약하여 유적지 전시관으로서는 어울리지 않아 찻집으로 활용하고 정릉사에서 제일 큰 건물인 강당을 유물전시관으로 꾸리는 것이 좋을 것 같다는 것이 김 주석의 의견이었다.

또한 수령님은 정릉사와 제당, 릉 문을 비롯해 건물들을 건축학적으로 보아도 고구려식 건물이라는 것이 안겨오게 잘 건설하여야 하겠다고 하시면서 관계 부문 일꾼들에게 지시하여 철저한 고증을 마쳐 오늘에 이르게 되었습니다.

실제로 문화재 보존에 관한 김 주석의 교시문에는 "동명왕릉 주변과 앞산에 있는 무덤들도 잘 꾸려야 하겠습니다. 동명왕릉 주변에 있는 무덤들이 고구려 시기의 무덤이라는 자료적 근거가 있는 것만큼 그 무덤이 누구의 무덤이라는 것을 밝히고 동명왕릉을 찾아오는 사람들에게 이것은 어느 대신의 무덤이고 저것은 어느 장군의 무덤이라고 설명하여 주도록 하여야 합니다. 동명왕릉뿐 아니라 안학궁을 비롯한 고구려 시기의 유적들과 개성시에 있는 고려 시기의 유적들도 잘 꾸려야 하겠습니다. 력사 유적을 꾸리는 데는 돈이 얼마 들지 않을 것입니다. 설사 돈이 많이 든다고 하여도 돈을 아끼지 말고 력사 유적들을 잘 꾸려 놓고 우리나라의 유구한 력사와 민족 문화를 널리 소개 선전하여야 합니다"라는 문구 내용이 나온다.

고구려인의 체온을 느끼게 해 준 정릉사를 떠나며

평소 불교 건축물과 유적에 대해 문외한이었던 필자는 동명왕릉과 직접 관련이 있는 정릉사에 대해서만큼은 많은 연구를 해왔다. 정릉사를 떠나면서 사찰 복원 건축물에 대한 소견을 피력한 메모를 짧게 정리해 보고자 한다. 본래 이 사찰은 전형적인 고구려식 가람배치를 하고 있는 것은 사실이다. 그러나 일차 사료들에 근거해 분석하여 정리해 보면 정릉사는 단 한 차례의 창건으로 끝난 것이 아닌 것으로 판명된다. 고구려가 수도를 국내성에서 평양으로 천도하면서 동명왕릉과 사당까지 평양으로 옮겼을 것이다.

그래서 이곳 정릉사터에 맨 처음 건립된 것은 절간이 아니라 사당(祠堂)이었다. 사당으로 출발해 나중에 능사(陵寺)로 승격되었으며, 그 후 또다시 왕실 전용 별전(別殿)이 부속 건물로 세워졌던 것이다. 그리

고 이런 절차와 시대적 환
경 변화에 의해 훗날 이곳
은 다시 정식 사찰(寺刹)로
환원되어 고구려식 불상을
모신 절간이 된 것으로 추
정된다. 이와 같이 여러 번
에 걸쳐 증축과 개축을 거
듭했던 정릉사는 마침내 크
게 다섯 구역으로 나뉘는
대형 사찰로 변모하며 정착
했던 것이다.

터전 발굴로 인해 이미
확인된 건물만도 18채, 회
랑이 10개, 총면적은 약 9
천 평이 되는 엄청난 규모

[사진 12] 남측에서 그래픽으로 재현한 7층 팔각 목탑의
가상 사진

로서 이는 경주 황룡사지터와 비슷한 면적이다. 경주에서 가장 큰 사
찰인 황룡사는 신라 진흥왕 시절에 창건하기 시작해 진평왕, 선덕여
왕, 경덕왕 등 4대 왕들을 거치면서 무려 100년이 넘는 장구한 세월
동안 건축과 조성 공사를 거듭 이어 갔듯 이곳 정릉사도 창건 당시부
터 역사 속에서 완전히 사라져 폐사되기까지의 일목요연한 단계별 연
구 과제들이 아직 남아있다고 생각한다.

또한 이미 복원해 놓은 정릉사의 가장 핵심적인 공간이라고 할 수
있는 탑 중심의 건축 배열을 보는 전문가들은 매우 기하학적인 원리에
기초해 독특하게 설계되었다고 이구동성으로 극찬한다. 이처럼 아름

다운 건축 아이디어를 평면구성과 공간 운영에 반영했다는 것은 그 옛날 수준 높은 고구려의 건축 문화와 불교적 정서를 가감 없이 보여주는 것이라서 높이 평가할 만하다고 생각한다. 고구려가 수도를 평양으로 옮기면서 393년 평양에 9개의 절(九寺)을 건립하며 창건한 건물들이 백제와 신라는 물론 일본의 건축양식 발전에도 큰 영향을 준 사실이 밝혀졌으며 고구려의 건축 기술 발전의 총체적 성과들도 보여주어 그 의의가 컸다.

그러나 한 가지 아쉬운 점은 최초의 발굴터 위에 나타난 대로 원상복구를 하지 않고 필요에 따라 부분적인 복원만 시도하여 정릉사에서만 느낄 수 있는 고구려 사찰만의 고유한 비례감각미를 볼 수가 없다는 것이다. 또한 경내 중앙에 우뚝 선 8각 7층 탑을 기왕 복원할 바에야 석탑 대신 원래대로 목탑으로 세워야만 고구려 건축의 탁월한 아름다움과 각 건물끼리 연결해 주는 보이지 않는 비례 대칭의 맛을 볼 수 있다. 결국 목재가 아닌 돌로 탑을 쌓은 것 때문에 1탑 3금당식의 고구려 사찰만이 지니는 독특한 탑 중심 건축양식의 기본 틀은 깨졌으며 이로써 전체적인 구도의 기본 축도 흔들렸다고 볼 수 있어 복원이라는 말이 무의미하다는 생각마저 들게 했다.

평양 광법사(廣法寺) 편

[사진 13] 맞은편 언덕에서 바라본 광법사 전경

I. 광법사, 그 영욕의 역사

아도화상(阿道和尙)이 설립한 광법사를 가다

북·미 간의 대립 정국이 다른 어느 때보다 팽팽하던 시기에 방북한 필자는 방북 사흘째 되던 날에 평양 광법사를 찾았다. 그러나 마치 시국을 비웃는 듯 거리에서 마주치는 평양시민들의 일상과 시내 풍경들은 보란 듯이 평온했고 얄미울 정도로 태평스러웠다. 광법사는 고구려와 신라의 불교 전래는 물론 우리나라 삼국 시대 불교 전반에 지대한 영향을 끼친 아도(阿道) 스님에 의해 설립된 유서 깊은 사찰이라 그런지 출발 전부터 몹시 기대감이 밀려왔다. 필자의 광법사 방문은 이번이 두 번째였다. 그 전에 대성산 정상 등반과 대성산성, 소문봉, 남문 등을 돌아본 후 잠깐 광법사를 둘러본 적은 있었으나 오늘처럼 일부러 세밀하게 참관하지는 않았다.

이날 필자의 일정에는 미국에서 나와 함께 방북한 두 내외가 함께 했으며 북측에서는 안내원 없이 김 모 국장과 김 모 참사가 직접 안내하며 동행해 주는 덕분에 차량을 편리하게 제공받을 수 있었다. 마침 역사 지식에 해박한 김일성대학 출신의 참사가 광법사를 향하는 차 안에서 대성산성에 관해 설명해 주었다.

원래 우리 고구려 조상들이 남하해서 자리 잡은 곳은 대동강변 평양성이 아니라 바로 이곳 대성산 자락입니다. 여기서 무려 150년을 보냈기 때문에 옛날에는 대성산에 절간이 무려 열 개가 넘게 있었습니다. 그동안 천년 세월이 흐르면서 모두 사라지고 그중에서 가장 유서 깊은 광법사만 복원한 것입니다.

우리 조상 고구려인들이 평양성에서 지낸 기간보다 이곳 대성산성 안에서 훨씬 더 오랜 기간을 거주했다고 하는 것은 그만큼 이 부근이 살기도 좋을 뿐 아니라 지리적 여건도 좋고 경치도 좋아서 그랬을 것이다. 지도를 보면 평양에서 동북쪽으로 8㎞ 정도 떨어진 곳에 위치한 대성산은 백두산에서 서남쪽 방향으로 내려오던 묘향산맥이 묘향산에 이르면서 갑자기 남쪽으로 방향이 틀어지며 계속 내려오다가 대동강을 만나면서 멈춰 선 지점이다.

대성산 국사봉 기슭에 아늑하게 자리 잡은 광법사는 평양 팔경의 하나인 대성산의 자연 경치와 함께 우리나라 옛 고찰들의 건축미와 불교 역사를 보여주는 귀중한 문화유적지로 자리매김

[사진 14] 나들이 나온 평양 고등중학교 학생들과 남문 앞에서 함께한 필자. 대성산성 성벽과 더불어 이곳 남문도 근래에 복원한 것이다.

했다. 일반 인민들과 방문객들이 대중교통을 이용해 광법사를 찾아오려면 평양 지하철 광복역이나 건국역에서 출발하는 혁신선 라인을 타고 락원역에서 하차하면 된다. 역에서 내리면 곧바로 광법사는 물론 조선중앙동물원과 대성산성, 유원지, 혁명열사릉 등을 손쉽게 찾아갈 수 있다. 대성산은 비록 해발 270미터 정도의 낮은 산이지만 주위가 논밭으로 구성된 벌방지대라서 유난히 우뚝 솟아 보였다. 또한 대성산은 특급 국립묘지인 혁명열사릉이 자리 잡고 있는 까닭에 성지처럼 여기는 곳이면서도 동시에 평양시민들이 손쉽게 나들이 할 수 있는 인기 관광명소로 소문나 있었다.

서울 남산(南山) 정도의 높이와 산세를 지니고 있는 듯한 대성산 자

락의 광법사는 마치 아기가 엄마 품에 안기듯 완만하고 평온한 지형에 자리 잡았으며 사방이 온통 꽃과 각종 나무를 비롯해 희귀한 식물들로 우거져 있어 그야말로 낙원과 극락이 따로 없을 정도의 명당 터로 보였다. 절이 있어 산이 더 아름답고, 산이 있어 절이 더 빛난다고 누가 그랬던가? 이곳의 절간과 산의 조화는 고즈넉한 한 폭의 그림 자체였으며 모든 전경이 청아하고 풋풋한 느낌으로 다가왔다.

승용차가 사찰 앞마당에 도착하자 주지 스님과 샛노란 개나리색 조선옷(한복)을 곱게 차려입은 여성 안내원을 비롯한 절간 식구들이 벌써 우르르 마중 나와 따뜻하게 영접해 주었다. 지난번 방문 시에 만났던 진달래색 한복을 곱게 입은 여성 해설사도 함께해 반가움을 더했다. 그동안 워낙 국내외 방문객들과 손님들을 자주 맞았던 경험 때문인지 절간 식구들이 일행을 영접하는 표정과 예절은 매우 자연스럽고 격조 있어 보였다.

부처님 전에 예를 올리다

나와 동행한 국장이 스님 일행에게 필자를 소개하자 서로 악수를 나누며 정감 있는 인사를 나눴으며 그때부터 절간을 떠날 때까지 시종일관 화기애애한 분위기 속에 사찰 참관이 이루어졌다. 스님의 안내로 절간의 대문 격인 해탈문을 거쳐 천왕문을 통과하여 대웅전 앞마당에 들어서자 마치 구중궁궐을 들어가는 듯했으며 다른 여느 사찰과는 다르게 유서 깊은 절이라는 것이 금세 느껴졌다. 눈앞에 펼쳐진 여러 전각과 석탑은 옛 영화를 보여주는 듯 서로 조화를 이루며 풍치를 더욱 돋워주는 듯했다. 대웅전 앞마당에 도착한 필자는 일행과 함께 의논해

[사진 15] 주지 스님과 함께 불상 앞에 예를 갖추는 필자와 일행

우선 대웅전 안으로 들어가 부처님 앞에 예를 올리기로 합의하였다.

▶ 스님, 제가 아무리 기독교 목사라 해도 멀리 미국에서 힘들게 찾아
왔으니, 부처님께 예를 갖추고 싶습니다.
■ 아, 그러십니까? 제 평생에 기독교 목사 선생이 부처님 전에 예를
올리는 건 생전 처음 봅니다. 불단에 예를 올리고 나시면 목사 선생을
위해 제가 직접 부처님께 예불을 올려드리겠습니다. 통일을 위해 애
쓰시는 목사 선생을 위해서 그리고 우리의 조국의 통일이 하루빨리
이뤄지도록 기원을 올리겠습니다.

대웅전 밖에서 안을 유심히 들여다보니 탱화를 배경으로 석가모니
불을 비롯한 삼불상이 모셔져 있었으며 화려한 단청과 어울려 대웅전
안팎이 모두 고색창연하게 보였다. 필자가 구두를 벗고 대웅전에 들어

[사진 16] 광법사 경내에서 수덕 스님으로부터 8각 5층 석탑의 유래에 대해 설명을 듣는 필자. 이는 고구려 사찰의 전통적인 사찰 배치 양식에 따른 것이다. 마침 수덕 스님은 나와 띠동갑이었다.

가려고 하자 스님은 물론 북측 당국자들도 새삼 놀라는 표정으로 멀뚱히 쳐다보았다.

■ 정말 괜찮습니까? 목사 선생님이 부처님께 무릎 꿇으시면 하느님이 벌주시면 어떻게 하십니까?

▶ 우리가 하느님을 잘못 알고 있어서 그렇지, 하느님은 그런 분이 절대 아니십니다. 통일 대업은 남과 북이 따로 없고 기독교, 불교가 따로 없습니다.

■ 아, 그렇다면 다행입니다.

스님과 필자의 대화 내용이 우스꽝스러웠던지 신성한 대웅전 입구라는 사실이 무색할 정도로 주변의 모든 일행이 배꼽을 잡으며 한바탕

즐겁게 웃었다. 법당에 들어가 삼존불이 모셔진 불상 앞에 향을 피우고 허리를 숙여 절을 올린 후 제단 앞 방석 위에 무릎을 꿇고 앉아 스님의 목탁 소리와 염불에 맞춰 남북의 자주적인 평화통일을 위해 간절한 기도를 올렸다. 스님의 염불 소리는 아마추어 수준을 넘어 제법 그럴 듯하게 청아하고 구성졌다.

삼배를 올리는 동안 북측 국장과 참사는 문지방 앞에서 멀뚱히 지켜만 볼 뿐 법당 안에 들어와 절을 올리지는 않았다. 나중에 물어보니 북에서는 스님 외에는 일반인들이 절간에서 큰절을 하거나 삼배를 올리지 않는다는 답변을 해 북측 불교계의 규칙을 새롭게 알게 해 주었다. 신자든, 비신자든 조불련 소속의 공식 스님 외에 일반 인민들이 법당 안에 들어와 삼배를 올리는 것은 허용되지 않는 듯했다.

고구려식 불상들은 재질과 색상이 획일화되었다

필자가 예불을 드리면서 바라보니 불단에 모셔진 삼불상은 북측의 다른 절들보다는 약간 밝은 빛을 띤 것을 확인 할 수 있었으나 그렇다고 북측의 다른 불상들과 크게 차이는 없었다. 재정적인 이유 때문에 거의 대부분 가금을 사용했는지 금불상처럼 찬란히 빛나는 환한 색을 띤 것도 아니고 그렇다고 청동빛도 아닌 매우 칙칙한 금색을 띠고 있었다. 복원 당시 원래의 고구려 불상의 특징을 살리는 방향으로 개금 불사를 조성한 듯 보였으나 아무래도 남측 불상에 익숙한 필자로서는 마냥 어색하기만 했다.

대웅전 금당 내부를 둘러보니 전면 중앙에 높은 불단을 세우고 그 위에 투박한 연좌대를 설치해 석가모니 주존불을 중심으로 삼존불을 모셨다. 남측도 보통 주존불 좌우에는 입시불을 함께 두어 삼존불을 모시는데 이곳도 그러했다. 가장 한가운데는 석가모니불을 모셨으며 오른쪽에는 인간의 질병을 고쳐준다는 약사불, 왼쪽에는 인간을 극락세계로 이끌어 준다는 아미타불이 모셔져 있었다. 주존불 위 천장에는 닫집으로 장식되어 신비감을 더해주었으며 뒷면 벽에는 커다란 후불탱화가 높이 걸려 있어 장엄미를 더했다. 마치 필자가 남측의 궁궐들을 관람할 때 보았던 임금님의 정전(正殿)과 같은 양식이었다.

인간을 제도하는 부처님을 이 세상 제왕과 같은 반열에 둔다는 의미로 조선왕조를 비롯한 그 이전 왕조시대에는 사찰의 금당만큼은 궁궐의 건축양식을 허용하였고 한다. 그러나 궁궐 외에는 아무리 고관대작의 집이라 해도 둥근 기둥으로 집을 짓거나 닫집이나 단청을 할 수 없지만 절간의 대웅전 금당은 허용했던 것이다. 일반 사찰에는 보통 대웅전(금당) 외에도 관음전, 극락전, 지장전, 칠성전, 산신각, 조사당 등 많은 전각이 있어 각기 다른 불상이나 보살상이 모셔져 있거나, 불화 또는 조사나 선사들의 사진이 걸려 있는 것으로 알고 있다. 그러나 북측의 대웅전에는 삼존불의 배치가 약간 남측과 다름을 알 수 있었다. 남측에는 주존불로 석가모니불, 오른쪽에는 아미타불, 왼쪽에는 보현보살상을 모시는 규례가 있는 반면 광법사는 약사불과 아미타불을 모셨다.

필자가 불교를 생각할 때마다 항상 헷갈렸던 부분이 절간에는 웬 부처님의 종류가 그리도 많고 다양하냐는 거였다. 부처의 종류가 다양할 뿐 아니라 포지션과 역할도 다양한 것처럼 보였다. 남측 절간을 보면 대적광전은 비로자나불을 모시고 무량수전이나 극락전은 아미타불, 미륵전은 미륵불을 각각 주존불로 모시고 있는 것으로 확인이 된

[사진 17] 부처님 이마에 박힌 송과선(백호)은 남측 사찰과 동일했으나 머리 한가운데 세모 모양의 빨간 표시는 매우 생경스러웠다(왼쪽). 후불탱화 외에도 대웅전 한쪽 벽면에 별도로 모셔진 탱화. 양옆에 촛대가 비치됐다(오른쪽).

다. 그리고 관음전은 관세음보살을, 지장전은 지장보살을, 칠성각에는 칠성님을, 산신각은 산신을, 조사당은 역대 조사상을 모시고 있으나 북측에는 사찰을 복원할 때 꼭 필요한 중요한 전각 외에는 나머지 전각들을 대부분 생략하는 경우가 많았다. 그동안 남측은 대웅전과 전각, 불상 등 과거의 유물을 복원함에 있어 거의 전부를 새것으로 교체하다시피 하는 것과는 달리 그래도 북측의 사찰들은 지붕과 기둥 등의 건물 형태와 석탑 등을 비롯해 문살, 단청, 벽화 등의 모습과 배치가 나름대로 원래의 고색을 유지하고 있어 정취가 느껴졌다.

동갑내기 주지 스님을 만나니 동류감이 형성되다

즉흥 예불을 마치고 대웅전을 나온 필자는 스님과 안내원, 해설사의 안내에 따라 2시간 동안 경내를 구석구석 돌며 역사적 배경과 그에 따른 질문과 답변을 주고받으며 유익한 시간을 보냈다. 더 나아가 스님과 나는 시간이 흐를수록 이런저런 개인사 이야기까지 나누다 보니 서로 호랑이띠 동갑이라는 사실을 알게 됐다. 나보다는 한참 더 연장자로 알고 있었는데 동갑이라는 사실을 알게 되니 한층 더 친근해지고 정감 넘치는 사이가 된 듯했다. 동갑이라 이유 하나만으로 동류감마저 느껴지는 것이 마냥 신기했다.

■ 목사 선생과 절간에 사는 중이 친구를 하면 모두가 이상하게 보겠지만 그 상징성이 커서 보기가 좋을 것 같습니다.

▶ 그러게 말입니다. 그러면 이제부터 저와 동무가 되시는 겁니다.
■ 아, 좋습니다. 그럼 계속 설명을 드리겠습니다. 원래 광법사는 서기 392년 고구려 광개토왕 시기에 목재로 건조되었으나 1953년 조국 해방전쟁 시기(한국전쟁)에 미군의 폭격으로 완전히 훼손되는 아픔을 겪었습니다. 그러다가 전후 복구 시기였던 1950년대 원래대로 목재 형식을 본떠서 콘크리트로 지었다가 1989년 김일성 수령님의 가르침에 의해 지금의 모습대로 다시 복원된 것입니다.

▶ 아, 그렇다면 전쟁 시기에 도대체 어느 정도나 파괴된 것이고 미군이 어떤 식으로 파괴했다는 것입니까?

스님 답변을 듣는 중 해설사를 힐끔 쳐다보자, 이번에는 해설사가 답변을 낚아채듯 중간에 말을 이어 갔다. 해설사는 광법사를 초토화시킨 가해자가 미군이라는 구체적인 근거를 달달 외우고 있었다.

물론입니다. 보다 정확히 말하자면 광법사는 조선 말기까지 중창과 중건을 거듭하며 평화롭게 내려오던 중 전쟁 기간인 1952년 7월 11일부터 8월 29일까지 무려 세 차례에 걸쳐 미국 극동사령부 공군비행단이 대대적인 평양 소개작전(疎開作戰)을 벌이면서 폭탄을 무차별적으로 쏟아붓는 바람에 모두 불에 타버리거나 파괴된 것입니다.

미국은 정전협정 당일에도 어떻게 하든 북측의 모든 주요 시설물을 하나라도 더 파괴하려고 협정 효력이 발생하기 2분 전까지 미 본토의 공군력까지 총동원해 원산과 평양을, 쑥대밭을 만들어 놓았다고 한다.

그 후 전후 복구를 마무리하면서 미제의 야만적인 폭격으로 무참히 파괴된 폐허 속에서 우리 민족문화유산을 귀중히 여기시는 수령님께서 1989년 11월 친히 광법사를 찾으시고 절이 파괴된 것을 못내 가슴 아파하시며 복구 개건할 데 대한 가르치심을 주시며 파괴되기 전까지 존재하던 리조(李朝) 시기의 건축형식을 그대로 살려 원상대로 본격적으로 복구하기 시작한 것입니다.

해설사는 6하 원칙에 의한 역사적 사실들을 줄줄 외우며 쉬지 않고 설명을 이어 갔다. 얼마나 공부를 많이 했길래 저토록 줄줄 나올 수 있는지 사뭇 궁금했다.

고구려 시대의 건축양식과 기법에 의해 목재와 콘크리트를 적절하게 혼용하는 방식의 공법으로 1989년부터 복원 사업을 시작하여 1990년 12월까지 개건 사업을 모두 끝마쳤으며 공화국으로부터 국보 유적 제164호로 지정돼 우리나라 국보 사찰이 되었습니다.

스미소니안 미술관에 소장된 사진에 의해 판명된 광법사의 친일 행적

한편 이 절이 창건된 정확한 유래에 대한 해설사의 설명이 이어졌다. 고구려 24대 광개토왕(374~412) 시기에 아홉 개의 큰 절간을 평양에 창건할 때 지은 절 중 하나였다는 근거는 '삼국사기 제18권 고구려 본기 제6 광개토왕' 부분에 기인한다고 했다. 필자는 북측과 남측의 역사 인식에 대한 차이점과 공유점을 좀 더 파악하기 위해 구체적인 사료 내용들에 대해 조목조목 질문하고 답변을 얻어냈다. 결론을 보면 대부분 남과 북의 역사 인식이 비슷했으나 북측은 모든 우리나라 역사의 주체를, 고구려를 중심에 두고 있었다는 점이 특이했다.

[사진 18] 일제강점기 미국인이 찍은 평양 광법사 대웅전 모습. 5층 석탑의 규모가 지금에 비해 매우 빈약해 보인다(사진 출처: Smithsonian American Art Museum).

고구려 소수림왕 2년(372년)이 되던 해 중국 전진(前秦)의 아도(阿道)라는 승려와 순도(順道)라는 승려가 20년 차이로 방문하면서 그들에 의해 불교가 고구려에 전래되지 않았습니까? 그래서 그들로 인해 평양 인근에 초문사(肖門寺)와 이불란사(伊佛蘭寺)가 세워졌고 이어서 평양에 아홉 개의 사찰이 집중적으로 창건되며 고구려 불교가 흥왕기를 맞이합니다. 그러니까 공식적으로는 고구려에 불교가 처음 들어온 372년보다 20년이나 뒤늦은 392년에 아도화상에 의해 광법사가 창건된 것입니다. 그 후 세월의 흐름에 따라 평양의 모든 구사(九寺)들이 흔적도 없이 역사 속에 사라졌다가 우리 공화국 정부의 노력으로 점차 드러나고 있는 것입니다.

한편 필자가 평양을 출발하기 전부터 광법사에 대한 사전 자료를 구하기 위해 오래된 영상자료와 문서들을 물색하던 중 해방 전 일제강점기에 찍은 광법사 사진 자료 여섯 장을 미국의 수도 워싱턴에 있는 스미소니언미술관에서 입수하게 됐다. 세계 최고의 박물관과 미술관 등을 소유하고 있는 미국 스미소니언미술관(Smithsonian American Art Museum) 측의 도움으로 상태가 매우 양호한 여섯 장의 광법사 흑백사진을 확보할 수 있었다. 사진 내용들을 자세히 보면 천왕문에 세운 사천왕 사진과 당간지주 사진을 비롯해 대웅전 앞마당 전경 사진 등이었다. 특히 대웅전과 5층 석탑이 나오는 장면을 보면 지금에 비해 석탑이 매우 작고 초라해 임시로 세운 석탑 수준임을 단번에 알 수 있을 정도였다. 또한 매우 중요한 역사적 단서를 제공해 주는 또 다른 사진 중에는 대웅전 금당 내부 사진이다. 필자는 6장 중에서 이 사진을 가장 의미 있게 생각한다.

대웅전 금당 내부 사진에는 지금의 대웅전 내부처럼 동일하게 삼불상을 모셨는데 필자가 불상 앞에 놓인 위패(位牌)처럼 생긴 두 개의 패를 확인하는 과정에서 안타깝고 씁쓸한 마음이 들어 괴로웠다. 왜냐하면 그 두 개의 패는 왕이나 왕비의 만수무강을 기원한다는 이른바 '어수비'(御壽牌)였는데 불상 좌우에 놓인 어수비에 적인 내용으로 보니 아마 고종이나 순종 시절에 찍은 사진임을 알 수 있었다. 왼쪽 어수비는 일본 천황을 위해서, 오른쪽 어수비에는 천황의 아내인 황후를 위해 세운 것으로 보아 이 사진의 장면은 광법사가 일제강점기 일제가 추구하던 황민화 정책을 광법사가 그대로 따르고 있었음을 발견할 수 있었다.

종교계 중에서도 천주교와 더불어서 불교계가 황민화운동(皇民化運動)에 좀 더 앞장섰다는 증거 중 하나일 수 있었다. 필자가 삼불상 앞 좌우에 각각 놓인 어수비들을 판독해 보니 왼쪽에는 '今上天皇陛下聖壽萬歲'(금상천황폐하성수만세)라는 열 글자가 적혀 있었고, 오른쪽에는 '皇后陛下聖身書年'(황후폐하성신서년)이라는 여덟 글자가 적혀

[사진 19] 일제 강점기 미국인이 찍은 평양 광법사 대웅전 내부 모습. 일본 천황 부부의 만수무강을 기원하는 어수비가 좌우에 놓여있다(사진 출처: Smithsonian American Art Museum).

있었다. 이 사진을 찍을 당시 생존해 있던 천황(일왕) 부부의 만수무강을 기원하는 내용이었던 것이다. 그러나 어수비에 적힌 일왕 부부가 제국주의 시대를 통치했던 세 명의 일왕 중에 누구를 지칭하는지는 정확히 예단할 수는 없었다.

다만 필자가 예측하기로는 메이지(明治) 시기인 1867년~1912년에 재위했던 무츠히토(祐宮 睦仁)라는 제국주의 초대 일왕이나, 다이쇼(大正) 시기인 1912년~1926년에 재위했던 요시히토(明宮 嘉仁) 일왕이었을 가능성도 있다. 하지만 요시히토 시대는 히로히토 황태자가 직접 섭정을 했고 그 이후 쇼와(昭和) 시기인 1926년~1989년에는 황태자였던 히로히토(迪宮 裕仁)가 즉위해 63년 동안 통치했기 때문에 5년의 섭정 기간까지 포함해 거의 70년 가까이 재위했기 때문에 이 어수비의 주인공은 히로히토 부부일 가능성이 커 보였다. 나는 해설사에게 이 사실을 언급했다.

▶ 혹시 일제강점기의 광법사에 대해 알고 계신 내용이 있습니까? 제가 미국에서 해방 전 흑백사진을 입수해서 확인해 보니 일본 천황 부부의 만수무강을 기원하는 어수비를 대웅전 금당에 모신 사실을 발견했습니다.

■ 저희는 가지고 있는 자료가 없습니다. 일제강점기에는 불교나 천주교가 가장 먼저 친일행각에 앞장서지 않았습니까? 물론 기독교도 마찬가지였으나 불교는 더 심하지 않았습니까? 당시로서는 어쩔 수 없었으니 리해는 합니다만…. 그런데 그런 귀한 자료를 어디서 구했습니까? 저희에게도 좀 주십시오.

필자는 다음 방문 시에 사진을 더 현상해서 전해주기로 하였다. 아무튼 이 어수비의 주인공이 일본 제국 체제의 마지막 천황인 히로히토이든 초대 천황 무추히토이든 간에 1,600년의 유서 깊은 광법사라는 정통성이 무색할 정도로 당시 조선의 사찰들에서 유행처럼 사용하던 '大皇帝陛下萬萬歲(대황제폐하만만세)나 '天皇陛下萬萬歲(천황폐하만만세)라는 찬양 문구들이 이곳 광법사에서도 자행됐다는 사실이 매우 유감스러웠다. 일제에 순복하며 종교로서의 권위와 정체성을 무너뜨린 후 민족의 자주성을 처절하게 내동댕이치며 친일 성향에 기저를 둔 광법사였으나 역지사지의 교훈으로 볼 때 어느 정도 이해는 된다.

역사적 배경에 대한 해설을 들으니 시간 가는 줄 모르다

참관을 하면서 제일 먼저 와 닿는 것은 총 부지면적이 2만 8,400여㎡ 달하는 넓은 부지에 조성된 경내의 시설물과 건축물들이 근래에 축조된 것이라서 그런지 고졸한 맛은 느낄 수 없다는 것이었다. 필자 일행은 대웅전 앞마당 한 가운데 5층 돌탑 주위를 맴돌며 대화를 이어 갔다. 대화라기보다 필자의 질문에 대한 스님과 해설사의 연속적인 답변이었다. 여성 해설사는 정치적 의미의 발언도 서슴지 않으면서 열띤 해설을 이어 갔다.

력사적으로 볼 때 고구려가 수도를 평양으로 옮긴 427년경(장수왕 재위 15년)보다 훨씬 이전에 건립된 우리 광법사는 원래 14채의 건물을 소유하고 있었던 웅장한 사찰이었습니다. 그런데 1700년도에 불타 버린 것을 1727년에 재건하였으며, 이어서 1760년에 다시 개건 보

[사진 20] 스님의 안내로 광법사의 대표적인 문화재인 광법사기적비와 광법사십왕개소상비, 중수단
청비를 둘러보는 필자((오른쪽). 음각체 한자로 적힌 광법사사적비문을 한글로 알기 쉽게 적은 해설문
비석(오른쪽)

수작업을 통해 새롭게 꾸몄다는 것이 역사 자료에 드러났지 않습니
까? 그 후 전쟁 시기였던 1952년 7월 미군의 폭격으로 흔적도 없이
파괴된 것을 김일성 수령님이 수차 현지 지도를 하시며 원상 복원 사
업이 시작되었으며 이 사업을 받드신 김정일 장군님도 조속히 완공하
도록 수차례 현지 지도해 주시어서 마침내 지난 91년 2월에 모든 개
건 공사를 마치고 옛 모습을 되찾았습니다. 이렇게 해서 오늘날까지
이곳을 찾는 인파들이 매일 그칠 날이 없을 정도이며 저희들은 광법
사를 통해 우리 민족의 슬기와 용감성을 전하는 애국주의 교양에 적
극 이바지하고 있습니다.

다행스럽게도 복원 공사 중에 3개의 옛날 비(碑)들을 다시 찾아냈
는데 이 비에는 광법사 건물의 역사는 물론 대성산성을 지키며 싸운
고구려 시대 선조들의 투쟁 이야기가 전설처럼 적혀 있다고 했다.

우리 절의 천왕문 서쪽에는 1727년에 세운 '광법사사적비'와 1758년에 세운 '중수단청비'와 1638년에 세운 '광법사시왕개소상비'가 남아있는데, 이 비들은 복원 사업을 진행하던 중에 폭격으로 폐허가 된 땅속에서 다시 발굴된 것들입니다. 우선 사적비에는 "광법사는 대성산에 있던 십여 개의 사찰 중 규모가 가장 컸다"는 문구도 있습니다. 또한 사적비에는 본래 우리 절간에는 보광전뿐 아니라 명부전, 약사전, 시왕전, 법뢰각, 천왕문, 조계문, 진여문 등 여러 전각들이 있었음도 적혀 있습니다. 그러나 그 후 력사적으로 여러 차례의 전쟁과 화재 등의 재해를 입어 다시 복구되기를 반복하며 결국 오늘에 이르게 된 것입니다.

필자는 비문에 적혀 있는 16개의 전각과 시설물들을 현재 원래대로 모두 복원한 상태인지를 물었다.

사적비문에는 보광전, 명부전, 칠성당, 삼일암을 비롯한 여러 건물들의 이름이 줄줄이 나오는데 사적비 뒷면에 음각 글씨에 의하면 중층 대웅전, 동서 선승당, 동서 상실, 약사전, 십왕전, 판전, 법뢰각, 천왕문, 조계문 그리고 종을 매달았던 진여문 등으로 조성되었고, 그중 일부가 근세기까지 남아서 전해 내려오다가 전쟁 때 미제의 폭격으로 완전히 파괴된 것입니다. 그 후 수령님에 의해 해탈문, 천왕문, 대웅전, 동승당, 서승당, 8각 5층탑을 우선적으로 복원되었고 이어서 당간지주와 옛 련못을 원상태로 복구하였습니다. 그러나 다른 전각들은 아직 필요성을 느끼지 못하여 복원하지 못하였습니다.

설명을 듣고 보니 원래 16개의 모든 축조물 중에서 현재 연못과 당간지주를 포함해 8곳만 복원된 것이다. 또한 개건 공사를 마친 후 북측 조불련은 초대 주지 스님에 안순창 스님을 임명하는 것을 비롯해 모두 여섯 명의 승려가 직접 기거하며 이 절을 지켰다고 한다. 그리고 그 후 2000년대 중 후반까지 주지 스님이 수덕 스님에서 광선 스님으로, 다시 법봉 스님(현 조불련 심상진 위원장) 등으로 연이어 바뀌면서 항상 여섯 명의 승려체제가 계속 이어졌는데 현재는 금암 스님, 혜명 스님 등 모두 세 분의 스님만이 절을 지킨다고 했다.

현재 외부인들을 접견하는 스님들은 불당을 청소하고 불전(佛展)을 관리하는 부전 스님 역할도 겸임하는 등 이것저것 가리지 않는 듯했다. 절간 식구들과 함께 스님들은 삭발과 가사장삼을 입은 채 문화재를 보존하는 임무에 충실한 듯했고 간혹 방문하는 북측의 불자들과 국내외 관광객들을 안내하는 일을 하거나 절간의 문화재 시설물을 통해 역사 교육과 사회주의 교양 사업을 하는 역할에 치중하고 있었다. 특히 남측의 불교계 인사들이 방문해 다양한 행사들을 치를 때는 조불련 측에서 재정적, 인적 지원이 총동원되어 준비하기 때문에 큰 걱정은 안 한다고 한다. 필자는 무엇보다 우리나라에서 불교를 가장 먼저 받아들이는 과정에서 세워진 사찰이다 보니 여러 가지 궁금한 것들을 더 물었다.

▶ 제가 알기로는 중국 천하를 돌아다니면서 불도를 전하던 포교승이었던 순도(順道)가 전진(前秦)이라는 나라의 국왕인 부견(符堅)의 사신을 따라 고구려에 들어와 불상과 경문을 전하면서 최초로 고구려에 불교를 전래한 인물로 기록이 되었는데 그 후 순도의 뒤를 따라 2년 후인 374년에 아도(阿道)라는 승려가 불도를 전하기 위해 고구려에

들어왔지 않습니까? 결국 이 광법사를 직접 아도선사가 창건했다는 말은 사실인가요?

■ 그렇습니다. 순도 스님이 불상과 불경을 가지고 고구려로 왔을 때 고구려의 소수림왕과 신하들이 모두 나와 그를 귀인으로 맞이하며 대대적으로 환영했다고 합니다. 그리고 왕은 375년에 고구려 최초의 사찰인 초문사(肖門寺)를 창건해 순도를 머물게 해 고구려에 포교를 하도록 도왔다고 합니다. 그리고 그다음에는 이불란사(伊弗蘭寺)라는 절을 창건해 아도 스님을 머물게 해 고구려가 불교를 완전히 수용하여 백성들에게 보급하는 정책을 본격적으로 폈던 것입니다. 더 나아가 이 두 스님으로 인해 전진과 고구려가 평화적 관계를 맺고, 불도를 호국사상으로 삼았으며 결과적으로 고구려 소수림왕 2년을 전후해 신라와 백제 등 삼국이 모두 불교를 받아들이게 되는 큰 결과를 낳게 된 것입니다.

나옹선사, 김시습, 동봉선사 등 관련 유물도 보관 중인 광법사

경내에 세워진 대부분 전각들이나 석탑을 보면 복원 공사를 한 지 30년이 안 됐기 때문에 아직 현대의 석공과 목공들의 체취가 가시지 않은 것 같아 고풍스런 맛은 느낄 수 없었으나 그럼에도 불구하고 이런 생경스러움은 천년 세월의 신비를 간직한 당간지주와 탑비들이 존재하기에 거뜬히 무마되었다. 특히 이곳 광법사에는 고려 말기 고승인 나옹선사(懶翁禪師)의 행적이 깃들어 있는 것으로 소문나 있길래 해설사에게 자세히 물었다.

■ 우리 광법사에는 고려 말기의 나옹선사의 행적이 남아있는 것은 사실입니다. 원래 나옹선사가 원나라 연경(燕京)으로 건너가 고승들을 찾아 가르침을 받고 인도의 지공선사(地空禪師)의 법을 이어받지 않습니까? 나옹이 우리 절에 머물 때 원나라 황제가 『금자화엄경첩』과 '금강저'를 보내온 이야기 말고 우리 절과 관련한 일화들이 많이 있습니다.

▶ 그리고 조선 시대 매우 소문난 문인인 김시습이 여기 머물렀다는 일화가 전해오고 있는데 어떻게 된 것입니까?
■ 매월당 김시습은 생동감 있고 심오한 문장력으로 한 시대를 풍미하지 않았습니까? 계유정란이 일어나자 머리를 깎고 중이 된 후 지체없이 여행을 떠났는데 그 첫 방문지가 바로 관서 지방이었습니다. 림진강을 거쳐 개성을 들러 고려왕조의 흔적을 둘러본 매월당은 이어서 평양과 안주 지방을 두루 거치며 민족의 시원과 고구려의 기개를 돌

[사진 21] 스님과 해설사의 설명을 들으며 경내를 참관하는 필자 일행과 북측 인사들

아봅니다. 이어 묘향산으로 들어가 깨달음의 시간 속에서 여름을 보내며 사상의 기틀을 다듬고, 늦여름에는 북쪽 여행이 여의치 않게 되자 발길을 돌려 안주와 숙천을 거쳐 평양으로 다시 돌아와 이곳 광법사에 머물며 자신이 유람하면서 적은 시를 정리해 『탕유관서록』(宕遊關西錄)을 만들었습니다.

▶ 그리고 조선 선조 임금 시기에는 동봉선사(東峯禪師)도 이 절에 머물렀다는 기록이 있는데 그 이야기에 대해 알려줄 수 있습니까?
■ 아, 동봉 대사 이야기는 여기 사적비문 내용에도 잠깐 나옵니다. "나옹선사가 남긴 자취, 사람도 오래되고 물건도 오래되어 기이하지 않은 게 아니건만, 뛰어난 우리 동봉대사 스승 쫓아 자취 남겼도다"라는 글귀가 있습니다. 나옹선사가 지공화상으로부터 불법을 전수받고 이 절에 머물렀고, 그 후 동봉선사도 이곳에 오래 머물며 시를 짓고 노닐었다는 기록도 있고 여러 일화들이 있습니다. 그래서 우리 절에는 나옹화상과 매월당 등의 유물 일부를 보존하고 있습니다.

II. 건축미가 돋보이는 광법사

탑의 중심축에 따라 대칭으로 건축된 배치기법

필자가 참관 도중 절간 앞마당에 이르렀을 때 잠시 휴식을 취하기 위해 동승당 마루에 걸터앉아 대웅전과 석탑을 바라보니 대웅전의 오색찬란한 단청과 추녀 끝의 풍경이 가끔씩 지나가는 바람결에 뎅그렁 뎅그렁 청아한 소리를 내고 있었는데 동쪽에서 불어오는 바람, 서쪽에서 불어오는 바람, 마치 바람결에 따라 소리가 달라지는 듯했다. 사회주의 나라 절간이라는 특별한 장소임에도 불구하고 태고적 신비감이 도는 듯한 분위기로 인해 잠시 고구려의 추억을 떠올려 보았다. 요술 램프 같은 풍경소리는 천년의 세월을 한순간에 불러오는 듯한 착각에 빠지게 했다.

오랜만에 들어보는 청아한 풍경소리에 나의 마음을 비워보는 여유로움을 가져 보며 다시 스님과 해설사의 설명이 이어졌다. 이미 앞서 언급한 대로 고구려 시기에 창건한 평양의 주요 사찰들은 영명사, 금강사, 광법사, 법운암, 정릉사 등인데, 현재까지 광법사, 정릉사, 법운암 등은 복원되었으나 영명사와 금강사는 아직도 사지(寺址)로서 연구 중에 있으며 머지않아 복원할 준비를 앞두고 있다. 다만 금강사로 추측하는 평양 청암리 사지탑은 평양 안학궁터 옆에 건립한 평양민속박물관 경내에 복원되어 실물 크기로 우뚝 세워져 있을 뿐이다.

해설사에 의하면 평소 문화재와 사적지 발굴 보존 등에 대해 매우 각별한 관심을 두고 있는 생전의 김일성 주석이 1991년 2월 12일 광법사 개건 준공식에 맞춰 직접 찾아 "역사주의적 원칙에 맞게 광법사를 훌륭하게 복구한 데 대해 큰 만족을 표시"했다고 한다.

수령님께서는 평소 이곳 광법사를 친히 여러 차례 찾아주시어 "광법사는 우리 선조들의 재능을 보여주는 우수한 건축물이며 유구한 문화전통을 보여주는 귀중한 유산이므로 잘 보존 관리해야 합니다"라고 하시면서 원래대로 복원할 것에 대한 끊임없는 지도와 가르침을 주셨으며 그 결과 이렇게 훌륭한 결과가 있게 된 것입니다.

해설사와 스님의 설명만으로도 광법사 복원에 대해 김 주석이 얼마나 심혈을 기울였는지 짐작할 수 있었다. 경내로 진입하려면 일주문인 해탈문을 거쳐 천왕문을 통과하면 대웅전이 나오며 마당 한가운데는 8각 5층 석탑이 보인다. 남북 자오선을 축으로 해 중층(2층)의 대웅전을 남향으로 두어 그 앞에 석탑을 세움으로써 경내에 들어서는 이들에게 고구려식 절간의 평범하면서도 독특한 양식을 보여주었다. 또한 스님들이 좌선을 하며 기거하는 승당(僧堂)이 대웅전을 중심으로 동서 양쪽에 배치되었는데 승당들은 툇마루가 있고 간결한 단청을 한 아늑한 구조였다. 이곳 스님들은 주로 동승당에 기거하며 집에 볼일이 있을 때는 잠시 다녀오기도 하신단다.

입구에 있는 천왕문과 해탈문도 남북을 축으로 배치되었으며 해탈문 서쪽에는 직사각형의 연못이 있고, 동쪽에는 매우 육중하고 커다란 당간지주 두 개가 쌍둥이처럼 우뚝 서 있다. 원래 서쪽에 있던 것을 다시 동쪽으로 옮겼다고 한다. 또한 천왕문 서쪽에는 1638년에 세운 '광법사 십왕개소상비'를 비롯해 1727년 7월(영조 3년)에 세운 '광법사 사적비'와 1760년에 세운 '광법사 증수단청비' 등이 비석의 형태로 나란히 세워져 있는데 각각 세월의 장구함을 보여주고 있어 나의 발길을 오래도록 멈추게 했다. 특히 "통훈대부 전(前) 행 병조좌랑 겸 춘추관기사관 이시항이 글을 짓고, 진사 황민후가 글씨를 쓰고, 한성 우윤 홍현보가 전서를 썼다"는 광법사 사적비는 그 비석의 크기와 전 후면에 음각으로 쓰인 깨알 같은 한문 글씨의 단아한 필체는 나의 눈길을 오래도록 사로잡기에 부족함이 없었다.

이와 같이 경내의 건축물들을 먼 거리에서 혹은 가까운 위치에서 주의 깊게 바라보니 이곳 광법사 역시 하나의 탑을 중심에 놓고 사방으로 건축물들을 배치하거나 탑을 통하는 중심축에 따라 대칭으로 배치되는 고구려 시기 사찰 양식의 배치기법을 적용한 것을 확인할 수 있었다. 전쟁 때 파괴되기 이전에 있었던 조선 시대 건축 형태를 그대로 복원한 것이라고는 하지만 필자가 스미소니언미술관에서 입수한 해방 전의 대웅전 마당 사진과 대조하면 조선식 건축양식도 아닌 듯했으며 현재의 대웅전과 석탑의 형태도 그때와 너무 많이 다르게 개건했다.

대웅전의 건축미에 매료되다

절 마당에 들어서면 제일 먼저 눈에 띄는 전각이 바로 금당인데 대개 남북 모두 대웅전 또는 대웅보전이라는 현판을 높이 걸어놓는다. 또한 남측 사찰에서는 절에 따라 대적광전, 무량수전, 미륵전, 용화보궁이라는 현판이 걸려 있는 경우도 많이 있으나 이곳 광법사는 한문으로 대웅전이라는 현판을 달았다. 절간의 중심축이 되는 건물이기 때문에 웅장한 2층 합각집 형태를 띠면서 어칸이 넓고 툇간들이 좁게 만든 것이 특이해 보였다.

겉으로 볼 때 남측 대웅전들과 크게 다를 바 없어 보였으나 자세히 보면 잘 다듬은 돌로 튼튼하게 올린 기단 위에 정면 세 칸, 측면 세 칸으로 축조되었고 붉은 기둥을 세워 그 위에 콘크리트를 사용해 포식두공 기법이라는 공법으로 완성했다고 한다. 목조가 아닌 현대식 콘크리트 건물로 지은 것이기 때문에 아쉬운 마음이 들기도 했다.

금당 내부를 보면 기둥을 높이 세워 2층까지 훤하게 틔워 통층이 되게 했고 천장 정중앙 맨 위에는 붉은 닫집을 달고 그 아래에 불단을 올려 삼불상을 모셨다. 금당으로 들어가는 1층 앞면의 모든 문은 전통적인

[사진 22] 광법사 대웅전 모습. 2층 규모로서 내부는 한통속 구조이다.

꽃살문을 달았는데 나름대로 어여쁘게 보였다. 꽃살문들의 조각 기술
이나 색채, 디자인 등은 섬세하지 않고 약간 투박하게 보였으나 누군가
정성을 다해 신심으로 만들었을 것을 생각하니 아름답게 보였다.

특히 처마 끝의 무게를 받치기 위하여 기둥머리에 짜 맞추어 댄 공
포(拱包)의 수수함과 팔작지붕의 곡선미, 기둥머리 위와 기둥과 기둥
사이의 공간에 짜 올린 다포(多包) 등이 조화를 이뤄 어색하지 않고 매
우 세련되게 보였다. 남측 사찰의 대웅전처럼 아주 웅장하고 빛나는
장식과 색상은 아니지만 절제된 듯하면서도 화려미를 갖췄고 동시에
간결미도 보여주는 등 매우 수준 높은 건축미를 보여주었다.

대웅전뿐만 아니라 동승당과 서승당이라고 부르는 다른 전각의 지
붕과 단청도 매우 단아하고 아름다웠다. 흔히 부처님을 모시고 신앙생
활을 하는 집을 법당이라 부르고, 스님들이 공부하고 정진하는 집을
선원(禪院)이나 강원(講院)으로 부르며 그곳에 살고 있는 스님이나
방문하는 손님들이 일상생활을 하는 집을 요사(寮舍)라고 하는데 이

[사진 23] 대웅전 왼쪽 처마 끝 단청을 가까이서 찍은 모습. 자로 잰 듯한 정확한 대칭 구조미가 너무 아름답다.

곳 광법사의 동승당과 서승당은 선원과 요사의 역할을 동시에 하고 있으며 스님의 답변에 의하면 필요에 따라 1주일에 한두 번 정도 집에 다녀오며 출퇴근한다고 했다.

화려하고 단아한 단청과 청아한 풍경소리에 푹 빠지다

필자가 경내에서 무엇보다 가장 주목한 곳은 대웅전 단청이었다. 평소 남측을 방문하면 고궁이나 사찰의 단청을 감상하는 것을 매우 즐겨하던 필자의 입장에서 볼 때 금단청을 입히는 등 세심한 노력과 정성을 들인 광법사 대웅전이야말로 눈이 호강할 정도로 안팎이 아름다웠다. 꽃들과 기하학적인 문양을 서로 조화롭게 하여 마치 비단 무늬를 짜 놓은 모양을 탄생시킨 것이 특색이었다. 정릉사와 마찬가지로 철저한 고증을 통해 고구려 무덤벽화라서 다른 전각들보다 안팎을 더 정성을 기울인 흔적이 역력해 보였는데 발견된 단청과 조선 시대 사찰의 단청을 근거로 색을 입혔다고 하니 그 노력도 가상하거니와 천년이 넘는 세월을 뛰어넘어 오늘을 살고 있는 우리에게 형형색색으로 나타났다는 사실이 감개무량했다.

금당의 단청은 주존불을 모신 곳인데 특히 배흘림기둥에 단청을 입힌 것은 매우 장엄한 미(美)로 다가왔다. 대개 단청을 하는 것은 단지 전각을 아름답게 하려는 목적만 있는 것이 아니라 목조 건물을 보존하는 방충 방습의 효과도 가지고 있다. 그러나 요즘엔 절간의 건축물이라고 해서 모두 다 단청을 하는 건 아니며 화학약품 처리를 해서 단청을 하지 않는 경우도 있다고 한다. 북측에도 목재의 질감을 그대로 살려 단청의 또 다른 아름다움을 보여주는 사찰들이 계속 생겨났으면 좋겠다는 생각을 해보았다.

적막한 절간의 대웅전 단청은 주변 경관과 잘 어우러져 고찰의 자태를 더욱 돋보이게 했다. 엄숙함을 더욱 빛내주려는 듯 은은하면서도 화려하게 다가왔으며 내가 단청에 매료되어 있는 동안 갑자기 어디선가 청아한 풍경소리가 들려오고 있음을 인지하게 됐다. 처음에는 단청 때문에 발길이 머물렀으나 이번에는 단청의 아름다움을 넘어 풍경소리가 더욱더 내 마음과 귀를 사로잡았다.

숲속의 흐느적거리는 버들잎 사이에 자리 잡은 대웅전의 여러 추녀 끝에서는 쉴 새 없이 땡그랑거리는 풍경소리가 들려왔다. 안팎이 단청으로 색동옷을 입고 우리들의 눈을 호강시켰다면 창공을 향해 뻗어있는 용마루 추녀 끝에 달린 풍경은 우리들의 귀를 통해 마음과 영혼에 심금을 울려주었다. 바람에 흔들릴 때마다 울리는 풍경 종에 매

[사진 24] 대웅전 왼쪽 처마 끝의 곡선미. 윗층 처마 끝에 달린 풍경에 나무로 만든 파란색 물고기가 매달려 있다.

달린 나무 물고기들은 시방세계를 깨우는 듯, 한시도 쉬지 않고 이리저리 바쁘게 움직였다. 고즈넉한 절간에는 마치 고승들의 알 수 없는 선문답이 현실이 된 듯 물고기 열댓 마리가 허공에 살고 있던 것이다. 고요한 사회주의 나라 하늘 아래, 이처럼 영혼을 맑게 해 주는 풍경소리와 단청의 아름다움을 만끽한다는 사실이 믿기지 않았다.

청아한 금속성 소리를 내는 풍경 종 끝에 매단 물고기 장식은 주로 목재로 만들어진다. 작은 종을 만들어 가운데는 추를 달고 그 아래 쇳조각이나 나뭇조각으로 붕어 모양을 매달아 놓으면 바람결에 따라 맑은 소리를 낸다. 이곳 북측에서는 풍경이라고 하지 않고 풍탁이라고 불렀다. 주로 대웅전과 모든 전각의 추녀 밑이나 불탑의 옥개석 전각 등에 달아 놓는데 이곳 광법사는 오로지 대웅전에만 달아 놓았다.

종 끝에 매달린 노랑 물고기와 파랑 물고기가 바람 부는 대로 흔들거리며 출렁이는 모습을 바라보니, 마치 물속을 이리저리 헤엄치는 듯한 착각이 들었으며 물고기 모양 자체가 어찌나 앙증맞던지 귀여워 보이기까지 했다. 절간에는 연못에만 물고기가 사는 것이 아니었음을 다시 한번 각인시켜 주었다. 추녀 끝 풍경에도 물고기가 살아 있었고, 공포와 천장에도 살아 있고, 어느덧 내 마음 깊은 곳에도 물고기들이 헤엄치는 듯했으며 바람결에 잠시 스치기만 해도 어느새 땡그랑거리는 풍경소리는 어느덧 청아한 법음처럼 다가왔다.

물고기는 깨어 있을 때는 물론 잠을 잘 때도 눈을 감지 않을 뿐 아니라 심지어 죽어서도 눈을 감지 않는다고 하지 않던가? 그래서 풍경에 매달린 물고기는 하루 24시간 온종일 눈을 뜨고 있는 것이며, 그래서인지 저 물고기들은 잠자는 것과 깨는 것 그리고 이념의 경계선은 물론 삶과 죽음의 경계선마저 모두 넘나드는 듯했다. 수행자는 24시간 눈 뜬 물고기처럼 항상 깨어서 부지런히 도를 닦으라는 의미로 달아 놓았을 것이다. 나태한 마음을 버리고 항상 마음의 눈을 뜨고 혼침과 번뇌에서 깨어나 일심으로 살아가리라 다짐을 해본다. 조국의 통일을 위해 이 물고기처럼 불면면학하는 수도자의 자세로 항상 깨어 있겠다는 다짐을 하고 이제 사찰 입구에 있는 연못과 당간지주로 발걸음을 향했다.

직사각형 연못의 복원과 당간지주의 발견

해탈문 입구 왼쪽에는 직사각형 형태의 옛 연못이 복원되어 있다. 연못 안에는 연잎이 수면을 덮을 정도로 무성하게 자라 절간 분위기를 더욱 돋보이게 했다. 북측 당국은 광법사 복원 공사 도중 발견된 당간지주를 초기에는 이 연못 자리에 세웠는데 나중에 그 자리가 연못 터였음을 추가로 발견하는 바람에 어쩔 수 없이 해탈문 오른쪽 공터로 이전했다고 한다. 그리고 당간지주가 서 있던 자리에 현재의 연못을

[사진 25] 광법사 경내에 있는 직사각형 구조의 연못. 광법사가 개원한 1990년 2월 이후에 한참을 지난 후에 복원됐다.

[사진 26] 광법사 당간지주(왼쪽). 불교 깃발이나 쾌불탱화를 걸어놓기 위해 당간을 지탱해주는 두 돌 기둥을 말하는데 오른쪽 사진은 스미소니언미술관에서 입수한 해방 전의 광법사 당간지주 모습. 지주 앞으로 가마꾼 행렬이 지나가고 있다.

복원한 것이라고 한다.

여성 해설사에 의하면 이곳 광법사 비문 중에는 구룡산(대성산)의 아홉 마리 용과 아흔아홉 개의 연못에 대한 전설이 기록되어 있는데 이런 기록의 근거와 인근 지역 인민들 사이에 구전으로 내려오는 정보 를 바탕으로 1958년부터 발굴을 시작했다고 한다. 비문과 구전을 바 탕으로 대성산 일대를 일제히 조사하고 발굴 작업을 벌인 결과 비문에 기록된 숫자보다 갑절이나 되는 170개의 연못 터가 발견되었다고 한다.

당간지주 앞에 도착한 스님의 설명에 의하면 "광법사가 392년에 창건되었으니 이 당간지주의 나이가 무려 1,620년이 넘었다"는 것이 다. 높이와 무게는 매우 웅장했으며 폭격에 의해 땅속에 묻혔다가 발 굴된 것이라 그런지 천년 세월의 흔적이 역력해 보였으며 육중한 모습 과 달리 역사의 증인 노릇을 하고 있다고 생각하니 매우 애틋해 보이 기도 했다. 당간지주는 단순한 세로 형태의 바윗돌이 아니다. 당시 석재를 다루는 기술과 함께 해당 사찰의 규모와 위치를 확정해 주는 기준표가 되는 것이며 연원이 오래될수록 민족의 귀중한 문화유산이 되는 것이라고 한다.

광법사의 당간지주는 남북을 통틀어 우리나라에서 가장 오래된 것이라고 한다. 또한 우리나라에서 가장 크기와 무게가 많이 나가는 당가지주는 평양 중흥사에 있으며 높이가 4m에 달한다고 했다. 현재 중흥사는 흔적도 없이 사라지고 옛 터전만 남아있는데 유일하게 발견된 유물은 이 당간지주였다고 한다. 우리나라 모든 사찰은 절에 행사가 있을 때마다 입구에 당 깃발을 달아두는데, 이 깃발을 꽂아두는 장대를 당간이라고 하며 이 당간이 쓰러지지 않게 지지대 역할이 필요한데 이때 양쪽에서 지탱해 주는 육중한 두 돌기둥을 당간지주라고 한다. 스님의 말에 의하면 광법사의 당간지주는 불교의 3대 절기인 석탄절, 성도절, 열반절뿐 아니라 조국통일기원법회 등을 진행할 때 불교 깃발이나 쾌불탱화를 걸어놓고 행사를 진행한다고 증언했다.

해탈문의 보살들과 천왕문의 수호신들

사찰에 들어오는 산문(山門) 중에 제일 먼저 나오는 일주문(一柱門)인 이곳 해탈문(解脫門)은 가운데 칸을 출입자들의 통로로 하고, 그 좌우 칸들에는 각각 문수보살과 보현보살이 세워져 있었다. 해탈문 안에 들어서기만 하면 불교 최고의 이상세계인 열반에 이르게 된다는 말 때문인지 뭔가 해탈되려는 기분도 은근히 들었다. 문수보살은 해탈문 왼쪽에 연꽃망울을 들고 푸른 사자처럼 생긴 해태를 올라타고 있었으며 보현보살은 흰 코끼리를 타고 활짝 핀 연꽃을 들고 있었다. 문수보살

[사진 27] (왼쪽) 해탈문 전경. (오른쪽, 위) 내부 왼쪽 칸에는 흰색 코끼리를 타고 있는 보현보살상이, (오른쪽, 아래) 내부 오른쪽 칸에는 푸른 사자 모습의 해태를 타고 있는 문수보살상이 서 있다.

은 지혜로써, 보현보살은 실천행으로써 석가모니를 보좌하는 협시보 살들이라고 하는데 올라탄 형상의 얼굴만 보아서는 도무지 어린 동자 승인지 장성한 보살인지 구분이 안 됐다.

　남측 불교 경내 건축물들을 보면 주불로 모신 금당 외에 관세음보 살, 지장보살 등 여러 보살을 모신 전각들을 비롯해 산신, 칠성 등의 토속신을 모신 전각들과 역대 조사들의 진영(眞影)을 모신 전각들, 경 전을 모시는 전각 등 여러 종류의 전각들이 일정한 교칙대로 질서 있 게 배열되는 것이 그 특징인데 이곳 광법사도 예외는 아니어서 일주문 을 통과하면 사천대왕을 모신 천왕문(天王門)이 나온 것이다. 사찰의 수호신인 사천왕을 모신 사천왕문을 줄여서 '천왕문'(四天王)이라고 했다고 한다. 천왕문도 해탈문과 마찬가지로 가운데 칸을 출입자들의 통로로 하고, 그 좌우 칸들에는 각각 험상궂은 모습의 네 분의 사천왕 상을 모셔 두었다.

　천왕문 좌우 칸에는 지국천왕, 다문천왕, 증장천왕, 광목천왕 등

[사진 28] 천왕문 내부. 양손에 큰 칼을 들고 있는 지국천왕. 선한 사람에겐 상을 주고 악한 사람에게 벌을 주고 늘 인간들을 보살피며 국토를 지켜준다고 한다. (오른쪽 위)증장천왕이 오른쪽 손엔 용, 왼쪽 손엔 여의주를 들고 있는 증장천왕은 자신의 덕으로 만물이 태어날 수 있도록 덕을 베푸는 역할을 한다고 한다. (왼쪽 아래)광목천왕상은 원래 악의 무리를 쫓는 역할이기 때문에 눈을 부릅떠야 하는데 광법사는 반대로 인자한 눈이다. 또한 오른쪽 손에 쇠창살, 왼쪽 손에 탑을 들어야 하는데 광법사는 좌우가 바뀌었다. (오른쪽 아래)다문천왕은 항상 부처님의 설법을 빠짐없이 듣는다 하여 붙여진 이름이다. 항상 비파를 들고 있다.

사대천왕이 모셔져 있었는데 내부 왼쪽부터 지국천왕, 다문천왕 두 분을, 오른쪽에는 증장천왕, 광목천왕을 커플처럼 각각 모셨다. 한편 이들 천왕의 몸체 다리를 보면 하체는 주로 이승에서 죄를 지은 사람들을 저승에서 벌을 주며 발로 짓밟는 무자비한 형상을 하고 있어 섬찟해 보였다.

한편 필자가 미리 준비한 자료를 손에 들고 스님과 해설사에게 광법사의 전각들의 건축기법이나 공법에 대해 이것저것 물었더니 도무지 그런 용어를 이해하지 못해 남과 북의 건축 용어에 대한 이질감을 다시 한번 확인할 수 있었다. 특히 필자가 미국 스미소니언갤러리에서 입수한 일제강점기의 이곳 해탈문 사진을 대조해 보니 지금의 모습과 확연히 다른 것을 확인할 수 있었다. 당시 사천왕의 형상은 마치 제주도의 돌하르방같이 생겼으며 그 옆에는 사모관대를 착용한 대감의 모습도 등장하는 데 반해 오늘날의 광법사 천왕문에 모셔진 사천왕들은 형상이나 표정들이 당시와 사뭇 다른 것을 볼 수 있었다.

사천왕 전각이나 산신을 모신 산신각, 칠성님을 모신 칠성각 같은 것은 본래 불교 신앙의 대상은 아니지만, 불교가 우리나라에 전래되면서 우리 민속신앙까지 한데 아우르며 종교화되어 뿌리를 내리며 전각으로 모시기까지 했는데 북측 지역 불교도 예외는 아니었다. 유일신을 신앙하는 기독교나 기타 여러 종교가 하나의 통일된 형식으로 전 세계에 전파되는 것과는 다르게 불교라는 종교는 일정한 고정 형태를 지니는 것이 아니라 그 나라의 역사적 배경과 지역, 인종에 따라 그 문화 속에서 새로운 양식으로 자리 잡는 특징을 지닌 것으로 보였다. 이곳 광법사를 비롯한 북측 사찰의 모든 전각에도 인민들이 손쉽게 찾아와서 형식보다는 진리를 추구하며 북측 사회주의 문화에 걸맞은 토속적 신앙들이 드러나 인간 본래의 마음자리를 찾는 신앙생활을 하기를 기원해 보았다.

한때 조불련 스님들을 배출하는 불학원(佛學院)도 운영하다

행정구역상으로 평양시 대성동 구역 대성동의 대성산성 내에 위치한 광법사는 평양 시내 인근에 위치해 있다는 지리적 접근성과 대를 이어 인민들로부터 존경받는 김일성 주석의 적극적인 주도로 개건된 북측의 대표적인 복원 사찰이라는 장점 그리고 우리나라 최초로 불교

가 전래되면서 탄생한 사찰이
라는 역사적인 커다란 상징성
때문에 국내외 인사들의 방문
시 참관 장소와 관광 코스로 가장
우선시 되고 있었다.

아울러 조불련의 모든 공식
적인 법회 장소로도 적극 활용
되고 있었으며 크고 작은 국가
적 불교 행사도 거의 대부분 이
곳에서 치러지고 있었다. 필자
는 북측 조불련 산하에 승려들
을 배출하는 불교학원(佛學院)

[사진 29] 스미소니언미술관에서 입수한 해방 전
광법사의 천왕문 내부 모습

이 이곳 광법사에서 잠시 운영됐었다는 이야기를 듣고 스님에게 몇 가
지 물었다.

▶ 과거에는 이곳 광법사에 스님이 되고자 하는 분들이 모여서 공부했
던 것으로 알고 있는데요?
■ 아, 불학원은 벌써 오래전에 다른 곳으로 이전했습니다.

▶ 어디로 이전했고 그곳에서는 현재 어떤 방식으로 공부를 하는지요?
■ 우리 조불련 중앙위원회의 책임하에 운영되고 있는데 처음에는 량
강도 삼수 중흥사 선원에서 시작을 해서 거기서 한 25년 정도 운영하
다 나중에 평양 용화사로 옮겼습니다. 그러다가 광법사가 개건 공사
를 마치면서 이곳으로 옮겼고 후에 다시 평양 시내(조불련 청사)로

옮겨서 지금까지 잘 운영하고 있습니다.

▶ 주로 어떤 분들이 공부를 합니까?
■ 신심이 좋은 분들을 매번 뽑아서 불교 공부를 합니다. 경전과 불교 력사는 물론 염불이나 불교 제례 등을 공부하고 력사와 철학도 공부합니다. 그리고 불학원 말고도 지방에는 불교 강습소가 별도로 운영되고 있어 시험과 심사를 통해 스님들을 배출합니다.

알고 보니 조불련은 승려 양성을 목적으로 1965년 조불련 중앙위원회 산하에 4년제 불학원을 오늘날의 량강도 삼수군 관평리 성거산(聖居山) 기슭에 있는 중흥사(重興寺)에서 개원했다고 한다. 불교의 특성상 대도시가 아닌 속세에서 떨어진 첩첩산중 심산유곡을 일부러 도량의 장으로 삼았던 것 같다. 그러다가 1989년 12월 평양 용화사로 이전했다가, 평양 광법사가 개건 공사를 마치고 1992년 2월 개원하면서 불학원이 이곳 평양 광법사로 이전해 2년 동안 공부를 했다고 한다. 그러다가 1994년 6월경에 다시 평양 시내 조불련 청사에 입주해 조불련 사무실이 입주해 있는 건물을 함께 사용하면서 오늘에 이르고 있다는 것이다.

필자가 볼 때 학사일정이나 기수별 입학생, 졸업생 등의 정확한 자료는 공개된 바 없으나 학생들은 졸업 후 조불련 사무실이나 각 불교 기관 혹은 전국에 있는 각 사찰에 파견돼 승려 업무나 종교 업무를 맡고 있는 듯 보였다. 이들은 모두 기본적으로 노동당의 방침에 적극적으로 협력하여야 하며 동시에 북측 불교의 명맥을 유지하는 중추적 역할을 감당해야 한다. 또한 조불련은 사회과학원 민족고전연구소와 함께 1993년부터 고려대장경을 조선어(한글)로 번역하는 작업을 시작해 2년 만에 완역을 하기도 했으며 드디어 2001년에는 고려대장경연구소에서 17권의 고려대장경을 출간하는 등 꾸준하게 불사도 벌이고 있었다. 이런저런 이야기를 직접 확인해 보니 북측의 불교는 남측과는 다른 시스템으로 돌아가고 있으나 전통 불교의 명맥이 나름대로 유지되고 있는 것은 물론 아직도 살아있음을 느낄 수 있었다.

천년 고찰을 떠나면서

해방 직후 북측은 민족 문화 건설이라는 기치 아래 이른바 주체성의 원칙과 대중성의 원칙 그리고 현대성(반복구주의)의 원칙, 역사주의(유물사관)의 원칙에 입각해 사회주의 이념에 배치되는 유물들은 문화재적 가치가 없는 것으로 평가했으나 반면 사회주의 건설에 필요하다고 인정되는 유물들은 모두 문화유산으로 발굴해 보존하는 정책을 펴 왔다.

통계자료에 의하면 현재 북측에는 국보 50점, 보물 53점, 사적 73개소, 명승지 19개소, 천연기념물 467점 등 총 712점이 문화재로 지정되었으며, 이 중 불교 문화재는 국보 19점, 보물 28점, 사적 3점 등 총 50점이라고 한다. 북측의 사찰은 골고루 산재해 있는 편인데 그중에서 평양시는 6곳, 개성시 4곳, 황해도 12곳, 평남 4곳, 평북 18곳, 강원도 10곳, 함남 9곳, 함북 3곳, 량강도 1곳 등 총 67개소가 있다고 한다.

북측 불교가 이전보다 더 활기차려면 우선 저런 국보급 불교 문화재와 유적지, 유물들을 잘 유지하고 보존하는 것은 물론 새로운 불교 유적지와 문화재 발굴과 개발에 대한 지속적인 투자가 이뤄져야 한다는 생각이 들었다. 이를 위해 남측 불교는 물론 미주를 비롯한 해외 동포 불교계와의 협력과 지원을 받아서라도 이미 사지로서 발굴된 터전 위에 옛 사찰들을 하루속히 복원하는 사업들부터 신속히 착수해야 한다.

또한 북측 불교가 흥왕하려면 조불련의 조직이 막강해야 하며 정체성의 영역이 좀 더 넓어져야 한다. 그렇게 되기 위해서는 승려를 배출하는 교육기관이 활발하게 그 역할을 감당해야 하는데 현재 평양 시내에 있는 초록색 3층 건물의 모습을 띤 조불련 청사는 건축된 지 벌써 10여 년이 넘었는데 그 안에 불학원이 더부살이를 하고 있는 현실이다. 기독교의 평양신학원도 처음에는 조그련(조선그리스도교련맹) 청사에 입주해서 운영하다가 나중에 별도의 신학원 건물을 건축해 이전했듯이 불학원도 속히 별도의 자체 건물을 확보해 실력 있는 교수진을 구비하고 승려 후보생들을 더 많이 확보해야 한다. 후보생들에게는 집중적인 교육과 정해진 학제에 따라 불학원에 걸맞은 정상적인 학교 시스템이 가동되도록 해야 한다. 사회주의 체제의 불교이기 때문에 아직은 여러 제약이 많겠지만 오히려 장점을 잘 활용해야 한다.

북측 불교는 자본주의 체제하의 전통적 불교 성향이 아니라 사회주의 국가 체제하에서 자신들만의 독특한 불교를 구축해 왔다. 석가탄신일이 되면 조불련을 주축으로 사찰에서 봉축법회도 열고 경내에 연등을 설치하고 탑돌이도 하는 등 나름대로 여러 기념행사를 주도하고 있으나 법회 현장은 기독교의 조그련과 별 차이 없이 국가 정책이나 노동당의 방향에 맞춰 최고 지도자의 정책을 옹호하고 협력하는 소위 정치적 색채를 강하게 드러내고 있다. 구체적인 한 예로 최고 지도자가 발표한 올해 신년사의 실천 결의를 다지는 등의 정치적 내용의 행사를 매우 당연시하고 있는 실정이다.

오히려 종교적 내용의 법회보다 정치적 성향이 내포되는 법회나 행사를 더 중요하게 여긴다. 필자가 평소 북의 각 종교 단체 지도자와 대화해 보면 그들은 한결같이 "정치는 곧 신성하다"라는 의식을 지니고 있었다. 더 나아가 "정치는 곧 거룩한 것이다"라는 인식이 팽배해 있으며 "가장 정치적인 것이 가장 거룩하다"라고 생각하고 있으며, 따라서 "종교가 거룩한 영역이 되려면 정치적이어야 한다"는 논리가 형성돼 있다.

그런 연유 때문에 불교 측에는 조불련의 심상진 위원장이나 최근의 강수린 위원장을 비롯해 기독교 측 조그련 위원장 강명철 목사 등은 최고인민회의 대의원이나 상임위원에 선출되는 등 정치에 적극적으로 몸을 담고 있는 중이다. 마찬가지로 천주교, 천도교 등 여러 종교 대표자도 대부분 정당과 내각의 영향력 있는 간부 출신 중에서 선출되거나 겸임하고 있는 경우가 허다했다.

그렇기 때문에 남측 종교인들의 관점에서 바라는 대로 북측 종교인들과의 비정치적이고 순수한 종교적 교류는 기대하기 어렵다. 특히 자본주의 체제의 남측 종교는 보수주의 성향이 대부분을 차지하기 때문에 이런 남측 불교계가 바라는 '순수한 종교적 교류' 혹은 '종교 교류의 비정치화'는 불가능할 것이다. 우리는 그런 북측 불교의 정체성을 비하하거나 별종으로 이단시하지 말고 내재적 관점에서 존중해 주고 받아들여 남북의 불교가 서로 상생하며 소통해야 한다.

필자 일행이 광법사를 떠나며 스님에게 뜨거운 포옹을 나누며 석별의 정을 나누자, 절간 식구들도 주차장까지 따라 나와 필자 일행이 자신들의 시야에서 멀어질 때까지 잘 가시라는 배웅의 손짓을 멈추지 않았다.

황해도 성불사(成佛寺) 편

[사진 30] 성불사 경내 대웅전인 극락전과 5층 석탑 모습. 탑은 국보 유적 32호로 지정돼 있다.

I. 정방산과 성불사 이야기

정방산과 성불사를 향해 출발하다

필자의 경험상 북측은 사회주의 국가이지만 다종교를 허용하는 사회이다. 따라서 인민들은 종교에 대한 일반적 인식에 있어서 개신교나 천주교에 비해 불교에 대해서는 좀 더 우호적인 듯 보였다. 불교 신자들이 사찰 순례하듯 만일 개신교나 천주교 신자들이 이북에 있는 교회당이나 성당 순례를 한다면 어떻게 될까? 우선 하고 싶어도 그리 갈만한 곳이 많이 없어서 가지 못한다. 해방 전부터 지금까지 남아있는 옛날 교회나 성당이 별로 없을뿐더러 전쟁 이후 개건이나 신축을 한 교회당이나 성당이 현재까지도 손에 꼽을 정도에 불과하기 때문이다. 그러나 불교는 칠보산, 묘향산, 구월산, 금강산 등 4대 명산 위주로 고찰들이 남아있거나 복원된 사찰들이 전국적으로 70여 개에 이른다. 그렇기 때문에 북을 방문하는 불교 신자들은 사찰 순례를 겸해 명승지 관광도 할 수 있는 유리한 환경에 있다.

또한 북측에는 불교와 관련된 문화재나 유적지들이 많기 때문에 대중들의 종교 선호도와 친밀도에 있어 불교는 타종교에 비해 유리한 고지를 점하고 있다고 볼 수 있다. 아직 상징성에 머물러 있지만 남측 조계종에서 금강산 신계사를 복원한 후 조계종 스님이 북측에 주지로 파견되는가 하면 개성에 있는 영통사를 남측 천태종에서 복원한 것처럼 앞으로도 이러한 남북 불교 간의 소통과 교류를 통한 공동 불사들이 꼬리를 물고 일어나야만 한다고 본다.

필자는 10.4 선언을 기념해 조직된 남북해외 동포 통일토론회 미주대표단의 일원으로 참가하기 위해 방북했다. 남측에서는 올라오지 못해 결국 북측과 해외 동포만의 행사가 되었으나 평양 땅에서 북측과 해외 동포 간의 열띤 통일 토론회를 벌였다는 사실 자체는 매우 역사적인 사건으로 여겨졌다. 그리고 우리 일행은 체류 기간 중에 통일로에 위치한 '조국통일 3대 헌장탑'에 들려 참관을 마친 후 황해북도 사리원 인근에 있는 정방산을 찾아 그곳 경치를 구경하고 성불사를 참관하기 위해 개성고속도로에 몸을 실었다.

필자는 이번 방문 이후로 한 번 더 성불사를 참관하였다. 고속도로에 들어서자 도로 좌우에는 우리 일행을 환영하듯 정겨운 코스모스들이 하늘거리며 무성하게 피어 있었고 오가는 길 도로의 한가운데는 야트막한 사철나무들이 한 줄로 심겨져 늘어서 있어 중앙분리대 역할을 했다. 그뿐 아니라 가을 추수철을 맞아 논밭에는 벼 이삭들과 옥수수들이 황금 벌로 보이며 추수하는 농민들의 바쁜 움직임들이 곳곳에, 눈에 띄었다.

한 시간 정도 달리니 뒷산을 배경으로 깔끔한 주택들이 밀집된 마을들이 평온하게 자리 잡은 모습들이 여기저기 보이기 시작했다. 어느덧 정방산 팻말이 보이자, 우리를 태운 차량은 고속도로를 벗어나 산중 진입로로 들어섰다. 정방산은 사리원시에서 약 8km 정도 떨어진 거리에 있다 보니 이곳 주민들은 보통 '사리원 정방산'으로 통했다. 멀리서 바라보니 높이가 채 500미터도 되지 않을 듯한 산세로 보였다. 정방산에 가까이 다다르자 산속에는 소나무들과 이름 모를 나무들이 빼곡하게 산을 뒤덮고 있어 과연 듣던 대로 명산의 기품이 느껴졌다.

안내원의 말에 의하면 정방산은 재령 벌을 끼고 있어서 그런지 주변 산들에 비해 유난히 높아 보이고 산세도 도드라지게 보인다고 했다. 황해도의 구월산이나 멸악산처럼 험난하고 수려하지는 않지만 아늑한 느낌을 준다고 했다. 그리고 예로부터 재령평야 인근에 사는 인민들은 자신들과 생사고락을 함께해 온 산이라서 그런지 목숨같이 여기는 산이라고 전해주었다.

돗자리를 깔고 평양서 주문한 곽밥(도시락)을 먹다

필자가 찾은 정방산은 주민들이 친근하게 여기며 자주 찾는 생활 명소이자 관광명소로 이미 자리매김했음을 보여주는 장면들이 곳곳에 눈에 띄었다. 그동안 북측 당국은 정방산 30리에 축조된 산성을 재정비하는 것은 물론 성불사의 유물과 유적들을 복원하는 대대적인 사업을 벌여왔다고 한다. 더불어 정방산 내에 각종 주민 편의시설을 개발하는 사업을 벌여왔는데 1997년에는 농구장과 배구장 등 체육시설과 낚시터, 잔디밭, 찻집, 식당, 상점은 물론 작은 동물원까지 만들어 유원지화하였으며 도로를 정비하고 주차시설까지 만든 것은 물론 버스노선까지 신설해 주민들의 편의를 도모했다고 한다.

필자 일행을 태운 차량이 산성 입구에 다다르자, 평일임에도 불구하고 인근 주민들이 배구 경기를 즐기려고 준비하는 모습들과 여기 저기 삼삼오오 여가를 즐기고 있는 젊은 남녀들이 보였다. 안내원은 북측 인민들이 백두산 3대 장군이라고 부르는 김일성 주석과 김정일 국

[사진 31] 정방산성 입구인 남문 앞에는 인근 주민들이 자주 찾아와 배구 경기를 즐긴다고 한다. 자전거 앞에 입장권 매표소가 있다. 탐방 중 만난 소풍 나온 소학교 어린이들의 표정이 매우 밝고 명랑해 보였다.

[사진 32] 일행과 함께 평양에서 주문한 점심 도시락을 먹기 시작하려는 필자

방위원장, 김정숙 여사에 대한 이야기를 서두에 꺼내면서 본격적인 해설을 시작했다. 김정일 위원장의 생모인 김정숙에 대한 호칭은 '우리 민족의 위대한 항일 려성투사'라고 불렀다. 특히 이들 3대 장군들이 살아생전 정방산과 성불사에 깊은 애정을 보인 일화나 현지 지도에 관한 여러 일화를 들려주기도 했다.

어느덧 점심때가 되어 시장기가 돌자, 금강산도 식후경이라 했으니 일행들은 우선 평양에서 주문해서 가져온 도시락(곽밥)을 먹은 후에 참관하기로 했다. 1인당 주어진 식사 메뉴는 김밥과 고급스런 도시락을 각각 먹을 수 있도록 충분히 준비했기 때문에 매우 푸짐했다. 정방산 한가운데 조성된 호숫가 옆 양지바른 잔디밭에 돗자리를 펴고 음식을 진설해 놓으니 군침이 돌 정도로 맛나 보였다. 안내원과 기사를 포함해 전체 일행들은 화기애애한 대화를 나누며 즐겁게 음식을 나눴다. 주변 울창한 숲속에서 퍼져 나오는 맑고 상큼한 공기를 맡으며 식사를 즐기니 꿀맛처럼 느껴졌다.

때마침 우리 주변에 있는 오솔길을 따라 산을 오르내리던 인근 주민 중에는 자신들이 애써 떠온 약수터 샘물을 인심 좋게 통째로 갖다 주어 식사의 즐거움을 더해주었다. 식사 후에는 호수와 폭포 주변을 산책했으며 호수 주변에는 자신들을 만수대 창작사 소속이라고 밝힌 남녀 화가들 서너 명이 각자 흩어져 앉아 그림 그리기에 여념이 없었다. 필자 일행이 한참 식사를 하고 있는 도중에 우리가 앉아 있는 돗자리 주변에는 소풍 나온 초등학교 어린이 일행들과 생수통을 들고 온 할머니 서너 분이 낯선 이들의 식사하는 모습을 신기한 듯 물끄러미 쳐다보는 바람에 몹시 민망했다.

최고 지도자들과 얽힌 정방산과 성불사 이야기들

안내원의 설명에 의하면 북측 당국은 군인들까지 동원해 이곳 정방산 일대를 정치사상 교양 구역뿐 아니라 찻집과 낚시터 등을 새로 만들어 대중문화 휴식 구역, 체육과 유희 오락 구역들을 조성하며 주민 편의시설과 특색 있는 유원지로 바뀌도록 했다는 것이다. 이는 김일성 주석의 교시에 의해 그 이전부터 꾸준히 개발하다가 김정일 시대에 접어든 1997년 여름부터 다시 한번 본격적인 공사에 들어가 정방산뿐 아니라 정방산의 두 배 높이가 되는 구월산도 광유원지로 탈바꿈하는 대공사를 시작했다고 한다.

결국 김정일 국방위원장이 여러 차례에 걸쳐 현지 지도를 하며 관광지 조성 사업과 문화후생시설, 문화유적지 보존과 관리에 대한 철저한 지침을 내리면서 이곳이 오늘날처럼 탈바꿈하기 시작했다고 볼 수 있었다. 또한 백두산 3대 장군(김일성, 김정일, 김정숙) 외에도 반일 민족 해방운동을 주도했던 김형직 선생의 혁명 사적도 이곳 정방산에 깃들

[사진 33] 성불사의 역사를 기록한 '성불사 기적비'에 대해 설명하는 성불사 주지 법성 스님

어 있다고 한다. 그리고 김일성 주석의 경우, 창덕소학교 시절에 정방산으로 소풍 온 것이 계기가 되어 역사 유적에 대해 관심을 갖기 시작했으며, 그런 이유로 해방 직후인 1946년부터 이곳을 자주 찾아 이곳이 선조들의 애국심이 깃든 곳이라며, 정방산을 인민의 유원지로 꾸리도록 지시하였다고 한다.

뒤늦게 합류한 주지 스님의 설명에 의하면 목란꽃이 북측의 공식 국화로 결정된 배경에는 소학교 시절의 소년 김성주(김일성 주석)가 이곳으로 소풍을 와서 처음 보았던 목란꽃의 매력에 흠뻑 빠지며 큰 감명을 받은 것이 계기가 되었다고 한다. 그 후 1964년 8월 19일 김 주석이 이곳을 직접 찾아 목란을 국화로 결정하도록 교시했다고 한다.

김일성 수령님은 1923년 4월 창덕학교시절에 교원, 학생들과 함께 정방산에 원족(소풍)을 오시어 이곳의 아름다운 경치와 귀중한 력사 문화유적에서 깊은 인상을 받으신 후 항일 무장 투쟁 시기에도 정방산에 대하여 잊지 않으셨습니다. 1962년 8월과 1964년 8월 19일,

1968년 5월을 비롯해 여러 차례 이곳 정방산을 찾으시고 경치가 아름답고 문화유적이 많은 이곳을 근로자들의 문화 휴식터로, 훌륭한 교양 장소로 잘 꾸릴 데 대하여 교시하셨으며 어느 날 이곳을 찾아주시어 목란이 우리 조선의 국화가 되도록 이곳에서 발의하셨습니다.

아울러 김정일 위원장도 1962년 8월, 1969년 3월, 1997년 5월을 비롯해 여러 차례 이곳을 찾아 인민의 문화유원지로 더 잘 꾸리도록 현지 지도를 했으며 이곳 정방산 찻집 이름도 직접 지었다고 한다.

김정일 장군님은 1997년 5월, 성불사를 직접 돌아보시면서 "정방산 유원지를 찾는 사람들이 우리 선조들의 재능과 슬기가 깃들어 있는 성불사를 비롯한 문화유적들을 돌아보면서 애국애족의 넋을 더욱 깊이 간직할 수 있게 그에 대한 보존 관리 사업을 잘하여야 한다"라고 가르쳐 주시었습니다.

그런 일이 있은 후 당국과 성불사의 관리인들은 모두 여섯 채의 목조 건물들과 5층 석탑 그리고 사찰 유물들을 원상태로 복원하기 시작해 가장 먼저 웅진전과 극락전, 청풍루의 단청 칠부터 새로 시작했다고 한다. 또한 지붕 공사는 물론 마루를 다시 깔아 당대의 건축술을 그대로 보여줄 수 있게 하였다고 한다. 그리고 지난 한국전쟁 시기 미국의 폭격으로 파괴된 웅진전과 그곳에 모셔진 500여 나한상을 원래의 모습대로 복원해 다시 웅진전으로 모셨으며 유적과 유물들을 옛 모습대로 복구하는 정성을 기울여 왔다고 한다.

이처럼 한 나라의 최고 지도자가 역사에 대해 얼마나 큰 관심을 갖

[사진 34] 성불사 경내 석탑 앞에 선 필자

고 있느냐에 따라 이와 같이 모든 유적지와 문화재의 상태가 달라질
수 있다는 것을 여실히 보여주었다. 이때부터 지금까지 이곳 관리원들
은 명부전, 청풍루의 지속적인 지붕 보수는 물론 정방산성 성곽 보수,
성불사 주변의 석축과 사방공사 보수, 나무 심기와 관리 등을 지속적
으로 신경 쓰고 있다고 했다. 그뿐 아니라 과학자들과 전문가를 동원
해 사찰의 옛 건축물들의 손상을 방지하기 위해 과학 기술적인 방안들
을 지속적으로 개발해 보존 관리에 적용하고 있다고도 한다.

"제 밤에 울어야 할 닭이 대낮에 운다"라고 할 정도로 깊은 산중

안내원의 설명에 의하면 정방산은 행정적으로 황해북도 황주군과
봉산군 경계에 있으며 정방산이라는 명칭은 봉우리들이 서로 잇닿아
정방형을 이루고 있어서 붙여진 이름이라고 한다. 또한 산 높이는
481m이며 둘레는 12km인데 그 둘레를 따라 돌성(정방산성)이 남한산
성처럼 축조된 것으로 보아 예로부터 우리 조상들이 군사적 용도의 산

으로 적극 활용한 것으로 보였다.

스님의 말에 의하면 이곳 정방산이 옛날에는 얼마나 숲이 울창했던지 "제 밤에 울어야 할 닭이 대낮에 운다"라고 할 정도로 우거졌다고 한다. 옛날에는 호랑이들이 인근 지역 사람들에게 자주 출현했는가 하면 현재도 각종 맹수가 서식하고 있다고 한다. 맹수들 외에도 산중에는 노루, 오소리, 너구리, 다람쥐, 꿩, 매, 전갈 같은 동물들이 서식하고 있으며 딱따구리를 비롯한 귀한 조류들도 많다고 한다.

숲이 우거지고 물이 맑아 경치가 아름다울 뿐 아니라 역사 유적들이 많아 명승지로 분류된 곳이다 보니 전국에서 찾는 이들이 많다고 한다. 내가 봐도 병풍처럼 둘러선 절벽과 사방에 솟아오른 봉우리들과 2단 폭포 등이 서로 운치 있게 조화를 이루고 있어 주민들은 마치 이 산을 남부지역 평야를 지키는 수호신처럼 여기고 있다고 한다.

특히 오랜 세월의 풍화작용으로 인해 기묘하게 생긴 봉우리들과 해발 100m 이상의 기암절벽들은 필자의 눈길을 사로잡았고, 갖가지 꽃들과 울창한 수림이 한데 어울려 장관을 이루었다. 기암절벽들은 서로가 그 키를 자랑하듯 솟아있는데 그 성분은 대부분 규암과 결정편암으로 구성돼 있다고 한다. 또한 이곳 절경이 워낙 아름다워 떠나지 못하고 결국 바위로 굳어졌다는 거북형제봉과 처녀총각바위, 낙타바위 등 갖가지 전설들을 안고 있는 기암절벽들도 많았다. 내가 보기에도 봉우리들과 능선을 따라 쭉 둘러 막힌 모양이 정방향을 이룬 듯 보여 실제로 이 산 이름을 왜 정방산으로 부르는지 알 수 있을 듯했다.

또한 아름드리 느티나무를 비롯해 참나무, 밤나무를 비롯해 여러 가지 과일나무들과 목란, 진달래 등 560여 종의 식물들이 살고 있다고 하니 국립수목원에 버금가는 수준으로 여겨졌다. 정방산의 양 기슭을

[사진 35] 정방산 호수 정원들은 볼수록 풍치가 고급스러웠다.

따라 돌배나무, 살구나무, 벚나무들이 꽉 들어찼고 안내원과 스님의
말에 의하며 꽃피는 춘삼월 계절이 오면 온 골짜기가 과일 꽃향기로
넘친다고 한다. 이뿐 아니라 노송 같은 소나무는 기본이고 참나무, 단
풍나무, 물푸레나무, 다릅나무, 박달나무, 산살구나무, 돌배나무, 복
숭아나무 같은 키나무, 목란꽃나무, 진달래, 철쭉나무, 싸리나무, 개암
나무, 분지나무 등이 산속 여러 곳에 군락으로 분포되어 있다고 한다.

정방산의 동쪽 기슭으로는 입석천이라고 부르는 냇가가 흐르고 서
쪽 기슭으로는 사리원에서 황주 사이에는 도로가 훤하게 뚫려 지나는
데 사리원까지는 약 8㎞ 정도의 거리라고 한다.

정방산 자연 폭포와 인공폭포 기능

정방산 울창한 수림 속에는 여러 전설을 담고 있는 약수터들도 많았으며 작은 규모의 인공 연못과 자연 연못들도 눈에 띄었다. 안내원의 말에 의하면 산성 안에는 모두 4곳의 연못과 7곳의 우물이 있다고 한다. 또한 정방산의 상징적인 장소로 빼놓을 수 없는 곳이 있는데 그곳이 바로 폭포였다. 정방리 정방폭포는 무려 지상 100여 미터의 높이에서 폭포수가 쏟아지는데 물줄기와 함께 희뿌연 물안개가 마치 분무기로 뿌리듯 사뿐히 내리고 있었다.

폭포수가 낙하하는 과정을 물끄러미 바라보니 미세한 물방울들이 공중으로부터 마치 억만 구슬이 되어 사뿐히 떨어지는 듯 신비함마저 보여 그 광경은 볼수록 장관이었다. 여느 일반 폭포와는 달리 우뚝 솟은 바위 정상에서 떨어지는 폭포수라 그런지 마냥 신기하기만 했다. 물줄기의 길이는 정확히 84미터나 된다고 하며 폭포가 낙하하는 지점을 가보니 바위가 뚫려 작은 못을 이루고 있었다.

한 가지 특이한 사실은 이곳에 물이 고갈될 때는 인공폭포 형식으로 가동될 수 있도록 만들어졌다고 한다. 물론 폭포

[사진 36] 정방폭포 모습. 바위 정상에서 낙하하는 폭포수는 인공폭포 기능도 갖추고 있다.

가 가동되기 위해서는 막대한 전력이 소비된다. 그럼에도 불구하고 큰 가뭄이 닥치거나 담당자들이 볼 때 꼭 필요하다고 여겨지는 상황이 오면 강력한 펌프를 가동해 정상 높이까지 물을 끌어 올려 폭포수를 선보일 수 있다고 하니 그 정성과 배려심이 대단해 보였다. 안내원과 스님은 "인민들의 휴식처를 보다 더 아름답게 가꾸고 해내외 관광객들이 방문하면 큰 만족을 줄 수 있도록 위대한 장군님께서 만들어 주신 선물이 바로 이 폭포수입니다"라며 폭포에 대한 자세한 설명을 이어갔다.

또한 워낙 정방산의 공기와 풍치가 좋다 보니 최근 정방산 일대에는 이런 맑은 공기와 풍경을 기반으로 질병을 치료하는 '풍치요법'을 하는 곳도 생겨났다고 한다. 이른바 '사리원 정방산 기후요양지'가 풍치요법을 하는 곳이라고 한다. 정방산의 산림풍경을 바라보고 있으면 어떤 환자든지 마음이 평온해지며 안정될 수도 있겠다는 생각이 들었다. 또한 봄, 여름, 가을의 경치 외에도 겨울에도 산 정상을 가득 뒤덮은 백설의 절경이 아주 볼만하다고 했다. 멀리 사리원시 북부 지역의 겨울 풍경을 뒤로하면 마치 정방산을 병풍처럼 둘러싸고 있는 형국인데 그런 풍경들이 볼수록 장관이라고 한다.

과거 우리 선조들은 이 산을 빗대어 속담에도 인용할 정도로 오랜 세월을 백성들과 친근하게 지내 온 산이었다. 두 가지 속담을 소개하자면, 첫째는 아무리 여러 모양으로 변해도 결국은 똑같을 수밖에 없다는 것을 비유하는 "앞으로 보나, 뒤로 보나 정방산"이라는 속담이 있는가 하면, 누구든지 쉽게 잘 속아 넘어갈 만큼 이야기를 잘 꾸며대거나 허풍을 잘 떠는 사람에게 "정방산도 돌려 꾸민다"라는 이야기가 속담으로 전해 내려오고 있다고 한다.

시대마다 외세의 침략을 막아준 유서 깊은 정방산성

안내원의 말에 의하면 과거에는 황해남도 재령과 연결되어 있는 이곳 정방산을 '천성산'(千聖山)이라고도 불렀다고 한다. 과거 우리 조상들은 무려 30리 길에 달하는 정방형 형태의 산맥으로 둘러싸여 있는 능선을 따라 돌덩이로만 성을 축조했으니, 만리장성에 비할 바는 아니지만 얼마나 많은 피와 땀을 이곳에 쏟아부었는가를 짐작할 수 있었다. 1231년 몽골침략을 시작으로 1361년에 홍두족, 1592년 임진왜란, 1636년 청나라와의 전쟁 등 중요한 위기 때마다 적군들을 방어하였으며 이런 산세를 활용해 왜적이나 오랑캐들을 물리치고자 했던 조상들의 지혜가 새삼 놀랍게 느껴졌다.

돌로 축조된 산성의 규모가 정방산 입구부터 산마루에 이르기까지 30리 길이가 되다 보니 어디에 서 있든지 여기저기 육안으로 성을 바라볼 수 있었다. 고려 시대에 들어서 처음으로 축성된 이 산성은 현재

[사진 37] 정방산 산맥과 능선을 따라 30리 길이로 축조된 산성 전경. 중간 지점에 성 입구인 남문이 보인다.

도 북측 서해안 일대에서 남북으로 통하는 기본 통로를 막기 때문에 황해도 지방의 으뜸가는 요새로 활용되고 있다고 한다. 험한 산세를 이용해 축조된 이 정방산성이 과연 임진왜란 시기와 병자호란 시기에 의병부대들의 근거지가 될 만해 보였다. 특히 황주와 봉산 일대에서 활약하던 의병부대의 주 근거지로도 활용됐다는 것으로 보아 예로부터 군사적 요충지였음을 다시금 확인시켜 주었다.

예나 지금이나 국방 경계의 중요 요충지역이 되는 이곳 산성의 정확한 수치를 보면 정방산성 내부의 넓이가 약 2㎢ 규모라고 한다. 이 성은 고려 시대에 처음 쌓은 이후, 조선 시대 정묘호란 이후 재건한 것이라고 한다. 산성 안에 있는 연못들과 우물들로 인해 임진왜란과 병자호란 등 외침이 있을 때마다 당시 재령평야 주민들과 아군들의 도피처가 되었다고 한다.

비록 조선 후기 이후에는 제대로 보수하지 않아 원상태에서 많이 훼손되었으나 동서남북에 세워진 문루는 아직도 매우 운치 있어 보였다. 또한 활과 총을 쏘거나 적의 공격을 막을 수 있도록 쌓은 작은 성벽인 '타첩'(陀堞)이나 '사혈'(射穴)이 각각 1,336개소가 있다고 하니 당시 그 규모를 짐작하게 했다. 특히 포진지에서 대포를 쏘는 구멍인 '포혈'(砲穴)도 4,800개소나 된다고 하니 당시 치열한 격전이 어느 정도였는지도 상상할 수 있었으며, 산성의 외부로 돌출시켜 적을 향해 사격할 수 있게 쌓은 성벽인 '치성'(雉城)도 아직도 7곳이 남아있었다.

그뿐 아니라 성안에는 무기 창고 터, 식량 창고 터는 물론 당시 정방산성에서 가장 지위가 높은 책임자였던 성장(城將)을 기념하는 비석도 있었다. 당시 성장은 김성업 장군이었으며 그의 업적을 기리기 위해 1879년 송덕비를 세웠다고 한다. 필자 일행이 정방산성 초입에서 보았던 남문은 한국전쟁 때 불에 탄 것을 1968년에 복원한 것이라고 한다.

고풍스런 옛 모습을 그대로 간직한 경내 건축물들

산성 내부를 두루 참관하고 필자 일행을 태운 차량이 둥근 무지개 아치형의 남문을 통과해 성 밖으로 빠져나오니 얼마 멀지 않은 거리 골짜기 좌편에 성불사가 나타났다. 산줄기가 흘러내려 분지를 이룬 형세의 천성봉 기슭에 자리 잡은 유서 깊은 성불사는 국보 문화유물

[사진 38] 정방산성 남문의 정면 모습. 오른쪽에 국보 유적 표지비가 보인다.

제87호로 지정되어 있다고 한다. 사리원시 정방역에서 서북쪽으로 약 2킬로미터 떨어진 곳에 정방산성 남문과 성불사가 위치해 있는 연고로 소학교, 고등중학교 각급 학생들은 물론 대학생들과 군인들, 외국의 관광객들이 많이 찾는다고 한다.

우리 일행이 당도하니 이미 사리원 지역 초등학교 학생들과 고증중학교 학생들이 소풍을 와서 이리저리 돌아다니느라 숲속은 시끌벅적했다. 알록달록한 옷을 입은 초등학생들과 중학생 정도의 학생들은 우리 일행을 보며 손을 흔들며 신기한 듯 반가워했다.

산맥의 흐름을 살펴보면 황해도 곡산의 개련산에서 출발해 서남쪽으로 천자산과 서홍 북쪽에 있는 발은산에 이르러 갈라진 자비령이 멈춘 산이 바로 정방산이라고 한다. 주소상으로 황해북도 사리원시 성문동에 위치한 성불사(成佛寺)는 정방산 주봉인 천성봉 기슭에 자리하고 있었는데 높은 곳에서 내려다보니 참으로 그 위치가 명당 중에 명당으로 보였다.

절간 경내를 들어서자 5층 석탑을 중심으로 응진전을 비롯해 극락전, 명부전, 청풍루, 운하당, 산신각 등 여섯 채의 목조 건축물들이 고풍스런 자태로 우리 일행을 포근하게 반겨주는 듯했으며 성불사의 역사를 길이 전하려고 세워진 불사사적비가 경내에 있었다. 성불사 전각의 배치는 마당을 중심으로 전각이 주로 네 방향으로 둘러싸고 있는 형국이었다.

성불사의 창건과 중건에 관한 자료를 찾아보니 『조선불교통사』에 그 내력이 좀 더 상세히 나와 있었다. 여기저기 근거 있는 사료들을

[사진 39] 정방산 정상 부근 바위에서 내려다본 성불사 전경

[사진 40] (왼쪽) 해방 전인 1930년대에 촬영한 성불사 석탑. 탑은 그대로이나 전각들은 현재와 다른 모습이다. 돌을 4각형으로 다듬어 5층으로 쌓았다. (오른쪽) 1930년대에 촬영한 성불사 전경. 한국전 쟁으로 소실되기 전이라 오늘날의 전각 배치와 다른 것을 볼 수 있다.

찾아 종합해 보면 성불사는 898년에 도선 국사가 창건했다고 전해진다. 그 후 1375년에 나옹화상이 중창을 했는데 그 당시에는 이곳 성불사 외에도 부속 암자들 경내에 15기의 석탑을 새로 조성했다고 한다. 그 후 1407년 태종 7년에 들어서 자은종(慈恩宗)의 사찰로 지정되었으며 이후 1530년 중종 25년에 응진전을 중수한 것으로 나온다. '성불사 사적비'(보존유적 제1127호)에는 25개의 말사를 둔 본산으로 1,000여 명의 스님이 수행 정진하던 해서지방의 종찰이었다고 기록하고 있다.

그 후 1569년 선조 2년에 설숭(雪崇) 스님이 다시 중수했으나 임진 왜란으로 불타 없어지고, 1650년 효종 1년에 대응 선사와 언택 선사가 극락전을 보수하였다고 전해진다. 1684년 숙종 10년에는 도행 선사가 장륙(丈六) 탱화를 만들었고, 귀민(歸民) 선사는 400근짜리 대종을 주조하였다고 전해지며 1709년 숙종 35년에는 필형(弼泂) 선사 등이 갑계(甲契)를 만들어 시왕상을 조성하였고 2년 뒤에 명부전을 세워

봉안하였고 전해진다.

이어서 1727년 영조 3년에는 재현(載玄) 선사가 사적비를 건립하였고, 1751년 영조 27년에는 찬훈(贊訓) 대사가 사찰을 수리하였고 그후 1924년 주지 스님 보담(寶潭)이 또 한 번 중수했다고 전해졌다. 그후 파란만장한 일대기를 지닌 성불사는 일제강점기를 맞아 '조선사찰 31본사' 중 하나로서 황해도 일대의 36개소의 말사를 관장하던 본산이었다고도 한다.

주지 스님 법성의 해설에 의하면 그 후 성불사 건축물들은 한국전쟁을 당해 미군의 소이탄 공격으로 파괴되었다고 한다. 전쟁 당시 조선 불교계는 비단 성불사뿐 아니라 남과 북에 산재한 수많은 사찰과 문화재가 전쟁으로 소실됐으며 많은 승려가 피살되거나 실종되는 비운을 겪었다. 사찰들은 대부분 산속에 있었기 때문에 한국전쟁이 발발하기 전부터 빨치산들과 국방경비대, 경찰 등의 치열한 접전을 벌일 때 가장 큰 피해를 입었으며 한국전쟁 중에는 양측의 공방전으로 대부분의 사찰은 하루도 편할 날이 없을 정도였다.

폭격으로 폐허가 된 성불사는 그 후 전후 복구 시기인 1955년에 이르러서야 철저한 고증을 거쳐 먼저 대웅전과 응진전이 재건되기 시작했고 복구 이후에도 지금까지 끊임없이 반복적으로 개건 공사를 거쳐 오늘의 모습으로 변모된 것이라고 한다. 기념비에는 붉은 글씨로 국보 유적 제87호로 지정되었음이 기록되어 있었다.

II. 성불사 깊은 밤에 그윽한 풍경소리

난리를 평정하고 나라를 지킨다는 명당 터에 세워진 성불사

성불사 주지 법성 스님은 경내 이곳저곳을 돌며 한시도 쉬지 않고 해설을 해 줬다. 거의 설법에 준하는 교훈적인 명언들도 쏟아 내었으며 아울러 그는 역사적 유래에 관한 해설에도 막힘이 없었다.

원래의 불교는 살생을 금하는 종교지만 우리 조선의 불교만큼은 역사적으로 너무나 많은 외세의 침략을 받아왔기 때문에 가장 지혜로운 묘책을 간구하다 보니 "그렇다면 더 많은 살생을 당하기 전에 우리가 살신을 해서라도 많은 희생자를 막아보자"라는 의미에서 우리나라 불교를 호국불교로 방향을 잡은 것이며 그 이후 지금까지 그 호국사상이 정착해 왔던 것입니다.

스님의 말을 듣고 보니 그럴듯했다. 또한 스님은 해설과 더불어서 사회주의 국가 불교의 장점과 특징 그리고 우리나라 불교의 특징에 대해 예기치 못한 이야기들을 많이 전해주었다. 성불사가 위치한 정방산은 황해도 관문의 역할을 하는 곳으로 아주 웅장하지도 않고, 작지도 않은 명산이며 예로부터 반도의 서쪽을 방비하며 외세의 침략을 막아주는 고마운 산이라고 한다. 비단 옛날뿐 아니라 오늘날도 동북아지역의 전략적 측면에서 볼 때 안보 면에 있어 매우 중요한 요충지로 여기고 있는 듯했다. 한편 산 주변에 살고 있는 인민들에게는 일상에서 한 자락 여유로운 품을 내어주는 마을 뒷산 같은 포근하고 정감 넘

[사진 41] 성불사 안내판과 국보 유적 87호 지정 비석

치는 역할을 감당하고 있는 듯했다.

일행이 성불사 경내를 기웃거리는 동안 필자는 착잡한 마음이 들어 청풍루에 걸터앉아 정방산 봉우리 자락을 무심히 내다보며 노산 이은상 선생이 지은 〈성불사의 밤〉이라는 가곡을 흥얼거렸다. 북·미 간의 첨예한 대립으로 인해 한 치 앞을 내다보기 어려운 상황이라 마음이 무거웠던 탓이다. 고즈넉한 사회주의 나라 고찰에서 풍기는 쓸쓸함과 애잔함은 노래 가사로 인해 이념과 인생에 대한 화두를 더욱 피부에 와닿게 했다.

절간을 둘러싸고 있는 초가을의 은은한 단풍들을 감상하면서 땡그랑거리는 풍경소리를 듣고 있자니 마음은 이내 평정심을 찾으며 고요해지는 듯했다. 스님의 설명에 의하면 행정상으로 정방산의 주소는 '황해북도 사리원시 강성동'이라고 했다. 또한 이곳 정방산 천성봉 기슭에 자리 잡은 성불사의 행정구역상 주소가 원래 '황해북도 황주군 주남면'이었는데, 내각의 행정 개편 정책으로 인해 다시 '황해북도 사리원시 광성리'로 변경됐다고 한다. 잘 알려진 대로 고려 창건에 있어서 매우 중요한 역할을 했던 도선(道詵) 선사가 풍수지리설을 근거로 서쪽을 방비하기 위해 이 절을 창건했다고 한다.

도선선사의 풍수지리설에 의하면 정방산은 난리를 평정하고 나라를 지킨다는 의미인 '진호'(鎭護)의 땅이기 때문에 이곳에 성불사를 지었다고 한다. 신라 말기에 활약한 도선은 우리나라 최초로 풍수지리설을 창시한 장본인이다. 그가 지은 『도선비기』(道詵秘記)는 원본이 전해지지는 않지만 고려 성립 과정이 수록되어 있어 그가 고려 시대에 활약한 행적을 남겼다. 도선이 이처럼 풍수지리설의 대가로 알려지게 된 배경에는 고려의 태조 왕건이 '훈요십조'에서 도선의 말을 직접 인용하면서 시작된 것이다. 훈요십조 제2조에는 도선이 정한 곳 이외에 어느 누구도 국토에 함부로 절을 짓지 말 것을 명시했으며 제5조에는 서경(지금의 평양)이 수덕(水德)이 순조로워 우리나라 지맥의 근본이 되므로 서경에 깊은 관심을 가질 것에 대한 내용이 수록됐다. 이처럼 태조 왕건이 후대의 왕들에게 도선의 풍수설을 유훈으로 남겼기 때문에 도선과 고려 사회는 뗄 수가 없는 중요한 관계가 되었다.

도선이 절을 지을 자리를 미리 정해 놓는 것은 마치 사람 몸뚱이에 침놓을 자리가 미리 정해진다는 침구학 이론처럼 국토의 중요한 혈 자리를 미리 생각해 둔 결과였을 것이다. 그리고 그처럼 중요한 명당자리에 절을 세운 후 그 자리에 승려들을 기거하도록 해 예불을 드리고 불법을 공부하면 부처님의 큰 가호가 있어 불국정토가 될 것이라 생각했을 것이다. 나는 가장 먼저 대웅전(극락전)에 도착해 불상에 예를 표한 후 마음을 정리하듯 합장하며 고요히 묵상하였다. 그리고 이 세상에 태어나 바람처럼 살고 있는 한 사람의 인간으로서 가슴을 저미듯 밀려오는 심연의 고독과 허망함을 잠시나마 달래 보았다. 혁명을 꿈꾸는 이방 나그네의 욕망은 새벽종을 치는 동자승의 초롱초롱한 눈망울이 어둠 속에서도 번개처럼 반짝이듯 어느덧 나의 뇌리에 순식간에 반짝이며 이내 사라지는 듯했다.

노산의 입장에서 눈을 감고 전각 마루에 걸터앉아 풍경소리를 묵상하다

성불사 주변에는 수백 년을 자란 참나무, 느티나무, 은행나무, 소나무 등이 큰 수풀을 이루고 있어 하늘이 보이지 않을 정도였으며 그래서 더욱 고적의 풍치를 돋우어 주었다. 성불사를 떠올리면 노산 이은상 시인이 지은 노래 가사 속에 등장하는 "그윽한 풍경소리"를 떠 올린다. 필자는 비록 한낮에 이곳을 찾아왔지만 노산이 이 절간

[사진 42] 성불사 응진전 추녀 밑에 달린 풍경

에서 머물렀던 그날의 하룻밤을 상상해 봤다. 쉴 새 없이 울려대는 풍경소리로 인해 잠 못 이루었던 그날 밤을 거슬러 올라가 보니 경내에서 풍기는 분위기는 다른 절간들과는 달리 무언가 처량한 인간 실존에 대한 심연의 고독을 제공해 주는 듯했다.

성불사라는 이름의 의미가 무엇인지 궁금해 법성 스님에게 물었다. 그러자 성불사라는 명칭은 '부처를 이루는 절'이라는 뜻이라고 알려주었다. 누구든지 불법을 만나 수행 정진하면 이 세상 어디든지 부처를 이룰 수 있는 도량이므로 이 세상이 곧 성불사라는 수수께끼 같

은 설명도 덧붙여 주었다. 스님도 노산이 지은 노래 가사를 잘 알고 있어 한 번 같이 불러보자고 요청했더니 의외로 군가를 부르듯 힘차게 부르는 것이 아닌가.

성불사(成佛寺) 깊은 밤에 그윽한 풍경소리
주승(主僧)은 잠이 들고 객(客)이 홀로 듣는구나
저 손아 마저 잠들어 혼자 울게 하여라

자료를 찾아보니 이 노래 가사를 지은 노산이 이곳 성불사를 직접 찾은 건 29살 때인 1931년 8월 19일이라고 한다. 이화여전 교수 시절 친구들과 함께 정방산에 놀러 와 등반한 후 그날 밤을 이곳 성불사에서 묵었다고 한다. 마침 그날따라 사방에 벽이 없고 기둥만 세워진 청풍루 마루 위에서 잠을 잤는데 밤새도록 처마 끝에서 댕그랑거리는 풍경소리에 잠을 이루지 못해 그때 느낀 고적한 감동을 시조에 담은 것을 홍난파가 곡을 붙여 명곡이 탄생한 것이다.

아무리 불러도 지루하지 않은 이 노래는 깊은 밤 산사(山寺)에서 홀로 느끼는 심연의 고독감을 정말로 잘 표현한 듯하다. 노랫말뿐 아니라 선율 또한 기복이 적고 노래의 흐름이 완만해 외향적인 흥이나 감정을 불러일으키기보다 내면에 숨겨진 인간 실존에 대한 축적된 감동을 불러일으켜 주는 것만 같아 부를수록 더 부르고 싶은 노래이다. 또한 노산이 성불사를 방문하였던 시기가 1931년도라고 하니 그때는 성불사를 중수하기 직전이라 아마 아주 오래되어 낡고 초라한 청풍루 전각의 추녀 끝에 달린 풍경 소리를 들었을 것이다.

그 후 불교계에서는 노래 가사 자체가 부처의 가르침을 상징적으로 표현한 법문(法文)과도 같다고 하여 찬불가로도 사용하고 있다. 가사에 등장하는 '밤'은 이 세상 중생들이 무명 속에 살고 있다는 뜻이고, '풍경소리'는 세상의 유혹과 탐욕이다. 바람이란 존재는 가만히 매달려 있는 풍경을 시도 때도 없이 찾아와 자꾸만 뒤흔들기 때문에 하늘이 중생들에게 내리는 역경을 의미하는 것은 아닐까, 생각해 봤다. 바람맞은 풍경은 땡그랑거리며 멀리 울려 퍼지나 이내 허공에 잠깐 머물다 사라진다. 불교적으로 볼 때 세상의 모든 것은 인연에 따라 나타났다가 다시 인연이 다하면 사라지는 것을 상징하는 것이 아닐까, 생각했다.

또한 풍경소리와 함께 온갖 고뇌를 떠 올리느라 맘 졸이던 객은 어리석음에서 벗어나지 못해 객관 세계에 마음이 끌린 나머지 잠을 자지 못한다. 세상에 연연하는 자신의 마음을 모르니 잠을 이루지 못하고 괴로워한 것이리라. 반면 주승은 아무리 풍경소리가 시끄럽게 울려도 잠도 잘 잤으며 울리지 않고 멈춰 있어도 거리낌 없이 잘 잔다. 그렇다면 주승은 이 세상의 이치와 원리를 이미 모두 터득해 어떤 상황에서

[사진 43] 1900년대 초에 촬영된 성불사 극락전 모습. 오른쪽에 태극기가 게양된 광경이 이채롭다.

도 자유롭게 살아가는 지혜로운 보살이 아닐까?

경내를 구경하는 동안에도 여러 전각의 추녀 밑에서 동시에 울리는 풍경소리는 마치 산속에 울려 퍼지는 오케스트라 선율과도 같이 아름답게 들려왔다. 그 청아하고 맑은소리는 가장 먼저 내 귓전을 두드리고 이내 내 심장과 영혼마저 두드리는 듯해 그 메아리와 여운이 글을 쓰는 지금까지 남아있는 듯하다. 성불사의 나른한 세월은 사람들이 드문드문 찾아오는 사회주의 나라 명승지 중에 하나의 의미 그 이상을 넘는다. 가사 내용에 등장하는 잠든 주승과 잠 못 이루는 객은 없고 오히려 깨어있는 주승과 어리석은 객들만 있었을 뿐이다. 이역만리 타국에서 찾아온 이방인에 불과한 나는 이미 사회주의 나라의 어리석은 객이 되어 있었다.

경내의 전각들을 면밀히 둘러보다

필자가 성불사를 방문하기 위해 사찰 중건과 승맥 계보에 관한 자료들을 찾아보니 성불사는 일제강점기에도 31본산 중 하나였으며 황해도 지역의 9개 군(郡)의 절을 관장하였던 사찰이었다고 기록되어 있었다. 신라 말기 도선이 창건한 이후 1327년(충숙왕 14)에 500나한을 모신 응진전을 지었으며, 1374년(공민왕 23)에 나옹이 중창하였다고 전해진다. 또한 나옹은 중창뿐 아니라 불사를 더욱 크게 벌여 여러 개의 석물을 새로 조성하였으며 그 수가 이곳 성불사를 비롯해 산내 암자 등에 15기의 석탑을 안치하였다고 한다.

그 이후 조선 시대에 들어와서는 중창 기록은 없었으며, 1569년(선조 2) 설숭이 중수하였으나 임진왜란으로 소실되었고, 1632년(인조 10)

에 외적의 침입에 대처하기 위해 정방산에 축성한 이후부터 이곳 성불사는 해서지방의 종찰이 되었다고 한다. 세월이 흘러 1650년(효종 1)에 다시 언택 스님이 중건하였고, 1684년(숙종 10)에 도행 스님이 장륙탱화를 모시고 400근짜리 대종을 조성하였으며, 1709년(숙종 35)에는 명부전을 지었다고 한다. 이어서 1751년(영조 27)에는 찬훈 스님이 중수하였으며, 근래 들어 1924년에는 주지 이보담 스님이 3차 중수를 하였는데, 이때 명부전, 향로전, 청풍루, 극락전, 응진전, 승방 등을 수리하였다고 한다. 현재 향로전은 없어지고 대신 운하당이 남아있다.

한편 성불사의 본사와 말사에는 휴정 스님의 법손이 주지가 되도록 지정되어 있다고 한다. 일제강점기에는 산내 말사인 안국사, 원통사, 상원암을 비롯해 산외 말사로서 황주군의 10개 사찰, 봉산군의 5개 사찰, 서흥군의 2개 사찰, 수안군의 4개 사찰, 곡산군의 6개 사찰, 평산군의 3개 사찰, 연백군의 1개 사찰, 금천군의 1개 사찰, 신계군의 1개 사찰 등 총 36개소의 말사를 관장하였다니 성불사가 얼마나 중요한 절이었는지 새삼 절감됐다.

경내에는 현재 북측에서 가장 오래된 목조 건물 중 하나인 고려 시기에 지어진 응진전과 고려 양식으로 축조된 4각 5층 석탑, 임진왜란 때 소실되었다가 일제강점기에 복원된 극락전, 명부전, 청풍루, 운하당 산신각 등이 차례대로 남아있었다. 그러나 법성 스님의 해설에 따르면 목조 건물인 응진전만큼은 고려 충숙왕 때 세워진 그대로 보존되어 있는 것이지만 경내 중심 건물이자 대웅전 격인 극락전은 안타깝게도 지난 한국전쟁 시 미군의 공중폭격과 소이탄 공격으로 인해 모두 파괴된 것을 1957년경에 옛 모습대로 다시 세운 것이라고 한다.

절간마다 대문 격인 일주문이 있는데 이곳 성불사 일주문 현판에

는 한문으로 '正方山 成佛寺'
라고 적혀 있었다. 절 마당으
로 들어서면 주불전인 극락
전이 마주 보이고 동쪽에는
응진전, 서쪽에는 운하당이
서로 마주 보며 서 있다. 명
부전은 응진전 남쪽에 놓여
있고, 마당에서는 잘 안 보이
지만 극락전 뒤쪽에 산신각이
있었으며 극락전 바로 앞에는
5층 석탑이 우뚝 서 있다.

특히 극락전 어간문을 통
해 내다보는 5층 석탑과 청
풍루, 정방산 능선이 만들어
내는 풍광은 쉽게 만나기 어

[사진 44] 성불사 일주문 모습. 예로부터 이 전각은 종
루(鐘樓)로 사용돼 새벽 종소리로 유명했다. 방문객들
이 연이어 들락거렸다.

려운 아름다운 명장면으로 보였다. 절의 규모는 작은 편이지만 눈에
띄는 모든 것이 하나같이 소중하고 아름다워 왜 이곳이 소문난 사찰인
가를 잘 알려주었다. 마당 양편으로 18세기 양식의 당간지주가 마주
서 있었다. 옛 선조들이 당간지주에 괘불을 걸어놓고 극락왕생을 염원
했던 유물이 바로 각 사찰 입구에 반드시 세우는 당간지주이다. 또한
1909년에 촬영된 성불사 사진들을 보면 스님들이 태극기를 절 마당에
높이 세워 놓은 장면도 볼 수 있어 매우 흥미로웠다.

똑같은 이름의 성불사를 우리나라에 네 곳이나 지은 도선 선사

가곡 〈성불사의 밤〉의 배경이 된 장소는 이곳 정방산 성불사라는 주장이 지금까지 정설로 내려오고 있다. 그러나 아쉽게도 가곡의 배경이 되었다는 근거는 실제 희박하며 공식적으로 확인된 사실은 아니다. 왜냐하면 성불사를 창건한 도선 국사는 당시 똑같은 이름의 성불사를 우리나라에만 네 곳이나 창건했기 때문이다. 이북에 한 곳과 이남에 세 곳을 지어 우리나라에서만 도선이 지은 성불사가 모두 네 곳이 있음에도 불구하고 필자는 여러 가지 정황상 그중에서 그나마 이곳 성불사가 가장 유력하다고 여겨졌을 뿐이다.

이남에 있는 성불사들을 살펴보면 먼저 충남 천안시 태조산 중턱에 자리 잡은 성불사가 있는데 이 절은 현재 조계종 마곡사의 말사라고 한다. 이 절의 유래를 살펴보면 어느 날 학이 날아와 바위에 불상을 만들고 날아간 자리에 도선 국사가 절을 지었다고 한다. 또 한 곳은 전남 광양시 봉강면에 있는 성불사로서 임진왜란과 한국전쟁 시기에 소실됐으나 지난 1966년부터 지속적으로 중건해 현재에 이르고 있는 절이다. 역사적 기록을 보면 18세기 『범우고』와 『광양읍지』 등에 그 존재가 기록돼 있다.

마지막 또 한 곳은 충북 내륙에 위치한 괴산군 괴산읍 검승리에 위치한 해발 520미터의 성불산(成佛山, 옛 이름 松明山) 아래에 있는 성불사 터이다. 산 아래에는 옛 절터가 지금도 남아있는데, 이곳에서 세계 최초의 금속활자로 찍은 '직지'(직지심체요절)가 발간되었다는 설도 있다. 대한불교 천태종 측에서 이 성불사를 복원할 계획으로 지도부가 2013년 11월과 2014년 1월 두 차례에 걸쳐 절터를 방문해 복원 불사를 구체화하기도 했다. 또한 고려 말기 직지가 엮어진 성불사에 대해서 충북 괴산, 경북 영천과 대구, 황해도 황주와 해주, 평산, 함북 길주 등이 문헌에 나와 그 위치를 두고 현재 의견이 분분한 상황이다. 그러나 그동안 이곳 정방산의 성불사가 백운화상이 직지를 편집한 곳이라는 설이 유력하여 하루빨리 서지학자들의 엄격한 고증과 연구가 필요하다고 여겨진다.

아무튼 노산의 가곡에 등장하는 '성불사'가 정방산에 있는 이곳 성불사 외에도 이남에만 모두 세 곳이 있는 만큼 모두가 자신들의 절이 가곡의 주인공이라고 주장하는 실정이다. 이곳 정방산 성불사의 법성 스님도 이 절이 노산이 지은 노래 가사에서 언급한 장소가 맞다고 증언해 주었다. 그러나 정방산 성불사를 비롯해 이남에 있는 여러 성불사의 주장들은 실제 가능성이 있는 주장들이며 정확하게 말하자면 그들의 주장이 맞다고도 할 수 없고, 틀리다고도 할 수 없다고 생각을 한다.

다만 노래가 탄생한 기록을 살펴보면 〈성불사의 밤〉이 발표된 것은 『노산시조집』이라는 노산의 첫 시조집이 발표된 것이 1932년이므로 우리나라에 산재한 네 곳의 성불사 측에서는 이은상의 행적과 대비해 그 연관성을 객관적으로 입증하면 될 것이다. 하지만 이미 고인이 된 이은상은 살아생전에 어느 곳의 성불사를 모델로 지은 시라고 밝히지 않았고, 그에 따라 이곳 정방산 성불사가 어떤 역사적 근거에 의해 그 가사의 주인공이라는 증거는 아직 뚜렷하게 없다. 다만 노산이 이화여전 교수 시절에 이곳 정방산 성불사를 방문했다는 전언에 의존할 뿐이다.

수수함과 화려함을 동시에 지닌 극락전

우리 일행을 안내하던 법성 스님은 일주문에 들어서기 전부터 일행들의 갖가지 질문들에 대해 소상하게 답변해 주느라 진땀을 뺐다. 일행들의 발걸음이 어느덧 극락전에 이르자 일행들을 모두 법당 안으로 불러들인 스님은 일행을 모두 불상 앞에 나란히 서도록 했다. 일행이 모두 들어서자, 목탁을 치며 통일을 기원하여 반야심경을 읊어 주는 것이 아닌가? 필자 일행을 위해 예불을 올려주는 마음이 고마울 따름이다. 스님의 염불은 매우 처량하고 애처로운 곡조를 띤 구성진 가락처럼 느껴졌으며 남측 스님들의 염불과 크게 다를 바 없어 보였다.

주불전인 극락전은 1374년에 처음 세워졌으며, 고려 말에 건립된 것으로 추측된다고 한다. 그리고 1650년(효종1) 정면에 툇간을 덧붙였으나 한국전쟁 때 불타 없어지고 전후 1957년에 복원하였다고 한

[사진 45] 극락전 내부를 출입하는 일행의 모습. 오른쪽에서 세 번째가 필자

[사진 46] 극락전 법당 안에 모셔진 삼불상 모습

다. 극락전은 앞면 3칸, 옆면 2칸의 맞배지붕 집이며 북측 건축용어로
는 '배부른 기둥 위에 3익공, 통천정, 배집지붕을 얹은 단층 건물'이라
석축 위로 기단을 올린 것이나 다포, 기둥 등의 방식들은 물론 겹처마
를 댄 맞배지붕과 건물의 천정을 연등천정으로 마무리한 것 등을 보면
고려 시대 단청 문양이 남아있어 전통적인 고려 건축물의 방법을 따르
고 있음을 다시 한번 입증해 주었다. 특히 공포는 전형적인 주심포계
형식이며 꽃문양으로 창호를 꾸미고 금단청과 모로단청으로 화려하
게 장식했다. 단청 칠은 북에서 최고의 단청 칠 기능 보유자로 손꼽히
는 안창호가 완성한 것이라고 했다.

　안창호는 북에서 37년 동안 단청만 연구해 온 인물이며 현재 남포
시에 산다고 했다. 그는 성불사뿐 아니라 평양의 대동문과 보통문, 평
원의 훈련정, 해주의 태봉각, 안변의 가학루, 안주의 백상루, 안주의
백상루, 태천의 양화사 등의 단청 칠을 직접 맡았다고 하니 가히 그
분야에 일인자라고 할 수 있을 것 같다. 특히 2002년 6월경에는 김정

일 국방위원장이 고원군에 있는 량천사를 현지답사 했을 때 안창호가 그린 대웅전 천정의 무악도와 여러 단청을 구경한 후에 몹시 칭찬했다고도 한다.

특히 극락전 안의 삼불상은 아미타 삼존불로서 목조불상이며 전형적인 18세기 조선 후기 양식이며 온화한 표정과 자비로운 미소를 지녔다. 주불인 아미타불 좌우에 모신 보좌부처는 대세지와 관세음보살이라고 한다. 삼불 모두 은은한 미소와 자상한 눈을 지녔으며 예술적으로 볼 때 뛰어난 목조 공예 작품으로 보였다. 뿐만 아니라 극락전 법당 안쪽 구석에는 작은 범종을 달아 놓았는데, 지금도 간혹 예불 의식에 쓰이고 있다고 한다. 미니 범종이라 그런지 귀엽고 앙증맞아 보였다.

가장 인상 깊은 전각은 500나한을 모신 응진전이었다

성불사를 대표하는 응진전(應眞殿)도 극락전과 마찬가지로 다포양식의 건물이었다. 1327년에 중창되었는데, 경북 영주의 부석사 무량수전, 황해북도 연탄군의 심원사 보광전, 평안북도 박천군의 심원사 보광전과 함께 고려 시대의 건축물로서 우리나라 반도에 남아있는 목조 건물 중 가장 오래된 것이라고 한다.

스님의 설명에 의하면 불교에서는 '응진'(應眞)이라는 뜻이 '아라한'(阿羅漢)을 지칭한단다. 아라한은 존재의 참 본질에 대한 통찰을 얻어 열반, 또는 깨달음에 이른 완전해진 사람을 일컬을 때 사용하는 말이며 1935년 해체해 수리할 때 묵서명이 발견되어 이 전각의 연원을 알게 되었다고 한다. 또한 1327년(충숙왕 14)에 주심포 건물로 세워졌으나 1530년(중종 25) 중수 시에 공포만 교체하였음이 밝혀졌다고 한다.

필자가 국립중앙박물관 발행 자료를 살펴보니 '응진전'으로 나와 있었으나 1909년에 찍은 사진 자료에 의하면 보수하기 전 사진에 나오는 편액에는 '응진당'(應眞堂)으로 되어 있었다. 아무튼 응진당과 응진전은 같은 용도의 건물을 말하며, 원래는 부처의 제자 16나한을 모신 곳이었으나 현재 500나한으로 증가된 것이다.

[사진 47] 왼쪽에서 촬영한 응진전의 단청 모습

그러다가 1327년(고려 충숙왕 14년)에 들어와 다시 지은 응진전은 그 내부가 고려 양식이지만 훗날 조선 시대에 들어 다시 중건하면서 고려 양식과 조선 양식이 공존하며 남아있게 된 것이다. 따라서 응진전은 극락전과 함께 고려 후기의 건물이고, 그 밖의 건물들은 조선 시대에 세웠다고 보면 된다. 응진전 정면은 그 길이가 무려 20미터나 되는 길쭉한 건물이면서도 균형이 잘 짜여있고 나란히 줄 지어선 기둥들과 처마 밑 장식, 아름다운 처마의 짜임새 등으로 인해 전체적으로 보면 부드러우면서도 웅장한 느낌을 주었다.

이와 같이 응진전은 현존하는 옛 건물 중 가장 오래된 시기에 건축된 것이며 뛰어난 건축술과 높은 예술적 기교로 우리나라 건축사 연구에서도 중요한 의의를 지니며 공포 형식의 변천 관계와 기능상의 차이를 밝히는 데 중요한 자료가 된다고 한다. 또한 응진전에는 포식 공포를

[사진 48] 응진전 내부 삼불상 모습. 삼불상 좌우에 각각 250 나한을 배치하여 모두 500 나한상을 모셨는데 똑같은 표정이 하나도 없으며 각각 다양한 표정을 지녔다.

하고 극락전에는 익공식 공포 방식을 했다는데 가장 큰 특징이 있다.

특별히 응진전 내부는 무려 오백 나한상이 모셔져 있다는 사실이 가장 큰 압권으로 느껴졌으며 건물 자체도 여섯 채 전각 중에서 가장 인상 깊었다. 불교의 도를 깨우친 500여 성자들의 모습을 표현한 조각 상들은 삼불상 좌우에 비교적 보존이 잘 되어 있었다. 모두가 각기 다른 익살스런 표정을 지녔는데 때마침 한 줄기 햇빛이 나한들의 얼굴들을 향해 비추이자 마치 살아있는 것처럼 다양한 표정들을 연출하였다. 여기가 이승인지 저승인지 착각에 빠지도록 해, 마치 시공을 초월한 공간에 들어온 것만 같았다.

필자가 볼 때 이곳 응진전은 건립 연대나 독특한 건축양식도 훌륭하지만, 그 안에 모셔진 오백 나한상만으로도 그 가치가 대단하다고 여겨졌다. 나한상들은 모두 흙으로 빚어 만든 것으로 보였는데, 표정이 저마다 익살스럽고 천연덕스러워 물끄러미 들여다보고 있노라니

저절로 웃음이 터져 나올 지경이었다. 또한 500나한들은 서로 이야기를 나누거나 장난을 치는 듯한 착각을 일으키게 한다. 인간의 손으로 빚어낸 작품이 저렇게 사실적이고 생동적일 수 있다는 것이 신기할 따름이었다. 금방이라도 나한들이 벌떡 일어나 나에게 악수를 청할 것만 같았으며 활기찬 나한상들이 걸어 나와 개구쟁이처럼 법당 안을 뛰어다닐 것만 같았다.

5층 석탑과 명부전, 청풍루, 운하당의 아름다운 조화들

경내를 돌아보니, 마치 한여름 밤처럼 아직도 곤충들의 소리가 숲속에서부터 요란하게 들려오는 바람에 어릴 적 시골에서 느낀 그 시절의 정감 어린 추억이 주마등처럼 스쳤다. 아무래도 경내 건축물 중에는 고려 충숙왕에 창건된 응진전과 극락전이 가장 돋보였다. 또한 '정방효종'(正方曉鐘)이라 했던가? 예로부터 이곳 정방산 성불사의 새벽 종소리가 매우 은은하고 아름답기로 유명해 황주팔경(黃州八景)의 하나로 손꼽히기도 했다고 하니 이 절의 종은 단연 최고의 유물이다. 특히 성불사의 범종은 조선 숙종 때 만든 것으로, 뭇사람들의 마음을 맑게 씻어주는 종소리로 인해 전국에 사는 많은 불자의 발길을 성불사로 향하게 만들었다고 한다. 그러나 그 당시의 범종은 어디로 갔는지 현재 흔적도 없었다.

또한 경내 건축물들의 배치는 앞뜰을 중심으로 전각이 주위를 사방에서 둘러싸는 형식이며 그 중심에는 극락전 앞의 돌탑이 자리 잡은 형국이었다. 탑은 두 단으로 된 밑단 위에 5층으로 올려졌다. 단순해 보이나 만든 수법이 검소하면서도 세련돼 보였다. 현재 극락전 앞에

[사진 4]의 성불사 경내 대웅전격인 극락전과 5층석탑 모습. 관광객들을 상대로 사진을 찍기 위해 사진사가 마련해 놓은 목마가 보인다.

있는 5층 석탑은 원래 명부전 앞에 있던 것을 옮겨 놓은 것이라고 한다. 고려 시대 양식으로 추정되는 5층 석탑은 국보 279호로 지정되어 관리되고 있었다. 위 기단에 음각으로 새기고 윗면에 연꽃잎을 양각으로 새겨 놓아 매우 격조 있어 보였으며 탑 높이는 4.36미터에 달하며 4각형의 5층 돌탑 구조이다.

　응진전 옆에 나란히 서 있는 전각은 명부전이다. 명부전은 단청 색깔도 최근의 것으로 보여 고풍스런 맛은 없으나 수수한 전각으로 보여 화려함보다는 오히려 더 아름다워 보였다. 전면에 마루를 깔아 개방하여 평범한 전각처럼 느껴졌으며 기둥 상단부에 보를 지르고 보 사이에 귀면을 조각한 것이 눈길을 끌었다. 전각 안쪽에는 지장보살을 모시고 있었는데 조각 수법으로 볼 때 역시 근래에 조성된 작품이라 고풍스런 맛은 없었다.

　청풍루에 도달하니 중앙 통로를 뺀 나머지는 명부전처럼 마루를

[사진 50] 청풍루에 매달린 목어. 모습이 마치 악어나 용같이 보인다.

깔았으며 오른편 마루 천정에 목어를 걸어 놓았다. 그러나 목어의 이빨을 지나치게 강조해 물고기로 보이기보다는 마치 용이나 악어처럼 보였다. 단아한 기운을 풍기는 운하당(雲霞堂)은 사찰의 전각이 아니라 서원의 공부 채에 가까운 느낌을 주어 수수한 맛을 더해주었다. 현판의 의미가 구름도 머물다 간다는 뜻인데 예로부터 이곳을 거쳐 간 수많은 고승이 구름처럼 한세상 멋지게 노닐다가 이곳을 떠났을 것이라고 생각하니 인생의 덧없음과 무상을 생각나게 했다.

외로운 성불사를 떠나며

이곳은 한때 "붕어빵에 붕어 없다"는 우스갯소리처럼, 풍경소리로 널리 알려진 이 절간이 최근까지 풍경이 전혀 달려 있지 않았다고 한다. 이에 대해 주지 스님은 "한국전쟁 당시 미군의 소이탄 공격으로 건물들이 파괴되면서 풍경들도 소실됐고 그 후 2003년도까지 우리 절간에는 풍경이 없었습니다"라고 증언해 주었다. 그러다가 10여 년 전이던 2003년경, 마침 남북 교류 행사로 인해 방북 중이던 서울 우이동 도선사 주지 혜자 스님이 이 절에 풍경이 없다는 말을 전해 듣고는 서울로 돌아가 풍경 장인이 지극정성으로 만들어 보시한 풍경 20여 개를 조선불교도연맹에 전달해 주어 이곳에 매달았다는 설명도 덧붙여 주었다.

아마 정방산 성불사와 서울 도선사 두 곳 모두 도선 국사가 창건한 사찰이라서 공통점이 있기에 가능한 일이라고 여겨졌다. 성불사 경내 각 전각에 매단 풍경들은 특별한 이름들을 새겨 넣었다고 한다. 그중 에서도 극락전에 매단 풍경은 특별 제작을 해서 그동안 남북 화해와 교류의 주춧돌을 놓은 정주영 회장과 정몽헌 회장 두 부자의 이름을 아로새겨 극락전에 매달아 그들의 넋을 위로하고 극락왕생을 기원했 다고 한다. 필자의 생각으로도 두 분은 충분히 그럴만한 자격이 있는 분들이라 여겨졌다.

어느덧 성불사 경내엔 정오의 햇살들이 유유히 사라져 버리며 석 양의 전조를 보여주기 시작했다. 다시 평양으로 돌아가야 할 시간이 다. 아쉬움을 안고 우리 일행은 떠날 채비를 서두르며 법당으로 들어 가 부처님께 하직 인사를 드렸다. 부처님의 자비로운 미소를 잊지 않 기 위해 여러 차례 살피고 또 살폈다.

[사진 51] 청풍루 모습

하늘에는 달이 없고 땅에는 바람이 없습니다.
사람들은 소리가 없고 나는 마음이 없습니다.
(중략)
宇宙는 죽음인가요
人生은 눈물인가요
人生이 눈물이면
죽음은 사랑인가요

성불사를 떠나며 평소 즐기던 만해 한용운 스님의 〈고적한 밤〉이
라는 시구를 떠올리며 평양행 승합차에 몸을 내던지며 시나브로 성불
사의 고요한 잠을 청했다.

제2부

러시아정교회

평양 정백교회(貞柏敎會) 편

평양 정백교회(貞柏敎會) 편

[사진 1] 평양 낙랑구역 정백동에 있는 러시아정교회 소속 '성삼위일체성당'(정백교회)의 모습

I. 조선정교회가 설립되다

개신교 목회자에게도 생소한 동방정교회

대부분의 사람들은 '정교회' 앞에 '동방' 혹은 '서방'이란 단어를 붙여 로마가톨릭과 구분하며, 또한 같은 정교회 교단이라 해도 '그리스' 혹은 '러시아'라는 호칭으로 교파를 구별해야 비로소 이해한다. 이처럼 '정교회'는 목회자인 필자에게도 타종교(이웃종교)도 아닌 형제 교회(기독교 교단)인데도 매우 낯설고 생경스럽다. 특히 남과 북 공히 사전적 해석에 의해 '정교회'를 일컬어 '사원'이란 표현을 자주 사용하는데 이는 불교 사찰을 연상시켜 혼선을 불러일으킬 수 있으며 그럴 경우 사제들도 '승려'라고 불러야 한다. 그래서 필자는 정교회 예배당을 주로 '성당' 혹은 '교회당'으로 언급하며 정교회 사제를 '신부'로 지칭한다.

필자가 방문한 평양 정백교회는 서방 교회(로마가톨릭)와 구분되는 동방정교회이며, 동방 교회 안에서도 그리스정교회와 구분되는 러시아정교회 소속이며 그 명칭은 다양하다. 우선 평양시 정백동(貞柏洞)에 위치했기 때문에 '정백교회' 혹은 '정백성당', '정백사원'이라고 흔히 불리나 가장 정확한 명칭은 모스크바 교구에서 정식으로 부여한 '성삼위일체교회'(성당, 사원)라고 불러야 한다. 영어로는 'Holy Trinity Church' 혹은 'The Holy Trinity Russian Orthodox Church'로도 부를 수 있는 명칭이다.

현재 남측에는 서울시 마포구 아현동에 '성 니콜라스 주교좌 대성당'이 있고, 북측에는 평양시 낙랑구역 정백동에 정백성당(성삼위일체성당)이 있는데 이 두 교회당은 각각 국가적 대표성과 상징성을 지니며

[사진 2] 서울 마포구 아현동에 있는 그리스정교회소속 '성니콜라스성당'의 모습

자국 교단의 구심점 역할을 하고 있다. 오늘은 필자가 그동안 평양 정
백교회당을 두 차례 방문하면서 겪은 이야기들과 자료들을 모두 나누
고자 한다.

쉐뜨꼽스끼 신부 이후의 파란만장한 조선정교회 역사

아무리 생각해도 이북 땅, 평양 한복판에 러시아정교회 예배당이
세워졌다는 사실 자체가 필자에겐 마냥 신기함을 불러일으키고 더불
어 필자로 하여금 파란만장한 역사 사색의 소용돌이로 자주 내몰곤 한
다. 지금부터 110년 전인 1900년경에 조선으로 파송된 러시아정교회
선교사 흐리산프 쉐뜨꼽스끼(Христан Щетковский)신부가 입국해 이북 지역을
순례한 이야기를 자주 떠올려 본다. 당시 그는 서울을 출발해 원산, 함

홍, 북청, 성진, 경성, 경흥 등 이북의 험산 준령을 종주하며 이북 지역에 교회당을 세워 복음을 전파하려는 부푼 꿈을 실현하기 위한 첫걸음을 뗐다.

그는 여행 중에 조선의 풍경과 문물, 민초들의 삶을 체험했으며 특히 정든 고향 땅을 등지고 아예 고국을 떠나 이방인의 땅 우수리스크, 자바이칼 등에 정착한 조선 이민자들이 겪고 있는 삶을 목격하며 마지막 종착지 블라디보스토크까지 무사히 선교여행을 마쳤다. 1900년 2월에 시작된 쉐뜨꼽스끼 신부의 조선 선교는 3년 동안의 헌신적 노력으로 마침내 1903년 조선 최초로 러시아정교회 교회당이 서울에 세워졌다. 그러나 곧이어 터진 러일전쟁으로 선교사들은 모두 추방됐고, 1910년에 조선은 일본의 식민지가 되었다. 그 와중에도 1912년에는 첫 조선인 사제 강탁 신부가 배출됐고 자체 교육기관인 보정학교(普正學校)를 세웠으나 1917년 러시아 본국에서 혁명이 일어나 해외 선교부가 폐쇄되는 바람에 조선 땅을 신경 쓸 겨를이 없어 조선정교회는 무기력해졌다.

사제의 부재와 러시아 교구청의 후원이 중단돼 맥이 끊어질 위기에 처한 조선정교회는 한국전쟁 당시 그리스군 종군 신부 안드레아스 할키오풀로스 신부가 선교에 힘을 써 문이춘 신부가 일본에서 사제서품을 받도록 도와주면서 점점 교세가 확장되기 시작했다. 침체에 빠졌던 조선정교회는 이때부터 러시아정교회 소속 관할에서 그리스정교회 관할로 넘어가게 된 것이다. 한국전쟁에서 남측 군대를 지원하는 그리스군과 북측 군대를 지원하는 소련군과의 관계 때문에 그리스정교회와 러시아정교회도 서로 이념적, 군사적으로 적대관계가 된 것이다.

소련은 남측의 적국이었고 반면 그리스는 북측의 적국이 된 것이다. 두 나라가 각각 남북의 참전국가가 되면서부터 자동적으로 두 교단마저도 첨예하게 대립되어 왔다. 이로 인해 남측은 1956년부터 콘스탄티노폴리스 총대주교구 소속의 그리스정교회 관할로 들어가 지금에 이르렀으며, 2004년 6월 20일이 되어서야 한국교구가 관구로 승격하면서 독자적 자치권을 획득했다.

[사진 3] 조선 최초의 러시아정교 선교사였던 흐리산프 쉐뜨꼽스키 신부

그러나 세월이 흘러 전쟁(1953. 7. 27.)이 끝난 지 53년 만인 2006년 8월이 돼서야 비로소 쉐뜨꼽스끼 신부가 그토록 갈망했던 이북 땅에 러시아정교회 모스크바 총대주교구의 관할 정교회 예배당이 우뚝 세워진 것이다. 다행히 현재 남과 북의 정교회는 과거 김대중, 노무현 시절처럼 남북 관계가 다소 우호적일 때는 남측 정교회 방문단이 여러 차례 평양 정백교회당을 참관하며 남북이 우호적인 유대관계를 맺었다.

종교를 넘어선 양국의 '친선과 우호'의 상징물

평양 대동강변 가까이 주택가에 자리 잡은 정백교회당은 방문자들이 가까이 다가갈수록 마치 모스크바에 온 듯한 착각을 일으키게 한다. 저 멀리 화려한 황금 돔이 눈앞에 나타나는가 싶더니 어느새 정문 앞에 당도한다. 크고 작은 크기의 황금빛 찬란한 돔(꾸뿔) 두 개와 종탑의 모양새가 보는 이로 하여금 신비로움을 자아낸다. 교회당 내부로 들어가 현관을 통과하면 곧바로 미사와 예배를 드릴 수 있는 본당이

[사진 4] 성소를 들어가면 모셔져 있는 성물이 성보에 덮여 있다.

나오고 가장 안쪽 은밀한 곳엔 마치 구약 시대의 지성소와도 같은 성소가 비밀스런 금단의 구역으로 설정돼 있다. 성소의 문을 열고 비밀스런 아지트를 살짝 들어가 보니 경건함을 넘어 성스러운 분위기에 압도감마저 들었다. 2층으로 올라가는 나선형 계단은 물론 교회당 내부는 그야말로 온통 미술관에서나 볼 수 있는 고급스런 성화들과 조형물들이 예술의 극치를 보여주고 있다.

이곳에는 믿기지 않을 정도로 영어와 러시아어를 능통하게 구사하는 북측의 토종 사제 라관철 신부와 김회일 신부가 항상 미리 나와 일행을 영접한다. 이들은 2002년 말에 모스크바에 있는 러시아정교회 신학교로 유학 보내기 위해 북측 당국이 엘리트 청년 4명을 선정할 때 뽑힌 주인공들이다. 이들은 유학 후 2년 만에 무사히 졸업했으며 졸업과 동시에 이 두 명은 즉시 부제 서품을 받았고, 나머지 두 명은 학자의 길을 가기 위해 계속 신학 공부를 하여 현재는 북·러 간의 종교적, 외교적 가교 업무를 담당하고 있다.

필자는 두 차례의 참관을 통해 두 명의 사제와 성가단장, 조선정교위원회련맹 관계자들을 만나 깊은 대화를 나눴으며 필자가 방북 전에 미리 검토한 정백교회 관련 자료 중의 궁금한 점을 직접 확인하기도 했다. 특히 매우 친절하고 온화한 성품의 두 명의 사제 덕분에 그들이 제공해 준 사진과 문서자료들을 통해 정백성당에 대해 더 많은 새로운 사실들을 파악할 수 있었다.

북측 사제들이 직접 집례하는 예배와 미사는 매주 토요일과 주일 그리고 각종 정교회 축일에 문을 열고 예배와 행사를 개최한다고 한다. 예배에 참석하는 신자들은 평양 시민들도 더러 있지만 주로 평양에 주재하는 러시아 대사관의 외교관들과 직원들 그리고 정교회를 믿는 여러 나라의 외교대표부 직원들과 상사원들이 참가하고 있다. 일반 외국인 관광객들도 예배를 많이 참석하고 있으며 특히 외국 신자들은 정백교회당이 세워져 매주 예배가 드려지는 것에 대해 한결같이 고마워하고 있다고 한다. 정백교회를 모두 참관한 후에 내가 내린 정백교회의 설립 목적과 역할에 대해 몇 가지 생각해 보았다.

첫째, 아직은 미약하지만 조선(이북) 인민들에게 복음을 전하고 정교회 신자들의 신앙생활을 위해 설립되었다.

[사진 5] 정백교회 공동 담당 사제인 라관철(오른쪽), 김회일(왼쪽) 신부의 손을 잡은 필자

둘째, 평양 지역에 장기 거주하는 러시아 외교관, 주재원, 상사원, 기자, 사업가와 그들의 가족 중에 정교회를 믿는 신자들을 위해 존재하고 있었다.

셋째, 북을 일시적으로 방문한 관광객들이나 방문객 중에 정교회를 믿는 신자들을 위한 예배가 준비되어 있었다.

넷째, 북·러 간의 상호 친선과 우호 협력을 위한 가교역할을 충분히 하고 있었다.

다섯째, 북러 간의 종교 교류를 비롯해 문화 교류, 학술 교류, 역사 교류 등의 창구 역할과 외교적 역할 등을 충분히 하고 있었다.

이처럼 필자가 확인한 몇 가지 사실 중에 가장 핵심적인 부분은 이곳 정백교회는 북측 인민들을 대상으로 복음을 전해, 신자들을 확보하고자 하는 의도도 있었으나 이런 자국민을 위한 교회로서의 기능과 역할보다는 주로 평양 주재 정교회 신자들과 일시적으로 여행이나 방문을 한 신자들의 신앙생활을 위해 유지되는 것으로 파악되었다.

김정일 국방위원장이 정백교회당을 세운 계기

평소 러시아의 집권자 푸틴을 비롯한 지도층 인사들은 러시아에 있는 소수의 개신교가 미국과 영국을 비롯한 서방 국가들의 자금 원조와 후원으로 운영된다는 점에서 개신교를 미국식 신앙으로 비하하는 반서방 정서를 지니고 있다. 종교의 자유를 인정하면서도 개신교가 러시아의 주체성과 민족성에 어긋난다고 판단해 개신교의 선교 확산은 용인할 수 없다는 의식이 정책적으로 반영되고 있었다.

이런 상황에서 평양에 러시아정교회 정백교회당이 착공되기까지는 북·러 간의 숨 가쁜 막후교섭들이 신속하면서도 은밀히 진행됐다. 정백교회가 세워진 직접적인 과정을 몇 가지 살펴보면, 우선 2001년 북러 정상회담 당시 푸틴 대통령과 김정일 국방위원장 간의 끈끈한 우정이 바탕이 되었다. 이 같은 사실은 당시 김정일 위원장을 수행한 풀리코프스키 대통령 전권대표가 언론에 공개하기도 했다.

김 위원장이 2001년 8월 7일, 러시아의 상트페테르부르크 방문을 마친 후 연이어 기차를 타고 하바롭스크를 방문해 참관하던 중 도시의 중앙 광장에 전통 러시아정교회 성당이 아름다운 자태로 세워지는 것을 보고 그 건축물에 매료되어 수행원들에게 이듬해 방문 일정에 이곳을 다시 포함시키도록 했다.

김 위원장은 실제로 이듬해인 2002년 8월 20~24일까지 러시아 극동 지역을 방문하던 중 22일, 하바롭스크 시의 성(St.) 인노겐치 이르쿠츠크 성당을 찾았으며 성당을 40분 정도 살펴본 후 러시아정교회 블라디보스토크 교구의 '베냐민' 주교가 선물한 '이콘'(IKON)에 매료되었으며 이를 계기로 평양에도 러시아정교회 성당을 건축할 의사를 굳히게 되었다. 특히 세계적인 문화 예술품들에 대한 역사적 지식이 뛰어난 김 위원장은 이

[사진 6] 러시아 상트페테르부르크를 방문한 김정일 국방위원장 일행(2001. 8. 7.)

날 러시아정교회 문화재에 대해 매우 특별한 관심을 나타내며 해박한 지식을 보여주어 러시아 당국자들과 정교회 관계자들을 깜짝 놀라게 했다.

한편 23일 오전 9시 30분, 블라디보스토크역에 도착해 연해주 지사와 시장의 영접을 받고 블라디보스토크 방문 일정을 소화하던 김 위원장은 '이그나트'라 불리는 유명한 종합쇼핑센터를 방문해 진열된 상품들을 돌아보며 운영 전반에도 관심을 보였다. 센터를 떠나기 전 김 위원장이 쇼핑센터 사장에게 도자기를 선물로 주었고, 이에 대한 답례로 사장은 러시아정교회 성화인 '이콘' 한 점을 증정했을 정도로 김 위원장은 정교회 예술품들과 성물에 큰 관심을 보였던 것이다. 이처럼 연이어 이콘을 선물 받은 김 위원장은 "귀국하면 반드시 평양에 러시아정교회 성당을 짓겠다"고 공언하고 그 자리에서 러시아 관계자들과 사제들과 약속한 후 사흘간의 방문 일정을 마치고 귀국했다.

정백교회당 설립을 위해 '조선정교위원회'가 조직되다

가톨릭교회 측에서는 조형 미술의 모든 양식을 허용하는 반면 정교회 측에서는 '이콘' 성화는 허락하나 그 외 입체 조각물은 일체 금지한다. 그 때문에 이콘 안에는 기독교 미술의 압축된 백미가 담겨 있으며 특유의 화려함과 성스러움을 뿜어내기 때문에 종교를 떠난 예술적 차원에서도 매우 매력적이다. 아무튼 김정일 위원장과 이콘 선물이 직접적인 계기가 되었으며 이와 더불어 시대적 요청에 의해 평양에 정교회 성당 건축 계획이 본격적으로 시작되었고 양국 정부 차원에서 신속히 추진되었다.

8월 24일, 평양으로 귀국한 김 위원장은 곧바로 조선정교위원회(현,

조선정교회련맹)를 조직토록 건의해, 한 달 후인 9월 25일에 '조선정교위원회'가 발족되었으며 초대 위원장에 허일진이 선임되어 그가 주도적으로 이끌어가는 체제가 되었다. 그러나 위원회 간부들은 가장 시급한 문제에 봉착하게 됐다. 교회당이 완공되면 러시아인 사제를 부임하도록 할 것이냐, 아니면 순수한 조선인 사제를 양성해 앉힐 것이냐를 두고 고민하게 된 것이다. 그

[사진 7] 평양 정백교회당을 방문해 담당 사제인 라관철, 김회일 신부와 함께한 필자

러던 중 김 위원장의 재가를 받아 조선인 사제 양성을 위해 자국의 청년들을 유학 보내기로 최종 결의하였다.

영어와 러시아어에 능통한 30대 초중반의 남성 엘리트를 수소문한 끝에 그해 연말에 4명의 유학생을 러시아신학교에 급파해 특별 훈련을 시켰으며 이듬해인 2003년 3월에는 모스크바에 있는 러시아정교회 신학교에 정식으로 입학하게 했다. 다른 일반 신학생들이 5년 동안 수학할 강의 과목과 예비 사제 훈련을 2년간의 특별과정을 통해 집중적으로 교육받도록 양국 정부와 양국 정교위원회가 협의하기에 이르렀던 것이다.

역사적인 정백교회당 착공식을 거행하다

2003년 6월 24일, 평양시 낙랑구역 정백동의 대동강 기슭에서는 역사적인 정백교회당 건설을 위한 착공식이 벌어졌다. 총 부지면적 7,000㎡ 위에 건평 350㎡, 높이 29.5m의 크기의 예배당 공사에 착수했다. 일반 개신교나 천주교는 예식을 드릴 때 좌석에 앉아 예배나 미사를 드리는 방식과는 달리 회중들이 일어서서 예배를 드리는 정교회의 방식에 따라 수용인원 능력이 자그마치 500여 명 규모의 공간이다.

이날 본당 건물 외에도 사제관과 조선정교위원회 본부 청사 등 보조 건물들도 함께 착공했으며 이 모든 건축 비용은 북측과 러시아 측

[사진 8] 정백교회당 준공 후 야외 축성식(봉헌식)을 하는 장면

이 일정량을 각기 부담했다. 러시아 측에서는 유명한 건축물 기업인 DV아그세날 측에서 꾸볼 2개(돔형 지붕)와 12개의 종을 헌물 제공했고 나머지 모든 건축 비용은 북측이 부담했다. 또한 러시아 측은 예배당 내부의 인테리어나 장식 등에 대한 고증 지도를 담당했으며 현장에 동원된 인력은 북측 건축기술자와 노동자들이 주를 이루었으며 2년여의 공기를 예상했으나 1년이 연장돼 결과적으로 3년 만에 완공했다.

착공식 예배는 러시아정교회의 클리멘트 대주교가 집전을 했고 북측에서는 조창덕 내각 부총리와 량만길 평양시 인민위원회 위원장, 조선종교인협의회 장재언 회장, 조선노동당 중앙위원회 지재룡 부부장, 외무성 궁석웅 부상, 북러친선협회 위원장 겸 대외문화연락위원회 홍선옥 부위원장, 조선정교위원회 허일진 위원장 등 기라성 같은 정계와 종교계 인물들이 대거 참석했고 안드레이 카를로프 평양 주재 러시아 대사와 주재원, 상사원 등이 대거 참석했다. 착공 예식을 마친 후에는 저녁에 만수대 예술극장에서 조선정교위원회 주최로 러시아정교회 대표단을 위한 연회를 마련하며 종교적 교류 차원을 넘은 양국의 우의를 다지는 자리를 갖기도 했다.

건축에 동원된 인력은 북측 건축 기술자들과 노동자들이었으나 러시아 측도 건축 노동에 대단한 관심과 지원을 아끼지 않았다. 심지어 건축이 한창 진행되던 2004년 4월 9일에는 러시아 대사와 직원들이 교회당 건설 현장을 찾아 직접 팔을 걷어붙이고 노동 지원 활동을 했을 정도였다. 카를로프 대사도 작업복을 갈아입고 건설 노동자들과 함께 골조 공사를 했으며 공사가 마무리 단계에 접어들던 2006년 6월 17일에는 러시아 모이세예프 민속무용단에 의해 성당 내부에 부착할 예수 성화를 직접 조선정교회를 통해 봉정하기도 했다.

준공을 마치고 봉헌의 축성식을 하다

2003년 6월 24일, 착공 예식을 올린 후 3년 3개월 간의 공사 기간이 소요되어 드디어 2006년 8월 13일, 역사적인 축성식을 거행했다. 교회 본당 외관은 지중해식 예배당을 연상케 하는 두 개의 크고 작은 황금 돔과 종탑을 건축예술로 승화시켜 봉헌식 참석자들로부터 극찬을 받았다. 김정일 위원장이 러시아 하바롭스크를 방문해 건축을 결심한 후 4년 만의 결실이다. 정백교회당이 설립된 것은 그동안 중단됐던 러시아정교회의 선교사역이 이북에서 다시 시작되었음을 상징하는 것이기에 교회사적으로 큰 의미가 있다. 또한 북·러 사이의 외교적 관계는 물론 남북 간의 정교회 교류에도 역사적으로 큰 의미가 있으며 통일을 위한 교두보 역할도 모두가 기대했다.

필자는 정백교회 측으로부터 당시 축성식과 관련된 기록물과 자료 일부를 얻을 수 있었다. 당시 축성식(봉헌식) 미사를 집전하기 위해 방문한 러시아정교회 대외관계부 키릴리스 대주교(칼리닌그라드와 스몰렌스크)를 단장으로 하는 사절단이 참석했는데 이때 키릴리스 대주교의 축성식 강론 일부는 다음과 같다.

우리는 역사적 사건에 참여하고 있다. 러시아정교회 교인들은 이미 100년 전에 이 땅에 왔었다. 그때 정교회 교회의 삶은 시작되었고 러시아와 이 나라가 서로를 더 잘 이해할 수 있게 되었다. 그렇지만 제2차 세계대전 후 러시아정교회는 정치적 이유 때문에 남한을 떠났다. 오늘 우리는 평양에 정교회 교회를 축성하게 됐는데 이 교회당 건축은 김정일 국방위원장이 주도했으며 러시아정교회는 사랑과 기쁨으로 이 교회 건축을 지원해 왔다.

또한 북조선 출신 정교회 사제들이 이 교회에서 예배를 집전한다는 사실이 우리를 더욱 기쁘게 한다. 이 교회는 평양에 사는 정교회 그리스도인들뿐만 아니라 모든 그리스도인들에게도 개방될 것이다. 이제 우리 두 나라 사이의 협력은 더욱 증진될 것이며, 더 많은 러시아 사람들이 여기를 찾아올 것이다. 우리는 이 교회가 러시아-조선 간의 우호의 상징이 될 것이며, 많은 사람들이 정교회의 아름다움을 발견하게 될 것이라는 것을 확신한다.

특히 성당이 완공되기까지 동분서주했던 조선정교위원회 허일진 위원장은 감회에 찬 얼굴로 아래와 같이 준공식 연설을 했다.

김정일 동지께서 러시아 극동 지역을 방문하는 길에 정교회를 높이 평가하고 평양에 성당을 건설할 데 대하여 가르쳐 주셨다. 이에 조선

[사진 9] 정백교회 축성식(봉헌식)을 마치고 인민문화궁전에서 연회를 마친 북·러 사제들과 관계자들

정부가 정교회 설립을 성공적으로 완수했으며, 이를 계기로 조선과 러시아 사이의 관계가 증진될 것이며 이 성당을 두 나라 인민의 지향과 염원에 맞게 잘 관리 운영하며, 조선 반도의 평화와 안전을 지키기 위해 적극 노력할 것이다.

그는 조선정교회위원회를 조직할 뿐 아니라 러시아로 유학생을 급파해 사제서품을 받게 했고 평양에 정백성당까지 건축하느라 불철주야 가장 애썼던 주역이라 그런지 감격의 눈물을 흘렸다고 한다. 이날 축성 예식에는 평양 시민들, 북측 종교계 인사들, 러시아정교회 대외관계처 위원장과 스몰렌스크 및 깔리닌그라드 총주교를 겸직하고 있는 끼릴리스 대주교, 울라지보스또크 및 연해변강대구 교구장을 맡고 있는 웨니아민 대주교 등 정교회의 고위성직자들이 참가했다. 또한 곽범기 내각 부총리와 정부 관계자들, 러시아정교회 대표 방문단, 북조선 주재 러시아 대사를 비롯한 외교단과 국제기구 대표들이 대거 참석했으며 착공식 때와 마찬가지로 이날도 조선정교위원회는 축성식을 기념하는 연회를 인민문화궁전에서 마련했다.

II. 정교회 예식

아름다운 성화들과 성물들에 매료되다

필자가 다각도로 확인한 바로는 평양에 체류하고 있는 러시아정교회 신자들과 각국 신자들은 2006년 8월 준공 이후 지금까지 꾸준하게

[사진 1이 러시아 주교와 라관철 신부가 정교회 절기 미사를 집전하는 모습

평양 정백교회당을 찾아와 신앙생활을 하고 있었다. 특히 북측 신자와 외국 국적의 일반 신자들이 드리는 매 주일예배는 정교회의 엄격한 법도와 규정대로 원칙에 의해 움직이고 있었으며 설립된 지 10년이 거의 다 되어가는 현 시점에서는 이미 토착화가 활발히 진행되고 있었다.

순수한 북측 신자들도 꽤 확보되었으며 그 구성원들을 보면 라관철, 김회일 신부들의 부인과 가족들을 비롯해 성가단원들 그리고 러시아 대사관에 근무하는 북측 직원들은 고정 멤버들이다. 이들을 포함해 30~40명 정도의 조선인(북측) 신자들이 교인으로 등록되어 출석하고 있었다. 나는 평일에 한 번, 주일에 한 번 이곳을 방문해 종교의식을 참관하거나 조선의 토종 신부인 라관철, 김회일 신부와 니콜라스 김 성가단장과의 만남과 대화를 통해 정백교회와 관련된 다양한 이야기들을 들어봤다.

러시아정교회 특유의 이국적 양식으로 지어진 정백교회당을 자세히 살펴보면 동서남북 사방을 축으로 해서 십자가 모양으로 디자인되

[사진 11] 평소 정백교회를 방문해 미사를 드리는 외국인 신자들의 모습

었으며 두 개의 지붕은 전통적인 돔으로 지어졌다. 나는 교회당 외관과 사제관 그리고 정교연맹 청사 등 전체 건물들을 한 바퀴 둘러보고 다시 교회당 내부를 자세히 둘러보기 위해 입장했다. 성당 내부는 외부와는 다르게 첨단 모던 기법과 전통 기법이 한데 어우러져 풍기는 아름다움에 한동안 걸음을 멈출 정도였다. 온통 순백의 벽면으로 이뤄진 내부는 가장 깊은 안쪽 은밀한 곳에 모셔진 성소를 비롯해 성서 독경대, 기도단, 설교단과 성상, 종, 촛대, 성화와 성물들 하나하나가 조화를 이뤘으며 모스크바의 문화재급 정교회 성당에 버금갈 정도였다.

내부를 둘러보다 '이콘'(IKON)이 보이길래 문득 과거 김정일 국방위원장이 블라디보스토크에서 선물 받은 '이콘'은 어디에 모셔졌는지를 김 신부에게 물었다. 당시 김 국방위원장은 평양에 정교회 성당을 준공하면 이곳에 보관하겠다고 약속했던 기억이 났기 때문이다. 그러나 이콘 성화는 현재 묘향산 국제친선박람관으로 옮겨져 전시되어 있다는 답변을 들었다.

최 목사님은 벌써 우리 뒷조사를 다 하신 것 같습니다

나는 라관철 신부가 쓰는 '요한'(John)이라는 세례명은 나름 익숙했으나 김회일 신부가 쓰는 '표도르'(Fyodor)라는 세례명이 궁금했다. 혹시 예수의 수제자 베드로(Peter)를 러시아식 표기로 발음하는 것인가 물었더니 "그렇다"라고 답했다. 나는 이 두 신부가 러시아에 유학 가게 된 동기를 비롯해 신학생 시절과 사제 서품을 받기까지의 여러 과정에 대해 궁금한 것들을 물었다. 방북하기 전에 이미 내가 확보한 자료들을 숙지했고 궁금한 사항들만 집중적으로 물었다.

▶ 조선(이북)에서는 세례를 안 받으셨을 테고, 언제 세례를 받으셨나요?

■ 저희들이 한참 유학 공부 중이던 2004년 1월 성탄절 미사를 마치고 모스크바 다닐로프 수도원 성당에서 받았습니다(러시아정교회는 서방 세계 교회와는 달리 매년 1월 7일이 성탄절이다).

▶ 두 분 모두 영어와 러시아어를 아주 잘하시던데 신학교 공부는 어려움이 없었는지요?

■ 신학교에 입학한 것은 2003년 봄(3월)입니다. 규율에 따라 기숙사에서 꼼짝 안 하고 공부만 했습니다. 아시는 것처럼 영어와 로씨야말(러시아어)은 어려움이 없는데 례전할 때(예배나 미사를 집전하는 예식) 사용하는 슬라비어(슬라브어)가 좀 힘들었습니다. 그리고 교리 공부와 신학 공부할 때 알아야 하는 라친어(라틴어), 그리이스어도 쉽지는 않았습니다.

▶ 외부와 단절된 생활을 하며 집중교육을 받으셨는데, 그렇다면 모두 몇 년을 공부하셨나요? 저도 신학 공부할 때 영어는 뭐 그럭저럭했는데 히브리어, 헬라어가 좀 힘들었습니다. 남조선(한국)의 장로교 계통 신학대학은 학부 4년 과정과 신학대학원 3년 과정을 모두 마쳐야 목사 안수를 받을 수 있는 자격이 주어집니다.

■ 목사 되는 과정이 무척이나 힘들게 보여집니다. 저희는 장군님(김정일 국방위원장)의 특별 배려와 로씨야(러시아)정교회와 조선정교련맹간의 상호 협정에 따라 2003년 3월에 로씨야정교회 모스크바 관구 신학교를 입학해서 2005년 5월까지 2년 동안에 모두 마쳤습니다.

▶ 두 분만 입학하신 건가요? 제가 알기로는 다른 두 분이 더 계신 걸로 아는데…."

■ 야, 이거. 어떻게 그렇게 저희들에 대해 잘 아십니까? 최 목사님은 저희들 뒷조사를 다하신 거 같습니다. 하하하(크게 웃음). 저희들(김표도르, 라요한) 외에도 최키릴로스로와 박요한 이렇게 두 분이 더 있습니다. 그분들도 저희와 똑같이 입학해서 졸업도 같이했습니다. 저희들은 부제품을 받았지만 그분들은 로씨야에서 더 공부했고 나중에 서품을 받아서 로씨야정교회와 조선정교회를 위해 왔다 갔다 일하고 있습니다.

▶ 아, 뒷조사는 아니고요. 미국에서 관련된 서적을 여기저기 구입해서 읽어보거나 인터넷으로 검색하면 웬만한 자료는 다 나옵니다. 그렇다면 누구에게 졸업장을 받았나요?

■ 그러니까 정확히 2005년 5월 18일이 졸업식 날이었고 대주교님

(당시 신학교 학장이던 베레이스키 예브게니 박사를 지칭)에게 직접 졸업장을 받았습니다.

▶ 졸업식 할 때 특별히 기억나는 이야기 좀 해 주세요.
■ 특별히 학장님께서 우리들을 향해 "자부심을 갖고 신앙생활을 강하게 하라. 조선에 가서도 그리스도의 사도로서 모든 인민들을 사랑하고 존중하라"는 말씀이 기억납니다.

▶ 아, 그랬군요. 그런데 두 분 신부님은 왜 수염을 안 기르시나요? 수염을 안 기르면 정교회 규율에 위반되는 거 아닙니까?"
■ 아, 우리 정백사원은 원칙을 지키면서도 조선식으로 이끌어갑니다. 우리들은 조선 사람이다 보니까니 로씨야 신부님들처럼 수염이 멋질스럽게 잘 나지도 않을뿐더러 수염을 길게 기르지 않아도 아무 일(문제) 없습니다."

두 사제의 말을 종합하면 모스크바 교구 신학교 측은 특별히 이들 4명의 조선 신학생에 대해서 5년 과정을 2년으로 압축하는 속성과정을 편성해 24시간 공동체 생활을 시키며 집중교육과 사제 훈련을 시킨 것이다. 또한 신학교 재학 시절에는 교구와 신학교 측의 배려로 정식 사제 서품자가 아니었음에도 불구하고 유니폼 역할을 하는 사제복장을 하고 수업을 받았다고 한다. 2년 동안 이수했던 교과목들은 성경전서와 신앙고백서, 정교회 역사서를 비롯해 각종 성서 언어 등 고난도의 학습 과정이었으며 특히 러시아정교회만의 특유하고 복잡한 의식을 집전하는 의전(儀典) 숙지가 매우 어려웠으며 이로 인해 개인적 시간이 조금도 주어지지 않을 정도의 강행군 훈련이었다고 한다.

저희들은 이 정백사원에서 결혼했습니다

나는 1, 2층 모두 합해 500명가량이 선 채로 동시에 예배를 드릴 수 있다는 이 본당에 매 주일 몇 명이나 예배를 드리는지 몹시 궁금해, 라 신부에게 물었다.

▶ 평양 주재 러시아 신자들 말고 순수한 조선(이북) 신자들은 몇 명이나 예배에 나옵니까?"
■ 예, 저희 집사람을 비롯해 김 신부님 가족과 우리 가족들이 모두 나옵니다. 성가단 단원들도 모두 우리 조선 신자들로 구성돼 있고 조선 신자들은 모두 30명 정도가 나옵니다.

▶ 아, 정교회는 사제들도 결혼을 합니까?
■ 아, 저희들이 신학교에 유학 중일 때가 30대 중반 나이였습니다. 로씨야에서 부제 서품을 앞두고 고민하다가 결혼하기로 결심을 굳히고 모두 귀국해 우리 정백사원에서 결혼례식을 올렸습니다.

▶ 아, 그럼, 결혼예식을 올린 때가 정확히 언제쯤입니까?
■ 그러니까 그날이 2005년 1월 28일입니다. 정백사원이 아직 완공도 되지 않은 상태에서 대충 꾸려놓은 성당 안에서 례식을 거행했습니다. 하하(웃음)

필자는 사제들의 이야기를 무심코 듣다 말고 평양 땅에서 기독교식으로 결혼예식을 치렀다는 말에 정신이 번쩍 들었다. 비록 개신교는 아니지만 기독교식으로 결혼예식을 올렸다는 사실은 아마 역사적인 일인 듯싶다.

사제들의 답변을 들어보니 가톨릭에서는 오직 독신자들만 사제 서품을 받는 자격이 주어지는 반면, 러시아정교회는 이미 기혼자도 서품을 받을 수가 있다고 한다. 단, 미혼자일 경우 부제 서품 전에 결혼 여부를 결정해야 하는 규정 때문에 이들 북측 신학생은 결혼하기로 결정을 내린 것이다. 또한 정교회 사제 중 기혼 사제의 부인이 사망했을 경우에는 다시 재혼할 수 없으며, 주교가 되기 위한 기본 조건은 무조건 독신이라야 한다고 했다.

▸ 아, 결혼예식 주례는 누가 집례했습니까?
■ 로씨야에서 홍콩교구로 파견된 신부님이 직접 오셔서 주례를 하셨습니다.

이들의 결혼예식을 집례하기 위해 모스크바에서 홍콩으로 파견된 디오니시 포즈드나예프 신부가 평양을 방문해 정백교회당에서 주례를 했다고 한다. 포즈드나예프 신부는 당시 홍콩 중국기독교문화연구소 객원교수로 홍콩에 머물고 있던 중 이들의 결혼 집례를 위해 일부러 평양을 방문했다고 한다. 한편 이 신학생들은 결혼식과 신혼여행 일정을 마치고 곧바로 러시아로 다시 건너가 그해 5월 중순에 졸업식을 하고 연이어 부제 서품을 받게 된 것이다.

베드로(김회일)와 요한(라관철), 부제 서품을 받다

러시아정교회 모스크바교구와 조선정교회위원회와의 특별 교환 학생 프로그램에 따라 파견된 조선 유학생 4명은 여러 우여곡절 속에서도 2005년 5월 18일, 무사히 졸업식을 마칠 수 있었다. 그러나 러시아에 계속 남아 공부할 두 명과 먼저 부제 서품을 받아 평양으로 돌아갈 두 명으로 구별돼 졸업생 4명 중 라관철(표도르), 김회일(요한) 두 신학생이 우선 부제 서품을 받게 됐다.

▶ 정확히 언제 서품을 받았습니까?

■ 저희 두 사람은 2005년 5월 21~22일, 이틀간 부제품을 받았습니다. 첫날은 제가 받았고 둘째 날은 표도르 신부가 받았습니다.

이틀간 진행된 서품 예식에는 러시아정교회에서 교회외교부 부의장을 맡고 있는 예고리에브스크 교구의 마르크 주교가 직접 집례했으며 5월 21일에는 김회일(표도르), 5월 22일에는 라관철(요한)을 각각 서품했다. 하루에 단 한 명의 서품만을 허용하는 러시아정교회의 전통과 관례에 따라 이틀에 걸쳐 진행된 것이라고 한다.

▶ 서품식에서 기억할 만한 이야기는 없었습니까?

■ 사실 저희들보다 서품식을 집례하신 마르크 주교님이 더 기뻐하셨습니다. "이 서품은 로씨야와 조선 인민들 모두에게 있어 역사적으로 중요한 사건이다. 두 사람은 이제 하느님의 종으로 그리스도의 사도로서 조선의 인민들에게 복음을 선포하고 정교회의 빛을 전파하라"

고 말씀하신 것이 기억납니다.

그러나 그것으로 모든 과정이 끝난 것이 아니었다. 서품을 받은 두 명은 당시 완공을 앞두고 마무리 단계에 있던 평양 정백교회로 곧바로 부임하지 않고 계속해서 실습 과정을 밟았다고 한다.

▶ 사제서품을 마친 후 그다음엔 뭘 하셨습니까?
■ 평양 정백사원이 완공되면 저희가 전담 사제로 일해야 하는데, 그건 막중한 책임 아닙니까? 저희는 공부만 마쳤지, 아무것도 잘 모르고 해서 실습을 위해 블라디보스토크시로 파견돼 사제 훈련을 받았습니다.

불모지나 다름없는 평양에서 담임사제직을 맡아 정상적인 사목활동을 수행하려면 배운 신학 지식과 교리공부만으로는 감당할 수 없기에 이들은 사목지에 투입되기 직전까지 실무경험을 쌓는 현장 실습에 들어간 것이다.

우리도 기독교 절기는 빠짐없이 지킵니다

나는 이들 두 명의 사제가 부임한 이후 지금까지 얼마나 객관적인 사목활동을 수행하고 있는지 확인하고 싶어 기독교 절기를 지키는 부분에 대해 물으니 단호한 답변을 했다.

■ 저희들은 일반 기독교의 성탄절, 부활절은 물론이고 모든 절기들

[사진 12] 담당 사제인 라관철, 김회일 신부, 리콜라이김 성가단장과 담소하는 필자

을 다 지킵니다. 뿐만 아니라 일반 기독교보다 우리 정교회 절기가
더 많아서 매우 바쁩니다.

▶ 올해 성탄절도 예배를 잘 드렸나요?
■ 아, 물론입니다. 로씨야정교회는 성탄절이 매년 1월 7일 아닙니
까? 그때 저희들이 참 바빴습니다. 올해도 로씨야를 비롯해 로므니
아, 벌가리아, 뽈스까, 영국, 스웨리예, 스위스를 비롯해 여러 나라의
외교 대표들과 우리 조선에 체류하는 정교회 신자들이 몰려왔습니다.
례식을 끝낸 후에는 서로 친교하고 음식을 나누며 좋은 시간을 보냈
습니다.

나는 그 순간 작년에 평양의 어느 식당에서 여성 봉사원과 나눈 대
화가 주마등처럼 스쳤다. 그날 식당 안에는 크리스마스 장식들이 여기

저기 널려 있는 것이 궁금해 "저 장식을 왜 하는가?" 하고 봉사원에게 물었더니 전혀 답변을 못했다. 다른 봉사원에게 재차 물었더니 "우린 성탄절보다 수령님 탄생하신 태양절이 더 좋습니다. 이 장식물은 해외 동포들이 많이 오시니까 그냥 보기 좋게 장식한 겁니다"라며 답한 적이 있었다.

봉수교회, 칠골교회에도 없는 예식서를 비치하다

나는 평양에 공식적으로 세워진 봉수교회와 칠골교회를 방문할 때마다 주보지나 전도지를 본 적이 없다. 그러나 이곳 정백교회당은 본당과 성소를 둘러보던 중 예식서나 기도요청서 등 인쇄물들이 간간이 눈에 띈다는 사실을 알아차렸다.

> ▶ 아무래도 일반 평양 시민들에게는 정교회가 생소한 종교이니만큼 조선어로 만든 순서지나 예식서가 필요했나 봅니다?
> ■ 아, 최 목사님. 저기 입구 접수대에 가보시면 순서지와 례식서가 잘 준비되어 있습니다.

양초를 쌓아둔 코너에는 기도요청서가 많이 놓여 있고 다양한 유인물들이 조선말(한글)과 러시아어로 다양하게 준비돼 있었으며 심플한 전도지도 인쇄돼 있었다. 내국인 신자들과 외국 신자들을 모두 배려한 흔적이 엿보였다.

[사진 13] 북측 신자들을 위해 준비된 예식 순서지 앞, 뒷면

사목 중에 가장 기억에 남는 세 가지를 말하다

첫째, 완공된 지 3년 만에 드린 봉헌예식

이들이 이곳에 공동 담임사제로 부임한 지도(당시) 6년의 세월이
흘렀다. 마지막으로 그동안 가장 기억에 남는 일이 무엇인지 물었다.

■ 아무래도 저희들이 여기서 사목하며 가장 기억에 남는 일은 세 가
지인데 순서대로 기억해 보자면, 첫째는 2009년 2월 12~19일까지
드려진 우리 정백사원 봉헌례식입니다.

▶ 아, 봉헌예식은 준공식 할 때 드린 축성식 말고 또 다른 예식이었나
요?
■ 예, 그렇습니다. 축성식은 준공식 때 드린 례식이고 봉헌례식은 이
사원을 건축하면서 들어간 비용과 건축비를 다 청산하고 완전하게 마

[사진 14] 예배 시 사용하는 미사용 양초 쟁반에는 기도요청서가 준비돼 있었다.

무리된 교회당을 이제 하느님께 바친다는 례식인데 저희가 완공한 지 3년 만에 봉헌례식을 올렸습니다.

▶아, 그때 참 많이 분주하셨겠습니다?
■네. 그때 로씨야정교회 울라지워스또끄(블라디보스토크) 주교회 대표단이 평양을 대거 방문해 조로(북·러) 간의 국가 행사도 많이 가졌습니다. 쩨르게이 야꾸또브 단장님이 직접 봉헌례식을 집전하셨고 베냐민 주교님이 축복해 주셔서 이 례배당이 완전히 하느님께 올려졌습니다.

▶러시아 대표단들은 봉헌식 말고 어떤 국가 행사를 가졌습니까?
■50명 정도의 조로(북·러) 사제단들이 모여 평양 시내에 있는 로씨야 병사들 묘지와 기념비에서 추도례식을 갖고 기도 행사도 개최하고 국가연회 참석과 사적지, 관광지도 참관했습니다.

▶조선에는 러시아 병사들 묘지가 생각보다 많은 것 같습니다?

■ 물론입니다. 평양시 사동구역에 가면 해방 당시 소련군 묘지와 해방탑이 있는데 거기는 우리 조선을 일제로부터 해방하기 위해 용감하게 전사한 소련군과 소련 공민들의 묘지가 있습니다. 특별히 2,500명이나 되는 소련군 전사자들의 무덤은 평양뿐 아니라 청진, 흥남, 원산, 라진 등에 골고루 묻혀 있습니다.

둘째, 완공 5년 만에 드려진 '5돐 기념 예식'

▶ 아, 두 번째 기억에 남는 사건은 뭔가요?

■ 둘째는 작년 8월에 있었던 저희 정백사원 다섯 돐(북측은 남측과 달리 '돌'이 아닌 '돐'로 표기한다) 기념행사들입니다. 그때도 국가적으로 거창하게 치러졌기 때문에 너무 바빠서 잠도 제대로 못 잤습니다.

▶ 아, 그러셨겠군요. 주로 어떻게 기념했습니까?

■ 그때가 2011년 8월 13일입니다. 이 당시도 로씨야정교회 대표단, 주조(북한 주재) 로씨야 련방 특명전권대사와 대사관 성원들, 여러 나라들의 대사관성원들, 국제기구대표들이 참석했는데 정신이 하나도 없었습니다. 기념미사는 모스크바 총대주교회 해외기관조정위원회 예고리예프스키 마르크 대주교님이 집전하셨습니다.

▶ 어떤 말씀을 하셨나요?

■ 대주교님은 감격에 겨워 "지금부터 5년 전에는 현재 로씨야정교회 총대주교가 되신 키릴리스 대주교님이 완공식 때 오셔서 축성식 기념미사를 집전하셨는데 오늘은 력사적인 자리에 내가 서 있다. 이 사원

[사진 15] 대주교가 정백교회 설립 5돌 기념 미사를 집전하는 모습

은 이제 로씨야와 조선 간의 친선과 우호의 상징이 됐다"고 평가해
주셨던 것이 기억납니다.

▶ 이때도 지난번 봉헌예식처럼 국가 행사, 추도 행사 등 바쁘셨겠군요.
■ 물론입니다. 이때는 만수대 의사당에서 최고인민회의 량형섭 부의
장님도 뵙고, 종교인협의회 본부에서 장재언 위원장님도 뵙고, 여러
행사 참관과 향산(묘향산)을 비롯한 명산도 참관하는 등 정신이 없었
습니다.

셋째, 정교회 예식으로 거행된 김정일 국방위원장 추도식

▶ 그럼 세 번째 기억나는 사건은 뭔가요?"
■ 세 번째는 작년 12월 들어서 위대하신 장군님께서 너무나도 갑작스

럽게 서거하신 일입니다. 그때 저희가 추도미사를 두 번이나 올린 적이
있으며 저희들도 너무 애통해서 밤잠을 못 이루고 애도했습니다.

나는 1년 전에 갑자기 타계한 김정일 국방위원장에 대한 기독교식
추도에 관심을 보였다. 추도미사는 2011년 12월 26일, 바로 이 성당
에서 김 신부와 라 신부에 의해 집전됐다고 한다. 표도르 신부에게 당
시 상황을 물어봤다.

▶ 그 당시 정말 많이 놀라셨겠습니다. 추도미사는 주로 누가 참석했
습니까?
■ 로씨야 측에서는 대사와 대사관 관계자들이 참석했고 우리 정부에
서는 로씨야 외교를 담당하는 궁석운 외무성 부상, 장재언 조선종교
인협의회장과 우리 가족들과 조선 신자들과 외국 방문객들도 많이 참
석했습니다.

▶ 국방위원장님을 직접 뵌 적이 있으십니까?
■ 그렇습니다. 우리 장군님은 너무 갑작스럽게 우리 곁을 떠나셨지
않습니까? 그분이 이 사원을 직접 세워주셨고 저희들도 장군님 배려
로 로씨야 신학교에 유학을 가고 사제가 됐지 않습니까? 또한 저희가
이곳에 부임한 이후로도 지속적으로 관심과 배려를 해 주셨고 조로
(북·러) 간에 친선과 우호의 역할을 잘해 달라 당부하셨는데 지금
생각해도 너무 슬프고 애통스럽습니다.

▶ 아, 그럼, 생전에 이곳에도 현지 지도를 오신 적이 있으십니까?"

■ 그렇습니다. 우리 조선 건축노동자들이 3년 동안 공사할 때 여러 차례 건설 현장을 현지 지도 오셔서 작업 과정을 살펴주시고 바로 잡아주셨습니다.

▶ 추도미사에서는 어떤 말씀을 하셨나요? 그리고 미사는 러시아어로 했나요? 조선말로 했나요?

■ 아, 장군님 추모례식은 로씨아 말과 조선말 두 가지 모두 했습니다. "장군님은 세상을 떠나셨지만 인민을 가장 먼저 아껴주는 위민사상은 영원히 우리와 함께하실 것이며 조로간의 우호도 영원할 것이다"라고 말했습니다. 그날 참석한 로씨야 대사관 관계자들은 량국 관계 발전과 세계 인류의 자주 위업 수행에 불멸의 공헌을 남기신 장군님을 진심으로 슬퍼하며 추모하였습니다.

[사진 16] 김회일, 라관철 신부가 김정일 국방위원장 추도미사를 집전하고 있다.

이로써 이곳 정백성교회당에서는 결혼예식에 이어 추도예식까지 러시아정교회식으로 거행된 것으로 확인됐다. 사제들은 필자가 이곳을 떠날 때 정백교회당은 곧바로 다시 내부 단장에 들어간다고 알려줬다. 예배당 내부에 성화들을 그려 넣거나 장식을 보완하는 일과 예배당 내부 도색 공사를 하기 위해 모스크바에서 성화만을 전문적으로 그리는 성화 전담 화가가 직접 방문한다고 했으며, 북측에서도 명망 있는 미술가들이 교회 장식 작업에 동참한다고 했다.

제3부

가톨릭교회

평양 장충성당(將忠聖堂) 편

함북 신포지구 금호성당(琴湖聖堂) 편

평양 장충성당(將忠聖堂) 편

[사진 1] 장충성당 김철웅 신도회장(왼쪽), 부회장(오른쪽)과 함께한 필자

I. 역사적 고증으로 본 장충성당

현재 남과 북의 가톨릭은 우리 민족이 공동으로 겪었던 역사적 사건에 대한 해석의 관점에 대해 아직도 첨예하게 대립하고 있다. 가령

한국전쟁 당시 체포되거나 처형된 가톨릭 성직자들과 신자들의 죽음에 대해 남측 가톨릭은 '순교'로 여기는 반면, 북조선 측 가톨릭은 '친일, 친미 사대주의 매국노의 선봉장'으로 해석한다. 이런 상반된 역사인식과 사상적, 이념적, 정서적 간극을 극복하기 위해선 지금까지 고집했던 각자의 방식을 과감히 버리고 상대를 이해하고 받아들이는 복음적 쇄신이 필요하다.

지금부터 25년 전에 세워진 평양 장충성당은 내가 볼 때 작은 겨자씨처럼 보였다. 겨자씨를 손바닥에 올려놓고 보려 하면 콧바람에 날아갈 정도로 작고 가볍지만 일단 싹이 트고 줄기와 잎이 자라면 마침내거목이 되어 지나가는 새들과 나그네들이 찾아와 안식처를 삼듯, 230년이라는 오래된 조선 가톨릭 역사 속에서 이제 새롭게 다시 시작한지 25년 된 장충성당과 북측 가톨릭 공동체가 비록 지금은 미약해 보이는 듯하나 통일 조국의 미래를 내다보며 복음의 열매를 맺기 위해부단히 노력하는 듯 보였다.

나는 이북의 교회들을 탐방하는 과정에서 그동안 장충성당을 세차례 방문했다. 2013년 7월의 어느 평일에 방문한 적이 있고, 이어서 2014년 4월 부활절 주일에 재차 방문하는 등 공식, 비공식 방문이었다. 오늘은 장충성당과 북의 가톨릭 공동체를 방문하며 알게 된 성당태동 과정과 역사적 유래를 자세히 나누고자 한다.

시골 성당 복사 소년이 목사 되어 장충성당에 서다

나의 큰아버지 최종우는 경기도 양평 읍내 큰 성당에서 십여 리 떨어진 고향 마을에 아담한 천주교 성당(공소)을 세우고 평생을 인근 지

역 여러 마을 신자까지 돌보시는 공소회장을 지내셨다. 독실한 가톨릭
신자로서 경기도 양평 지역의 평신도 지도자였던 큰아버지는 수원교
구 소속 양평본당과 시골 공소를 부지런히 왕래하며 중계 역할을 했고
노년까지 공소예절(사제가 없는 상태에서 평신도가 주일 의식을 집전하는
것)을 이끌던 중 나병으로 선종했다. 과거 나환자들을 돌보는 과정에
서 나병이 옮았던 큰아버지는 마지막 투병 과정 중엔 손가락, 발가락
이 썩어 절단되는 고통을 겪었으며 나는 이를 가까이서 목격하며 안타
까워하기도 했다. 큰아버지 발이 썩어가느라 양말 속 끝에 구더기들이
몰려서 축 늘어진 것을 보았다.

그런 연유로 내가 아주 어릴 적부터 뛰어놀던 유일한 놀이터는 새
벽종을 치는 작은 성당과 마당이
었으며, 열 살 무렵에는 주일 미사
나 공소예절 때 복사 역할도 했다.
당시는 미국에서 원조한 밀가루,
신발 등의 각종 구호품을 성당 마
당에서 주민들에게 자주 나눠 줬
으며, 이로 인해 성당이 사람들로
인산인해를 이뤘던 기억이 생생
하다. 또한 어떤 연유인지는 몰라
도 큰아버지는 강론 때마다 항상
남북통일을 강력하게 소원했고
북녘땅에도 천주교 성당이 세워
져야 한다며 입버릇처럼 말씀하
신 기억이 난다. 이처럼 어린 시절

[사진 2] 양평의 시골 성당 마당에서 뛰어놀던
유년 시절의 필자(오른쪽). 세 살 터울 형님(최
성영, 왼쪽)과 함께

큰아버지의 영향으로 천주교 영세를 받고, 복사 소년을 경험했던 나는 장로교 목회자가 된 지금도 천주교라는 종교가 그리 생소하지 않으며 아련한 동심의 추억 속에 매우 익숙하게 받아들여진다. 비록 내 신분은 장로교 목사지만 가톨릭 신자였던 큰아버지의 당부를 항상 잊은 적이 없으며 미국에서 이민 생활을 하며 대북 사역을 하던 중 현존하는 이북 기독교 교회를 탐방하는 프로젝트를 세우는 과정에서 가톨릭교회도 포함하게 됐다. 이북의 가톨릭교회를 참관하거나 연구하는 과정에서 알게 된 평양 '장충성당'과 더불어 지금은 중단됐지만 함경도 신포지역에 케도(KEDO) 경수로 공사 현장이 한창이던 때 생활관 부지안에 적벽돌로 건축한 '금호성당'의 존재도 알게 됐다. 뿐만 아니라 개성공단에서 일하는 남측 근로자들이 매 주일 드리는 '개성공단 공소예절' 공동체에 대해서도 큰 관심을 가지게 되었다.

역사와 사회에 대한 가톨릭교회의 과오와 모순

1784년 조선 땅에 최초로 가톨릭 복음이 전파되면서 조선 가톨릭교회는 어느덧 230년의 역사를 맞았다. 그러나 구한말의 상황과 일제강점기, 해방의 격동기, 남북분단과 전쟁 시기 그리고 전후 오늘날에 이르기까지 우리 민족이 겪은 고난의 현장에는 있었으나 민족의 교회로서 이를 극복할 사명과 책임에는 소극적이었다.

더구나 가톨릭의 특성상 원래 자생적 자주적 종교가 아닌 로마 바티칸을 중심으로 운영되는 종교이다 보니 우리나라 가톨릭은 민족의 가치보다 종교적 사대주의에 함몰되어 민족이 당면한 문제는 등한시했던 반면, 개인 구원과 외형적 발전에는 큰 관심을 보여 왔다. 조국과 민족보다 교회와 교황이 더 중요했고, 민족의 존망이나 민족해방보다 바티칸의 입장과 호교론(護敎論)에만 치중해 왔으며 고위 성직자들과 사제들은 미국적 반공주의를 최상의 가치로 여겨 제국주의 국가들이 원하는 반공투사가 되었고 제단은 반공 강연장이 되어왔다.

사제들은 일제강점기에도 민족의 해방보다는 교회의 안전을 위해 복무했고, 해방과 분단 이후에도 진정한 민족 통일보다는 무조건적인 반공에만 급급함으로써 사회에 대한 복음적 가치마저 상실하는 듯했다. 특히 소련의 볼셰비키혁명 이후 종교박해 문제가 심각하게 대두되며 미국과 서방세계 위주로 반공의 열기가 높아지자, 우리나라 가톨릭계도 반공사상에 매몰되어 일제강점기의 공산주의 운동과 해방공간에서의 이념적 혼재 현상마저도 맹목적으로 경계하는 강퍅한 자세를 가지게 되었다.

분단 상황에서 드러나는 이념적 양상에 대해서도 극히 편협한 태도를 보이며 '친일-친미-반공'의 혼합된 이념적 굴레에서 벗어나지

[사진 3] 1937년 당시 미국인이 촬영한 평양의 성당 전경. '천주당' 현판과 함께 마당 왼편에 인력거가 보인다(사진: frchriszugger.com에서 제공).

못하다 보니 그 결과 좌우 이념으로부터 중립성을 견지해야 할 한국 천주교회는 성서적 정의와 평화를 전파하는 공교회로서의 복음적 사명을 제대로 감당하지 못했다. 또한 근대화가 될수록 한국 가톨릭은 극우적 반공이데올로기에 편승해 친미적 지배 이데올로기에 기울어지며 친미 반공 성향이 고착화되었다. 이런 편향적 태도는 남북 양측이 팽팽히 대립하며 적대적 행위를 할 때 이를 질타하거나 중재적 역할을 못 했고 그리스도의 교회로서 이를 극복할 민족 화해와 협력의 비전을 제시할 수 있는 도덕성마저 상실했다.

물론 남측 가톨릭교회가 70년대 중반부터 국내 민주화운동을 주도하거나 동참한 부분도 많았지만, 그 기저에 깔린 친미 반공의 이념에는 변화가 없었다. 이런 연유들로 인해 서울의 남측 가톨릭을 둘러보고 북의 장충성당으로 향하는 나의 마음과 발걸음은 돌덩이가 들어앉은 듯 몹시 무거웠다.

평양 장충성당을 찾아가다

장충성당을 찾아가려면 내가 자주 머무는 평양호텔을 빠져나와 대동교 다리를 통해 강을 건너야 한다. 다리를 건너면 곧바로 '선교 강안 거리'라는 교차로가 나오며 이 교차로 왼쪽에는 주체탑이 있고, 오른쪽에는 평양고무공장이 나온다. 이 선교 강안 교차로부터 '새살림거리'가 시작되는데, 첫 번째 나오는 '청년거리'를 지나 또다시 작은 두 블록을 지나 우회전하면 작은 공원이 나오고, 그 공원 옆에 바로 장충성당이 위치해 있다.

나는 평소 장충성당이 위치한 동네의 유래가 궁금해 2013년 여름에 방문할 때는 일부러 성당 옆 공원에서 노니는 몇몇 노인 분들께 다가가 인사를 드린 후 '장충동'(將忠洞)의 유래에 대해 알아봤으며, 북측 가톨릭 관계자들과 장충성당 신자들에게도 이것저것 알아보기도 했다. 그 결과 현재의 '장충동'은 과거 1955년에 '동구역'의 '율 1동' 일부와 '율 2동' 일부를 병합해 새로 만든 동이었으며, 59년에는 '선교구역'의 '장충동'으로 개편되었고, 연이어 1965년에는 1동과 2동으로 분리 개편된 것으로 확인됐다.

'장충동'의 유래는 "예로부터 내려오던 '장풍마을'을 한자로 옮기는 과정에서 와전되어 '장충동'이라 하였다"는 설과 "나라에 충성을 다한 어떤 장군이 이 고장에 살았는데 그의 공적을 같이 전하기 위해 이 지역에서 많이 자라는 풀의 이름을 '장충'이라 불러 그 이름을 따왔다"는 설이 있으며, 현재 장충성당이 위치한 '선교구역'은 총 21개 동으로 구성됐으며 행정구역상 '장충 1동'에 속해 있었다.

장충성당이 옛날 수녀원 자리라고요?

나는 평소에도 이북의 교회를 연구하면서 현재 '장충성당' 터가 과거에는 어떤 자리였는지 몹시 궁금해했다. 현재의 평양 '칠골교회'나 '평양제1교회' 등이 무작정 지어진 것이 아니라 알고 보니 역사적 유래가 깊거나 교회사적으로 의미가 큰 터전에 건축됐기 때문이다. 나는 최근 몇 년 전부터 미국에서 북을 왕래하는 재미교포 사제와 가톨릭 신자들이 장충성당 옛터에 관해 나눈 이런저런 이야기들을 접하게 됐다. 소문을 두 가지로 요약해 보면 첫째로 현재의 장충성당이 있던 자리는 수녀회가 있던 장소라는 것이고, 둘째로 현재 장충성당을 출석하

[사진 4] 장충성당 평일 행사를 마치고 집으로 돌아가는 신도들의 모습

는 신자 중에는 한국전쟁 전까지 활동했던 수녀들이 아직도 몇 명 생존해 있다는 것이다. 나는 우선 두세 차례의 장충성당 방문을 통해 다양한 루트를 동원해 그런 부분들에 대한 사실 확인 작업을 집중적으로 시도하기로 했다.

제보자들이 언급한 수녀회는 1932년 6월 27일, 조선 땅에 가톨릭 복음을 전파하기 위해 미국 메리놀 외방전교회 소속 모리스(Morris, John Edward) 몬시뇰 신부가 '평양 영유읍 상수구리 257번지'에 자국인 수녀회로 설립했던 '영원한 도움의 성모 수녀회'(이하, 성모수녀회)라는 수녀원이었다. 그러나 이런 말들은 구두로만 전해진 풍문일 뿐이며 수녀회가 있던 곳이 현 장충성당 자리라는 구체적 근거 자료를 제시하는 사람은 남측과 북측은 물론 미국에서도 아무도 없었다.

내가 가장 먼저 해야 할 일은 장충성당 자리에 수녀원이 있었다는 근거 자료를 확보하는 일이기에 서울과 미국에서 백방으로 알아본 결

[사진 5] 1948년 부활절에 기림리본당에서 첫 영성체 후 어린이 11명과 기념 촬영한 모습(뒷줄 왼쪽부터 장정온 수녀, 조문국 신부, 강루갈다 수녀, 사진: 가톨릭신문사 제공)

과 당시 평양 지역에 있던 성모수녀회의 존재는 사실이었으나 그 수녀원 자리가 현재 장충성당 자리라는 주장에 대해서는 확인할 길이 없었고 이를 증명하기 위해선 많은 수고와 연구가 필요했다.

장충성당 발원지를 찾기 위한 몸부림

나는 우선 그동안 장충성당 설립 이래 가장 많이 방문 미사를 집전한 재미교포 박창득 신부(어거스틴 몬시뇰)께 도움을 구했다. 미국 뉴저지주 한인 가톨릭교회의 원로이자 미 동북부 한인 가톨릭계의 살아있는 역사로 불리는 박 신부는 일생 동안 악화된 간 때문에 평생 세 차례에 걸친 수술을 받았음에도 불구하고 사제가 없는 평양 장충성당을 수시로 오가며 미사를 집전하던 중 2015년 9월에 안타깝게도 선종했다.

장충성당 신자들을 많이 접촉해 본 박 신부에게 이런 사실들을 문

[사진 6] 평양인민대학습당 도서관에서 신청한 책을 기다리는 필자. 신청 서적은 컨베이어벨트를 통해 자동으로 전달된다.

의한 결과 한국전쟁 전에 활동하던 수녀들이 아직도 생존해 있다는 사실에 대해서는 확인해 주었으나 장충성당 자리가 과거 수녀원 자리였다는 말은 자신도 모르는 사실이라고 답변을 했다. 한편 수녀원 자리에 대해 최초로 언급을 했던 미주 교포는 이미 몇 년 전에 서울에 있는 성모수녀회 본부 측에 그 같은 사실을 알려주었다고 했으나 확인 결과 수녀회 측에서는 금시초문이었다.

나는 이런 내용을 기반으로 65년 전의 장충성당 자리와 그 부근에 대한 자료들을 찾기 위해 미국 메리놀 외방전교회 선교사들이 1920~50년대 평양에서 활동했던 자료들을 찾았으며 온라인상에 제공된 평양의 행정구역 개편 과정을 다룬 데이터베이스를 확인했고 이 자료들을 토대로 방북 후 장충성당 관계자들에게 확인을 요청한 것이다. 그러나 그들도 금시초문인 듯한 표정으로 "장충성당 자리가 옛날 수녀원이 있던 자리라고요?"라며 오히려 나에게 반문했으며 장충성당 신도

[사진 7] 인민대학습당 도서관에서 평양시 행정구역 개편을 확인하는 필자

회 김철웅 회장 역시 그동안 이 지역 행정구역이 빈번하게 바뀌었고 너무 오래된 일이라 확인이 어렵고, 잘 모르겠다는 답변만 들려줄 뿐이었다.

그렇다면 이곳 평양에서도 내가 직접 발 벗고 나설 수밖에 없었다. 우선 다양한 종류의 평양 지도가 필요하다고 느낀 나는 안내원에게 요청해 양각도호텔 서점에 들러 평양시 행정구역 개편 과정이 수록된 지도 책자를 구입했다. 이어서 인민대학습당 도서관을 방문해 해방 전 동평양지역의 행정구역 개편 역사가 수록된 서적들을 신청해 독서실에 앉아 파악했으며 인민대학습당 도서관 PC의 인트라넷을 활용해 관련 자료를 검색하기도 했다.

장충성당은 장정온 수녀가 흘린 땀과 피 위에 세워졌나?

만일 현 장충성당이 성모수녀회가 있던 자리였다면 이는 분명 당시 수녀원장이던 장정온(張貞溫) 앙네따 수녀가 흘린 땀과 피 위에 세워진 것이다. 1932년 6월, 평양 상수구리(上水口里)에서 창립된 '영원한 도움의 성모 수녀회'(이하 성모수녀회, Sisters of our Lady of Perpetual Help)는 1941년 12월, 태평양 전쟁으로 평양교구 메리놀 외방전교회 신부들이 추방되면서 장 수녀가 조선인 초대 원장으로 임명

[사진 8] 왼쪽 위부터 장발, 장면 박사, 앞줄 왼쪽이 장정온(앙네따) 수녀, 오른쪽이 처조카 김교임 수녀(사진 출처: 월간 경제풍월 제공)

되었고 그 이후 수녀회는 평양 지역 여러 곳에 분원을 세우며 발전을 거듭했던 것으로 확인됐다.

장 수녀는 남측에서 조선 천주교의 선각자로 칭송받는 레오 장기빈과 그의 부인 루시아 황 사이의 3남 4녀 중 차녀로 태어난 인텔리 여성이었으며 7남매 중에 가장 신심이 돈독했다. 자녀 중에는 간혹 친일 논란이 있는 사람도 있었으나 7남매 모두가 남측의 명망 있는 가톨릭 지도자나 학자, 정치인 등으로 명성을 떨쳤던 인물들이다. 장남은 정치인 장면(張勉) 박사, 차남은 화가 장발(張勃) 교수, 삼남은 항공 공학자 장극(張勍) 박사이며, 장녀는 장정혜(張貞慧), 3녀는 장정량(張貞良), 4녀가 장정순(張貞順), 차녀가 바로 장정온 앙네따 수녀였다.

장 수녀는 미국 메리놀 수녀원으로 유학을 가 공부를 마친 후 1924년 10월, 메리놀 소속 3명의 신부와 6명의 신부와 합류해 평양으로 입국한 후 평양교구 수녀원 총무로서 조선 수녀 양성 업무와 미국 수녀

들의 조선어 교육을 담당했다. 그러다 1935년, 조선인 최초로 수녀회 원장을 맡은 후 평양 지역 여러 곳에 분원을 세우며 발전을 이끌던 1950년 5월 15일 수녀원은 해산됐고 곧이어 한국전쟁이 발발해 전세가 뒤바뀌던 10월 4일, 평양에서 90리 떨어진 송림리에 체류하던 중 북측 인민군 3명에게 연행되었다. 어떤 연고인지는 모르나 최후를 맞이했다고만 전해진다.

당시 장 수녀는 종합병원에 입원 중이었는데 오래 있을 수 없어 이집 저집 숨어 다니다가 숙박계 없이는 하룻밤도 잘 수 없게 되자 소나무가 우거진 송림리 교우 집으로 숙박계를 하고 그 집에 묵고 있던 중 평양 내무성에서 왔다는 인민군 3인에 의해 연행됐는데 그들은 "너의 오빠 장면이 지금 미국에서 남조선 대사(大使)로 있으니 조사를 해야겠다"면서 동행했다고 전해진다.

나는 아무래도 장충성당 인근에 거주하는 고령의 노인들을 대상으로 다시 한번 더 자세히 알아보기로 했다. 공원에 노닐던 노인들 서너 명에게 집중적으로 알아본 결과, 과거 한국전쟁 전에 이곳에 천주교 성당이 있었다는 증언을 기적적으로 여러 명에게 듣게 됐다. 집요한 설문 끝에 의외로 큰 수확을 거둔 것이다. 이어서 평양의 각 지역 천주교 본당에 수녀회 분원을 세웠다는 자료를 이미 확인했기 때문에 이 장충성당 자리에 세워진 옛날 본당을 찾은 후 그곳에 수녀회 분원이 있었다는 자료를 찾아야만 했다.

'상수구리'는 지금의 어디를 말하는가?

[사진 9] 1936년 평양 상수구리에서 수녀회 설립자인 모리스 몬시뇰과 함께한 수녀들과 청원자들 모습(사진: 가톨릭신문사 제공)

장충성당 자리에 수녀회가 있었다는 사실이 확인된다면 남북의 가톨릭사에서 많은 것을 시사하는 역사적 단서가 될 수 있기 때문에 나는 긴장하는 마음으로 차분히 알아보기 시작했다. 다각도로 확인한 결과 '영원한 도움의 성모 수녀회'가 있던 '상수구리'(上水口里)는 원래 '평양시 중구역 만수동'에 있던 동네로서 본래 '평안남도 평양부 대흥면'의 지역이었고 '빗물이 흘러가는 구멍 위쪽에 있는 마을'이라 하여 '상수구동'이라 불렀다고 한다.

1914년 행정구역 통폐합 시에 일부 지역을 분리해 '평안남도 평양부 하수구동'으로 개편하는 동시에 나머지 지역은 '평안남도 대흥면 개천동' 일부와 병합하여 '평안남도 평양부 상수구리'가 되었다. 46년에 평양특별시 중구에 소속되면서는 '영문리'로 개칭되었으며 상수구리를 중심으로 인근 마을에는 하수구리(下水口里), 장별리(將別里), 계리(鷄里), 관후리(舘後里), 상수구리(上水口里), 신양리(新陽里), 경창리(景昌里), 죽전리(竹典里), 감점리(監店里), 이문리(里門里), 채관리(釵貫里) 등이 서로 이웃하고 있는 것으로 확인되었다.

그렇다면 수녀원이 세워졌을 당시의 '상수구리' 지역이 지금의 '선교구역 장충 1동'이라는 근거를 제시하거나 찾아야만 모든 것이 풀리기 때문에 수녀회 연혁을 한 가지씩 확인하며 풀어가야 했다. 먼저 수녀회 첫 분원이 세워진 평양 관후리성당을 알아봤다. 관후리성당이 있던 위치를 살펴보니 당시 평양에서 가장 유명한 개신교 장로교파였던 '평양 장대현(章臺峴)교회'가 있었고 그곳에 바로 관후리성당이 있었다. 이곳은 지금의 '평양시 중구역 종로동'으로서 현재 평양 학생소년 궁전 부근이다.

당시 수녀원에 살았던 강오숙 루갈다 수녀는 "당시 기와집이었던 수녀회 건물과 관후리성당까지는 걸어서 7분 거리에 있는 매우 가까운 거리였고, 기림리 본당 수녀로서 상수구리 모원에 거주할 때는 4~5㎞가량 떨어진 기림리를 1시간씩 걸어 다녔다"고 증언했다. 이로써 수녀회 첫 발원지였던 '상수구리'와 가장 먼저 분원이 세워진 '관후리성당'은 평양의 가장 핵심부인 김일성광장 부근인 것으로 확인됐다. 아울러 김일성광장 건너편, 대동강을 건너 주체탑 부근에 있는 선교구역의 장충성당에 수녀회가 있었다는 주장은 그 근거가 희박해졌다. 그러나 나는 당시 동평양 지역에 있던 여러 성당과 천주교 기관들을 더 찾아보기로 했다.

[사진 10] 관후리성당은 1934년 4월 '평양교회'에서 '평양 관후리교회'로 개칭했다(사진: 평양교구 사이트 제공).

수녀회가 세운 모든 분원을 물색하다

우선 장충성당이 위치한 현재의 '선교구역'에 대한 행정구역 개편 역사를 간단하게 정리해 보기로 했다. 첫째로 평양은 1912년에 평안남도 소재지 '평안부'로 되어 그 산하에 대동강면, 율리면 등 26개 면을 두었으며, 둘째로 1928년 3월에는 대동강면(大同江面)의 선교리, 동대원면(東大院面)의 신리 등이 평양부에 편입되면서 59개 리(里)와 정(町)이 되었으며 43년에는 81개 리와 정이 되었다.

셋째로 광복 직후인 1946년 9월, 평양시는 북조선 임시인민위원회 확대위원회 결정에 의해 평양은 평안남도에서 분리되어 특별시로 개편하여 중구, 동구, 서구, 북구를 설치했으며 이때 '동구'(東區)는 선교리, 신1리~3리, 율1리~3리, 대신1리~3리 등 21개 리로 구성됐다. 넷째로 세월이 흘러 1955년 2월에는 일부 리와 동을 개편해서 '동구역'(東區域)에서는 선교동, 장충동, 신리동, 율동, 대신동 등 19개 동이 신설된 것으로 확인됐으며 한국전쟁 후에는 '동구역'을 '선교구역'(船橋區域)으로 개칭한 것을 확인됐다.

나는 이를 바탕으로 당시 동평양 지역에 세워진 성당과 학교, 수녀원을 비롯한 천주교 기관들에 대해 자세한 확인 작업을 하던 중 성모수녀회 수녀들의 증언에서 결정적인 단서가 될 만한 자료를 확보할 수 있었다.

또한 서울교구에서 운영하는 평양교구에 대한 자료와 성모수녀회의 연혁 자료에는 "당시 수녀회는 성장을 거듭해 1940년에는 평양의 관후리(館後里)성당뿐 아니라 대신리(大新里), 서포(西浦), 평안북도의 비현(枇峴), 신의주의 마전동(麻田洞) 본당 등 다섯 곳에 분원을 낼 만큼 발전했다"는 내용을 확인했고 이와 더불어 강 루갈다 수녀를 비롯해 강성숙 수녀, 윤 골롬바 수녀 등 당시 수녀회에서 근무하다 전쟁 중에 월남한 수녀들의 증언도 동일했다.

나는 다섯 곳의 성모수녀회 분원 중에 마전동, 비현, 관후리를 제외한 나머지 서포와 대신리를 집중적으로 알아보기로 했다. 우선 서포는 1941년에 발발한 태평양전쟁으로 미국 사제들이 추방되면서 본채와 성당, 사제관 등 3동으로 된 서포 메리놀센터가 '영원한 도움의 성모수녀회'로 운영권이 넘어가며 수녀회의 본부 건물이 된 것을 확인했다.

그리고 해방 뒤에도 수녀원 건물로 사용되다 전쟁이 발발하기 한 달 열흘 전인 1950년 5월 14일 북측 인민정부에 의해 수녀회가 해산되었으며 폐쇄되었다. 당시 서포성당의 주소는 '평남 대동군 임원면 동포리'(현 평양시 형제산구역 서포1동)였으며 지금의 평양역에서 서북쪽으로 약 30리(11.1㎞) 떨어진 서포역 앞에 있었기 때문에 현 장충성

당 자리는 전혀 아닌 것으로 판명됐다.

나는 이제 마지막으로 하나 남은 '대신리(大新里)성당'이 바로 현재 선교구역 장중성당 자리였다는 것을 직감적으로 알게 됐다. 이 '대신리성당'에 수녀회 분원까지 차려졌으니 이제 모든 확인 절차만 남은 것이다.

장충성당 자리에 성당과 수녀원이 있던 증거를 찾다

궁금증들을 모두 확인한 결과 장충성당 자리에 수녀원이 있었다고 주장한 것은 결코 틀린 것이 아니었음이 확인되었다. 결정적인 단서들은 미국에서 시작돼 북측과 남측의 증인들에 의해서 얻어졌으며 서울의 성모수녀회와 평양교구의 자료에서도 큰 도움을 얻었다. 그렇다면 '대신리성당' 자리가 지금의 장충성당 자리라는 사실만 입증하면 된다.

[사진 12] 선교리성당 부설 동평초등학교 조회 시간(사진: 평양교구 사이트 제공)

 1930년대 평양 대동강 유역 동남측 평야 지역에 세워진 '선교리(船僑里)성당'은 설립 이후 그 명칭이 여러 차례 변경된 것으로 확인됐다. 지역사회에 섬김과 봉사, 교육과 선교의 전초기지 역할을 하던 '선교리성당'은 당시 멋스러운 단층 기와집으로 지어졌으며 본당은 성당 부설 동평학교 건물과 서로 잇닿아 있었다. 설립 당시의 성당 명칭은 '선교리(船僑里)성당'이었는데 그 이후에는 '신리(新里)성당', 1944년 7월에는 다시 '대신리(大新里)성당'으로 개칭되었으며 1949년에 폐쇄될 때까지 통상 '대신리성당'으로 불렸다고 한다.

 처음에는 '선교리본당' 혹은 '신리본당'으로 부르다가 1944년 일제가 행정구역을 개편해 강제적으로 '리'(里)를 '마치'(町)로 바꾸면서 '대신마치(大新町)본당'으로 불렸던 아픈 시절도 있었으나 해방 뒤에는 다시 행정구역을 '정'에서 '리'로 바꿔 재차 '대신리본당'으로 불렸다고 한다. '선교리성당'은 1934년 2월 15일 '평양본당(훗날 관후리주교좌본당)'에 이어 평양시 두 번째 본당으로 설정돼 당시 평양시 대동강 동쪽 선교리 일대와 평남 대동군과 강동군 일부 7개 공소를 관할하는 중추적 역할을 감당했다고 한다.

1934년 2월 15일, 평양교구는 선교리성당 설립을 공포하고, 7개월간의 공사 끝에 한옥식 팔각 기와지붕 구조로 완공해 그해 9월 낙성식 축성 미사를 올렸으며 이에 앞서 평양교구 사상 첫 조선인 사제였던 양기섭 신부(경향신문 초대사장)가 첫 주임사제로 부임했다. 강 건너 관후리 주교좌본당 보좌를 거쳐 새로 부임한 양 신부는 젊고 의욕에 넘쳐 7개월 만에 공사를 마치고 헌당 축성식을 거행한 것이다.

또한 2년 후인 1936년 4월 25일에는 일제 조선총독부 학무국 인가를 받아 초등교육기관인 동평학교(東平學校) 설립인가를 받아 5월 14일에 개교를 했는데. 6년제 초등교육기관인 동평학교는 이듬해 4월엔 무려 13개 학급에 1,000여 명의 학생이 수학할 정도로 성장했다. 당시 동평양 지역은 평양시 중심부에서 벗어난 외곽 지역이기 때문에 개발이 이뤄지지 않았고 저소득층 주민들이 많이 살고 있어 이들을 구제하고자 '영원한 도움의 성모 수녀회' 본부에서는 관후리본당에 이어 이곳 선교리본당(대신리본당)에 두 번째 분원을 설치했던 것이다. 이와 동시에 선교리본당은 양로원과 보육원도 함께 개설해 지역사회 자선사업에 수녀원 회원들이 힘을 쏟도록 했다.

이처럼 '선교리성당'(대신리성당)은 가톨릭 복음의 불모지였던 동평양 일대의 사회적 책임을 감당하기 위해 2대 주임 패트릭 더피 신부에 이어 3대 김필현, 4대 조인원 신부가 연이어 부임하며 성장시켰으나 해방 뒤 북측 인민정부에 의해 동평학교는 물론 관후리 본당에서 관할하던 수녀원, 양로원, 보육원 등 모든 시설이 폐지되며 국유화되었다. 안타깝게도 1949년 12월 7일, 마지막 5대 주임 박용옥 신부가 북측 인민정부에 의해 연행되면서 성당과 수녀회와 학교 등은 폐쇄되고 그날 이후 '침묵의 교회'가 된 것이다.

고모의 손길이 깃든 자리에서 첫 봉헌미사를 올린 장익 신부

1950년 6월 27일 사리원 본당 김동철 신부의 체포를 마지막으로 이북 지역의 성당에는 사제들이 모두 사라졌다. 장충성당이 세워지기까지 이북 지역에 있는 제도상의 가톨릭교회들은 완전히 자취를 감춘 것이다. 전쟁의 비극 속에서 목자 잃은 양 떼가 된 이북 지역의 성당을 일컬어 남측의 가톨릭 측에서는 그동안 '침묵의 교회'라 불렀다.

그러나 40년의 침묵을 깨고 1988년 6월 30일, 평양 땅에 '조선천주교인협회'가 결성되었고 마침내 88년 9월 장충성당이 세워졌다. "네 아우 아벨의 피가 땅에서부터 내게 호소하느니라"는 구약성서 창세기 4장에 기록된 말씀을 자세히 읽어보면 가인에 의해 죽임을 당한 동생 아벨은 죽은 후에도 결코 침묵하지 않았다. 형에게 억울하게 죽은 동생이 흘린 붉은 핏 소리가 하나님께 호소했던 것이다.

이를 입증이라도 하듯 장충성당이 완공된 직후인 10월 30일과 11월 1일, 양일간 열린 장충성당 봉헌 미사를 집전한 인물은 다름 아닌, 장정온 수녀의 조카인 장익 신부였다. 당시 로마에 있던 장익 신부는 정의철 신부와 함께 교황청 특사 자격으로 장충성당을 방문해 전후 최초의 미사와 예식을 공식적으로 집전한 것이다.

장 신부의 고모인 장정온 수녀가 원장으로 재직하며 운영하던 수녀회 분원이 있던 선교리 성당은 폐허가 되고 바로 그 자리에 지금의 장충성당이 들어선 것이다. 수녀원 원장이던 장정온 수녀와 선교리성

[사진 13] 1950년 11월, 평양수복 직후 선교리성당(대신리성당)에 모여든 학생들과 신자들 모습(사진 출처: 가톨릭신문사 제공)

당 담당 사제였던 박용옥 신부가 죽은 지 40년 만에 그들의 혈육과 후배가 찾아와 첫 미사를 올린 사건은 하나님 앞에 우연한 일은 결코 아닐 것이다.

II. 가톨릭교회가 북녘땅에 뿌리내리기까지
— 열 가지 주요 사건을 중심으로

장충성당 제의실에 걸린 빛바랜 교황 사진을 보며

나는 장충성당 마당에 도착해 사제관과 조선가톨릭협회 중앙위 사무실 등 부속 건물들과 뒤뜰의 두유공장 등을 대략 둘러본 후, 본당 안에 들어갔다. 성당 크기는 시골 공소보다는 크고 본당보다는 작게 보이는 적당한 규모였다. 마침 본당에는 신자들의 무리가 평일 모임을 마치고 파하는 상황이라 그런지 분위기는 역동적이었고 온기가 넘쳤다. 성당 내부의 벽면은 온통 하얀색으로 도색돼 순백의 화려함과 소박함이 우러나와 마치 향기처럼 느껴져 성스러움을 더해주는 듯했다. 난 천주교 신자는 아니지만 자동적으로 좌석에 앉아 잠시 간절한 기도를 올렸다.

[사진 14] 장충성당 제의실에 걸린 액자. 사진은 북측 가톨릭 신자 부부가 88년 4월에 교황을 알현하는 장면이다.

관계자들의 도움으로 성당 내부 여기저기를 둘러보던 중 감실(龕室)과 제의실(祭衣室) 등 일반인들에겐 금단의 구역처럼 느껴지는 은밀한 곳들을 둘러봤다. 24시간 성체등(聖體燈)이 환하게 켜져야 할 감실 내부는 어두컴컴해 민망한 마음이 들어 재빠르게 문을 닫았다. 이어 제의실을 들리니 벽면에는 약간 빛바랜 사진 액자가 걸려 있었는데 이 사진은 성당이 세워진 후 25년 동안 한결같이 이 자리에 걸려 있는 것이라고 했다. 사진을 자세히 들여다보니 '교황 요한 바오로 2세'에게 어느 남녀 가톨릭 신자가 축복을 받는 장면처럼 보였는데 사진 속 주인공들은 바로 장충성당에 출석한 박덕수, 홍도숙이었다.

이 부부는 전쟁 후 지금까지 이북 땅에서 가톨릭 신앙을 유지해 왔던 그루터기 신앙인이었으며 장익 신부에 의해 바티칸의 초청을 받아 부활절 미사에 참석 후 교황을 알현한 장면이었다. 어려움 중에도 수십 년간 굳건하게 신앙을 지켜낸 그들로 인해 북에도 가톨릭 신자들의 모임이 결성되었고 연이어 장충성당까지 건축되는 결정적 계기가 마련되었던 것이다. 꺼지지 않은 작은 불씨가 큰불을 끌어당기는 촉매제가 되어 마침내 이북에도 천주교 신앙 공동체가 공식적으로 허용하는 조치가 내려진 의미 있는 사진이었다.

앞에서 현 장충성당 자리가 해방 전부터 '선교리성당'(대신리성당)이 있던 자리였고 그 성당에는 '영원한 도움의 성모 수녀회' 분원(分院)이 있던 유서 깊은 곳이라는 것을 밝혔다. 그리고 장충성당이 세워지기까지 보이지 않는 막후에서 긴박하게 움직였던 역사적 사건들을 하나씩 살펴보고자 한다. 북측과 바티칸, 바티칸과 북측과의 일대일 막후교섭을 했던 일화들과 바티칸을 끼고 남과 북이 서로 직접 교섭한 일들을 다뤘다. 또한 남과 북이 직접 접촉하거나 때로는 해외 교포 사제를 통해 남과 북이 접촉한 사례들을 순서대로 살펴볼 것이다. 나는

[사진 15] 장충성당 안에서 김철웅 신도회장과 장시간 대담하는 필자

이를 위해 미리 자료를 준비해 장충성당의 가톨릭연맹 관계자들과 김철웅 신도회장 등과 대담을 했고 역사적 순서대로 되짚어봤다.

장충성당이 건축되기까지 막후에서 벌어진 열 가지 사건

병아리 한 마리가 태어나려면 '줄탁동시'(啐啄同時)의 역사가 있어야 한다. 껍질 속 병아리는 밖으로 나오려고 발버둥 치며 껍질을 쪼아대는 '줄'(啐)을 해야 하고, 동시에 밖에서는 어미 닭이 껍질을 강하게 쪼아대는 '탁(啄)'이 있어야 마침내 두꺼운 껍질이 깨지며 생명이 탄생한다. 이처럼 껍질 안에서는 북이, 밖에서는 남과 바티칸 측이 서로 조화를 이뤄 모두가 '줄탁'의 역사에 힘을 썼기 때문에 가톨릭 신자 단체의 출범과 장충성당 건축이 가능했다.

생전의 김수환 추기경은 과거 핵 문제로 나라가 시끄러울 때면 종종 "제 책임이 커요. 제가 평양교구장 서리를 겸하고 있기 때문에 평양에 사는 김일성 주석은 저의 '어린 양'입니다. 목자로서 양을 제대로 돌보지 못한 탓에…"라는 발언을 했다. 만일 이 말을 북측에서 들었다면 어떤 반응을 보일지는 불을 보듯 환하다. 실제로 북측에서도 이 발언을 부정적으로 해석하며 언짢아했다. 자주와 주권을 생명처럼 여기는 북조선의 입장에서 볼 때 종교라는 외세에 의해 통제받고 지시받는 것을 용납하기 어려웠던 것이다.

김 추기경은 비록 겸직이지만 교황청의 공식 임명을 받은 평양교구장으로서 자신에게 맡겨진 사목지 평양을 단 한 번도 가보지 못한 것에 대한 회한이 자괴감과 뒤섞여 했던 말일 것이다. 1975년 김 추기경은 평양교구장 서리로 임명된 뒤 82년 '북한선교부'를 발족해 남북

[사진 16] 1983년 장익 신부가 교황 요한 바오로 2세, 김수환 추기경과 함께 환담하는 모습. 장 신부는 5년 후 교황 특사로 장충성당 봉헌미사를 올렸다(사진: 가톨릭 신문사 제공).

교류를 본격적으로 시작했고 장충성당이 세워지기까지 간적접으로나마 중추적 역할을 감당했다.

바티칸에서는 교황 '요한 바오로 2세'가 남에서는 김수환 추기경이 막후에서 긴박한 역할을 감당했고, 아울러 교황과 김 추기경 사이를 왔다 갔다 하며 북을 왕래하며 중재 역할을 했던 장익 신부가 전체적인 조율을 하면서 자신에게 주어진 역할들을 매끄럽게 수행했다. 장 신부는 열 가지 사건의 한복판에서 실무적으로 연관되어 일했던 주역이었다. 한반도 통일과 남북의 영혼들을 향한 뜨거운 사랑과 기도를 보인 '요한 바오로 2세' 교황, 서울과 평양교구장직을 겸임한 김 추기경의 사명과 열정 그리고 바티칸과 남측, 바티칸과 북측, 남측과 북측, 교황과 추기경, 교황과 북측 사이를 부지런히 왕래하며 여러 가지 역할과 임무를 성실히 수행한 장익 신부의 사목적 조화가 있었기에 가능했다. 열 가지 역사적 사건들을 하나씩 살펴보자.

1) 남과 북을 공평하게 사랑한 교황 요한 바오로 2세의 기도와 열정

1978년부터 2005년까지 27년을 재임한 교황 요한 바오로 2세는 재직하는 동안 한반도 통일문제와 이북의 가톨릭 실상에 대해 관심이 많았으며 그에 따른 대북 인식과 사목 열정은 대체로 긍정적이었다. 폴란드 출신의 교황은 유년 시절 독일과 소련에서 어렵게 자랐기 때문에 단지 이념과 사상으로 인해 인간이 차별받지 않아야 한다는 소신을 지닌 인물이었다.

그는 교황청에서 남측 인사들을 접견할 때마다 "남북 관계의 정상화와 이북의 형제들을 위해 기도하고 있습니다"라며 자주 언급했고 사목적 공식 기도 외에도 북을 위한 구체적인 기도를 홀로 드렸다. 대표적으로 81년 2월의 메시지에 "나는 사랑하는 이북의 형제자매들도 항상 기억하고 그들을 위해 끊임없이 기도하고 있습니다"라고 했고, 81년 10월에는 "근황을 알지 못하는 이북 신도들에게 인사를 전하며, 그들의 양심에 따라 신앙의 자유를 누릴 수 있게 되기를 기도합니다"라고 기도 제목을 공개했다.

1982년에는 10월 1~24일까지 로마에서 공연 중이던 평양곡예단 측이 교황 알현을 희망한다는 의사를 타진해 20일에 맞춰 접견이 주선되었으나 웬일인지 곡예단 측은 사전 통보 없이 불참했던 적이 있었다. 이때 교예단을 접견할 때 "30년 이상 분단된 코리아 반도에서 특히 인도적 분야에서 대화가 이뤄져 수많은 이산가족이 재결합하여 그들의 아픔과 슬픔이 종식되기를 기도합니다"라는 인사말을 준비했으며, 84년 방한 시 전두환 대통령과의 정상회담에서도 남북 이산가족이 겪는 고통과 문제 해결을 위해 지대한 관심을 보여주었다. 이처럼 남북

[사진 17] 1958년 당시 신학생이던 장익(맨 왼쪽), 장진(맨 오른쪽) 형제가 바티칸에서 교황 '요한 23세'를 알현하는 장면

통일 문제에 관한 교황의 관심은 매우 남달랐다.

　북측에 다시 가톨릭 공동체가 조직되고 성당이 세워지기까지는 이처럼 교황의 기도와 지도력이 컸으며 그렇게 되기까지는 교황 가까이에 장익 신부가 있었기에 모든 것이 가능했다. 장 신부는 1963년 3월 사제 서품을 받고 76년에 서울대교구장이던 김수환 추기경의 비서실장을 지냈고 서강대 신학과 교수로 재직하던 중 1978년부터 85년까지 '교황청 종교 대화 평의회 자문위원'으로 바티칸에서 활동하게 되면서 자연스럽게 교황과의 인연을 맺게 되었다.

　이런 연유로 해서 1978년에 제264대 교황에 오른 요한 바오로 2세는 선종할 때까지 무려 26년 동안을 장 신부와 끈끈한 인연을 맺었으며 이로 인해 교황과 김 추기경의 의중을 누구보다 잘 아는 장 신부가 남북을 종횡무진하며 교황의 대북 사역 메신저 역할을 성실히 수행할 수 있었다.

2) 남측 가톨릭 주교회의가 직접 발족한 북한선교위원회의 역할

남측 가톨릭은 1982년 12월 '한국 천주교 200주년 기념사업위원회' 산하 '북한선교부'를 출범시키며 최초로 대북 사역을 구체화했다. 이후 기념사업위원회가 해체된 후에는 주교회의 직속 기구 산하 '북한선교위원회'로 개편했고, 1985년에 들어서 본격적으로 주교회의가 앞장서 '북한선교위원회'를 정식 발족했다. 주교회의는 8월 30일, 명동성당에서 공식 후원회를 성대히 개최했는데 다음 날에는 이를 두고 북에서 매우 민감하게 반응함으로써 남과 북의 종교적, 이념적 간극을 실감케 했다. 31일 북측「로동신문」에는 "종교의 탈을 쓴 반공 광대놀음"이라는 제목의 기사가 실렸으며 그 내용은 "남조선 가톨릭 교계에 최근 대북선교후원회라는 것이 조직됐으며 이는 종교를 이용하여 우리 공화국을 사상 문화적 침략을 꾀하는 미제의 상투적 수법"이라며 강하게 비판을 가했다.

이처럼 남과 북이 팽팽하게 대립한 가운데 '북한선교위원회'가 발족함으로써 긴장감 속에서도 대북 사목을 보다 더 다각적이고 전략적으로 접근하였다. 또한 기념사업위원회를 주관하던 김남수 주교는 대북 선교 활동에 돌파구를 마련하기 위해 1984년 7월, 당시 미국에서 교포 사목을 담당하는 고종옥 신부의 최초 방북을 계기로 고 신부를 천주교 '북한선교위원회 해외활동위원'으로 위촉했고 연이어 미국 뉴저지에서 교포 사목 중인 박창득 신부도 위촉했다. 고 신부는 그 후 재방북해 1991년 3월 28일 장충성당에서 부활대축일 미사를 봉헌했다.

박창득 신부는 1980년과 84년 당시 위험을 무릅쓰고 두 차례나 중국을 방문해 백두산 등정을 하며 대북 사목의 가능성을 타진했고, 1989년 2월에는 미주 한인 신자들과 함께 평양을 방문해 분단 이후 최초로 '남북 신자 합동미사'를 장충성당에서 봉헌했다. 그 후에도 박 신부는 평양교구장 서리 김수환 추기경의 뜻에 따라 30여 차례 북을 방문하며 장충성당에 성모상을 모시기도 했고, 때로는 장충성당에서 '성령쇄신 세미나'를 열었으며 1995년 10월 27일, 북측 교우들을 미국에 초청해 '남-북-미주 동포 신자 세미나'를 열기도 했다. 또한 96년과 98년 부활절에도 평양을 방문해 서울 명동성당-평양 장충성당-미국 오렌지 성당을 잇는 3자 동시 부활 미사를 봉헌하기도 했다. 지금 현재 '북한선교 위원회'는 그 명칭이 '가톨릭 민족화해위원회'로 변경되었다.

3) 가톨릭 사제로서 분단 이후 최초로 방북한 고종옥 신부

1984년 3월, 북미주 교포 사목을 하던 고종옥(마태오) 신부는 이산가족 상봉단의 일원으로 평양을 전격 방문했다. 실향민으로서 헤어진 가족을 만날 명목으로 방북했으나 교회사적으로는 휴전 후 최초로 북을 방문한 사제가 된 것이다. 그는 방북 직후 5월에 서울교구를 방문해 방북 결과를 보고하는 자리에서 "명목상으로는 아직 평양에 가톨릭 성당이 존재하지 않았으며, 예상과는 달리 북측 당국은 가톨릭 사제인 나에 대해 배타적인 태도를 보이지 않았다"고 회고했다. 이로써 남측 가톨릭은 고 신부를 통해 북측 당국과의 접촉 가능성을 모색하는 계기가 되었다.

경기도 개풍군에서 태어난 그는 성장할 때까지 고향인 개성 여현에서 부모의 농사일을 돕던 중 해방과 동시에 38선이 마을 한 가운데를 가로지르며 설치되는 비극을 경험했다. 평화스럽던 고향 마을 사람들은 남북의 경비병들이 서로가 밤마다 쏘는 총소리 때문에, 밤을 지새우기 일쑤였고 아침이 되면 가마니에 덮인 시신들이 즐비했다. 이런 광경을 목격한 그는 두려움과 함께 인생무상과 삶의 회의에 빠져 마침내 고향을 떠났다.

여러 우여곡절 끝에 파리로 건너가 신학교를 졸업한 후 사제가 된 그는 첫 임지로 캐나다 퀘벡 주의 몬트리올 성당 보좌신부로 발령을 받았고, 그 후 캐나다에서 한인 성당들을 세우는 중추적 역할을 감당했다. 그리고 1984년에 자신이 떠난 고향 땅을 40년 만에 찾게 되었다. 평소 여러 권의 책을 낸 작가 출신의 고 신부는 한국전쟁 당시 국군으로 참전해 전투 임무를 수행하던 중 부상당한 미군 비행사와 인민군을 놓고 양측 모두 살릴 수 없었던 복잡하고 절망적인 상황을 간증하기도 했다.

두 명 모두 살려낼 수 없었던 절박한 상황아래 나는 우리와 피를 같이 나눈 동족을 선택했다. 이 인민군은 우리와 같은 조상과 언어와 문화를 갖고 있는 동족이며, 우리가 통일시켜야 할 조국의 아들인 동시에 또한 우리의 형제입니다. 작전 장교님, 한 인간이 가지고 있는 사상은 변할 수 있어도 그 몸에 흐르고 있는 피는 영원한 것이 아니겠습니까? 그것은 또한 내 피 속에 흐르고 있는 내 민족에 대한 양심이었습니다. 나는 결국 전우였던 미군에 대한 의리보다 '피'라는 내 양심을 따르기로 했습니다.

[사진 18] 방북 직후 자신이 담당하는 성당 미사에서 성만찬식을 베푸는 고종옥 신부

최초의 방북 후 서울교구에서의 보고를 마친 고 신부는 그 후 모든 것을 정리하고 그해 9월 프랑스 파리로 가 2년 동안 본격적인 대북 파송훈련과 임무 수행 준비에 들어갔으나 87년 1월 8일자로 미국 산호세 한인천주교회 주임신부로 발령을 받는 바람에 무산되고 말았다. 명절마다 한복을 입고 갓을 쓴 채 미사를 드린 것으로 유명한 고 신부는 북을 방문하고 돌아온 이후 『43년 만의 귀향』이라는 책을 써 실향민들의 공감을 얻었고 남북 화해와 협력을 위해서도 노력하던 중 2004년에 향년 75세로 선종했다.

4) 지학순 주교와 강성숙 수녀가 평양에서 드린 최초의 미사

고 신부에 이어 이듬해인 85년에는 신·구교를 막론하고 한국 교회사에 큰 획을 긋는 역사적 사건이 벌어졌다. 85년 9월, 남북 간 공식

합의에 따른 이산가족 고향방문단이 평양을 방문하던 사흘째 되던 9월 22일 주일날, 아직 어둠이 채 가시기도 전 이른 새벽이었다. 새벽 5시와 6시 10분에 각각 개신교와 천주교가 사이좋게 한 공간에서 예배와 미사를 드린 것이다. 방문단 숙소로 사용 중인

[사진 1의] 지학순 주교에 의해 드려진 최초의 미사 장면을 보도한 가톨릭신문 1면

고려호텔 3층에 있는 제1영화관에는 기독교 신자와 천주교 신자들이 하나둘씩 몰려들기 시작했다. 남측에서 올라간 황준근 목사와 지학순 주교에 의해 드려지는 분단 이후 최초의 예배와 미사에 참석하기 위해서이다.

이 당시는 평양에 봉수교회와 장충성당이 세워지기 훨씬 전이었기 때문에 남측에서 올라간 이 두 성직자가 드린 종교의식은 분단 40년 만에 최초로 드린 공식 미사와 예배였다. 지 주교는 네 살 아래 누이동생 지용화 씨를 만나기 위해 왔고, 황 목사는 어머니 조희영 씨를 만나기 위해 왔기 때문에 이들은 어디까지나 개인적인 자격으로 방문한 것이지만 그들이 드린 종교의식만큼은 사적, 공적 의미를 떠나 매우 이례적인 사건이다.

영화관 단상에는 서울에서 미리 준비해 간 "고향 방문 및 예술공연

단 주일예배-1985. 9. 22. 평양"이라고 쓰인 현수막이 내걸렸고 김상협 대한적십자사총재, 홍성철 국토통일원장관(고향방문단장)도 설렘으로 앞자리에 앉았으며 50여 명이나 되는 신자들이 자리를 메웠다. 이들은 주로 이산가족 방문단원들이나 예술단 단원, 취재를 위한 기자들이었으며 북측에서는 아무도 참석하지 않았다.

새벽 5시가 되자 황준근 목사가 먼저 개신교 예배 집례를 시작했고 1시간이 지난 후인 아침 6시 10분부터 원주교구장 지학순 주교가 미사를 집전하는 방식으로 진행됐다. 예배는 황준근 목사 집례로 시작돼 박인각 장로의 대표기도 후 창세기 27장 41-45절의 성경 본문으로 황 목사가 야곱과 에서의 이야기를 비유로 "만남과 이별"이라는 제목의 설교를 했으며 예배가 끝난 뒤에는 곧바로 개신교식 성찬예식을 가졌다.

개신교 예배가 끝나고 아침 6시 10분이 되자 원주교구장 지학순 주교의 집전으로 분단 40년 만에 북에서 드리는 첫 미사가 시작됐다. 마침 이날은 '103위 순교성인 시성식' 1주년을 기념하는 축일 미사인 '한국순교성인대축일'로 드려졌다. 감격에 겨운 지 주교는 해방 이후 한국전쟁을 전후해 북에서 체포돼 죽음을 맞이한 성직자와 수도자들을 기억하며 그들의 희생으로 머지않아 이 땅에 진정한 평화가 오기를 염원하며 강론을 펼쳤다.

1945년 해방 직후 많은 성직자들이 체포돼 목숨을 잃은 평양에서 역사적인 미사를 집전하게 되어 무엇보다 의미가 깊습니다. 많은 순교자들의 희생으로 이 땅에 머지않아 평화가 올 것으로 기대합니다. 나 자신도 어제 37년 만에 여동생을 만났으나 벌써 가까운 친척 일곱 분이 이미 세상을 떠났다는 슬픈 소식을 들었습니다. 이처럼 분단의 아폼은 말로 표현할 길 없지만 냉엄한 역사의 현실 속에서 우리는 민족과 나라를 위해 그리고 조국 통일을 위해 신자로서 희생하고 봉사하는 생활 태도를 가져야 합니다.

강론에 앞서 기도문을 읽던 중 순교자들의 희생 대목이 나오자, 지 주교는 너무 감격에 복받쳐 기도를 이어가지 못한 채 눈물을 흘렸다. 그러자 참석한 신자들도 함께 따라 우느라 2분 동안 잠시 중단되기도 했다. 장내는 숙연한 가운데 복받쳐 오르는 애통함으로 눈물바다를 이뤘다. 특히 지 주교는 전날 고려호텔 면담실에서 37년 만에 누이동생 용화(당시 61세) 씨를 비롯해 사촌 형님과 조카들을 상봉했는데 그 곱던 누이의 얼굴은 오빠인 자신보다 더 나이가 들어 보이는 것 같아 서글펐다고 했다. 분단이 앗아간 것은 세월만이 아니었다. 35년 만에 만난 두 남매는 감격의 눈물을 흘렸고 이에 감정이 정리될 무렵, 누이동생은 가톨릭 고위 성직자인 오빠를 향해 난데없는 말을 던졌다.

"오라버니, 우리 공화국이 바로 천당인데 또 어디에서 천당을 찾겠다는 거야요?"

두 남매가 지닌 역사 인식에 대한 간극과 이념적, 종교적, 정서적 차이는 주름살만큼이나 깊은 것임을 알 수 있는 일화였다. 특히 지 주교와 함께 방문했던 가톨릭 성직자 중에는 해방 전부터 평양에서 활동하던 '영원한 도움의 성모 수녀회'의 강성숙 수녀도 포함돼 있었다. 마침 강 수녀가 근무하던 수녀회 측에서는 현재 장충성당 자리가 있던 바로 그 자리에 선교리성당 분원을 세웠다. 지 주교와 강 수녀가 드린 평양에서의 첫 미사는 결코 우연의 일치만은 아닐 것이다.

5) 장익 신부의 평양 비동맹 특별각료회의 참석과 역할

지학순 주교와 강성숙 수녀가 평양 고려호텔에서 첫 미사를 드린 이후, 서울에서는 '86 아시안게임'이 성대하게 끝났고 이듬해인 87년에 접어들자, 북측은 보다 더 대외적인 활동 범위를 넓히고자 바티칸과 모종의 접촉을 시도했다. 1987년 6월 9일~13일까지 평양에서 개최될 '비동맹 특별각료회의'에 바티칸 대표단의 참석 가능성을 조용히 타진한 것이다.

이에 교황청은 당시 제네바 유엔기구 교황청 사절단 고문으로 있던 '주세페 베르텔로' 몬시뇰 주교를 파견하기로 결정했고, 남측 가톨릭과의 협의 후 당시 서울대교구 사목연구실장을 맡고 있던 장익 신부도 함께 파견하기로 최종 결정을 내렸다.

북측은 1975년도 8월 리마(Lima)의 비동맹 외무장관 회의에서 당시 월맹과 함께 회원국으로 가입된 이후 국제사회에서 영향력을 최고조로 발휘하던 시기였다. 이에 남측 정부도 질세라 비동맹 국가에 대해 적극적인 방문, 초청외교를 벌이며 북에 밀리지 않으려 외교전을 펼쳤던 시기였다. 결국 두 성직자를 옵서버 자격으로 파견한 교황청의 이 같은 조치는 마침내 로마 바티칸과 북측 당국 간의 최초의 공식 접촉을 가능하게 했다. 이에 대한 김수환 추기경의 회고를 잠시 들어보자.

당시 바티칸에서 평양 비동맹 국제회의 참석 타당성에 대한 의견을 내게 물어왔을 때 '무조건 가야 한다'고 해서 가게 된 것이다. 장익 신

[사진 20] 장익 신부(오른쪽)와 함께 평양에 간 '주세페 베르텔로' 대주교의 최근 모습. 그는 현재 바티칸 시국 총리에 재직 중이다.

부가 비동맹 국가 각료회의를 마치고 북측이 보낸 나의(김 추기경) 방북 초청장을 갖고 돌아왔다. 남측 정부 당국도 그 초청 건에 별다른 이의를 제기하지 않았으며 그 후 장충성당 헌당 축성식을 겸해 나의 방문 일정을 구체적으로 협의하기 위해 장익 신부와 정의철 신부가 평양에 갔는데 북측에서 막판에 문제를 제기하며 난색을 표하는 바람에 평양교구장을 맡고 있던 나의 평양 방문이 흐지부지됐다.

아무튼 북측은 자발적인 의사에 의해 비동맹 국제회의를 두고 바티칸 측과 접촉했던 것이고, 바티칸은 이 문제를 두고 남측 가톨릭 측과 심도 있게 상의를 했던 것이다. 결국 나흘에 걸쳐 개최된 '남남협력에 관한 비동맹 특별각료회의'가 순조롭게 마쳐지게 됨으로써 전략적 차원의 대북 선교 접근에 박차를 가하게 된 것이다.

그러나 장 신부가 1987년 6월 9일~13일까지 개최된 평양 비동맹

회의를 마친 직후인 8월 18일에는 유엔 가입 문제로 남북이 유엔과 국제사회에서 팽팽하게 대결한 사건이 발생했고 연이어 11월 29일에는 KAL 858편 여객기 폭발 사건으로 남북이 적대적 관계에 빠져든 상황이 되었다. 아무튼 옵서버로 참가한 교황청 대표단의 방북 결과에 힘입어 1년 후에는 북 최초의 가톨릭 단체인 '조선천주교인협회'가 결성되는 계기가 마련됐다.

6) 조선기독교도련맹 목사들의 도움으로 가톨릭 풀뿌리 신자들 최초 발굴

바티칸 라인을 통해 북측 당국과 직접적인 가교역할을 한 인물은 바로 장익 신부였다. 평양 비동맹 특별각료회의 대표단 2인 중의 한 사람인 장 신부는 나흘간 개최된 바쁜 회의 일정 중에도 틈을 내 평양에 있는 '조선기독교도연맹'(조기련) 관계자들을 만났다. 천주교 사제가 개신교 단체를 찾을 수밖에 없던 이유는 당시에는 공식적인 천주교 단체나 커뮤니티가 없었고 천주교는 명목상 기독교연맹 산하에 예속돼 있었던 이유 때문이었다.

장 신부는 조선기독교도련맹 관계자들과 적극적인 대화를 시도하며 북측의 현존하는 가톨릭 신자들에 대한 근황 파악을 요청했다. 더불어 가급적이면 신자들을 만나고 돌아가고 싶다는 의사를 피력했다. 천신만고 끝에 다섯 명의 천주교 신자들과 조기련 연맹사무실에서 감격적인 만남이 성사됐다. 연맹 목사들의 도움으로 장 신부와 상봉한 다섯 명의 신자들은 남성 신자 3명과 여성 신자 2명이었으며 모두 자신들의 영세명을 가지고 있었다. 이들은 김승렬(야고보), 마등룡(바오로), 윤봉순(모이세), 박덕수(말구), 홍도숙(데레사) 등이었으며 휴전 후 처음으로 대면한 장 신부는 이를 두고 다음과 같이 회고했다.

> 이날 나타난 김승렬(야고보)은 약 60세가량 된 남성으로 강원도 고산에 있는 천주교 공소(사제가 없는 시골 성당) 회장의 아들로서, 농과대학 출신의 원예가였으나 지금은 은퇴한 사람이며, 마등룡(바오로)은 중국 연길의 간도 태생의 명월구 해성학교 출신으로 신부에게 영세를 받았다고 했으며 62세쯤 되어 보였다. 윤봉순(모이세)은 강 신부에게 자주 다녔다고 했으며, 농부 출신으로 60세쯤 되었다. 박덕수(말구)는 약 60세가량으로 이 사람도 연길의 간도 출신으로 농과대학을 졸업하고, 평양시 공원에서 일을 하다가 은퇴했다. 홍도숙(데레사)은 박덕수의 아내로서 약 55세가량 되었으며, 평북 피현 출신인데 어려서는 중국에서도 살았다고 했고 한 신부와 잘 아는 것 같았다.

감격스런 마음과 의아한 마음이 교차된 장 신부는 이들과 깊은 대화를 통해 한국전쟁 이후에도 각자 그들 나름대로 자유롭게 신앙생활을 영위해 왔음을 확인했다.

나는 서로 반갑다는 인사를 나눈 뒤 그동안 어떻게들 지냈느냐고 물으니, 나에게 "전쟁 시 미군 폭격으로 모든 성당이 파괴되고, 교우들이 사방으로 흩어진 이래, 각자 가정에서 또는 개인으로서 형편 되는대로 신앙생활을 해왔다"라고 말했다. 조만과*와 삼종경**은 여전히 바치

---

* 早晩課, 신자들이 아침과 저녁에 바치던 조과(早課)와 만과(晩課)를 통칭.
** 三鍾經, 삼종기도.

고 있었고, 주일이면 주모경*을 서른세 번으로 대송하며, 첨례표**가 없어 이동 대축일은 정확히 알 수 없으나 짐작하여 그 전날 대재***를 지킨다고 하였다. 박 말구와 홍 데레사 부부는 큰 참례를 그냥 보내기가 너무 허전하여 둘이서 예부터 외워 오던 라틴말 성가를 함께 부르기도 한다고 했으며, 윤 모이세 농부는 신공책****도 아무것도 없고 그저 벽에 걸린 십자고상 하나만 바라보며 신앙생활을 한다고 하였다.

본래 평양과 평안남북도 지역을 관할하는 평양교구에는 20여 개소의 본당이 있었지만, 해방 직후 한국전쟁을 거치며 모두 사라졌고 그런 황폐한 조건에서도 자신들의 신앙을 지켰다는 것에 대한 경외감마저 들었던 장 신부는 귀국 후 김수환 추기경에게 이와 같은 사실을 모두 보고했으며 이때 자신이 각별하게 느낀 점도 언급했다.

평양에서 신자라고 밝힌 여러 명들 중에 그들 모두를 신자라고 믿기에는 미심쩍은 구석이 있었으나 박덕수와 홍도숙 두 내외는 틀림없는 가톨릭 신자같이 보였습니다.

이 일이 있은 후 이듬해인 1988년에 평양에는 최초로 '조선천주교인협회'가 결성되고 장충성당이 건립됐다는 소식을 접한 김 추기경은 여러 경로를 통해 남측 사목자들을 장충성당에 파견하려는 목적을 두

---

* 主母經, '주님의 기도'와 '성모송'을 합한 말.
** 瞻禮表, 교회력에 따른 중요한 축일을 한 장으로 기록한 표.
*** 大齋, 절제와 극기를 지키는 단식재.
**** 神功冊, 교리서와 함께 신자들의 신앙 기본 지침서.

고 백방으로 알아봤으나 결과는 허사였다.

　　나는 이탈리아 로마에 있는 북한대사관 대사에게도 "장충성당에는
신부가 상주해야 참다운 교회라고 말할 수 있다"고 말해주면서 우리
가 파견할 신부 2명과 수녀 3명의 구체적인 명단과 자료까지 넘겨주
었다. 그러나 북측의 답변을 손꼽아 기다렸으나 끝내 아무런 통보를
받지 못했다.

　　이처럼 장 신부의 모험에 가까운 용단에 의해 성사된 가톨릭 신자
면담은 교회사적으로 대단한 사건으로 기록될 만했다. 미국과의 적대
적 상황하에서 북측의 초기 인민정부는 종교를 지배계급이 피지배계
급을 억압하고 착취하기 위한 도구로 보았고 이에 따라 종교에 대한
정책을 양성화하지 않고 있었던 터였다. 그러나 이날 장 신부가 북측
의 신자들을 발굴해 면담한 사건을 계기로 각자의 삶의 터전에서 조용
히 신앙생활을 하던 잠재적 가톨릭 신자들의 활약은 더 수면으로 드러
나며 구체화되고 공식화되었으며 북측 정부로부터 공인받는 기회가
주어진 것이다.

7) 바티칸 부활절미사 참석 후 교황을 알현한 북측 가톨릭 신자

　　한편 교황청으로 돌아간 장 신부는 북에도 참된 가톨릭 신앙의 그
루터기가 남아 있었다는 놀라운 사실을 교황께 보고했고, 이를 계기로
이듬해 4월에 이 신자들을 바티칸으로 초청하게 된다. 교황청은 88년
4월 바티칸에서 거행되는 부활절 대축일 전례에 북측 신자 내외를 초

청한 후 미사와 전례를 통해 고해성사를 받은 후 영성체를 받도록 했다.

이렇게 해서 독실한 가톨릭 신자인 박덕수와 홍도숙은 전후 최초로 바티칸을 방문하는 기록을 세웠으며 이어서 장익 신부의 주선으로 교황 요한 바오로 2세를 직접 알현할 수 있는 기회가 주어졌다. 이날 촬영한 교황 알현 기념사진은 25년이 지난 지금도 장충성당 제의실 벽면에 걸려 있을 정도로 이북의 가톨릭 공동체 신자들은 교황에 대해 존경심을 지니고 있고 가톨릭 신앙을 얼마나 갈급해하는지를 확인할 수 있게 해줬다.

8) 바티칸 우르바노신학교에 입학한 북측 가톨릭 신자

1988년 4월, 부활절 행사에 참석해 교황을 알현한 두 사람은 며칠 후 또다시 이북의 가톨릭 역사에 기록될 만한 주인공이 됐다. 교황청의 특별 배려와 북측의 승인으로 박덕수(마르코), 홍도숙(테레사)는 곧바로 본국으로 귀국하지 않고 로마에 계속 남아 신학교에 유학하게 된 것이다.

홍도숙의 남편인 박 마르코는 신학교를 다니고 부인 홍 테레사는 남편의 유학을 뒷바라지했다. 박 마르코는 교황청에서 설립한 명문 '우르바노대학교'(Pontificia Universita Urbaniana)에 입학해 공부하게 됐으나 박 마르코가 북 최초의 가톨릭 사제가 되기 위한 과정으로 입학한 것은 아니었다. 이 부부는 여러 가지 사정과 학업에 대한 어려움으로 인해 입학한 지 채 1년이 안 돼 본국으로 돌아가게 됨으로써 학업이 중단되고 말았다.

당시 북의 우방인 중국은 평소 자체적으로 주교를 임명했는데 이를 두고 교황청과 갈등을 겪고 있었으며 중국은 이를 두고 바티칸의 내정간섭으로 규정해 강력히 반발하고 있는 상황이었다. 더구나 북은 중국보다 훨씬 자주성에 민감하기 때문에 북에 상주할 사제는 남측이나 외국 출신으로 임명할 수 없는 노릇이었다. 어차피 북측 토종 신자 중에 사제 후보생을 뽑아 신학교에 입학시켜 사제로 서품받게 하는 방법밖에 없다. 박덕수의 신학교 입학에 대해 기대를 많이 했으나 결국 중도 포기된 이후 지금까지 북측 신자가 가톨릭 신학교에 입학한 사례는 공식적으로 보이지 않고 있다.

9) 북측 정부와 신자들이 직접 결성한 조선천주교인협회

장익 신부가 조선기독교연맹을 통해 북측 가톨릭 신자들을 면담한 이래, 일련의 여러 과정을 통해 북의 풀뿌리 가톨릭 신자들은 고무되기 시작했고 북측 신자 두 명의 교황청 방문 두 달 후인 88년 6월 30일에는 드디어 전후 최초의 가톨릭 신자 단체가 출범하게 됐다.

북에서 네 번째로 결성된 종교 단체라서 늦은 감이 있었으나 해방 직후 북측 인민정부와 가톨릭이 겪었던 갈등과 대립을 생각하면 격세지감이다. '조선천주교인협회'라는 이름으로 조직된 이 단체가 출범하기까지 이미 오래전부터 준비한 결과였다. 1987년 10월부터 이 협회의 출범을 준비하는 '결성준비위원회'가 조직됐으며 9개월간의 준비 작업 끝에 이날 발족된 것이었다.

1987년 10월 2일엔 신도회 차성근(율리아노) 회장의 주관으로 60여 명의 신도들이 모여 신공을 드리고 평양 장충성당의 창건을 공포한 것이 '협회 결성 준비위원회'의 시작이었던 셈이다. 그동안 '조선기독교연맹' 산하에 있었던 천주교 신자들은 이때부터 독립된 천주교 단체를 갖게 된 것이다. 당시 평양방송은 "천주교인들의 자유와 권익을 보호하며, 다른 나라 천주교인과 단체들과도 친선 관계를 발전시켜 나갈 수 있게 하고자 협회를 결성했다"고 보도하기도 했다.

이렇게 해서 전국적인 조직으로 구성된 300여 명의 회원을 가진 '조선천주교인협회'가 태동하게 된 것이다. 이후 이 협회는 북의 천주교를 대표하면서 대내외 창구 역할을 해왔고 출범하자마자 장충성당을 완공하는 등 맹활약을 해오다가 10여 년이 흐른 1996년 6월에 '조선카톨릭교협회'로 개칭하면서 오늘에 이르고 있다.

10) 신자들의 손으로 장충성당을 직접 건축하다

장충성당 건축은 '조선천주교인협회'가 출범될 무렵부터 추진되기 시작했다. 국가에서는 개신교 봉수교회당과 칠골교회당을 건축할 때처럼 성당 부지와 건축 자재를 무상으로 공급했다. 협회에 소속한 천주교 신자들은 신도회 차성근 회장의 모범적인 지도 아래 1988년 3월에 착공식을 해 같은 해 9월 말에 모든 공사를 마치고 6개월 만에 완공했다. 이렇게 해서 대동강 동남측 동평양 지역의 주거지역에 터를 잡은 성당은 총 부지 면적 2,000㎡, 건평 1,852㎡ 규모로 1, 2층 모두 합해 총 250석 규모로 지어졌다.

성당 건축비용은 당시 북 화폐로 20만 원이 지출됐으며 협회에 속한 300여 신자들이 자발적으로 마련한 헌금 10만 원과 정부에서 대여금 명목으로 지원한 10만 원으로 충당했다고 한다. 성당은 기둥에 의한 내부 공간의 분절이 없는 강당형으로 설계되어 시원한 맛을 주었으

[사진 21] 장충성당 신자들이 주일 미사를 드리는 모습

며 제단과 회중석, 성가대석, 제의실, 고해소는 물론 감실까지 고루 갖췄고 각종 성화와 성물 등도 여기저기 제 자리에 비치돼 있었다. 전면 중앙 출입구를 아치탑 형태로 강조하고, 외벽은 칸마다 기둥과 아치창으로 설계했다.

처음 건축 당시에는 성당 내부 제단 정면에 양 떼를 거느린 예수님의 전신상이 걸려 있었으며 왼편에는 성모상이, 오른편엔 요셉과 어린 예수가 그려진 성화가 모셔져 있다. 제단 정면에 모셔진 성화는 당시 모스크바 유학을 다녀온 젊은 화가가 노련한 솜씨의 유화로 그린 것이다. 또한 양 벽면엔 예수의 14처 성화가 순서대로 걸려 있었으며 본당 출입문 가까이에는 하얀 커튼으로 드리워진 고해성사대가 설치돼 있었다. 사제가 없는 성당의 고해성사대는 신자들의 고해성사를 기다리는 듯했지만 왠지 모르게 썰렁해 보였다.

항간에 남측 보수우익들에 의해 떠도는 말에 의하면 "장충성당은 1989년 세계청년학생축전에 참가할 신자들을 위해 급하게 세운 것이며 국제사회 선전용으로 건축했다"고 주장하는데, 이는 사실과 다르다. 국제행사와 타이밍이 맞물린 것은 사실이지만 장충성당은 평양 주재 외국인들과 관광객 중에 가톨릭을 믿는 신자들을 위해 건립된 의도도 있었으나 그보다는 내부적으로 그동안 흩어졌던 풀뿌리 가톨릭 신자들을 새롭게 규합해 공식화하려는 본래의 취지에 맞게 지어진 것이다.

건축 당시나 지금이나 장충성당은 사제와 수녀가 상주하지 않아서 신도회장이 직접 공소예절을 인도하고 있으며 이때 두 명의 복사를 두고 집전한다. 최근에는 정확히 70여 명의 신도가 평균적으로 참석하고 있으며 설립 당시의 미사 시간은 매주 주일 오전 9시, 10시, 11시 세 차례 드려졌으나 현재는 오전 10시 정각에 단 한 번만 드려진다.

장충성당 첫 봉헌미사를 드린 장익, 정의철 신부

장충성당은 남측이 주도한 남북 천주교 교류와 함께 이에 따른 바티칸의 지원과 포용 정책 그리고 이북 자체 내의 종교 정책의 변화를 반영하고 있었다. 북측은 장충성당이 88년 9월 말에 완공되자마자 바티칸 측에 통보했고 바티칸은 이를 승인하고 봉헌 축성식을 거행하는 의미에서 평양에 교황 특사단을 파견하기로 결정했다. 1988년 10월 말, 천주교 서울대교구 장익 신부와 당시 로마에서 유학 중이던 정의철 신부가 특사로 임명됐다.

두 신부는 로마를 경유, 평양에 도착해 열흘간 머물며 북측 당국과 조선천주교인협회 간부들과 연속 회담을 가지며 천주교의 남북 교류에 대해 심도 있는 논의를 펼쳤으며 10월 30일과 11월 1일 양 일에는 드디어 성대하면서도 소박한 봉헌 축성 미사를 집전했다. 60명이 참석한 가

운데 거행된 봉헌 미사는 입당성
모의 노래, 천주경, 영성체, 순교
자 찬가 순으로 진행됐다.

또한 이에 앞서 두 남측 신
부는 교황 요한 바오로 2세가
장충성당 신자들에게 보내는
성물들을 전하는 별도의 시간
을 가졌다. 교황이 보낸 성물들
은 차성근 율리아노 신도회장
이 신자들을 대표해 수령했다.

[사진 22] 장익 신부와 함께 장충성당 첫 봉헌 미사
를 드린 정의철 신부

품목들은 성작, 성합, 성서, 전
례서, 성가집 등이었고 지금도 이 성물들은 장충성당에 고이 보관되며
사용하고 있다.

III. 북녘 가톨릭 공동체의 오늘과 내일

부활절에 다시 찾은 장충성당

2014년 4월, 부활절 아침이 밝자마자 나는 장충성당을 방문하기
위해 이른 새벽부터 부산하게 움직였다. 개신교 목회자가 부활절에 가
톨릭 성당을 찾는 것이 이상하게 비칠 수 있겠지만 이북 영토 내에 세
워진 교회들을 모두 참관하겠다는 프로젝트를 세웠고, 어린 시절에 가
톨릭 성당을 다녔던 인연 때문에 이런 결정을 내리게 된 것이다. 더구

나 성당 측에서는 나에게 부활절 메시지와 인사말을 간단하게 해달라는 연락을 미리 알려왔기 때문에 설레는 마음으로 일찍 일어나 메시지 문장을 짧게 다듬는 작업을 했다. 또한 일정에 의해 사전에 알고 있었기에 이날 갖춰 입으려고 평소에는 잘 입지 않는 로만칼라까지 미국에서부터 준비해 왔다.

지난해 방문할 무렵에는 벌써 성당 설립 25주년(2013년 10월 30일)을 맞았으니 천주교 용어로 말하자면 '은경축'에 해당되는 연륜이 됐다. 성당 건설계획에 따라 '평양시 선교구역 장충1동' 공원 옆으로 부지가 확정된 장충성당은 1988년 3월 말에 착공해 6개월 만인 9월에 완공됐고 연이어 10월 30일과 11월 1일 양일에 걸쳐 성당 봉헌미사를 드림으로 전후 이북 최초의 가톨릭교회로 정식 출발해 지금까지 내려오고 있다.

지난번 방문 때는 신자들이 평일에도 성당에 찾아와 모임을 갖거나 기도를 드리는 모습을 목격했었고, 주일이 되면 성당 신도회장의 주관하에 미사를 대신한 공소예절을 드리거나 기도회를 갖는 모습을 확인했다. 그래서 그런지 지난번 잠시 봤던 율리아노, 카타리나, 모이세, 수산나, 벨레아인, 아네스… 등 남녀 신자들의 얼굴과 이름들이 어렴풋이 기억나기 시작했다.

"신부님처럼 아주 잘 어울리십니다"

주일미사가 시작되기 1시간 전에 일찌감치 성당 마당에 도착하니 성당 신도회 김철웅 회장이 훤칠한 미남의 부회장과 함께 달려 나와 반갑게 맞이해 주었다. 회색 양복에 로만칼라를 갖춰 입은 내 모습을 본

[사진 23] 개신교 목사로서 장충성당에서 부활절
메시지와 인사말을 전하는 필자

김 회장이 한마디 건넸다.

■ 어이구, 최 목사님을 뵈니 얼굴도 좋아지셨고 마치 신부님같이 아
주 잘 어울리십니다. 우리 성당에 아주 오셔서 담당 신부님을 하셔도
되겠습니다. 하하(크게 웃음).

▶ 아, 로만칼라 셔츠가 보기에 괜찮습니까? 사실은 이 로만칼라가 천
주교에서 시작한 것이 아니라 원래 스코틀랜드 개신교 목사가 만들었
지요. 그때부터 전 세계적으로 개신교회 목사님들이 먼저 착용하고
다녔습니다.

■ 아, 그렇습니까? 저는 '끌라지'를 천주교에서만 하는 줄 알았습니다.

김 회장은 검은 셔츠에, 목에 흰 띠를 착용한 로만칼라를 '끌라지'
(Clergy)라고 불렀다.

▶ 오대양 육대주 세계 각국의 목사님들은 색깔이나 모양이 아주 다양한 셔츠에 로만칼라를 하고 다닙니다.

■ 참 신기합니다. 새로운 사실 하나 배웠습니다.

▶ 제가 평소 이런 질문을 가끔 받아서 로만칼라의 유래에 대해 잘 파악하고 있습니다. 천주교 신부님들이 입고 다니는 로만칼라는 제2차 바티칸공의회를 폐회한 1965년부터 시작됐습니다.

■ 남조선에서는 목사 선생들도 이렇게 입고 다닌단 말입니까?

▶ 그렇습니다. 많은 분이 천주교 사제만 입는 것으로 알고 있는데 남쪽에는 성공회와 루터교, 감리교에서도 많이 합니다. 그렇다고 개신교에서 무조건 모두 다 하는 것은 아니고 침례교와 장로교는 좀 거부하거나 기피하는 편이지요. 최근엔 천주교 사제들과 구별한 개신교 목사들의 새로운 복장이 또 나왔습니다.

스페인에서 온 다큐멘터리 촬영팀을 만나다

성당 안으로 들어가자, 몇몇 성가대원이 연습을 마무리하는 중이었고 미사를 준비하느라 회중석을 바삐 오가는 복사들과 여성 신자들의 모습도 보였다. 성당 내부를 다시 한번 둘러보니 지어진 지 25년이 되어 여기저기 허름한 구석도 보였고 보수작업이 필요해 보였으며 신자들을 체계적으로 교육할 수 있는 공간도 부족해 보였다. 김 회장이 가까이 다가오더니 대뜸 내 귀에 대고 "잠시 후 스페인에 있는 유명한 방송국에서 다큐멘터리 촬영팀이 방문하기로 했다"라고 귀띔해 주었다.

▸ 외국 방송국에서 무슨 일 때문에 여길….

■ 가끔 외국 방송국에서 오긴 합니다. 몇 해 전엔 우리 성당에서 매년 드리는 크리스마스 미사를 찍어간 적이 있었습니다.

▸ 아, 그래요? 성탄절 행사를 해마다 어떻게 드립니까?

■ 한 10년 전부터 계속해 오고 있는데 이날 남자들은 양복을 입고, 려성들은 조선옷을 곱게 차려입고 각지에서 200명 신자들이 모여듭니다. 미사를 드린 후엔 우리끼리 모여 노래를 부르고 춤을 추며 축제를 벌이는데 외국 방송국에선 그런 모습이 신기한가 봅니다.

▸ 성탄절에 크리스마스트리를 만들고 축제를 벌인다는 소식은 저도 들은 적이 있습니다.

■ 성탄절 미사 후에는 아주 흥겹습니다. 성가대 공연도 있고 연극도 하고 음식도 나눠 먹습니다.

아나나 다를까 이야기를 나누는 동안 방송용 카메라를 둘러멘 외국 기자 서너 명이 성당 안으로 들이닥쳤다. 마침 기자들 일행 중에는 평양의 행사장이나 식당에서 자주 마주쳤던 스페인 출신의 낯익은 중년 '미스터 페레스'가 섞여 있었다. 스페인의 '조선우호협회'(약칭 KFA) 회장을 맡고 있는 그는 '알레한드로 페레스'(Alejandro Pérez)라는 이름의 친북파 인사인데 워낙 풍채가 좋아 금세 눈에 띄었다. 그는 북을 열심히 방문하는 탓에 "조선은 하나다"라는 의미의 '조선일'(朝鮮一)이라는 이름도 가지고 있으며 영어도 곧잘 했다. 그도 나를 알아보며 다가와 서로 반갑게 인사를 나눴으며 이날 그는 기자들을 따라다니며 촬

[사진 24] 신자들이 미사를 드리는 모습을 촬영하는 기자의 모습

영을 돕고 있었다.

■ 오늘 저 사람들은 미사를 드리는 장면을 찍을 것이고 저희들(신도
회장, 부회장)도 찍을(인터뷰) 예정인데 아마 최 목사님에게도 (인터
뷰) 요청할 수 있으니 잘 부탁드립니다.

취재팀은 신자들이 부활절 예식을 올리는 모습을 여기저기서 찍었
으며 신도회 간부들과 깊은 인터뷰를 진행하기도 했다. 미사 시간에는
앞자리에 앉아 있는 내 모습과 앞에 나가 메시지를 전하는 내 모습도
찍었다. 미사를 마친 후에도 자신들이 궁금해하는 북의 종교 현황에
대해 "미국에 거주하는 목사의 입장에서 어떻게 보느냐"면서 이것저
것 인터뷰를 하기도 했다. 내가 얼핏 볼 때 취재팀은 나름대로 북의
종교 실상에 대해 매우 객관적으로 접근하는 모습을 보여주었다.

가톨릭과 개신교가 동일한 성경책을 사용 중

다큐멘터리 취재팀이 북측 관계자와 인터뷰를 하는 모습을 보니 "지금까지 조선가톨릭협회가 해 온 일들은 어떤 일들인가?"에 대한 질문과 답변들도 오가는 소리가 들렸다.

또한 북에서 사용하는 성경책은 어떤 경로로 만들어졌으며 신자들은 자신들의 신앙생활 향상을 위해 주로 어떤 서적들을 읽느냐는 질문도 이어졌다. 마침 진한 커피색의 회중석 장의자 위에는 성경책들이 가지런히 놓여 있었는데 유심히 바라보니 개신교회인 봉수교회와 칠골교회에서 현재 사용하는 책과 동일했다. 책을 들춰보니 '조선기독교도련맹 중앙위원회'에서 공동번역본으로 만든 '성경전서'였다. 이로써 북에는 현재 신·구교가 성경을 같이 사용한다는 것을 알게 되었다.

또한 '조선가톨릭협회'는 그동안 신자들을 위해 1991년 이후 지금까지 '조선천주교인협회 중앙위원회'라는 명의로 여러 권의 천주교 서적을 출판했는데 이 중에는 교리서 두 권과 기도서 한 권이 포함됐다. 『천주교를 알자』라는 교리서는 장충성당 신도회장을 맡았던 차

[사진 25] 장충성당과 봉수교회는 조선기독교도련맹에서 발행한 같은 성서를 사용하고 있었다.

성근과 엄진섭, 김은주 3인이 공동 집필한 교리해설서였다. 이 책은 원래 한자로 된 책이었는데 차성근 신도회장이 주도해서 북측 표기법

[사진 26] 장충성당 신자들이 사용하는 가톨릭성가집(왼쪽)과 남측에서 발간한 가톨릭기도서(오른쪽). 이 책을 북측에서 개편해 사용하고 있다.

으로 번역 작업을 했는데 출간되자마자 교인들이 늘 들고 다니며 읽는다고 한다. 차 회장이 이 책을 만든 계기는 한자를 모르는 젊은 세대 신자들과 새로 입교한 신자들이 교리를 알기 쉽게 이해할 수 있도록 출판한 것이라고 한다. 『신앙생활의 걸음』은 '조선천주교인협회' 국제부 소속의 고영희가 집필한 책으로 천주교를 초보적으로 안내하는 역할을 해왔으며 이 두 권 모두 1991년 10월 1일자로 발행됐다.

『가톨릭기도서』는 원래 남측 가톨릭에서 발행한 책인데 북측 표기법에 맞춰 그대로 수록했다. 이 기도서가 발행되기 전에는 몇몇 신자들이 사용하고 있던 아주 낡아빠진 공과책을 이용했으며, 1998년 들어 서울대교구 장익 신부가 미사경본을 기증한 이후에는 이 책을 줄곧 사용해 왔다고 한다.

또한 발행 날짜는 확인할 수 없으나 『선택과 실천』이라는 12쪽짜리 소책자도 '조선천주교인협회 중앙위원회' 이름으로 간행됐는데 신자 교육용으로 제작된 것으로 보였으며 북측이 강조하는 민족 통일의 당위성과 고려연방제 통일방안의 정당성을 성서에 근거해 설명해 놓은 것이 특징이다.

사제처럼 능숙하게 집전하는 김철웅 신도회장

오전 10시 정각이 되자 성당 안에는 미사가 아닌 공소예절이 시작됐다. 어느덧 스물다섯 살 청년의 모습을 지닌 장충성당은 겉으로 볼 땐 큰 변화가 없어 보이는 듯했으나 미사에 참석한 신자들의 모습을 일일이 살펴보면 절제되면서도 농익은 듯한 분위기가 느껴지며 진리를 갈급해하는 모습을 엿볼 수 있었다. 신도들의 평균 연령은 약간 낮아졌으며 자연스럽게 세대교체가 되고 있는 듯했다. 마침 신도회 간부들은 물론 가톨릭협회 간부들조차 이미 세대교체가 진행되고 있는 상태라 그런지 전체적인 분위기는 나름대로 젊고 새롭게 보였다. 그동안 연로한 신자가 대부분이었으나 어떤 과정으로 입교했는지 알 수 없으나 젊은 신자들도 더러 눈에 띄었다. 이날은 기독교의 최대 명절인 부활절인데도 불구하고 담당 사제가 없어 그런지 쓸쓸한 분위기가 느껴졌으며 오늘따라 미국에서 자주 방문하는 박창득 신부님도 안 보여 가슴 한편이 저며 오는 듯했다.

시작종이 울리자, 김철웅 신도회장이 예식을 집전하기 시작했는데 어찌나 능수능란한지 마치 중견 사제처럼 보일 정도였다. 김 회장 좌우에는 장년 신자 두 명이 복사 역할을 하며 집례를 도왔고 네 명으로 구성된 성가대의 찬양은 수는 적었으나 봉수교회 못지않게 매우 실력 있어 보였고 우렁찼다. "원래 우리 장충성당은 성모님을 모신 성당이기 때문에 신자들 대부분이 모두 여성 신자들입니다"라고 증언한 조선 가톨릭여맹위원장의 말을 뒷받침하듯 이날도 여성 신자들이 압도적으로 많았다.

강론 직전에 김 회장은 회중석을 향해 나를 소개하더니 앞으로 나오도록 해 부활절 메시지와 인사말을 전하도록 배려했다. 나는 미리 준비한 짤막한 메시지를 원고 없이 전했다.

▶ 오늘 장충성당 신자 여러분과 함께 예수님의 부활을 기념하는 미사를 올리게 돼서 기쁘게 생각합니다. (중략) 예수님의 부활을 통해 남과 북이 정치적으로, 이념적으로 대결하기보다는 서로 존중하고 배려해 우리 조국의 평화통일이 앞당겨지도록 여러분들이 큰 역할을 해주시기를 바랍니다. 부활의 진리야말로 우리 민족의 갈등과 분열을 치유하고 분단의 장벽이 허물어질 수 있게 하는 비결이 들어 있으며 큰 위로와 소망을 주는 사건입니다. 고통의 시간을 이겨내야 부활

[사진 27] 김철웅 신도회장이 사제를 대신해 복사들의 도움을 받으며 부활절 예식을 집전하는 모습. 필자는 회중석에서 앉아 참여하였다(오른쪽 맨 앞자리).

[사진 28] 강론이 끝나고 헌금바구니를 돌리고 있는 헌금위원

의 기쁨이 주어지는 것처럼 통일이 되는 그날까지 우리 민족에게 주
어진 고난을 잘 이겨낼 수 있는 힘을 달라고 우리 모두 기도합시다.

메시지를 마치자 회중들은 힘찬 박수로 화답했다. 이어서 김철웅
회장의 본격적인 강론이 시작됐는데 오늘따라 예수의 부활보다는 성
모 마리아에 관한 언급이 더 많았다.

… 우리 북과 남이 모두 이 성당을 거룩하신 성모님께 봉헌했으니 북남
의 교회가 성모님의 은혜로 하나된 것이나 다름없습니다. 우리들 마음
속에 확신을 가지고 성모님을 모시는 것이 가장 중요한 일이며….

신도회장의 강론은 기성 가톨릭 교리의 틀에서 벗어나지 않았으며
정치적인 발언은 일절 없었으며 가톨릭의 특징인 성모 신심도 남달리
돈독해 보였다. 230년 전 이 땅에 최초로 천주교가 들어올 때도 사제

가 없었고 성체도 없었으나 오직 마음속에 천주를 향한 믿음과 성모 신심이 가득해 시작했듯, 비록 장충성당에도 사제도, 성체도 없으나 신자들과 간부들 모두가 성모 신심이 확고하다는 것을 느낄 수 있었다.

전국적으로 신자들이 몇 명이나 됩니까?

은혜로운 분위기에서 미사가 끝나자, 특별한 순서 없이 신자들 대부분 모두 집으로 돌아갔다. 나는 신도회의 몇몇 간부들과 다시 모여 못다 나눈 대화를 계속 이어갔으며 촬영팀들은 계속 남아 우리들의 일거수일투족을 찍느라 여념이 없었다. 나는 궁금하게 생각하는 질문들만 몇 가지 골라 이것저것 물었다.

▶ 오늘 보니 70명 정도 오셨는데 평소에도 이렇게 참석합니까? 원래 성당에 나오는 신자들이 모두 몇 명이나 됩니까?

■ 절기 때는 200명이 참석하고 평소에는 70~80명 정도 참석합니다. 저기 사무실 세례책자(세례대장)에는 그동안 우리 성당에서 세례받은 신자들 명단이 800명 넘게 기록돼 있습니다. 그중에서도 꾸준하게 나오는 사람은 모두 300명 정도로 보시면 됩니다.

▶ 그래도 상당히 많군요. 담당 신부님이 상주하고 계신다면 더 많을 텐데 많이 아쉽습니다. 저분들 중에는 전쟁 이전에 세례를 받은 구교우뿐만 아니라 성당 건립 이후 새롭게 영세 입교한 신자들이 포함된 것이겠지요?

■ 아, 그거야 뭐 그동안 우리 신도들의 평소 염원이고 신부님을 잘

[사진 29] 외국인과 해외 교포들도 부활절 예식에 참석한 모습

모시고 미사를 드려야 원칙이지만 모실만한 형편이 안 되니…. 그럴수록 자체적으로 더 신심을 모아 신도가 해야 할 도리를 멈추지 않고 있습니다. 다행스럽게도 처음에는 신도들을 찾아다녔지만, 지금은 신도가 되겠다고 자발적으로 찾아오는 사람들도 많아졌습니다. 아마 전국 각지에 있는 신자들을 모두 합치면 3천 명이 조금 넘는다고 보시면 됩니다.

내가 확보한 자료에 의하면 해방 당시 북에서 신앙생활 하던 천주교 신자는 대략 5만 명 정도로 추산되는데 대부분의 사제와 수도자, 수녀들은 월남했고 북에 남아 있는 신자 가운데 생존자는 거의 없고 남아 있는 분들은 대부분 활동이 불가한 고령이다.

▶ 제가 알기로는 남측 가톨릭교회에서 북측 지역인 평양교구와 함흥교구, 덕원자치수도원구 등 3개 교구를 현재 관할하고 있습니다. 그리고 전쟁 시기까지 이북에 있었던 성당들은 사제도 한 명 남지 않아 텅 빈 상태를 남측에서는 '침묵의 교회'로 부르는데 어떻게 생각하시나요?

■물론 잘 알고 있으나 그 문제는 우리 성당 신도회에서 관여할 문제가 아니고 협회(조선가톨릭교협회 지칭) 소관입니다. 남쪽에서는 우리 공화국 영토에 있던 성당들을 자꾸 침묵의 교회다, 어쩐다 말들 하는데, 왜 우리 교회가 '침묵의 교회'입니까? 오히려 일제강점기와 조국해방전쟁(한국전쟁) 시기를 전후해서 가장 많이 제국주의자들의 앞잡이 노릇을 한 종교가 바로 천주교 아닙니까?

순간, 북측에서는 '침묵의 교회'라는 말을 사용하는 걸 싫어한다는 것을 확실히 알게 됐다. 북측에서 발행한 『가톨릭기도서』는 원래 남측 가톨릭에서 발행한 책인데 그걸 가져와 북측 표기법으로 옮겨 인쇄한 것이다. 그 책의 내용 중에 '침묵의 교회를 위한 기도'가 있는데 북측 가톨릭에서는 그 부분을 의도적으로 삭제해 버리고 그 대신 '조국통일기원미사'를 대체해 첨부할 정도로 '침묵의 교회'라는 말을 부담스럽게 여기고 있었다. 전쟁 시기의 시대적 상징성을 대변하는 사건이지만 북측에서는 이것을 '남측의 일방적 표현'으로 받아들이며 매우 예민하게 반응하는 것이다.

▶ 아, 그렇겠군요. 그럼, 이북 전체의 천주교 신자들은 모두 얼마나 됩니까?
■우리 조선가톨릭교회는 남측 가톨릭과는 달리 자체적으로 평양지구, 동해지구, 서해지구 이렇게 3개 지구로 나눠 있습니다.

▶ 그렇다면 각 지역마다 성당이나 공소가 건축돼 있나요? 그분들은 주일에 어디서 모입니까?

[사진 30] 장충성당 사제관 모습. 성당 설립 이래 지금까지 상주하는 담당 사제가 없다.

■ 각 지구마다 가정 예배 처소가 있으며 주일이면 가정교회로 모여서 묵주심공하면서 기도하고 성경을 공부합니다. 평소에도 신자들끼리 모여 기도와 신공을 드리고 공부도 합니다. 지구에 속한 신자들을 위해 남포와 원산에 조만간 공소를 세울 예정입니다.

▶ 각 '교구'를 '지구'라고 부르시는 것이지요?
■ 맞습니다. 교구 대신 자체적으로 지구협회가 있습니다. 3개 지구 중에 신도가 가장 많은 곳은 서해지구인데 신자들이 1,500명 정도 됩니다. 평양 중심으로 조직된 '평양지구', 강원도 원산 지역을 중심으로 만든 '동해지구', 평안도와 황해도지역을 중심한 '서해지구' 중에서 서해지구가 변함없이 가장 우세합니다.

그러나 3개의 자체 교구를 운영해도 현재 단 한 명의 성직자나 수도자도 없으며 장충성당 외에 그 어떤 성당이나 공소 혹은 수도원이 아직도 없다. 정통 가톨릭교회는 평신도-수도자-성직자로 구성되는 신앙공동체가 운영되어 7성사를 모두 집전해야 하고 교계 제도를 갖춰야 하는데 아직 이북의 가톨릭 커뮤니티는 이와 같은 온전한 단계에는 못 미치고 있었다.

"북남합작 성상(聖像) 조각할 때처럼 힘을 모읍시다"

나는 북의 가톨릭 관계자들을 만나면 가장 먼저 꺼내려고 준비했던 말이 갑자기 생각나 화제를 바꿨다. 화강석 개발을 위해 7년 전에 설립된 남북합작 석재공장에서 남과 북의 조각가들이 수시로 만나 천주교 조각상을 만든 이야기를 꺼냈다.

▶ 김철웅 선생이 신도회장을 맡기 전이겠지만 2008년 여름에는 그래도 분단 이후 최초로 남과 북의 조각가들이 힘을 합해 '성(聖) 모자상(母子像)'을 조각하지 않았습니까?

■아, 저도 그 일을 잘 알고 있습니다. 아, 참, 그런데 지금은 그 작품이 어디 모셔져 있습니까?"

▶ 네, 제가 알기로는 마산교구 어느 성당이 봉헌식 할 때 그 교회에 모신 걸로 압니다.

■그때 우리 장 회장님(조선가톨릭협회 장재언 회장)이 각별히 관심을 가지셔서 일이 잘 성사됐지 않았습니까? '봉동석재소'(개성공단 옆에 있는 '아리랑 태림석재합영회사')에서 4개월 동안 정성껏 만들어 완성했잖습니까?

▶아, 그러게요. 남북의 가톨릭교회가 이렇게 힘을 합치면 그것보다 더 큰 일도 할 수 있지 않겠습니까?

■그렇습니다. 북남합작 성상(聖像) 조각할 때처럼 이제 북남이 다시 힘을 합쳐야 합니다.

성 모자상 조각품은 '아리랑석재'의 조형 파트 자문을 맡은 경남대 임형준 교수가 2006년 개성에서 북측 조각가들과 합의해 시작됐으며, 남측에서 4명, 북측에서 8명이 참여해 완성했다. 조각상은 개성에서 마산으로 옮겨져 마산교구 월영성당 봉헌식 때, 본당 사제관 앞에 설치한 것으로 확인됐다.

통일의 염원을 담은 남북 예술가들의 성당 합작품

통일의 염원을 담은 남북 합작 가톨릭 예술작품은 비단 성상 조각뿐이 아니다. 북측 예술가들이 정성을 다해 남녘의 성당 제대와 천장의 작품을 완성한 것에 대해서도 북측 가톨릭 관계자 일행들에게 자랑스럽게 언급했다. 남과 북의 예술가들이 힘을 모아 경기도 파주에 있는 가톨릭민족화해센터 영내에 있는 '참회와 속죄의 성당'을 꾸민 사실 자체 하나만으로도 우리나라 통일의 미래를 보여준 것이기에 나는 평소 대견스럽고 감동적으로 받아들이고 있었다.

■말도 마십시오. 그때 우리 공훈작가들이 기한을 맞추느라 밤낮없이 진땀을 뺐습니다. 조국 통일 과업을 위해 보람된 예술사업을 벌였으니 력사에 길이 남을 것입니다.

[사진 31] 남북합작으로 완성된 경기도 파주의 '참회와 속죄의 성당' 제대 위의 '왕이신 예수 그리스도 및 남북 대표성인 8위'라는 이름의 모자이크화 전경

이 성당의 건축 외형과 내부의 작품들은 남과 북의 가톨릭이 다시 재회하고 화해하는 의미를 곳곳에 담고 있어 보는 것 자체가 신선한 충격이었다. 성당 내부는 남북의 예술가들이 합작한 모자이크화, 이콘 등의 작품들로 꾸며졌다. 제대 위의 '왕이신 예수 그리스도 및 남북 대표성인 8위'라는 이름의 모자이크화는 평양 만수대 창작사의 벽화 창작단 공훈 작가 7명이 중국 단둥에 체류하면서 40일간 밤잠을 설치며 제작한 것이라고 한다. 중앙에는 예수님이, 오른쪽에는 성 유정률 (베드로), 정하상(바오로), 김대건(안드레아) 신부, 유대철(베드로)이, 왼쪽에는 성 우세영(알렉시오), 고순이(바르바라), 김효임(골룸바) 효주(아네스) 자매가 그려져 있다.

이 가운데 유정률은 평양, 우세영은 황해도 출신 순교성인이며 성 우세영(알렉시오)은 황해도 출신, 성 김대건(안드레아) 신부는 충청도 출신이다. 이처럼 남북의 대표 성인들이 '그리스도 왕'을 가운데 모시

[사진 32] 경기도 파주의 '참회와 속죄의 성당' 건물 앞에 선 필자

고 민족의 화해와 일치를 위해 기도하는 형태의 대형 모자이크화이다 보니 보는 것 자체만으로도 가슴이 뭉클하고 흥분되던 기억이 난다. 또한 그 아래에는 12사도 모자이크화가 장식돼 있다. 모자이크 밑사진은 서울대교구 이콘연구소에서 러시아의 성당 모자이크를 참조해 그려서 단동 작업 현장에 보냈으며, 인터넷으로 매일 중국 작업소에 체류 중인 만수대 창작사 작가들의 작업 상황을 시시각각 확인하며 동시다발적으로 작업을 했다고 한다.

너무나 아름다운 자연경관 속에 자리 잡은 이 성당을 필자가 봉헌 직후에 방문해 보니 철저한 고증을 통해 외형은 1926년에 지어진 평안북도 신의주 진사동성당의 모습을 그대로 옮겼으며, 내부는 함경남도 덕원에 있던 성 베네딕도 수도원의 대성당 모습을 재현했다. 원래 이 성당은 프랑스 파리에 있는 몽마르트르 언덕의 '예수성심성당'을 롤모델로 지은 것이라서 건립한 취지가 매우 감동스럽다. 1870년 보불전쟁 당시 프랑스와 프러시아가 서로 형제들을 죽인 것을 참회하자는 뜻에서 1919년에 봉헌됐고 그 후 이 성당에서는 참회를 위한 성체조배(聖體朝拜)가 100년을 이어오고 있는데 그동안 단 1초의 끊김이 없이 이어오고 있다. '참회와 속죄의 성당' 역시 이런 지향을 담고 있다. 북조선의 가톨릭교회가 과거의 기억 속에서만이 아니라 현재에도 명맥이 이어지고 있음을 의미하는 것이며 아울러 남과 북의 가톨릭교회가 서로 용서와 화해를 이루자는 깊은 의미일 것이다.

25년간 북의 가톨릭 공동체를 이끈 인물들

계속해서 나는 북의 가톨릭 공동체를 이끌어가는 일꾼들에 대해 무엇보다 관심이 많아 이것저것 알아봤다. 장충성당 역대 신도 회장을 살펴보면 초대 회장에는 박경수(바오로)가 선임되어 장충성당 건축에 앞장섰고 그 후 1990년 여름에 지병으로 선종했다고 한다. 그 뒤를 차성근(율리아노) 회장이 이어받아 주일 공소예절을 주관하며 활동하던 중 임기를 마치고 그의 후임으로 김영일 회장(시몬)이 선임되었다. 김회장 역시 사제를 대신해 공소예절을 집전하며 왕성하게 활동하던 중 임기를 무사히 마치고 2010년에 들어서 현재의 김철웅이 선임되어 젊고 활기차게 신도 회장직을 수행하고 있었다.

내가 장충성당을 방문하기 전에 그동안 '조선가톨릭협회'(이하 협회)를 이끌어 온 장재언 회장과의 면담을 원했으나 건강이 좋지 않아 치료 중이라는 말을 들어 성사되지 못했다. 장 회장은 지난 25년간 변함없이 '협회'의 대표직뿐 아니라 천도교, 기독교, 불교 등 각 종교 단체의 연대 모임인 '조선종교인연합회'의 총수장직도 맡았다.

가톨릭 대표와 종교계 전체 대표를 동시에 맡아 북의 모든 종교 단

[사진 33] 장재언 회장(앞줄 오른쪽에서 두 번째)의 마지막 공식 활동 모습(2015년 4월 24일)

체를 아우르며 조율하는 임무를 맡은 장 회장의 본명은 장재철이며 영세명은 사무엘이고 나중에 장재언으로 개명했다고 한다. 그는 '협회'를 창설해 초대 회장을 지냈으며 동시에 '조선종교인연합회'(KCR)도 창설해 초대 회장직을 지금까지 맡아왔다. 한때는 '조선적십자사' 회장직도 겸직하는 등 탁월한 관운과 지도력을 보여주며 북의 대내, 대외 종교정책에 지대한 영향을 미쳐왔다.

이처럼 가톨릭계와 전체 종교 단체를 좌지우지해 오며 국제사회 종교 단체들과 교류할 수 있는 기초를 닦은 그는 국제기구인 '세계종교인평화회의'(WCRP)와 '아시아종교인평화회의'(ACRP)와도 연대하거나 남측의 '한국종교인평화회의'(KCRP)와도 교류하는 데 큰 힘을 써왔다.

특유의 추진력과 설득력을 지닌 장 회장은 복잡한 종교정책을 진두지휘하던 과정에서 지병을 얻어 건강을 염려할 정도의 상태까지 이르게 되자 자신의 뒤를 이을 수 있는 후계자를 선정해 자신의 경험과

[사진 34] (왼쪽) 장 회장의 뒤를 이은 강지영 회장이 금강산 남북 종교인 모임에 참석한 모습(사진 제공: 통일뉴스 김치관) (오른쪽) '조선카톨릭협회' 서철수 서기장의 모습

정책을 가까이서 배우도록 했다. 장 회장 가까이에서 실무를 배우며 협회 부회장과 조선종교인협의회 상무위원직을 맡았던 인물이 바로 강지영이라는 인물이었다. 그는 장 회장의 후계자로서 북의 종교정책을 익히던 중 2011년 10월 조국평화통일위원회(조평통) 서기국장에 발탁돼 대남 업무를 관장하게 됐다.

한편 장 회장은 2015년 4월, 북경에서 열린 남북 종교 단체들과의 만남을 갖고 귀국했으나 다음 달인 5월 뇌출혈로 건강이 악화돼 더 이상의 직무수행이 불가능해 모든 일선에서 물러나 사퇴했다. 그 후 5개월의 공백을 깬 지난 2015년 10월 조평통 서기국에 있던 강지영 국장이 나의 예상대로 장재언 회장의 바통을 이어 '조선종교인협의회' 회장 겸 '조선카톨릭협회'의 회장(중앙위원회 위원장)에 전격 취임했다. 강 위원장 밑에서 가톨릭협회의 실무적인 총무 역할을 맡고 있는 인물은 서철수 서기장이다.

북측 가톨릭교회가 남측 가톨릭에 간절히 원하는 것

사회주의 가톨릭은 아무래도 활동무대가 제한되다 보니 전쟁 전후에 믿었던 기존의 신자를 발굴해 그들을 조직화하려는 일 외에 적극적인 선교 활동을 통해 새로운 신자를 확보하려는 노력은 거의 없는 것으로 보였다. 철저한 조직사회인 북 체제의 특성상 모든 사람은 관리조직에 들어가 있는 시스템인데 장충성당 지도자들과 신자들이 그 조직을 뚫고 들어가 적극적으로 선교할 수 있는 상황이나 여건은 안 되기 때문에 남측에서 기대하는 외적 성장은 기대하기 힘들다.

이런 상황에서 북측 가톨릭 커뮤니티는 남측 가톨릭을 향해 엄청난 돈다발과 구호물자를 원하는 것이 아니다. 그렇다고 당장 상주할 사제나 수녀를 원하는 것도 아니고 사제를 양성하기 위한 신학생 교육도 아니었다. 북측이 가장 시급하고 중요하게 여기는 문제는 종교 문제가 아니라 의외로 외세 문제와 주권 문제였다. "흡수통일을 염두에 둔 남측 집권 세력이 민족 공조보다는 외세에 의한 사대주의적 통일을 달성하기 위해 한미합동군사훈련을 실시하고 있다. 남측이 과감히 전쟁 연습을 중단한다면 종교적, 정치적 관계를 정상화하고 교류하겠다"라는 입장을 고수하고 있다.

우리가 사는 지구촌에 존재하는 종교는 수천 가지가 넘을 정도로 다양한데 만일 그 종교를 믿는 사회가 자국 민족의 자주성을 실현하는 데 도움을 주지 못한다면 그 종교는 이미 존재 의미가 상실된 것으로 봐야 한다. 자기 민족을 구속하고 압박하는 외세를 거부하지 않거나 사회정의를 외면한다면 그 종교는 아무리 인류 보편적 고등종교라 해도 존재가치를 보존할 수 없다.

일제 36년에 이어 미국은 우리 민족을 60년 이상 정치, 군사, 문화, 경제적으로 지대한 영향을 끼쳐왔다. 미국은 그동안 주권을 지키려는 나라들을 매우 싫어했다. 특히 자주성 실현을 위해 대미투쟁의 최일선에 있는 북과는 첨예한 적대적 관계를 형성하고 있는 현실이다. 이런 상황에서 남측 가톨릭은 미국을 향해 어떻게 반응해야 하며, 동족이자 통일의 파트너로서의 북과는 어떻게 공감대를 형성해야 하는지를 심각하게 고민해야 한다. 그러기 위해서는 남측 가톨릭교회가 가장 먼저 북에 대한 적대적, 부정적 관점을 버리고 민족의 앵글에서 통일 지향적 정책을 추진해야 하며 그 어떤 종교보다 앞장서 북에 대한 객관적 시각과 안목을 지녀야 한다.

또한 북에 대한 역사적 이해와 더불어 그 체제에 대한 새로운 인식의 전환이 필요하며 민족 공조의 선두 주자 역할을 할 뿐만 아니라 남북문제와 통일문제에 있어 비본질적인 것에 매달리지 말고 문제의 핵심 본질을 파악해야 한다. '화해'는 정치적 이슈가 아닌 복음적 이슈이니만큼 먼저 상대의 입장과 필요를 이해하고 배려하는 마음에서 출발해 일회성 퍼포먼스나 이벤트성 남북 교류에서 벗어나 본질에 접근한 화해와 협력의 단계로 나가야 한다.

문제의 본질을 외면하면 교황이 방북을 하든 남측 고위 성직자가 평양에 가서 몇 번 미사를 집례하거나 회의를 하든 북은 요지부동일 것이다. 이제는 친미 반공의 성향에서 과감히 벗어나 우리 민족을 향해 통일 지향적인 신학적, 사목적 견해를 제시해 주어야 하며 북측을 향한 내재적 접근을 시도해야 한다. 한국 가톨릭은 비록 세계국가를 상대로 하는 바티칸 종교지만 민족 공동체로서의 인식과 더불어 자주성을 회복하는 데 앞장서야 한다.

함북 신포지구 금호성당(琴湖聖堂) 편

[사진 35] KEDO 금호지구에 건축된 '금호성당'의 정면 모습

KEDO 현장에 수녀를 파견한 천주교 서울대교구

초창기 신포 금호지구 경수로 공사 생활관 타운에는 개신교의 신포교회와 더불어 남측 천주교에서 세운 금호성당(琴湖聖堂)도 함께 운영되고 있었다. 우선 금호성당이 세워진 배경과 과정을 잠시 살펴보면 1990년 한국 가톨릭주교회의는 대북 사역과 통일문제를 다루게 될 기

구인 소위 '북한선교위원회'를 출범시키고 사무국을 개설한 데 이어 1994년에는 '북방선교협의회'를 발족해 중국 길림성 용정에 네 명의 수녀들을 파견했다. 뿐만 아니라 천주교 서울대교구는 1995년 3월, '민족화해위원회'를 공식 발족하고 그해 10월 미국 뉴저지주 포트리시 힐튼호텔에서 남과 북의 가톨릭 지도자들이 함께 모여 통일세미나를 개최하기도 했다.

또한 1997년에는 '북방선교위원회 특별위원회'를 신설하고 위원장에 김수환 추기경, 위원에 이문희, 윤공희 대주교와 최창무, 장익 주교, 이동호 아빠스, 사무총장에 김종수 신부를 선임했다. 그리고 그해 경수로 공사가 시작된 북측 함경남도 신포지역 한전병원 의무실에서 근무할 간호사 자격으로 두 명의 수녀를 파견했다.*

한편 서울대교구는 함경남도 신포 금호지구에 세워질 성당 이름을 짓기 위해 고심하던 중 성당이 위치한 생활관 주변 마을이 '금호리'(琴湖里)라는 것에 착안해 '금호성당'(琴湖聖堂)으로 명명하고 서울대교구 차원에서 파송 및 지원을 시작했다. 그리고 1998년 3월 9일, 드디어 김수환 추기경이 직접 나서 방북하는 수녀들을 위해 '신포 KEDO 파견 기념 미사'를 올리기까지 했다. 그러나 목사, 신부, 승려 등 전문적인 종교인들은 KEDO 현장에 파견할 수 없다는 규정과 북측 당국의 요청에 의해 금호성당에도 사제가 없이 간호사 수녀들이 돌보며 운영하는 체계가 된 것이다. 그러기 때문에 사제가 없는 금호성당의 정확한 명칭은 '천주교 KEDO 금호 공소'로 불렸다.

---

* 1999년 10월 11일 개최된 추계주교회의에서 '북한선교위원회'를 '민족화해위원회'로 변경.

'영원한 도움의 성모 수녀회' 소속 수녀들

　금호지구로 파견된 수녀들은 생활관 부지 내에 세워진 의무실 소속 간호사로서 파견된 것이기 때문에 공식적으로는 종교적인 임무를 수행할 수 없었으며 신포교회와 마찬가지로 수녀 위주의 비상 운영 체제로 시작됐다. 다행히 두 명의 수녀는 '영원한 도움의 성모수녀회'(이하, 성모수녀회) 소속 수녀들이어서 평소 영성적으로 잘 훈련되었고, 간호사로서 의학적인 경험과 실력을 두루 갖춘 전문성 있는 인물들이었다.

　수녀들이 근무하게 될 신포병원 의무실은 서울 쌍문동에 위치한 한전병원(현, 한일병원, 韓一病院)이 세운 분원이었다. 한국전력공사 산하 재단에서 운영하는 한전병원은 1937년 4월 개설된 이후* 경남 양산에 세워진 고리 원자력 발전소에 병원을 설립(1980년 5월 29일)한 데 이어 1997년 7월에는 신포 경수로 건설 현장에도 분원을 설치한 것이다.

　얼마 전 필자는 현재의 평양 장충성당 자리가 한국전쟁 전까지 성모수녀원 자리였다는 것을 밝힌 일이 있다. 신포 의무실 간호사 수녀들이 소속한 성모수녀회는 1932년 평양에서 불과 다섯 명으로 시작되었으며 전쟁 시기에 남측으로 내려온 이후 지금은 500여 명의 대가족을 거느리는 수도원 공동체로 발전한 곳이다. 자립정신과 성 어거스틴의 청빈 사상을 바탕으로 한마음 한뜻의 가족 공동체를 이루는 것을 모토로 운영되고 있는 수녀회는 '모든 이에게, 모든 것이 되기까지, 자아를 포기하는 선교 정신'의 목표를 가지고 사회의 빛과 소금의 역할을 감당하고 있었다.

---

* 1962년 12월 한일병원으로 개칭, 1974년 8월 종합병원 인가.

[사진 36] 해방 전 평양 상수구리 성모수녀원 성당에서 미사를 올리는 수녀들의 모습

70년의 역사를 이어가며 수덕을 쌓는 수도 생활과 함께 민족애와 인류애를 실천하고 있던 수녀회 측은 시대의 요청에 따라 교육, 의료 사도직을 본당, 성서 사도직과 함께해 왔으며 다수의 유치원과 어린이 집을 운영했고 강남성모병원 등 대규모 병원 원목실에 간호사 수녀들을 파견했다. 그러던 중 신포 금호지구 의무실에도 이처럼 간호사 수녀들이 파견된 것이다. 마침 성모수도회는 외방 선교와 함께 사회복지, 빈민 사목 등 사회선교의 경험을 선교의 발판으로 삼고 있었으며 자신들이 떠나온 이북 사회와 주민들을 폭넓게 이해하기 위해 수녀들을 대상으로 지속적인 교육을 실시하고 있었다. 또한 설립 당시부터 평양에 모원을 두고 있는 성모수녀회는 이북을 새로운 선교지가 아닌 돌아가야 할 고향으로 받아들이고 모든 수녀 서원자가 수녀회 입회 때부터 대북 사역을 공동체의 소명으로 인식하도록 공식적으로 결정했으며 이런 차원에서 수녀들을 파견한 것이다.

또한 경수로 공사가 한창 시작될 무렵은 전 세계인들이 흥분과 설렘으로 맞이한 밀레니엄이 시작되는 시기였는데 이를 놓칠세라 수녀회 측은 새천년기의 선교 영역이야말로 '북한 선교'라고 규정하고 주교회의 민족화해위원회와 뜻을 같이하며 원래의 활동무대였던 이북 지역을 본격적으로 품고 민족 공조와 평화통일 그리고 복음 전파를 목표로 출발했다.

수녀들의 방북 여정 코스

경수로 의무실 간호사 겸 금호성당 사역자로 부름을 받고 파송식을 마친 성모수녀회 소속 수녀들은 방북 준비를 서둘렀으나 막상 KEDO 금호지구를 가기 위한 여정은 생각보다 힘들고 복잡했다. 당시 금호지구를 방문하려면 우선 세 가지 증명서가 필요했다. 뉴욕의 KEDO 본부가 발행한 '증명서'(Certificate)와 남측 통일부의 '방북 허가서', 또한 북경을 경유해 귀국과 출국해야 하기에 정식으로 '중국 비자'를 발급받은 후 여권에 첨부해야 했다. 마침내 이 서류들을 손에 쥔 수녀들은 1998년 3월, 중국행 비행기에 몸을 싣고 방북 길에 올랐다.

통상 일반 기술자들과 근로자들은 선박편으로 신포를 가는 경우가 많았다. 이런 경우 속초에서 3시간 30여 분이 소요되는 쾌속정을 타고 신포의 양화항에 도착해 입북 절차를 밟은 뒤, 차량을 타고 비포장도로를 이용해 간다. 또한 비행기를 타고 가는 경우도 있는데 이런 경우에는 두 가지 방법이 있었다. 첫째, KEDO 요원들이나 VIP들이 방북하는 경우에는 북측이 직접 보낸 특별기를 타고 강원도 양양공항에서 출발해 함흥의 선덕공항으로 직항한다. 그러나 VIP가 아니거나 평범한 근로자들은 북경을 경유해 들어가야 했다. 의무실 간호사 신분으로 방북해야 하는 수녀들은 서울서 북경을 경유해 고려항공을 타고 평양

[사진 37] 현재 생존하고 있는 평양 상수구리 성모수녀원 출신의 원로수녀들

순안공항에 내린 다음 다시 그곳에서 함흥 인근의 선덕공항으로 출발하는 여객기로 갈아타는 방법으로 방북해야 했다.

중국을 경유하든, 남에서 북으로 직항을 하든 종착지는 무조건 함흥 인근의 선덕공항이다. 선덕공항에 내리면 경수로 건설 현장까지 버스를 타고 122㎞가 되는 거리를 4시간 동안 달려야 한다. 덜컹거리는 비포장도로를 달리는 동안 미지의 세계에 대한 두려움과 함께 설렘과 기대감에 사로잡힌 수녀들은 의무실에서 환자들을 돌보는 육적인 업무와는 별도로 근로자들을 영적으로 돌봐야 하는 사명감 때문에 매우 긴장할 수밖에 없었다고 했다.

KEDO 경수로 관련 전 지역에서는 다행스럽게 외교적으로 배타적 지배권이 보장되는 치외법권 지대여서 신변 보장과 안전은 확보됐으며 오히려 북측 근로자들이나 관료들도 금호지구를 출입하려면 KEDO 측의 허가를 받아야 했다. 공사 초창기라서 그런지 도착해 보니 생활관 부지는 어수선한 분위기에 여기저기 건물들을 짓는 중이었다. 당시

300명 정도의 근로자들이 생활하고 있었는데 점차 인원이 증가되더니 나중에는 1,500명으로 늘어났으며 근로자들의 생필품들은 식수만 빼놓고 모든 식량과 자재들이 남측의 울산항에서 바지선으로 조달되었다.

생활관 숙소 부지는 신포시 호남리 동쪽에 위치해 있었는데 발전소 건설 부지를 기준으로 볼 때는 남동쪽 방향의 바닷가에 위치해 있다. 부지 동쪽에 인접한 바다에는 20~30m 폭의 백사장이 있고 백사장 안쪽에는 방풍림을 보호하기 위해 4~5m의 모랫둑이 길게 조성돼 있고 모랫둑 안쪽에는 1~4m의 소나무 방풍림이 50~60m의 폭으로 융단처럼 촘촘히 잘 보존되어 있는 등, 성당과 교회가 위치한 생활관 타운은 천혜의 자연조건을 갖춘 명당자리에 조성돼 있었다.

수녀들과 남측 근로자들은 생활관 타운 안에서 모든 생활문제를 해결해야 하기 때문에 숙소와 식당, 병원, 종교 시설들이 들어서 있었고 은행과 슈퍼마켓, 노래방 등 각종 편의시설은 물론 골프연습장, 실내체육관 등을 골고루 갖춘 하나의 소도시처럼 보였다. 신기한 것은 이곳도 아침이 되면 남측 사회와 마찬가지로 근로자들과 공사 관계자들의 출근 전쟁이 시작된다. 생활관 부지에서 공사 현장까지는 무려 5.7㎞가 떨어져 있기 때문에 한정된 출퇴근용 차량들을 타기 위해 줄을 서는 등 출퇴근하는 모습들은 대도시의 출퇴근과 별반 다르지 않았다.

현장에 도착해 짐을 푼 수녀들은 평일에는 병원 의무실에서 근무하며 여가 시간이나 퇴근 후에는 컨테이너 성당에서 기도를 드리거나 성경 공부 등을 인도했으며 매 주일이 되면 천주교를 믿는 신자들 20여 명과 함께 미사 대신 공소예절을 인도했다.

수녀들이 뿌린 성탄절 선물 때문에 벌어진 사건

경수로 의무실에 부임해 첫 번째 크리스마스를 맞는 수녀들은 설레는 마음으로 오래전부터 성탄절 행사를 준비해 왔다. 특히 이리저리 궁리하던 중에 크리스마스 전야에는 생활관 주변에 있는 여러 마을 주민에게 선물을 주고 싶은 마음이 들어 본국 대교구의 지원으로 산타클로스 선물처럼 양말 속에 선물을 넣어 주기로 했다. 성탄절 이브가 되자 수녀들과 신자들은 인근 마을 도로 여기저기에 양말에 담긴 선물 꾸러미들을 산발적으로 뿌린 것이다.

이튿날 이 사실이 북측 당국에 드러나게 되자 북측 관료들과 보위부는 성당 측과 KEDO 측에 강력하게 문제를 제기하는 바람에 수녀들이 곤경에 처하게 됐다. 그렇지 않아도 경수로 건설이 본격화되자 생활 타운 주변에 있는 광천리, 금호리, 남흥리, 서흥리, 속후리, 오매리, 호남리, 호만포리 등의 여러 마을과 주민들에게 남측이나 외국에서 방문한 외부인들과의 접촉 시 주의 사항 등을 교육했는데 이번 선물 사건으로

[사진 38] 성탄절을 맞아 대형 십자가에 네온사인 장식을 한 종교동의 모습. 오른쪽은 신포교회당이며 왼쪽 멀리 보이는 작은 건물이 금호성당

북 당국은 주민들에게 더욱 경각심을 부각시키며 예민하게 대응했다. 이번 사건은 부임한 지 얼마 안 된 상황에서 현지 사정에 대한 이해가 부족한 수녀들의 종교적 신심의 열정에서 빚어진 해프닝이었다.

필자에게도 성탄절과 관련된 일화가 있다. 어느 무더운 여름날 일행들과 점심 식사를 하려고 평양의 어느 식당에 들어서니 입구 계단 벽면과 식당 내부는 물론 각 방안에도 여기저기 크리스마스 관련 장식을 안 한 것으로 혼자 생각했다. 알고 보니 장식들은 외국인과 해외 동포 방문자들을 위해 1년 내내 장식돼 있던 것이다. 식사를 시중드는 여성 봉사원에게 성탄절이 어떤 날인가에 대해 물으니 옆에 있던 안내원이 "우리는 성탄절(예수 탄생일)보다 태양절(김일성 주석 탄생일)이 더 소중합니다"라고 대답했다. 이처럼 남과 북은 정치적, 이념적 차이에서 발생하는 문화적, 정서적 인식이 매우 달랐음을 목격한 것이다.

수녀들에게는 성탄절 선물 배포 사건 같은 문화적 충돌의 기억만 있던 것은 아니다. 시간이 지날수록 인근 마을 주민들이나 북측 근로자들을 통해 그들의 다정다감한 인심과 동포애를 체험할 수 있었으며 순수하고 때 묻지 않은 북녘 동포들의 성품에 일일이 감동받을 정도였다. 남측 근로자들도 각자의 방식대로 저마다 북의 현실을 체험하며 주민들이나 근로자들과 좌충우돌했던 경우도 많았으나 감동적인 일화도 비일비재했다.

어느 날 남측 근로자 한 명이 자신이 속한 파트의 인부들과 함께 다리 건설공사를 하던 중 잠시 휴식을 취하고 있는데 자신들 바로 옆에 못 보던 광주리 하나를 발견하고 보자기를 열어보니 그 안에는 따끈한 감자와 옥수수가 가득 담겨있었다고 한다. 객지에서 고생한다며 인근 지역에 사는 마을 주민이 당국 몰래 슬쩍 놓고 간 것이다.

경수로 공사의 엄청난 기록들

KEDO 경수로 공사 관련 부지는 북측 영토 내에 세워진 특별구역으로서 자그마치 270만 평에 달하는 규모인데 이는 여의도의 약 3배 면적에 해당하고, 생활관 숙소는 서울 용산구 정도 규모의 광활한 곳이다.

1994년 10월 북미 제네바 기본 합의에 따라 시작된 경수로 건설 사업은 전 세계가 지켜보는 가운데 건설공사의 첫 삽을 뜬 후 약 10년 간의 공사 기간에 건설 중장비, 기자재 등이 무려 100만 톤에 달하는 물량이 소요되는 대규모 사업으로 시작했다. 이 중 콘크리트는 70만㎥, 철근 양은 63빌딩에 들어간 양의 15배인 7만 1,000톤, 전선은 서울, 부산 간 거리의 약 10배가 넘는 4,700㎞, 부품 수는 보잉 747 점보제트기의 약 20배에 해당하는 분량인 500만 종이 투입되는 엄청난 공사였다.

공사에 투입되는 인력도 원래는 장기간 단계별 공정계획에 따라 연평균 하루 3,000명, 최대 작업 시 약 7,000명 정도의 인력이 투입돼 원전 건설 기간 중 총 연인원은 1,000만 명 이상이 소요된다. 원전 1,

[사진 39] 인공위성으로 내려다본 KEDO 경수로 공사장의 광활한 모습

2호기를 비롯해 원전사업이 중단되지 않고 본궤도에 올라 끝까지 마무리됐더라면 남북이 공동으로 번영하는 통일 시대가 도래했을 것이고 동북아 평화 정착에도 크게 기여했을 것이다.

그러나 한창 진행 중이던 공사가 2003년부터 본격적으로 주춤하더니 북핵 문제로 인해 2006년 1월 8일 KEDO 직원과 남측 공사 관계자 57명 전원이 강원도 속초항으로 모두 철수했고 이듬해는 남측 정부의 경수로 사업지원단이 공식 해체되면서 안타깝게도 11년 3개월 만에 대단원의 막을 내렸다.

200석 규모의 금호성당이 건축되다

생활관 타운에는 1999년 8월에 설치된 KEDO 대표와 한전 직원들을 비롯한 합동 시공단 직원들이 근무하는 사무실이 있는데 이곳에는 보일러 시설이 붙은 식당, 화장실, 발전기용 시설물, 지하수 관정과 각종 장비와 차량을 정비하기 위한 정비공장, 화약 보관용 건물, 감시초소, 휘발유와 경유를 저장하는 대형 저장탱크, 주유 시설과 관리용 컨테이너 등의 생활을 위한 최소단위의 시설물들이 자리 잡고 있었다.

그중 사무실과 정비공장은 철골구조에 샌드위치 판넬로 지어진 건물이었고 나머지는 주문형 컨테이너로 조립하여 만들어진 시설물들이었는데 바로 이곳에 컨테이너에 입주한 신포교회가 가장 먼저 세워졌으며 뒤이어 천주교 금호성당과 불교 법당(금호사)도 컨테이너에 입주해 나란히 이웃하고 있었다.

그러던 중 2000년에 접어들면서 금호성당은 컨테이너 시대를 마감하고 서울대 건축학과 출신 김정신 교수(현 단국대 건축학과 교수)가

[사진 4이 금호성당(KEDO 금호공소)을 설계한 김정신 교수와 금호성당 내부 모습. 2001년에 건축을 시작해 2002년에 축성(완공)했다.

성당 설계 작업에 착수해 2001년에 공사를 시작할 수 있었다. 그 후 금호성당 건축은 착실하게 진행돼 2002년도에 준공을 마치고 봉헌 축성을 했다. 200석 규모의 본당은 일반 성당에 비교해 손색이 없을 정도로 포근하고 성스러운 분위기를 자아냈으며 가족을 떠난 외로움과 고단한 작업 때문에 몸과 영혼이 지친 신자들이 충분히 위로받을 만한 구조로 지어졌다.

성당, 교회를 비롯해 불교 법당이 위치한 종교동, 기숙사 동은 대부분 동해 바다를 향해 축조되었으며 금호성당의 제단 양쪽에 만들어진 유리창 밖에는 다른 건물들이 시야를 막았기 때문에 전망은 그리 좋지 않았다. 종교동 전체 면적은 모두 2,500㎡(750평)의 규모로 매우 넓은 편이었으며 신포교회의 규모에 비하면 금호성당은 매우 작은 규모였다.

북측 영토라는 특수지역에 세워졌지만, 성당의 안팎은 의외로 성스러움과 경외심 등 다양한 심령 복합체가 느껴지도록 설계되었는데 평범한 외관과는 달리 자세히 보면 전통과 현대적 요소를 모두 지녔으며 반전의 매력도 지니고 있었다. 나지막이 울리는 신자들의 기도와 성가 소리가 들리는 듯 그리고 고향을 떠나 이방인의 삶을 사는 신자들에게 고향의 대지와 모성을 느끼게 해주는 감흥을 불러일으키는 금호성당은 스페인의 가우디가 설계한 성당 위용은 아니어도 그 이상의 특별한 감명을 주기에 충분했다.

성당 정면에서 바라보는 외관은 마치 은총을 갈구하며 하늘과 동해 바다를 향해 날개를 펼친 듯한 형상과 함께 막혔던 굳게 닫힌 남과 북의 장벽의 문을 활짝 열어 놓은 듯한 문짝이 연상되도록 설계되었다. 특히 성당 출입구 위의 다섯 개의 구멍들은 하늘로부터 내려오는 그리스도의 십자가 은혜와 구속을 형상화했다. 이처럼 성당은 신과 자연 그리고 인간이 조화를 이루는 공간이 되어 성당에 들어서면 주변에서 들리는 소음은 사라지고 고요 속에서 묵상 기도와 은은한 찬송을 부를 수 있는 신심을 유발한다.

금호사 불자들과 연등 행사를 함께한 금호성당 신자들

종교동에 건축된 금호성당은 법당(금호사)과 나란히 위치해 있으며 평소에도 사이좋게 교류와 협력을 아끼지 않았다고 한다. 특히 2005년 5월 15일 석탄일에는 금호사와 금호성당이 공동으로 석탄일 행사를 함께 치르기도 했다. 이날은 KEDO 현장 근로자 중에 불교를 믿는 신자들 모임인 '금불회'가 주도해 석탄일 봉축법요식을 봉행했는데 이때 이웃 종교인 금호성당의 수녀들과 신자들이 연등 행사에 동참하는 것은 물론 순서도 함께 진행했다.

금호사가 태동된 것은 근로자 중에 불교를 믿는 신자들 15명이 10평 정도의 컨테이너에 불단을 마련하고, 컴퓨터로 출력한 '佛'자를 불단 위에 부착하고 1998년 1월 25일부터 매주 일요일 밤 8시 자체 법회를 열면서 시작됐다. 열악한 소식을 파견근로자의 부인을 통해 접한 조계종 포교원 측은 이때부터 본격적으로 지원과 협력을 시작했으며 컨테이너 법당에서 드려지는 법회는 당시 독실한 불자였던 김경철 과장(한국전력 원자력발전본부 과장)이 직접 주도했다.

그 후 2002년 5월 조계종 포교원과 민족공동체추진본부(이하, 민추본)의 지원하에 '금호사'(琴湖寺)라는 정식 사찰을 종교동에 준공했으며 민추본은 법당 준공식에 맞춰 불상과 불단, 현판과 주련 등을 지원했는데 법당의 규모는 154m²(47평)이며 54m²(16평)의 다용도실 2개와 사무실, 부엌, 화장실 등을 갖췄으며 불상 외에 지장보살탱화와 관세음보살탱화도 모셔졌다.

법당이 준공된 이후로 금호사가 폐쇄되기까지 40여 명의 회원들이 매주 일요일 정기법회와 목요일 염불 및 교리 공부를 통해 활발한 신행 활동을 해 왔으며 매년 부처님 오신 날 행사 때가 되면 바로 옆 건물에 있는 금호성당과 함께 적극적인 교류를 했다. 기독교 신자들과는 달리 천주교와 불교 신자들은 생활관 타운에서 종교의 벽을 헐고 적극적으로 교류하는 종교 평화의 모습을 보여주었다.

정서와 문화의 차이로 인해 발생한 사건들

남측에서 금호지구를 들어가는 사람들은 북측 세관을 통과해야 하는데 이때 디지털카메라나 고배율 카메라, 컴퓨터 등은 반입이 금지된다. 평소 만두를 좋아하던 어느 근로자는 저녁에 만두를 쪄 먹기 위해서 방북하기 전에 미리 만두 찜기를 구입해 들어갔다. 그러나 만두 찜기 특유의 동그란 모양의 접을 수 있는 구멍 뚫린 받침대를 살펴본 세

관원이 위성 안테나로 오인해 혹독하게 심문을 해 압수를 당했고 그후 다시 찾아오기까지 진땀을 뺀 적이 있었다. 금호지구에서는 이처럼 남과 북의 생활 문화 차이에서 비롯된 오해들이 비일비재했다.

특히 남북의 일꾼들은 함께 일하고 식사하며 함께 휴식함으로써 매우 친숙해질 수 있는 기회와 더불어 대화의 횟수도 많아졌다. 주로 북측 근로자들이 들려주는 이야기는 공산주의 체제의 우월성과 주체사상에 대한 주제가 많았으며 제국주의 관점에서 미국과 일본을 비난하는 대화가 주류를 이룬 반면, 남측 근로자들은 북측 사회의 실상을 직접 듣고 싶어 하는 질문들로 이어졌다.

어느 날 미국 뉴욕에 있는 KEDO 본부 측에서 현장의 품질, 안전 점검 목적 등으로 출장을 나온 엔지니어가 공사 진척 상황을 체크하던 중에 북측 근로자들의 사전 동의를 받지 않고 무단으로 사진 촬영을 하던 중 50명에게 둘러싸여 2시간 동안 억류된 적도 있었다. 또한 평상시 북측 체제를 못마땅하게 생각하고 있던 소수의 남측 근로자와 기능공들이 북의 체제를 비판하다가 여러 명의 북측 근로자들에게 몰매를 맞은 사건도 있었다. 이 같은 사건들은 북을 배려하지 않고 남측 근로자와 KEDO 측 미국인이 규칙을 위반하고 원인 제공을 한 것이다.

또한 건설 초창기 생활관 타운 게스트하우스에서는 김일성 주석 사진이 찢어진 채 발견된 사건이 발생했는데 그 일로 인해 선발진이 일주일 동안 북측 관계자의 조사를 받으며 불안한 나날을 보냈다. 사건의 발단은 다음과 같다. 공사를 위해 최초로 투입된 합동 시공단의 인원은 10여 명이었는데 그들은 모두 게스트하우스에서 숙식을 하며 초기 시설 공사를 하고 있었다. 차츰 체류 시일이 지나면서 이들이 남측에서 가지고 온 책자나 잡지 등의 읽을거리가 바닥이 났다. 하는 수 없이 무료함을 달래기 위해 게스트하우스 프런트에 놓여 있던 「노동신문」을 각자의 방으로 들고 가서 정독을 하였고 그 방에는 이미 다 읽은 신문이 여러 부 쌓여있게 되었다.

그러던 중 생활관 숙소 공사가 완공되어 직원들은 짐을 싸서 그곳으로 모두 이사를 했고 직원들이 떠난 빈방들을 북의 여성 봉사원들이 청소를 하게 됐다. 그런데 쓰레기와 잡동사니들을 뒷정리하던 여성 봉사원들의 눈에 구겨지고 찢어진 「노동신문」들이 발견된 것이다. 결국 이것이 문제가 되어 선발진 직원들이 억류되었고, 북측 조사 당국에서는 사건 당사자를 색출하기 위해 다방면으로 조사를 하였으나 신문을 훼손한 당사자를 찾지 못했다.

결국 북측 조사단은 여성 봉사원에게 신문을 가지고 간 사람들을 직접 지목하도록 했으며 결국 지목된 두 명 중에서 합동 시공단에 근무하는 간부급 1명이 남측으로 원대 복귀하는 것으로 그 사건은 마무리되었다. 이렇듯 북측은 최고 지도자와 관련된 사건은 어떤 종류의 것이든 중대 사건으로 취급했으며 다른 부분은 용서와 타협이 있을 수 있으나 '최고 존엄'(최고 지도자)과 관련된 사안은 끝까지 문책하고 색출한다.

여기에 펜을 놓고 가면 언젠가 다시 올 때 그대로 있을 것

비록 경수로 건설은 40%도 못 미치는 공정률에서 중단됐지만 남북 관계에 있어 긍정적인 효과를 냈고 이것이 밑거름되어 결국 금강산 관광 사업과 개성공단 사업의 결과물이 탄생했으니 경수로 공사는 분단 이후 최초의 남북 협력의 효시였던 셈이다. 그러나 경수로사업이 중단된 이후에도 계속 개최된 북핵 관련 6자회담이 잘 풀렸으면 경수로 연장 공사와 더불어 설비의 활용이 가능한데 2016년 현재 재개된다 해도 중단된 원자로 공사 현장은 활용이 힘들고 처음부터 다시 시작해야 할 최악의 상황이다.

북측이 아무리 보존을 잘해 놓았다 하더라도 공사가 재개되어 설비를 그대로 활용할 수 있는 기한은 최장 3년 정도로 예상하는데 이미 10년 이상이 지났기 때문이다. 나는 마지막 철수진에 속해 있던 KEDO의 요원에게 다음과 같은 말을 들었다. 남측 KEDO 요원들이 완전히 철수할 때 북측 KEDO 책임자가 숙연한 표정으로 "선생들이 여기 이 책상 위에 펜을 놓고 가셨다면 언젠가 공사가 재개돼 다시 오시면 이 펜이 그대로 있을 것입니다"라면서 이곳을 잘 관리하겠다는 약속을 했다고 한다. 그러나 아무리 잘 지킨들 너무 오랜 기간 방치되었기 때문에 발전소 공사는 처음부터 다시 시작해야 할 상황이지만 그래도 공사가 재개되어야 한다.

아울러 성당과 교회도 다시금 문을 활짝 열고 신자들이 미사와 예배를 드리는 날을 상상해 본다. 분단 50년 만에 북측 영토에 건축한 교회와 성당에서 10년 동안 벌어진 많은 이야기는 현장에서 일한 남측 신자들이 북 인민들과 함께 생활하면서 직접 보고 들은 생생한 체험들이었다. 이들의 증언들은 사목적, 목회적 차원을 뛰어넘어 분단 조국의 아픔과 우리들이 나아갈 길 그리고 하나 된 조국을 위해 우리가 가져야 할 태도와 마음가짐을 절절히 호소하고 있는 통일지침서가 되고 있다.

해방 전후의 국제정세 속에서 당사국의 의지와는 관계없이 이루어진 분단의 고통을 감내하며 지금까지 지속된 남북 대치 상황 그리고 그 속에서 우리들이 가지고 있는 삶의 희망과 국가관, 생활상을 남과 북의 근로자들은 금호지구라는 한 공간에서 여실히 보여주었다. 특히

[사진 41] 금호지구 호남리 생활 부지에서 다정하게 대화하는 북측 근로자들과 남측 근로자(왼쪽)(사진 제공: 이만근)

고난의 행군 시기를 막 지나면서 굶주리지 않기 위해 혼신의 노력을 다하는 북녘 동포들의 안타까운 모습을 통해 오히려 민족의 생존력을 보았으며 하나의 Korea, 하나의 민족으로 통일국가를 이룩해 세계 속에 우뚝 서기 위해서라도 남과 북은 이 금호지구에서 다시 만나고 뭉쳐야 한다.

남북 협력의 상징으로 기념해야 할 건물들

필자가 보기에 그동안 남측에서 발생했던 북측 문제를 둘러싼 갈등의 본질은 좌우 이념 대립이라기보다 진실과 거짓의 문제였다. 그래서 북에 대한 객관적 인식과 북에서 겪은 일상적 체험에 관한 다양한 형식의 기록들이 중요하다고 여겨졌다. 이제는 이념이 아닌 진실의 차원에서 북의 현실에 접근해야 한다. 어느 하나의 관점에서만 자신이 보고 싶어 하는 북을 바라보는 것이 아니라 북의 여러 얼굴을 폭넓은 관점에서 객관적 시각으로 보는 노력이 필요하다.

남측은 그동안 북에 대한 종교적 상황에 대해 왜곡된 자료와 의도적으로 생산된 거짓 정보를 가지고 무조건 비난했다. 정치인들과 달리 종교인들은 진실에 가까운 팩트와 정확한 정보를 잘 정리해 북을 바로 알리는 데 충실해야 하는 위치에 있음에도 불구하고 오히려 남측의 일부 목회자들은 북을 왜곡하는 데 앞장서며 일반인들보다 더 반북적, 반통일적인 행태를 보이고 있다. 사실을 부풀리거나 축소하지 않고, 직접 겪은 일과 들은 이야기들을 따뜻하게 민족의 앵글로 가슴 찡하게 그려내는 일들을 종교인들이 앞장서 주도해야 한다고 생각한다.

유럽에는 지난 500년간 이슬람사원으로 사용되던 소피아성당을 각국의 반환 요청과 종교적 복원의 강력한 요구에 따라 특정 종교가 아닌 인류 모두의 공동 유산인 박물관으로 지정하고 그곳에서의 모든 종교 행위를 금지했다. 금호성당과 신포교회당도 마찬가지라는 생각이 들었다. 10년 동안 벌어진 거센 역사의 소용돌이 속에서도 금호지구 한편에서 굳세게 자리를 지켜온 성당과 교회는 폐쇄된 이후 인적이 끊긴 10년 동안에도 적막함 속에서 제 자리를 지키고 있었다.

경수로 건설이 2006년 공식 종료된 후 벌써 10년이 지났지만 여전

[사진 42] 금호성당 출입문과 뒷좌석 부분 모습

히 내연의 불길로 남아 있는 상태에서 고목처럼 우뚝 서 있는 성당과 교회는 나름대로 민족 공조와 남북통일을 꼭 해야만 하는 타당한 이유와 상징을 유지하고 있는 건축물들로 보이며 특별한 의미로 다가온다. 당시 신포에서 근무했던 남측의 어느 근로자는 아직도 벽돌공장 돌격대 작업반장이던 북측 동료를 잊지 않고 있었다. 또한 수녀들의 기억 속에는 아직도 민둥산 소나무 숲에서 솔잎을 따거나 소나무 껍질을 칼로 긁어모으는 할머니와 손자의 모습을 정지된 화면처럼 잊지 않고 있었다.

또한 공사 초창기에는 인원이 적어 남북이 함께 단출하게 식사를 했지만 체류 인원이 증가됨에 따라 식당이 두 곳으로 분리되어 따로 식사를 했다. 사실 따로 식사를 했던 가장 큰 이유 중에 하나는 북측 근로자들의 왕성한 식사량과 고기 음식을 좋아하는 식성 때문이었다. 특히 북측 근로자들은 양말 대신에 압박붕대 형태의 발싸개를 신었는데 여름에도 추위를 느껴서인지 바지 안에 내복을 입고 작업을 했다. 이런저런 안타까운 기억들을 가슴 저리게 추억하는 동료들이 있었다.

그러나 그들은 지금으로부터 10년 전 기약 없이 헤어졌고 그 가슴 아픈 이별의 기억들도 이젠 아련한 추억의 편린으로 남게 되었고 공사 현장은 점차 흉물스럽게 방치되어 오늘에 이르렀다. 원래의 계획대로라면 생활관 숙소 지역은 원전 공사가 완공된 이후에는 북측 당국에 모두 인계되어 발전소 운영 직원들이 사용할 수 있도록 설계된 뉴타운 형식이었다. 독신자용 10평형부터 대가족용 30평대까지 여러 종류의 숙소가 건설되었는데 지금은 누가 그곳에 살고 있는지 사뭇 궁금하다. 남북의 기술자들과 노동자들이 머리를 맞대고 내일을 위한 국가 비전을 세우는 그날을 위해 다시 공사가 재개되어 함께 먹고 마시며 땀 흘려 일하는 그날이 다시 오기를 간절히 기도드린다.

제4부

기독교 신흥종교

평양가정연합교회(통일교) 편

제칠일안식일예수재림교회(안식교) 편

예수그리스도후기성도교회(몰몬교) 편

평양가정연합교회(통일교) 편

[사진 1] 통일교 교회가 입주한 '세계평화센터'의 초현대식 건물 모습. 실제로 평화센터는 종교적 목적으로 건축됐다.

I. 종교적 목적으로 북에 공들이는 통일교

'통일교'에서 '세계평화통일가정연합'으로 간판을 바꾸다

필자는 통일교가 북에 진출 후 실제로 어떤 방식으로 그 영역을 넓혀가며 포교와 선교를 하는지 직접 통일교 관련 기관을 참관하며 알아본 이야기를 전하고자 한다. 우선 대부분의 한국교회와 기성 종교들로부터 줄곧 이단 종교로 비판 받아온 통일교는 그 공식 명칭의 변천사도 굴곡이 많았다. 통일교가 태동된 이후 지금까지 어떻게 공식 명칭을 변경해 왔는지 그것을 인지해야 북측에 세워진 통일교에 대한 이해가 쉬울 것으로 생각되어 우선 명칭 연혁부터 알아보고자 한다.

1954년 문선명 총재에 의해 창설된 통일교는 교단 명칭을 '세계기독교통일신령협회'로 출범해 활동해 왔다. 그러다가 1996년 7~8월에 들어서 문 총재가 미국 워싱턴 D.C.에서 '세계평화가정연합'을 창설했는데 그 이듬해인 1997년 4월 8일 기존의 '세계기독교통일신령협회'와 '세계평화가정연합'을 하나로 통합해 그 명칭을 '세계평화통일가정연합'(이하 가정연합)으로 바꾸고 12년간 공식적으로 사용해 왔다.

그 후 2009년 7월 17일부터는 공식적으로 '통일교'라는 명칭으로 바뀌어 사용되다가 2013년 1월 7일 문 총재 사후 그의 부인 한학자 총재가 '통일교'라는 공식 명칭과 '세계평화통일가정연합'을 통합해 '세계평화통일가정연합'이라는 명칭으로 또다시 사용하기 시작한 것이다. 이로써 국내외 모든 통일교 산하의 공식 교회들과 교단 간판들은 '세계평화통일가정연합 ○○교회' 혹은 '세계평화통일가정연합 ○○본부'로 교체되어 2016년 현재까지 사용하고 있는 실정이다. 아울러 명칭이 변경될 때마다 북측에 있는 통일교 기관도 동일하게 변경되었다.

이처럼 통일교가 교단 명칭을 '세계평화통일가정연합'으로 바꾼 이유는 사회적 의미의 건전한 '참된 가정'이 아니라 설립자 문선명 총재와 관계성이 있는 가정을 모토로 한다는 뜻이다. 그동안 통일교의 독특한 합동결혼식도 이와 같은 맥락에서 진행한 것이며 '통일교'란 옛 이름 대신 현재는 '가정교회'라는 간판으로 전부 바꿔 단 것이다. 필자의 이번 방북기에는 북 전역에 500개 정도로 흩어져 있는 조선그리스도교련맹(조그런) 소속의 공식 교회인 '가정교회'(처소교회)의 명칭과 혼동할 가능성이 있기 때문에 통일교 산하의 가정연합교회는 그냥 '통일교 교회'라고 지칭할 것이다.

북에 진출한 통일교 포교 현장을 가다

필자가 방북 중에 관료들을 통해 우연하게 들은 이야기들 중에 가장 놀라운 것은 북측에서는 통일교라는 종교를 진짜 정통 기독교로 알고 있다는 사실이다. 기존의 정통 기독교를 접할 기회가 많지 않은 북측 인민들이나 관리들은 '고난의 행군' 시기와 그 이후 북측이 국가적으로 혹은 사회적으로 큰 어려움을 겪었을 때마다 통일교 측에서 보건, 복지, 식량 등을 지속적으로 지원해 준 것에 대한 고마움을 간직하고 있었고 통일교가 여러 가지 대북 사업을 통해 북 경제에 큰 기여를 하며 도움을 주고 있기 때문에 고맙게 생각하고 있었다.

이런 이유들로 인해 심지어 통일교를 '참된 기독교', '고마운 기독교', '행동으로 실천하는 기독교'로 알고 있는 것이다. 또한 최근에는 문선명 총재의 뜻에 따라 통일교가 운영하는 '평화자동차' 회사마저 북측에 양도하는 바람에 통일교에 대해 더욱 호감을 갖고 있으며 차후에는 문 총재의 유지에 따라 '보통강호텔'마저 북측에 양도할 계획으로 알려져 있어 그 일이 성사되면 신뢰도는 더 높아질 것이다.

통일교가 북에 뿌리내리게 된 결정적인 계기는 잘 알려진 대로 지금부터 25년 전인 1991년 11~12월 문선명 총재와 김일성 주석의 첫 만남 이후 적극적으로 기업과 종교 부분의 사업들이 꾸준히 그 영역을 넓혀가고 있다. 그 결과 북측 당국도 통일교에 대해서는 국가 차원에서의 각종 배려와 협력 관계를 유지하고 있는데 필자가 그 모습을 지켜보면 마치 북측과 통일교가 공생하고 있는 모습으로 비춰지기까지 했다. 필자는 이 글에서 통일교가 북에서 운영하는 기업에 포커스를 맞추기보다는 종교기관에 더 중점을 두었다.

그러나 통일교가 직영 혹은 간접경영(합작 경영) 등의 방식으로 경영하는 기업들이라고 해도 그 최종 목적이 결국은 종교적 목적 실현을 염두에 둔 하나의 과정에 불과하다. 또한 통일교의 대북 기업들도 통일교 전체의 근간이 되는 문선명 총재의 '원리강론'을 통해 실현되는 지상천국의 건설에 있는 것이다. 북에서 운영되는 통일교 기업들은 결국 통일교 교세 확장과 포교를 위한 지원 세력임을 부인할 수 없으며 궁극적 최종 목적은 북 인민들에게 '원리강론' 교리를 가르쳐 신자들을 확보하기 위한 것이다. 따라서 통일교 기업들과 종교를 결코 분리할 수가 없는 실정이다.

북에서는 이미 통일교 포교의 전초기지가 굳건히 세워져 있는데 그 첫째가 바로 평양에 세워진 통일교 공식 교회당인 '평양가정연합교회'이다. 그뿐 아니라 그 예배당이 입주해 있는 초현대식 빌딩인 '평양세계평화센터'(이하 평화센터)가 있고 또한 평안북도 정주에 '문선명 총재 생가 코스'와 '세계평화공원' 등이 있다. 이 전초기지들은 이미 북 영토 내에서 포교 활동을 위한 중추적인 베이스 역할을 왕성하게 감당하고 있는 중이다. 알려진 대로 평양 한복판에 세워진 평화센터는 그 규모가 엄청나며 준공식과 더불어 그 건물 3층에 입주한 통일교의 공식 교회당이 현판식을 마치고 운영 중에 있다. 또한 이와는 별도로 국

[사진 2] 통일교 문선명 총재 내외와 기념 촬영하는 김일성 주석(1991. 11. 30.-12. 7.)

내외 통일교 신자들의 성지로 일컬어지는 문 총재 생가와 인근에 조성 중인 '정주세계평화공원'이 있는데 필자는 이곳들에 대해 집중적으로 알아보도록 할 것이다. 우선 북에서 활동하는 통일교 종교기관들을 다룬 후에 통일교 관련 단체와 기업들을 살펴보고자 한다.

필자가 직접 방문한 곳들은 통일교가 직영하는 대표적인 특급호텔인 '보통강호텔'과 1급 호텔인 '안산관호텔' 그리고 호텔부설 고급 식당인 '안산관'이다. 이어서 남포의 '평화자동차공장', 평양 시내의 '평화자동차 전시장'과 '주유소' 등의 기업들이 현재 어떻게 활동하고 있으며 종교적으로는 북에 어떤 영향을 미치고 있는지를 살펴보고자 한다. 그러나 한 가지 유념할 것은 비록 통일교가 국내외 기성교회들로부터 이단 종파로 비판받는 상황이지만 종교의 순기능과 역기능의 측면에서 볼 때 기독교 정통교리와 신학의 측면에서 볼 때는 일고의 가치가 없는 종파지만 남북의 평화통일 조성에 긍정적인 기여를 한 사실이 객관적으로 확인될 경우에는 종교적인 측면을 떠나 통일 지향적 측면에서 올바로 평가받을 것이다.

1) 북 포교의 전초기지 '평양세계평화센터'

통일교라는 조직은 설립자인 문선명 총재 내외가 어떤 목적을 두고 지시를 내리면 수단과 방법을 가리지 않고 그 일을 성사시키는 시스템으로 운영된다. 특히 북 체제는 기본적으로 그 특성상 남한 교회나 서방 세계 교회들이 주도해서 교회를 지으려고 할 경우 그동안 쉽게 허락하지 않았다. 그럼에도 불구하고 통일교가 요구하는 부분들은 북측이 거의 다 수용한 것을 볼 수 있었다. 돈과 권력과 유능한 인적자원들을 동원한 통일교의 협상 능력은 결국 뜻을 이루는 것을, 결과를 통해 흔하게 볼 수 있다. 통일교는 특급 호텔인 보통강호텔을 확보하고, 인근에 고급 펜션식의 안산관호텔과 안산관식당 그리고 아름다운 호수를 끼고 있는 엄청난 인근 부지를 확보해 사용 중에 있을 뿐 아니라 보통강호텔 바로 코앞에 통일교의 전초기지라고 할 수 있는 '평양세계평화센터'(이하 평화센터)를 10년에 걸쳐 건설한 것이다.

통일교 산하 '평화그룹'은 지금부터 10여 년 전인 2007년 8월 5일, 행정구역상으로 '평양시 평촌구역 안산동' 9,075평 부지에 건평 4,659㎡(1,409평), 연건평 9,062㎡(2,741평), 지하 1층, 지상 5층의 총 6층 규모의 평화센터를 준공했다. 1층에는 회의장과 연회장 겸용의 다목적 홀을 갖췄고 3층에는 대규모 통일교 예배당이 입주해 있다. 그 밖에도 강의실과 회의실, 숙박시설을 골고루 갖춘 복합문화 컨벤션센터의 형식을 띤 건물이지만, 결국 평화센터라는 이름의 통일교 교회당이었던 셈이다. 그리고 이를 입증이라도 하듯 이날 준공식 행사를 기해 통일교 본부 측에서는 자체 홈페이지를 통해 "평양가정연합교회를 봉헌했다"고 공식적으로 발표까지 했다.

평화센터가 설립된 구체적인 과정을 보면 통일교 측이 북측의 '아태평화위원회'에 최초로 건축을 제안해 계약을 성사시킨 후 1997년 7월에 착공을 시작해 10년 만인 2007년 8월에 완공했다. 그러나 착공 이후에는 뜻하지 않게 김일성 주석 조문 파동 여파와 남북 관계의 경색, 조류 인플루엔자 발생 등 여러 우여곡절을 겪으며 공사가 10년간 지연된 것이다. 나는 '남측의 건축 기술로 이런 건물을 짓는 것인데 길게 걸려봐야 1년 내지 2년이면 완공될 텐데 무슨 이유로 10년이나 걸렸을까?' 하고 곰곰이 생각해 봤다. 이를 입증이라도 하듯 당시 평화센터 박상권 이사장이 준공식 후 식사 자리에서 "세계평화센터는 10년을 맞이한 오늘을 고비로 본격적인 남북 간의 사회, 문화, 학술 교류 시대를 여는 산실이 될 것입니다"라며 언급했듯이 공사가 진행되는 10년 동안 말 못 할 어려움과 고충이 있었음을 짐작케 했다.

이 평화센터가 완공되기까지는 당시 대북 사업에 전력하고 있던 평화자동차 그룹의 집념과 의지의 결실이다. 평화자동차 그룹은 평양 인근 남포에서 자동차 조립공장을 운영하고 있었는데 평화자동차가 이 평화센터를 발주한 것으로 되어 있어 평화자동차 대표가 평화센터의 이사장을 맡게 된 것이다. 이 평화센터를 완공하면 자신들이 운영하는 보통강호텔-안산관호텔-안산관 등을 하나로 연계해 운영하려던 계획이었고 실제로 현재까지 그렇게 하고 있다.

초현대식 국제 컨벤션센터로 건축된 평화센터의 건물 내부는 800석 규모의 대형 연회장을 두 개나 갖추고 있으며 각종 회의실, 강의실, 연회장, 동시 통역실, 숙박시설 등을 구비했다. 남북의 각 기관과 시민단체가 평양에서 문화, 학술, 종교 교류 행사를 개최할 때 누구든지 이용하도록 지원한다는 취지이며 아울러 통일교 측에서 남북의 가교역할을 하거나 남북 관계를 주도하겠다는 의도였던 것이다. 또한 평화센터 내부의 각종 시설은 이산가족 상봉 시 북측 화상 상봉 장소로도 제공되며 세계적인 과학자 등을 초빙해 전문 인력도 양성하거나 평양시민들을 위한 외국어 교육이나 컴퓨터 교육장으로 활용할 계획이었다. 그러나 이와 같은 건물 활용 계획 이면에는 통일교 원리강론을 전파하고 포교하려는 의도가 짙게 깔려 있는 것이다.

필자가 보통강호텔 부근을 지나면서 직접 보니 고급 유리로 지어진 초현대식 건물이라서 도대체 이 멋진 건물을 어떤 회사에서 건축했는가를 알아보니 바로 통일교 계열 건설회사인 주식회사 '평화토건'이었다. 평화자동차 회사 계열의 대북 건설회사로서 2000년 1월 설립해서 주택, 토목, 플랜트, 공항, 항만 시설 등의 건설을 담당해 왔는데 자신들의 순수 기술과 인력으로 평화센터를 지은 것이라고 한다. 이는 남측 기술자들이 평양에 가서 직접 건설한 최초의 복합 건물이며 동시에 남측 법인이 북측 영토에서 건물을 완공한 후에도 운영권까지 맡게 된 것으로서 남북 교류 역사상 처음 있는 사례로 기록되었다.

10년 전 평화센터 준공식에 참석한 인원들을 살펴보면 대부분은 남측 통일교에서 활약 중인 평신도 지도자들이었다. 그들은 준공식 일정에 맞춰 2007년 8월 4~7일까지 3박 4일 일정으로 방북했는데 참석자들의 분포도를 보면 경상도에서 원동주(세계평화대사협의회 및 세계일보 조사위원) 거제시협의회장이 참석했고, 전라도에서는 서성종 무안군 평화통일가정당 중앙위원 등이었다. 이처럼 전국에서 모범적으로 활동하는 통일교 산하 「세계일보」의 전국 조사위원들과 세계평화대사협의회 회장단, 통일교에서 창당한 '평화통일가정당' 당원 등 총 100여 명 이상이 함께 방북단을 꾸려 참석한 것이다.

한편 방북단이 평양에 도착한 4일은 준공식 전날이었는데 이날 밤 보통강호텔 대연회장에서 통일교 주최 환영 만찬이 있었고 북측에서는 리종혁 아태평화위원회 부위원장이 참석했다. 오전 10시에 열린 준공식은 남측을 포함해 모두 150여 명이 참석했으며 박상권 평화센터 이사장이 환영 연설을 했고, 북측에서는 전날 만찬에 참석했던 리종혁이 다시 와서 축하 연설을 했다. 준공식 행사를 마치고 남측 방문단 전원은 오후 시간을 이용해 왕복 다섯 시간 소요되는 문선명 총재의 생가가 있는 평북 정주를 다녀오기도 했다.

특히 이날 준공식을 마치고 지하 1층부터 꼭대기 5층까지 건물 전체를 둘러보는 순서를 가졌는데 남측 대표단이 3층에 올라가 보니 3층 전체가 대규모 예배당으로 꾸며져 있고 교회 입구에는 '평양가정연합교회'라는 간판이 달려 있었다고 증언했다. 또한 제단에는 통일교 심벌 마크가 새겨진 설교 강대상이 놓여 있는 등 기존 국내외 통일교 교회당 내부와 동일했다고 한다. 북에 상주하는 통일교 관련 신자들만이 알 수 있도록 제1호 통일교 교회당이 이곳에 은밀하게 세워진 것이다.

또한 건물 5층에 올라가 보니 고급 주상복합형 펜트하우스를 연상시키는 숙소들과 부속실 등이 호화롭게 구비되어 있어 구경하는 사람

[사진 3] 남측 통일교 신도 150명이 참석한 가운데 열린 '세계평화센터' 준공식 장면(2007. 8. 5.)과 센터 내부에 있는 통일교 교회 예배당 모습

들이 눈이 휘둥그레 할 정도라고 입을 모았다. 건물의 겉모양은 전체적으로 종합문화센터의 성격이지만 알고 보면 이 건물 자체가 하나의 거대한 통일교 교회당이었던 것이다. 특히 북측 당국은 건물 명칭이야 무엇이든 사실상 통일교의 예배당이라고 할 수 있는 이런 엄청난 건물을 허락하기까지 꽤 많은 고심을 했을 것으로 보이며 이는 북 최고 지도자의 승인과 통일교의 전방위 로비가 없다면 불가능한 일이다. 돌아보면 1991년에 성사된 문 총재와 김 주석의 절묘한 외나무다리 만남이, '세계평화센터' 준공을 통해 결실을 맺었고 결국 그 건물 3층에 통일교회당을 세우면서 본격적인 대북 포교는 본격화된 것이다. 일평생 '반공'(反共)과 '승공'(勝共)으로 일관하며 통일교를 이끌던 문선명 총재가 1990년부터 갑자기 '친공'(親共)과 '연공'(連共)으로 급선회하는 걸 보니 "극과 극은 통하며, 피는 물보다 진하다"라는 말이 실감 났다.

2) 통일교 신자들의 성지, 문선명 총재 생가와 '정주세계평화공원'

'평안북도 정주군 덕언면 상사리 2221', 이곳은 통일교 창시자 문선명 총재가 태어난 곳이다. 그 후 행정 개편으로 지금은 '평안북도 정주시 덕언면 원봉리'로 주소가 바뀌었는데 북 당국과 통일교 측은 문 총재가 태어난 생가(生家)를 복원해 방문객을 맞이하는 프로젝트를 세워 이미 성지화(聖地化)했으며 생가 주변은 약 30만 평 규모로 '세계평화공원'(이하 평화공원)을 조성 중이었다. 고향 마을에 거액을 투자해 평화공원을 조성한 목적은 문 총재를 홍보하고 국내외 신자들과 방문자들에게 교육 장소로 활용하고자 하는 데 있으며 이 생가를 거점으로

[사진 4] 평안북도 정주에 있는 문선명 총재 생가의 가장 최근 모습

직접적으로 북 인민들에게 포교할 수 있는 근거를 마련하려는 목적도 있는 것이다.

잘 아는 바와 같이 문 총재가 1991년 11월 30일~12월 7일까지 평양을 방문해 김일성 주석과 단독회담을 갖고 남북 교류 합의서에 서명한 후 통일교는 본격적으로 북에 진출하게 됐는데 당시 세계를 깜짝 놀라게 했던 그의 방북은 김달현 부총리의 중간 역할로 김정일 비서의 승인하에 은밀하게 이뤄졌으며 문 총재의 방북 일정은 모두 김정일 비서의 특별 배려였다고 한다. 또한 김 주석은 문 총재의 생가를 잘 보존하라는 지시를 내렸고 이때부터 생가를 복원해 통일교 성지로 만들고 인근에 세계평화를 상징하는 종합공원을 개발하는 사업으로 이어지게 된 것이다.

당시 회담을 마친 문 총재는 일행들과 함께 비행기를 타고 평북 정주를 방문해 자신이 태어난 생가를 방문했고 생존해 있던 혈육들과 일가친척들을 무려 48년 만에 상봉할 수 있었다. 당시 만난 혈육은 73세의 친누나, 64세의 친여동생을 비롯해 69세의 형수와 49세의 조카 등이다. 문 총재 자신이 이산가족이다 보니 이때부터 남북 이산가족 상봉 문제에도 통일교가 적극적으로 관심을 갖게 된 것이다. 정주에 평화공원을 조성키로 북측과 합의한 후 귀국한 문 총재는 평화공원 조성 부지 30만 평을 구입하기 위한 재원 마련 명목으로 국내외 통일교 신자들 1인당 8만 원씩의 헌금을 받아 기금을 조성하기 시작했다.

이로써 '정주세계평화공원'은 명실상부한 국내외 통일교 신자들의 종교적, 사상적 성향이 깃든 곳으로 발돋움하는 계기가 됐으며 평안북도 정주시는 생가 복원과 평화공원 조성이 결정되면서부터 격동을 맞이하게 됐다. 시 당국 차원에서 생가를 복원하고 관리하는 일과 평화공원 조성 사업에 앞장서면서 관광 수입도 생기게 된 것이다. 마치 예수가 탄생한 베들레헴이 전 세계 기독교 신자들의 성지순례 처가 되는 것처럼 문 총재의 고향 정주가 종교적 성지가 되는 데 있어서 정주시가 앞장서게 된 것이다.

1998년에는 정주에 있는 생가 인근에 세계평화공원을 조성한다는 계획이 발표되면서 통일교의 대북 사업은 더 탄력을 받게 됐다. 이처럼 평화공원 성역화가 공식 선포되면서 통일교 본부 측에서는 여러 명목의 특별헌금 종류를 만들어 신자들에게 공지했다. 통일교 측은 이듬해인 1999년 12월 1일, 국내외 통일교 교역자들에게 "새시대 새천년 맞이 특별정성"이라는 제목의 공문을 보내 헌금납부를 강조했는데 이 공문에 제시된 헌금의 종류는 다음과 같다.

… '총생축(生祝)헌금'은 한 가정 당 1만 6천 달러 '천주승리 축하헌금'은 1인당 1개월분 수입 혹은 한 가정 당 1만 달러, '구국헌금'은 1인당 160만 원, '정주평화공원 조성기금'은 1인당 8만 원, '건국기금'은 한 가정당 매월 17만 원….

헌금의 종류가 다양했고 그 액수도 컸다.*

한편 평화공원 조성과는 별도로 이미 문 총재의 생가는 김일성-문선명 회담 직후 북측 당국에 의해 즉시 복원되었다. 문 총재가 방북한 이듬해인 92년 8월에는 이미 219명의 외국인으로 구성된 순례단이 생가를 방문하기도 했는데 당시 순례단에 참가한 일본인 '도쿠다 요시노리' 씨가 「세계일보」에 기고한 방북기에 따르면 "생가 본채 마루 앞에는 김일성 주석이 당대 최고의 조각가에게 지시해 만든 대리석으로 제작한 헌금함이 놓여 있었는데 그 높이가 1m가 되는 헌금용 항아리였다"고 기록했다. 문 총재 방북 이듬해에 이미 정주시 차원에서 생가는 깨끗이 단장돼 있었고 진입도로도 새로 개설되었다. 최근까지 3차에 걸쳐 생가 주변이 정리됐는데 농경지 정리 작업과 진입로 확장공사를 하는 한편 생가 앞에는 관광객들과 방문자들을 위한 임시 매점이 운영되고 있다.

또한 2003년 4월에는 통일부에 승인받은 '평화항공여행사'에 의해 평양과 백두산 관광을 비롯해 기타 여러 관광코스가 있었는데 그중에는 문 총재의 생가도 포함됐다. 그 후 9월 들어서 분단 이후 최초로 민간인들의 평양 관광이 시작되면서 통일교 신자들이 성지순례 차원에서 대규모 참가했는데 북측 고려항공이 제공한 비행기로 인천공항을 출발한 최초 관광단 114명들은 모두 통일교 산하 「세계일보」 방계 조직인 조사국에서 모집한 인원들이며 그 직책이 조사위원들이 다수를 차지해 통일교에 헌신하는 평신도들임이 확인됐다. 그 후 2005년까지 아홉 차례에 걸쳐 4박 5일 일정의 평양 관광이 진행됐고 2003년

---

* 이 헌금 목록 내용들은 2001년 1월 13일 청평수련원에서 거행된 '하나님 왕권 즉위식'에서 문 총재가 했던 말과 기도를 정리한 책에 수록된 내용들이다.

이후, 약 5,000여 명의 관광객이 항공사를 통해 방북해 문 총재의 생가를 방문했으며 그 이후 남북 관계가 경색된 상황에서도 해외 신자들은 꾸준히 생가와 평화공원 조성터를 방문했다.

이처럼 북에서 교세를 확장하기 위한 통일교의 전략과 정교한 계획은 하나씩 실현되고 있으며 그들의 자금과 재원은 이미 오래전부터 잠입해 증가하고 있는 추세다. 문 총재가 그처럼 자신의 생가를 성지화하고 인근 지역을 성역화하기 위해 공을 들인 이유는 '재림주 메시아'로서 자신이 '만왕의 왕'임을 드러내기 위함이다. 이를 구체적으로 실현하기 위한 전략적 차원에서 기업과 공장들을 설립했고 이를 발판으로 재원을 마련해 교세를 확장하려던 것이다. 그 결과 생가는 이미 성역화 작업을 완료했고 그 인근은 '세계평화공원'이라는 명칭이 붙어 국내외 통일교 성지순례단이 찾는 코스가 되었다.

통일교 간부들은 성지조성을 문 총재가 재림주로서 지상천국을 건설해 나가기 위한 하나의 과정으로 보고 있다. 이를 입증이라도 하듯 문 총재는 1965년 세계 순회강연을 시작으로 세계 곳곳에 통일교 성지들을 지정했고 이 장소들의 매입과 개발을 꾸준히 추진해 왔다. 세계 도처의 미개발 지역에서 막대한 자금력과 지역개발을 명분으로 부동산 매입을 했는데 이는 순수한 지역개발이 아닌 문 총재가 '세계의 왕'으로 군림하는 통일교 왕국의 건설을 위한 과정이다. 그동안 문 총재에 의해 직접 선택된 성지는 일본에 8개, 미국에 55개, 한국에 15개 그리고 기타 국가에 42개 등 모두 120여 개에 이르고 있는데 이곳 북측 땅 평북 정주에도 1991년 말부터 성지가 마련된 것이다.

그러나 필자가 '정주세계평화공원' 조성 공사에 대한 진척 여부를 알아보기 위해 박상권 평화센터 이사장과 잠시 만나 확인해 보았으나 사실과는 많이 다른 것으로 확인되었다. 나와 박 이사장은 2013년 평양에서 개최된 전승절 기념행사를 마치고 전승기념관 정문 밖 입구에서 잠시 그와 만날 기회가 생겨 알아본 결과 30만 평의 부지가 조성된 것은 맞지만 아직 본격적인 공사는 시작하지 않은 상태이며 공원 부지에 남녀 화장실만 각각 하나씩 세운 상태라고 답변해 주었다. 그가 의도적으로 축소해서 한 말인지 아니면 거짓말인지는 알 수 없으나 현재 파악된 내용과는 상이하기 때문에 그의 발언이 의아스러웠다.

3) 북에 설립된 최초의 통일교 공식 교회당 '평양가정연합교회'

통일교는 과연 북 영토 안에 자신들의 교회당을 세웠을까? 위에서 밝혔듯이 통일교의 첫 교회당은 이미 지금부터 10년 전인 2007년 8월에 보통강호텔 앞 평화센터 3층에 세워져 있는 것으로 확인되었다. 통일교 교회가 평양에 세워지게 된 결정적인 계기는 문 총재가 김 주석과 단독회담을 하는 날 협상 과정에서 구체적으로 성사됐다. 평양에 통일교 목사의 파견을 요청한 문 총재의 요구를 김 주석이 공식적으로 승인한 것이다. 그 결과 당시 일본인 출신 통일교 목사가 형식적이나마 평양에 체류하며 통일교 선교사 역할을 하게 되었다. 이로써 통일교는 분단 이후 최초로 북에 선교사를 공식적으로 파송한 종교라는 기록을 보유하게 됐으며 반면 북측도 분단 이후 최초로 해외선교사를 공식적으로 수용한 첫 사례가 됐다.

평화센터는 매주 일요일이 되면 외부에 잘 드러나지 않게 이곳에서 자체적으로 통일교식 예배를 드린다. 몇 년 전까지도 평화자동차 사장을 지낸 박상권 평화자동차 명예 사장은 일요일이 되면 평양 봉수

[사진 5] 당시 통일교 소유의 안산관 식당이 자리 잡은 호숫가에서 통일교 예배당이 입주해 있는 '세계평화센터'를 배경으로 기념 촬영한 필자. 사진에 보이는 모든 지역이 통일교 소유이다.

교회나 칠골교회에 출석하지 않고 자신들이 직접 세운 통일교 가정연합교회에 출석했으며 박 이사장은 기업을 운영하는 경제인이며 경영자 신분이지만 종교에도 관여한다. 평화센터 건물을 공사하기 전해인 1996년 2월에는 나흘간 북경에서 개최된 종교인 모임에 참석하기도 했다. 통일교 산하 기관인 '한국종교인협의회'는 종파와 종교를 초월한 초종교인들의 협의체 모임인데 박 이사장은 경영인이 아닌 통일교 종교인의 신분으로 종교 활동을 해왔는데 이처럼 통일교 조직은 기업과 종교의 경계선을 구분하기 힘들다.

통일교가 평양에 교회당을 세운 시기는 2007년 8월 5일이다. 이날은 '평양세계평화센터'가 준공식을 치르며 정식 개관하는 날이었는데 이 건물 3층에 교회 간판을 달고 봉헌식을 거행한 것이다. 통일교 본부는 이날을 기념해 자체 홈페이지에 "지난(2007년) 8월, 평양에 가정연합교회를 봉헌했다. 북한은 마지막 가인국(구약성경의 가인을 지칭)으로서 참부모님(문선명 총재 내외)의 세계 노정의 마지막 깃발을 꽂을 곳입니다"라는 공지 사항을 알리며 평양에 교회가 세워진 사실을 대대적으로 선포하기도 했다.

뿐만 아니라 평양에 자신들의 교회를 세운 사실을 문선명 총재 내외와 통일교 수뇌부가 직접 언급한 사례가 있었다. 미국 알라스카에서 거행된 일명 '천일국 7년 9월 1일, 천부주의 선포 18돌 기념식'이라는 통일교 행사에서 이 사실이 아주 구체적으로 언급됐다. 이 행사는 2007년 9월 1일 오전 5시부터 미국 알래스카 코디악(Kodiak Island) 섬 지역에서 열렸는데 이날 행사 진행은 양창식 회장이 맡았고 황선조 회장, 임도순 회장, 유정옥 회장, 송광석 회장, 김형태 회장, 김명대 회장 등 통일교의 주요 지도부들이 대거 참석했다.

이들은 모두 통일교 '국제지도자회의 및 피스킹 컵 낚시대회'에 참석한 주요 간부들이었는데 당시 참석인원이 120여 명이었다. 이날 행사가 진행되던 저녁 6시경에 황선조 회장의 보고 순서가 있었는데 전날 문 총재의 특별 지시로 마련된 특별 보고였다. 이 자리에서 황 회장은 평양에 설립한 자신들의 교회에 관해 아래와 같이 자세히 언급했다. 보고 내용 원본을 그대로 살펴보면 다음과 같다.

평양교회 봉헌, 가정당 창당, 200개국 신문명 개벽선포 등이 8월의 중요한 섭리였다. 참부모님(문선명 총재 내외)의 그 승리적 기반이 3 대권에 안착이 되고, 그 후 각 단계로 선포되었고, 그 후 신문명이 창설되었고, 그들이 유엔에 가입하게 되는 것이다. 9월 평화왕권 출발의 기준이다. 또한 마지막 가야 할 곳이 평양이었고, 마지막 분야가

정치 분야인데 8월에 이것을 성취한 것이다. 과거는 미래 역사를 창조하시는 것인데, 북한 땅은 필연의 역사적 매듭을 풀어야 하는 땅이었다. 참부모님께서 과거 신령운동이 원산과 철산에서 일어나게 되자, 북한에 가서서 1946년 6월부터 신부를 맞이하게 되는 역사를 준비하셨는데 그것을 하지 못하게 되었다. 흥남, 평양, 남하노정, 부산. 1950년도 12월 4일, 38선을 넘으실 때, "반드시 이 땅에 다시 올 것이다. 내가 못 오면 내 자식이, 아니면 제자가 올 것이다!"라는 기도를 드린 후에 남으로 오시게 된다. 남으로 시작된 섭리가 전 세계로 퍼져갔는데 마지막 가야 할 곳이 북한인 것이다.

북한은 가인형 인생관의 마지막 땅이다. 하나님주의로 통일을 하여야 한다는 주장이 결국 김일성을 자연 굴복시킨 기준이 되었다. 하나님주의의 씨를 심고 많은 교류 사업을 이루어왔고, 2007년 8월에 우리 교회를 세운 것이다. 교회는 부모님의 몸이다. 북한 정부가 공인을 하고 정식 간판을 걸고 평양교회 헌당식을 하게 되었던 것이다. 부모님 의자와 존영을 놓고*부모님 몸된 삶의 결정체, 즉 부모님 삶의 전승 기록인 말씀의 씨를 심고, 경배를 드리고 가정맹세를 하고 첫 평양교회 예배를 드렸다.

평양에서 40일 동안 머무시는 때에(문선명 총재 내외를 지칭) 모란봉에 올라가셔서 지은 성가가 2개가 있는데 성가 2장과 3장이다. 3장이 바로 그때 지었던 가사였다. 천일국 국가가 된 그 성가를 그 땅에 가서 부른 것은 감개무량하였다. 북한에 교회를 지은 것은 놀라운 것이다. 평양교회를 세운 것은 교류가 아니고, 영적인 기반을 가진 하나님

___
* 문선명 총재 내외가 착석하는 왕좌와 사진을 지칭.

사상의 정복이라고 볼 수 있다. 땅끝까지 가는 것이었다. 말씀의 씨가 16년 동안 성장을 하여 교회로 안착을 하였다. 말씀, 축복, 심정문화 가 있는 역사적인 대사건이었다.

통일교 측은 세계평화센터가 남북의 평화통일을 선도하는 데 활용 될 건물이라고 선전을 해왔으나 결국 그 건물 3층에는 은밀하게 통일 교 예배당을 세우고 포교전략을 실행하고 있었던 것이다. 겉으로는 평 화라는 이름을 내걸었지만 결국 그 건물 자체가 하나의 거대한 통일교 교회당이다. 북측 당국도 타 기독교와의 형평성을 고려해서 그런지 통 일교 교회당 존재 여부를 공개적으로 알리기를 꺼리는 눈치였으며 북 측에서 활동하는 통일교의 가장 핵심 인물인 박상권 이사장 역시 비공 개로 일관하고 있다.

통일교 교세 확장과 남북통일의 상관관계

북 당국은 지금도 남측이나 해외의 기업이나 교회 혹은 선교단체 에서 막대한 자금을 동원해 북측 영토에 교회당을 짓는 것을 거부한 다. 북측은 교회당 건립비용으로 차라리 문화센터나 사회복지센터 쪽 으로 건축해 줄 것을 요청한다. 북과 마찬가지로 중국에서도 외국인들 은 공식적으로는 중국 영토에서 교회를 건축할 수 없다. 중국이나 북 측에서 건축을 위해 협상할 때는 사전에 계약조항을 통해 건물 용도를 분명히 명시해야 한다. 일반건물이나 사회복지센터로 짓는다고 계약 했으면서도 완공 후에는 계약 내용과 달리 예배를 드리거나 종교 활동 을 해서는 안 된다.

만일 애초부터 예배를 드리려는 목적이었다면 계약할 때부터 종교 시설로 승인을 받아야 한다. 그런데 통일교 측은 중국에서의 포교를 위해 일반 건물로 건축 승인을 받은 후에 완공을 마치고 실제로 종교 활동으로 사용하는 바람에 고초를 겪은 사례가 있었다. 편법을 사용한 결과 중국 당국으로부터 거액을 압수당한 사례가 있었다. 그러나 통일교는 중국에서의 실패를 발판 삼아 북에서는 치밀하게 전략을 짠 결과 실제로 교회당이 세워진 것이다.

우리가 다시 한번 분명히 알아야 할 것은 통일교의 모든 사회활동과 기업 운영 등은 철저하게 종교적 목적을 가지고 있다. 믿기 어려운 사실이겠지만 정치, 경제, 문화, 언론, 학술, 스포츠 등 통일교의 다양한 활동 목적은 단 한 가지, 바로 문선명 총재가 '만왕의 왕'으로 군림하는 통일교 왕국의 건설에 있다. 그동안 코리아 반도에서 통일교 왕국을 건설하려는 문 총재의 꿈은 단 한 차례도 포기된 적이 없다. 그가 통일교 왕국을 우리나라에 건설해야 하는 이유는 통일교의 핵심 교리서인 '원리강론'에 잘 기록돼 있다.

통일교는 셀 수 없이 수많은 외곽 조직들을 운영해 오고 있는데 이런 다양한 조직 활동에도 불구하고, 문 총재의 핵심적인 교리가 담긴 원리강론은 단 한 번도 변하지 않고 있으며 이런 여러 조직들을 통해 하나씩 실현되고 있다. 이런 차원에서 통일교 간부들의 대북 사업은 아래와 같이 초지일관하며 당당하게 말한다.

우리는 참부모님(문선명 총재 내외를 지칭)의 섭리적 측면에서 본 통일논리 때문에 대북 사업을 펼친다. 공산주의는 역사를 지배와 피지배계급 간의 갈등으로 보지만 우리는 선과 악의 갈등으로 본다. 북을 변증법적 철학에 기초한 유물사관과 주체사관으로부터 해방시켜 하나님을 중심으로 한 선한 방향으로 돌려세우는 것이 역사 속에 구원을 실현하는 한 방법이다. 이러한 목표를 달성하기 위해 우리는 대북사업을 통한 통일운동을 벌이는 것이다.

필자가 지금까지 다뤘던 통일교의 기관들은 대북 포교 차원에서 설립된 종교적인 기관들이며 문 총재의 원리강론을 충실히 수행하는 역할을 해오고 있다. 특히 세계평화운동과 남북통일운동, 가정회복운동 등을 수행한다는 명목으로 수십억의 자금을 투자해 건축한 평화센터는 매 층이 1,000평 남짓 되는 매우 넓은 공간임에도 불구하고 준공이후로 지금까지 공익을 위해 크게 활용되지 못한 채 통일교만의 전용공간으로만 사용되고 있다. 또한 현재 평양에 상주하는 통일교 직원들과 신자들 위주의 모임과 행사 집회를 치르는 건물 용도 위주로만 사

[사진 6] 준공식 당시 '세계평화센터' 1층 로비에 마련된 사진전. 김일성 주석이 문선명 총재를 반갑게 영접하는 장면들이 대부분이다.

용되고 있는 실정이다.

필자가 가장 우려하는 것은 평양은 물론 북측 지역에 사는 인민들이 처음 접하는 기독교에 대한 첫인상이 통일교에 의해 다분히 왜곡될 수 있다는 데 있다. 이를 입증이라도 하듯 북측 관리들과 인민들은 마치 통일교가 기독교를 대표하는 종교처럼 오인하고 있다. 설상가상으로 통일교가 다른 기존 기독교를 거짓 종교라고 매도할 때 북측 주민들은 그 사실을 그대로 믿게 될 수 있다. 통일교는 25년 전 김일성 주석과 문 총재와의 만남을 시작으로 북측과의 관계를 개선하고 자신들의 노선을 변경했음에도 불구하고, 원리강론에서 주장하는 것처럼 아직도 신자들은 "남북 분단은 가인의 세력과 아벨의 세력의 만남이고 악의 세력과 선의 세력과의 만남"으로 굳게 믿고 있으며 아직도 이 교리를 신봉하고 있다.

통일교의 막강한 북 진출 사업들은 통일교의 종교적 목적 실현을 염두에 둔 하나의 과정이며, 교리 내용의 변화가 아닌 포교형식의 변화에 불과한 것이다. 그럼에도 불구하고 한국교회나 해외 한인 교회들은 아직도 구태의연하게 북에 대한 잘못되고 왜곡된 인식과 오류투성이의 대북 자료와 정보를 바탕으로 선교 정책을 세우고 있다. 고도로 압축된 통일교의 적극적이고 헌신적인 대북 사역 전략과 비교해 볼 때, 기존 한국교회의 대북 사역 전략과 노력은 매우 낭만적이고 고비용 저효율 단계에 머물러 있으며 아직도 허상을 잡는 듯하다.

이제까지 통일교의 다양한 대북 사업 중에서 그 첫 번째로 종교 부분을 다뤘다. 보통강호텔 앞의 세계평화센터는 사실상의 종교 시설이며 그에 따른 건립비용은 그동안 본국 통일교 본부의 지원과 더불어 북에서의 관광사업 수익금과 평화자동차 판매수익금 등으로 충당해 왔다. 아울러 평화센터 3층에 있는 예배당은 통일교의 종교적 교두보 역할을 평양에서 톡톡히 하고 있음도 알아보았다. 또한 평안북도 정주에 있는 통일교 교주 문선명 총재의 생가와 그 인근 세계평화공원 조성 목적도 종교적 시설물이라는 것을 심층적으로 확인했다.

뿐만 아니라 김일성 주석과 문선명 총재의 첫 만남에서 이뤄진 협력사업 조항에는 분단 이후 최초로 통일교 선교사를 평양에 공식 파송하는 데 합의했고 그에 따른 결과로 형식적이지만 일본인 출신 통일교 신자가 실제로 분단 이후 최초로 북 파송 제1호 통일교 선교사로 임명되기도 했다. 이번에는 통일교 대북 사업의 한복판에 박상권이라는 인물이 항상 자리 잡고 있는데 그는 과연 어떤 인물이며 북에 어떤 영향을 미치고 있는지 필자와의 만남과 그의 언론과의 인터뷰 자료 등을 통해 상세히 살펴보았다. 아울러 마지막 부분은 현존하는 통일교의 대북기업들에 대해 하나씩 구체적으로 알아보고자 한다.

필자가 방북해 통일교 기관을 참관한 시기는 김정은 위원장이 권력을 승계한 지 2년도 채 안 되는 시기였다. 집권 2년 차임에도 불구하고 평양 시내는 엄청나게 발전했고 변모하고 있었으며 역동적이었다. 그동안 내가 북을 다녀온 후 많은 사람에게 평양의 발전상에 대해 이야기하면 많은 이들이 나에게 "평양만 발전하면 뭐하나?"고 힐난하듯 비난했다. 그러나 필자가 볼 때 평양이라는 도시는 매우 중요했다. 평양이 변하고, 평양이 발전이 돼야, 북측의 다른 지역도 모두 다 잘 돌아가기 때문이다. 이런 맥락에서 평양이 짧은 기간에 많은 발전과 변화가 있었고 이에 따라 지방 도시들도 많은 변화의 움직임이 목격되었다. 이런 발전과 변화의 한복판에는 그동안 통일교와 그 기업들이 한몫했다.

II. 평화자동차와 박상권 회장

통일교 대북 사업의 산증인 박상권 평화자동차 명예 회장

잘 알려진 대로 평화자동차 박상권(朴商權) 명예 회장(이하 회장)은 대북 기업인 평화자동차 그룹의 대표이자 거기 딸린 계열사들의 총책임자였다. 아울러 초창기부터 지금까지 통일교의 대북 사업을 실무적으로 총괄하는 사업가이자 통일교를 믿고 전파하는 종교인으로 대외에 알려지고 각인된 인물이다. 박 회장은 미국 국적의 한인이면서 평양시 명예시민증을 소유하고 있는 각별한 신분을 지니고 있으면서 지금까지 미국-북조선-한국 이 세 나라를 트라이앵글로 교차 왕래하거나 남북을 셔틀 왕래하고 있다. 그는 1990년대 초반부터 지금까지 20년 넘게 대북 사업상 무려 215차례 이상을 방북했다.

[사진 7] 전승절 60돌(정전협정 60주년) 행사 참가를 위해 방북한 해외동포대표단들이 지켜보는 가운데 김정은 위원장이 평화자동차 박상권 회장만을 지목해 반갑게 인사를 나누고 기념 촬영하는 장면

김정일 국방위원장 시절인 2011년 8월 25일은 미국 국적의 김진경 평양과학기술대 총장이 평양시 명예시민증을 처음으로 받았으며 그 후 김정은 위원장 취임 이후에는 미국 국적 신분으로는 박상권 회장이 최초로 평

양시 명예시민증을 받았다. 2012년 12월 18일, 평양 만수대의사당에서 거행된 박 회장의 명예시민증 수여식에는 차희림 평양시 인민위원회 위원장(평양시장)이 직접 수여했고 양형섭 최고인민회의 상임위원회 부위원장도 참석해 축하해 줄 정도로 그의 위상은 높았다.

또한 그는 과거 국방위 제1위원장 시절의 김정은 위원장을 두 차례 만난 유일한 한인이다. 물론 두 차례 만남 모두 약 2분가량도 채 넘지 못한 짤막한 만남이었지만 두 사람의 만남의 의미는 시사하는 바가 컸다. 미국 시민권자이지만 남한에서 태어난 한국인이며, 대북 사업뿐 아니라 중국이나 해외를 비롯해 사회주의 국가에서의 특수한 통일교 사업을 수행하기 위해 뒤늦게 미국 시민권을 취득한 사례에 해당되는 인물이다.

박상권 회장이 김정은 제1위원장(이하 위원장)을 처음 만난 것은 2011년 12월 평양 태양궁전에 마련된 김정일 국방위원장의 빈소를 조문할 때였으며 당시 김대중 대통령 부인 이희호 여사와 현대그룹 현정은 회장도 조문을 위해 평양에 도착한 상황이었다. 이날 박 회장은 단독조문이 아니라 통일교세계회장 직함을 갖고 있는 미국 국적인 문형진 회장(문선명 총재 7남)을 수행하는 통일교 핵심지도부의 단체 조문 형식이었다. 문형진 회장은 문 총재 타계 이후 상징적, 공식적으로 문 총재의 통일교 후계자로 활동하고 있었다. 빈소 입구에서 조문 행렬에 줄을 서서 순서대로 대기하던 통일교 조문단 일행은 자신들의 차례가 되자 상주였던 김정은 위원장에게 다가가 악수를 나누며 상견례를 나눈 것이 전부였다.

이때 박 회장은 슬픔에 빠진 김 위원장에게 악수와 더불어 위로 섞인 조의를 한 마디 살짝 건넸다. 그저 스쳐 지나가는 눈인사보다는 낫지만, 일대일 단독 면담이 아닌 잠시 인사 한마디 건넨 정도였다. 당시 김 위원장은 자국 내 각계각층 조문객들은 물론 세계 각국에서 방문한 조문객들을 며칠간 밤낮없이 맞이한 상황이라 긴 얘기를 나눌 수 있는 여건이 안 됐고 또 실제로 빈소에서 상주와 긴 대화를 나누는 것은 예의가 아니었다. 영상물을 확인하며 박 회장은 "강성대국을 만들기 위해 기업인으로서 노력하겠습니다"라는 짧은 말을 건넸고 김 위원장은 고개를 살짝 끄덕이며 "감사합니다"라고만 답변했다.

그 후 박 회장이 김정은 위원장을 두 번째로 만난 것은 2년이 지난 7.27전승절 60돌 경축 주간이 마무리될 무렵이던 2013년 7월 30일 오전이었다. 필자는 박 회장이 김정은 위원장을 만나는 현장에 있었기 때문에 우선 그 이야기를 잠시 나누고자 한다.

김정은 위원장과 박상권 회장과의 깜짝 만남

필자는 2013년 평양에서 거행된 '7.27전승절 60돌' 기념행사 주간에 맞춰 방북했다. 남측 입장에서 사용하는 용어로는 '한국전쟁 정전협정 60주년' 기념식 행사 주간이라고 보면 된다. 27일 당일 오전은 김일성광장에서의 군사 퍼레이드와 군중집회를 비롯해 오후에는 전승기념관 개관행사와 야간 축포행사 등 각종 행사가 밤늦도록 진행됐으며 초청장을 받은 필자는 이 모든 행사를 모두 참관했다. 그리고 사흘이 지난 30일 낮 오전 11경에 전승기념관 정문 안쪽에서 김정은 위원장과 수백 명의 해외 동포 대표단이 단체로 기념 촬영을 하는 일정이 잡혔다. 각국에서 평양을 찾아온 수백 명의 해외 동포 대표 단원들은 이날 아침 촬영 현장에 도착해 몇 시간 전부터 촬영 준비에 임했다.

이때 박상권 회장을 비롯한 미국 대표단에 속한 필자도 그 기념 촬영 행사에 참여했다.

이날 김정은 위원장은 해외 동포들과의 단체 촬영을 위해 철제 스탠드 맨 앞줄 한복판 좌석에 앉아 있었으며 단체 촬영을 모두 마친 김 위원장은 자리에서 곧 일어나는 모습을 보여 곧 퇴장하는가 싶더니 갑자기 맨 앞줄 오른쪽에 도열해 있던 박상권 회장을 손가락으로 가

[사진 8] 주석궁 빈소 조문과는 별도로 박상권 회장과 문형진 통일교세계회장이 김일성광장에 마련된 김정일 국방위원장 조문소에 헌화하고 있는 모습(2011. 12. 24.)

리키더니 앞으로 불러내는 포즈를 취했다. 이에 박 회장이 김 위원장을 향해 다가오고 김 위원장도 얼굴에 미소를 머금으며 그에게 성큼성큼 가까이 다가가니 두 사람이 중간에서 만나게 됐다. 김 위원장은 머쓱해 있는 박 회장에게 반갑게 악수를 청하고 귓속말도 주고받으며 카메라맨들 앞에서 가볍게 포옹하는 모습도 보여줬다.

장내에 있던 해외 동포 대표단은 일제히 김 위원장을 향해 우레와 같은 함성과 박수를 보냈는데 이때 김 위원장은 박수 소리 때문에 자신의 의사를 정상적인 목소리로 전달하기가 힘들다고 느꼈는지 자신의 몸을 박 회장의 몸에 밀착하고 귓가에 대고 무언가를 속삭였는데 아마 간단한 덕담과 인사말을 주고받는 듯 보였다.

북측 카메라맨들은 돌발적인 상황에 당황하며 김 위원장이 악수하는 장면을 놓치지 않으려고 이리저리 민첩하게 움직이며 정신없이 찍

[사진 9] 전승기념관 정문 앞에서 진행된 김정은 위원장과 해외 동포대표단과의 단체 기념 촬영 장면 (2013. 7. 30.)

어댔으며 2분도 채 안 된 짧은 이벤트성 만남이었지만 그 장면은 외신을 통해 전 세계의 신문과 방송으로 보도됐다. 나중에 알고 보니 김 위원장과 박 회장의 깜짝 만남을 주선한 사람은 그 자리에 함께 배석했던 당시 김양건 노동당 비서였다. 업무상 평소 박 회장과 친분이 있던 김양건 비서가 여러 가지를 배려해 김 위원장과의 상봉을 성사시킨 것이다.

필자가 볼 때 김정은 위원장과 박상권 회장의 깜짝 만남은 통일교와 북 최고지도부와의 밀월과 협력 관계를 상징하는 것처럼 보였으며 그동안 통일교가 보여줬던 통일 노력과 사업 성과들을 각별하게 기억하고 배려하고 있다는 것을 보여주려는 의도로 보였다. 지금도 남측의 거대한 기독교 보수세력은 앞장서서 반북(反北)과 반공(反共)을 부르짖고 있는 사이에 통일교는 민족화합과 평화통일을 주창하며 '친공'(親共)과 '연공'(連共) 노선으로 북과의 관계를 새롭게 모색해 통일교의 각종 기업 진출과 종교사업을 성공적으로 벌이고 있던 것이다.

[사진 1이] 1991년 12월 평북 정주의 생가와 고향마을을 찾은 문 총재 내외가 고향에 사는 가족과 일가 친척들을 만난 장면

필자와 박상권 회장과의 대화

　필자는 김정은 위원장과 해외 동포 대표단과의 단체 기념 촬영 행사가 무사히 끝나자, 평화자동차 박상권 명예 회장을 잠시 만나 통일교 사업에 대한 궁금한 이야기들을 전반적으로 주고받으며 대화를 나눴다. 나는 김 위원장이 퇴장하고 기념 촬영 행사가 모두 끝나자, 박 회장을 따라 나와 전승기념관 정문 오른쪽에 있는 나무 그늘 밑에서 20분간 단독으로 대화를 나누며 최근의 통일교 사업 움직임에 대해 진솔한 이야기를 들었다. 그와 대화하는 도중에도 박 회장은 방금 전 김정은 위원장과의 깜짝 만남 때문에 그런지 얼굴이 매우 상기된 표정이었고 나와의 대화 도중에도 우리 앞에 왔다 갔다 하는 동포들로부터

축하 인사말을 여기저기서 받느라 바빴다.

▸ 방금 김정은 제1위원장(이하 김 위원장)과 무슨 대화를 나누셨나요?

■ 김정은 위원장님이 "박 사장님은 참 뿌리 깊은 분이십니다. 장군님 시절부터 오랫동안 한결같이 우리 조선을 위해 여러 가지 일을 해주 셔서 감사합니다. 앞으로도 조국 통일을 위해 힘을 합쳐 많은 일을 같이합시다"라고 간단히 말씀해 주셨고 저는 "그동안 여러 가지로 저를 배려해 주셔서 감사합니다. 열심히 하겠습니다"라고 짤막하게 답변을 드렸습니다.

▸ 통일교 문선명 총재의 고향인 평북 정주에 조성하고 있는 세계평화공원 사업은 지금 어느 정도 진척이 되고 있습니까? 국내외 통일교 신자들이 성지순례 하듯 거기를 방문하면 북측 당국도 나름대로 큰 관광수입이 생길 것이고 통일교 측도 홍보나 포교가 잘 돼서 좋을 텐데요?

■ 아, 그거는요. 언론과 일반인들이 우리들에 대해 잘못 알고 계신 것이 많아서 비롯된 오해입니다. 우리들은 사업상 평양 시내 이외에 그어떤 곳도 사업을 벌려 놓으면 잘 안된다는 사실을 잘 알고 있기 때문에 정주에 계획한 세계평화공원 조성은 현재 아무것도 진척되지 않고 있는 실정입니다. 현재 공원 부지 입구에 임시 화장실만 달랑 두 개 지어놓은 상태입니다.

▸ 아, 그렇습니까? 뜻밖입니다. 저는 이미 평화공원 조성 사업이 모두 끝난 것으로 알고 있었는데 그게 아니었군요. 그리고 박 회장님은 제가 알기로는 지난번에 평화자동차 대표직에서 아주 물러나신 것으

로 알고 있는데 현재는 평화자동차와 어떤 관계에 있으십니까?

■ 현재 평화자동차에서의 제 공식직함은 명예 회장입니다. 제가 지금 완전히 빠지면 아직 평화자동차는 잘 안 돌아갑니다. 그래도 아직은 제가 필요한 상황입니다. 그러나 현재 평화자동차는 북측에 운영권과 지분을 완전히 넘긴 상태이고 기술이전이나 경영방식 등 모든 것을 북측 스스로 큰 무리 없이 잘 운영을 하는 상황입니다.

▶ 남북 합작으로 세운 평화자동차는 분단 상황에서 지금까지 화합과 협력이라는 상징성이 컸는데 왜 하필 한참 돈을 버는 시기에 갑자기 회사 지분을 북측에 넘겼는지 궁금합니다.

■ 그것은 원래 시작할 때부터 북을 도와주라는 문선명 총재님 의도셨고 이제 평화자동차는 합작기업이 아닌 단독기업으로서 자체적으로 사업할 만한 환경이 충분히 조성됐기 때문입니다.

▶ 그러면 이제 앞으로의 계획이 무엇입니까?

■ 지금 보통강호텔과 안산관호텔이 우리 소유인데 거기에 안산관이라는 고급 식당이 있지 않습니까? 앞으로 그 식당을 크게 확장해서 식당 좌석 수도 대규모로 늘리고 메뉴도 새로 개발해서 새롭게 음식 사업을 크게 시작할 계획입니다. 평화자동차와 마찬가지로 보통강호텔 운영권도 북측에 넘기는 절차를 밟았습니다. 그러나 안산관은 앞으로도 저희가 계속 운영할 계획입니다.

▶ 그리고 조금 전에 말씀하시기를 이번에 원산, 금강산, 마식령 등을 둘러보고 오셨다고 하셨는데 지금 그곳은 어떤 상황이고 어떤 변화가

있습니까?

■ 먼저 마식령 스키장 건설은 공사 규모로 볼 때 거의 10년이 소요되는 대규모 공사로 보이더군요. 김정은 위원장의 특별 지시로 올해 안에 반드시 완공한다는 목표를 세우고 있으며 현재 몇만 명의 군인들과 노동자들이 동원돼 불철주야 작업을 하고 있습니다.

▶ 혹시, 박 회장님 측에서도 사업적으로 마식령 스키장 건설과 연관이 있습니까?

■ 저희와 마식령 스키장 사업과는 전혀 연관이 없고 마식령 사업 자체가 감히 우리 대북 사업이 끼어들 수 있는 케이스가 아닙니다. 이번에 북측이 군사 비행장을 민영화하면서까지 관광특구에 힘을 쏟고 김정은 위원장의 특별 지시에 따라 백두산에 있는 삼지연비행장, 칠보산에 있는 어랑비행장, 원산에 있는 갈마비행장 등 세 곳의 군사 비행장이 민간용으로 바뀌면서 이제 북조선은 개성 시대와 금강산 시대를 넘어 이젠 백두산 시대와 칠보산 시대가 열리게 될 것입니다.

짧은 대화였지만 박 회장은 매우 자신감 넘치고 진솔해 보였다. 나의 예민한 질문에도 친절하게 설명해 주었으며 김정은 위원장을 직접 언급할 때는 존칭과 예의를 갖췄다. 그러나 그와 대화를 나눈 후에 필자가 생긴 의문점 중에 하나는 정주에 조성되는 세계평화공원 문제였다. 아직도 화장실만 달랑 한두 개 지었다는 것은 이해가 안 됐다. 지금까지 통일교의 대북 종교사업 추진 전략을 들여다보면 외부에서는 모르게 은밀하게 진행되고 있는데 이는 기존 한국교회를 의식해서 전략상 연막작전을 펴왔던 것이다. 통일교는 자신들의 대북 프로젝트를 모두 성사시킨 다음에 그제야 외부에 공개하는 형식을 취해 왔기 때문에 박 회장의 이번 발언도 좀 더 연구와 검증이 필요할 것 같다는 생각이 들었다.

대화 도중에 우리 일행들을 태우려고 정문 앞에 여러 대의 대형버스가 도착하자 북측 안내원들이 여기저기 돌아

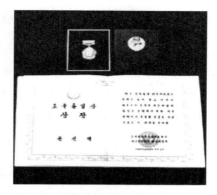

[사진 11] 평양 만수대의사당에서 태형철 최고인민회의 상임위 서기장 등이 참석한 가운데 타계한 문 총재에게 '조국통일상'을 수여하는 의식을 열었는데 이때 문 총재에게 수여된 '조국통일상장'

다니며 자신들이 담당한 동포들을 찾아다니느라 분주하게 움직이는 모습이 보여 우리는 대화를 마무리하고 서둘러 버스에 올라탔다.

유통, 관광, 요식 사업 등으로 제2의 도약을 꿈꾸는 통일교의 대북 사업

박상권 회장은 전승기념관 정문 앞에서 필자와 대화를 나눌 당시 나이를 묻자 "이제 환갑이 다 됐습니다"라고 했다. 현재 65세 정도로 확인된 그는 통일교 대북 사업의 산증인이자 핵심 리더로서 대북 사업에 대한 열정이 대단해 보였다. 중앙대 신문방송학과를 졸업한 그는 학구적인 열정도 넘쳐 대북 사업의 바쁜 와중에도 고려대 대학원 북한학과에서 틈틈이 공부해 석사학위를 취득했다. 또한 지금까지 성남일화 구단주, 금강산국제그룹 대표, 미국 트루월드그룹 회장직 등을 두루 거친 후 남북이 합작해 투자한 평화자동차총회사의 대표를 맡아 착

공식부터 준공식 그리고 그 후 흑자경영이 되어 북이 자립할 때까지 평화자동차를 이끌어왔다.

북에 지속적인 투자를 하고 있는 통일교는 대북 경영을 모두 박 회장에게 일임한 상태였기 때문에 그는 자유롭게 북을 드나들며 북 고위층들과 접촉 할 수 있는 위치에 있으며 때로는 남북 간에 메신저 역할도 감당해 왔다. 통일교 문선명 총재가 생존 시에는 문 총재의 생일이면 북 최고 지도자가 보내는 생일선물을 전달하는 역할을 하기도 했고 반대로 김정일 국방위원장과 김정은 제1위원장의 생일이 되면 통일교의 선물을 북 최고 지도자들에게 전달하기도 했다. 또한 조문 정국이 발생하면 양측을 왕래하며 조문 사절의 역할도 담당해 왔다.

박 회장은 필자와의 대화 말미에 "이제 우리는 평양에서 새로운 글로벌 기업을 시작할 포부와 계획을 가지고 있습니다"라고만 짤막하게 알려주었으며 구체적인 내용이 궁금했으나 아직은 밝힐 수 있는 단계가 아니라며 말문을 닫았다. 평화자동차의 지분과 보통강호텔 운영권을 북측에 넘긴다고 공식적으로 발표는 했지만, 모든 대북 사업에서 손을 떼는 것이 아니라 자동차산업이 아닌 다른 분야의 사업을 구상하고 있는 것이다.

당시 전승기념관 정문 앞에서의 단체 사진 촬영 행사장에는 김정은 위원장뿐 아니라 장성택을 비롯해 김양건, 김기남, 양형섭, 박봉주, 최태복 등 실세들이 거의 다 모여 맨 앞줄에 자리를 잡았고 단독 촬영이 끝난 후에는 장성택이 다가와 박상권 회장에게 축하의 인사말을 간단히 건네는 것을 필자가 눈앞에서 목격했다. 김기남 비서와 양형섭 부의장이 여러 사람을 향해 악수를 나누던 중 내게도 다가와 자연스레 악수를 건넸다. 당시 장성택 부위원장은 문선명 총재가 타계했을 때 평양에 마련된 빈소에 김정은 위원장 명의의 조화와 조의문을 직접 들고 조문을 왔을 정도로 관계가 있었다. 그러나 박 회장은 그동안 대북 사업을 하는 과정에서 장성택과 몇 차례 만난 적이 있지만 주로 접촉했던 인사는 김양건 노동당 비서였다. 몇 년의 세월이 흐른 후 장성택은 처형되고 김양건은 교통사고로 갑자기 타계했기 때문에 박 회장으로서는 대북 사업상 고위 인맥 형성에 큰 변화가 생겼을 것으로 예상한다.

박 회장은 필자와의 대화에서 언급했듯이 요식업, 유통, 관광, 숙박 등과 연계된 관련 회사를 조만간 설립할 것으로 보였는데 조만간 평양 시민들이나 북 인민들이 쉽게 이용할 수 있는 생활 마트를 건립해 유통 사업에 주력할 것으로 운을 뗐다. 필자가 보기에 평양시민에게 필요한 생필품을 조달하는 유통업을 해볼 생각에 몰두하고 있는 듯했다. 또한 그는 북 최고 지도자인 김정은 위원장이 역점 사업으로 강조한 관광사업에도 큰 관심을 보이고 있었는데 그 이유는 국제사회가 대북 경제제재 조치를 취하는 상황에서도 관광 분야만큼은 비교적 자유로운 상황이기 때문에 외화 수입 사업으로 가장 적합하다고 판단을 한 듯했다.

이제 박근혜 정부하에서 개성공단도 일방적으로 중단되고 사실상의 남북경협이 모두 중단된 가운데 유일하게 북에서 사업을 계속하고 있는 통일교의 박상권 회장, 그는 지금도 대북 사업을 통해서 이미 타계한 통일교 설립자 문선명 총재의 유지를 몸소 실천하려는 종교적 기업인으로 제2의 도약을 꿈꾸고 있는 야심 찬 인물로 보였다. 필자가 분명히 말할 수 있는 것은 북측에 상주하거나 자주 방문한다고 해서 북 최고 지도자를 쉽게 만나거나 접견할 수 있는 것은 아니다. 박상권 회장은 앞으로도 통일교의 교세 확장과 사업을 위해 계속해서 북 최고 지도자를 자주 만나고 싶어 할 것으로 보였다.

북 당국이 박 회장에게 명예 평양시민증을 수여한 진정한 의미

박 회장의 평양시 명예시민증에 '002'라고 적힌 일련번호와 함께 "조국과 민족의 융성 번영을 위하여 특출한 공헌을 한 박상권 동지는 조선민주주의인민공화국 평양시 명예시민임을 증명함"이라는 글이 새겨져 있다. 남측의 경찰청에 해당하는 북 인민보안부가 직접 발급한 이 시민증에 대해 박 회장 자신은 "북이 명예시민증을 준 것은 지금까지 내가 그들에게 보여준 신뢰를 인정한 것이며 앞으로 좀 더 자유롭게, 적극적으로 북에서 사업하라고 승인한 것입니다"라고 평가했다. 그러나 그가 명예시민증을 받은 이유는 또 있었다. 박상권 회장이 2012년 11월 평양을 방문했을 때 평화자동차와 보통강호텔 운영권과 지분을 북측에 넘기는 대신 이제부터는 남북 합작 형태가 아닌 통일교만의 단독 사업을 시작할 수 있게 해달라는 요청을 북측 당국에 접수한 것이다.

평화자동차가 5년 전부터 흑자가 났는데 회사가 잘 되고 이익이 날 때 운영권을 넘겨줘야 북측 당국도 좋아할 것 아닙니까? 현재 북에 '외국인투자법'이 있지만, 그동안 불안함 때문에 외국인이 북에 100% 투자해 단독으로 경영한 사례는 아직 없었습니다. 앞으로 저희가 단독 경영방식으로 북에서 사업을 성공해 외국 투자자들에게 북에서도 돈을 벌 수 있다는 것을 보여주는 좋은 사례와 본보기를 보여줄 것입니다.

북 당국은 이런 박 사장의 새로운 사업구상과 대북 신뢰도와 충성도를 높이 평가해 박 회장이 요구한 단독 사업 요청을 승인하는 차원에서 평양시 명예시민증을 수여했던 것이다.

현재 북에 투자하는 중국 기업들은 자국 내 경쟁에서 밀려난 기업이 대부분인데 북의 경제발전을 위해서는 남측의 성공한 기업들이 들어와야 합니다. 그러면 일본과 미국의 큰 기업들도 북에 진출할 것이고 뒤따라 중국의 성공한 기업들도 북에 투자하게 될 것입니다. 남측의 중견기업 200개 정도만 북에 진출해 투자사업을 하면 남북이 서로 싸울 일이 전혀 없지 않겠습니까? 그렇게 되면 북측도 책임 있는 행동을 할 것이고 핵 문제를 포함한 근본적인 갈등도 해결돼 통일이 앞당겨지게 될 것입니다.

그가 평양시민증을 받은 것은 통일교가 그동안 심혈을 기울여 키워놓은 평화자동차와 보통강호텔을 북측에 양도하는 과정에서 그동안의 수고와 노고를 치하하는 의미였으며 앞으로는 남북 합작 형태가 아닌 단독 사업을 추진하려는 박 회장에게 격려와 함께 승인을 해준다는 의미였다.

박상권 회장과 김정은 위원장과의 만남은 어떤 의미였나?

박상권 회장은 전승기념관 정문 앞에서 김정은 위원장과 단독으로 촬영한 기념사진을 김양건 비서 측으로부터 건네받기 위해 7.27 기념행사 주간이 다 끝난 후에도 평양에 계속 머물며 사진이 현상되기만을 기다렸다. 그러다가 서울 귀환에 앞서 드디어 8월 2일에 김양건 비서와 2시간 동안 접견을 했으며, 그 자리에서 단체 사진은 물론 자신과 김정은 위원장과 단둘이만 찍은 단독 사진 등을 전달받고 서울로 돌아왔다. 박 회장은 자신과 김정은 위원장과의 만남을 남측의 각종 언론에 알렸으며 언론사들의 인터뷰 요청을 통해 당시 상황을 직접 말했다.

> (전승절 행사 기간) 약 12일 동안 여러 가지 일들이 있었고, 행사가 열 가지가 있었는데요. 저는 조금 빨리 오려고 했는데, (북측 당국자가) 이틀 더 있다 가라고 해서 더 있었는데, 30일 날, 아침에 가보니까 사진 촬영을 단체로 해주는 시간이더란 말입니다. 그래서 저도 가서 섰는데, 선 자리에서 저를 본 김양건 부장하고 김정은 제1비서가 저에게 손짓을 하면서 다가왔어요. 그래서 많은 사람 앞에서 그쪽에 쫓아가서 손을 잡고 악수를 하고 몇 마디 인사를 나누고, 그러려니 했는데, 기념사진을 지시를 하더란 말입니다. 그러니까 사진사들이 기념사진을 찍는데, 두 사람이 찍게 됐고, 그리고 떠나고 나서 간부들 다 만나고 축하받고, 그러고 나왔습니다.

필자가 판단하기에 김정은 위원장이 해외 동포들과 단체 사진을 찍은 뒤 다시 박상권 회장만을 앞으로 불러내 단독 사진을 찍어준 이벤트는 많은 것을 시사하고 있다는 생각이 들었다. 김정은 위원장이 볼 때 지난 선대(김정일 위원장) 시절부터 대를 이어 20년 넘도록 큰 무리 없이 왕성한 대북 사업을 해오면서 마침내 평화자동차를 북측에 완전히 무상으로 넘겨준 공로를 치하한 것이며 박 회장이 김 위원장 집권 이후 최초로 평양시 명예시민증도 받을 만큼 북 최고지도부의 신뢰

[사진 12] 김양건 비서가 박상권 회장을 두 시간 동안 접견하며 향후 통일교의 대북 사업 계획을 상의하는 장면

를 얻은 것에 대한 격려 차원이었다. 또한 김 위원장은 이런 통일교의 여러 가지 공로를 감안해 전 세계 해외 동포대표단들이 지켜보는 가운데 공개적으로 박상권 회장의 활동을 인정한 것이었다.

III. 북에 진출한 통일교 기업체들

전환기를 보낸 통일교의 대북 사업

통일교(가정연합)는 종교이자 기업이고 기업이면서 종교이다. 때로는 이 두 가지가 종교적 사상과 이념 아래 혼합적인 양상을 보이면서 인류사회를 상대로 매우 특이하고 확실한 목표를 추구하는 그룹이다. 통일교에서 세운 '국제승공(勝共)연합'이라는 기구는 남북 관계가 극단으로 치닫던 1968년 문선명 총재에 의해 창설됐는데 이는 당시

'반공'(反共)을 국시로 삼고 북과 적대적 관계를 유지하던 박정희 정권 측에서 매우 환영할 만한 일로 여겨 양측이 밀착 관계를 형성해 왔으며 통일교는 이를 활용해 반공교육이라는 명목으로 국내외에서 포교 활동을 해왔다. 때론 보수적인 한국 기독교로부터 이단 사이비 종파라는 비난을 받으면서도 '반공'이라는 큰 틀 안에서는 극우기독교와 통일교가 서로 하나가 되는 웃지 못할 '적과의 동침' 시절도 있었다.

당시 보수주의자들은 "공산주의를 반대하거나 박멸한다"

[사진 13] 1990년 문선명 총재가 소련의 고르바초프와 만나는 장면(위). 1991년 주석궁에서 김일성 주석과 만찬을 하는 장면(가운데). 1974년 미국의 닉슨 대통령과 백악관에서 만난 장면(아래)

는 뜻으로 '반공' 또는 '멸공'(滅共)이란 단어를 널리 사용하고 있을 때였는데, 통일교는 여기에서 한 걸음 더 나아가 "공산주의를 대상으로 이기자"는 뜻의 '승공'이라는 용어를 만들어 낸 것이다. 이와 관련해 통일교 측에서는 "반공과 멸공은 무작정 공산주의를 적대시하는 것이라서 철학적 배경이 약하나 승공은 공산주의를 인정하면서도 이를 극복하자는 주장인 만큼 훨씬 더 논리적이다"라고 설명했다.

그러던 통일교가 1990년대 들어 갑자기 활동 방향을 인류의 보편적 가치인 '평화', '사랑', '가정 행복' 등으로 전환하기 시작했으며 이때부터 문 총재가 특별히 공을 들인 지역이 바로 북조선이었다. 그 후 통일교의 대북 사업은 이런 인류 보편적 가치를 추구하는 의미에서 북을 상대로 경제적 이득사업에만 몰두하기보다는 남북 관계의 물꼬를 트거나 가교역할에 더 주력해 왔다. 또 다른 한편으로는 남북통일이 현실로 이뤄질 경우를 대비해 교두보를 확보하거나 자신들의 기득권 확충에도 중점을 두었고 동시에 종교적 목적을 실현하려는 취지에서 기업을 통한 대북 사업을 벌여왔던 것이 사실이었음을 필자가 밝혔다. 이를테면 그동안 대북 통일운동 사업과 이윤추구 사업을 병행해 온 것으로 볼 수 있다.

그동안 통일교의 대북 투자 중에 가장 핵심사업은 '평화자동차'와 '보통강호텔' 운영이었는데 지금으로부터 3년 전인 2012년을 기점으로 통일교 측은 이 두 회사를 북측에 모두 양도했다. 그동안 10개에 가까운 현지법인을 북에서 운영해 온 통일교가 두 기업의 운영권과 지분을 관련 절차를 밟아 북 당국에 모두 넘겼는데 이는 평소 문선명 총재의 유지였기에 마침 문 총재의 타계(2012. 9. 3.)를 기점으로 북에 양도했던 것이다. 이것은 문 총재의 죽음이 양측 관계에 큰 변화를 주었으며 통일교가 새롭게 도약하고 전환하는 계기가 되었음을 의미하기도 한다.

이번에는 필자가 문 총재 타계 직후에 몇 차례 방북해 간간이 참관했던 통일교 기업들에 관한 참관 이야기들로서 지난 25년 동안 추진된 통일교의 대북 투자 사업진출과 민간 교역 사업들에 대한 구체적인 내용들이다. 사실상 대북 투자의 선두 기업으로 자리매김해 왔던 통일교가 2012년을 기점으로 전환기를 맞이해 2013년부터 새로운 대북 사업을 모색하며 제2의 도약기를 맞이하고 있다는 것으로 시작된다. 자구책을 마련하며 새로운 대북 사업을 모색하고 있는 통일교는 현재 평양 시내에 '이마트'(E-mart)와 비슷한 형태의 대형 유통 사업을 검토하는 것으로 확인되고 있으며 이런 조직적인 유통업에 투자할 경우 통일교가 북 인민들에게 미치는 영향력은 이전보다 더욱 확대될 것으로 보였다.

북에 진출했던 통일교 기업들을 찾아가다

1991년 문선명 총재와 김일성 주석과의 회담 이후 시작된 양측의 핫라인은 최근까지 작동되고 있으며, 1994년 미국 카터 대통령이 김일성 주석과 김영삼 대통령과의 정상회담을 주선하며 남북 간의 화해 정국을 이끌어 나갈 때도 문 총재의 역할이 있었다. 그 후 2000년 김대중 대통령의 방북과 남북정상회담, 2007년 노무현 대통령의 방북과 남북정상회담 과정에서도 문 총재 측의 핫라인 역할이 일정 부분 작용했는데 이런 밀착 관계는 지금까지 유효하다. 1994년 김일성 주석이 갑작스럽게 타계하자 문 총재는 남측의 국가보안법을 어기면서까지 자신의 최측근인 박보희 회장을 평양에 조문 사절로 보내는 등 북 최고 지도자와의 의리를 보여주며 특별한 협력 관계임을 보여줬다.

또한 김정일 국방위원장 집권 후에도 북과 밀착 관계와 협력 관계를 유지하던 문 총재는 2011년 12월 김 위원장이 갑자기 타계하자 후계자인 문형진 통일교세계회장 일행을 조문 사절로 보내 금수산태양궁전 빈소와 김일성광장에 마련된 조문소를 방문토록 해 조문하게 하는 등 의리를 지켜왔다. 이처럼 남북 관계 변화와 상관없이 서로 꾸준한 신뢰 관계를 보여주던 양측은 2007년 10월 노무현 대통령의 방북 일정 중에는 남포에 있는 평화자동차공장을 직접 참관하도록 해 역대

[사진 14] 남포의 평화자동차 공장을 방문해 양정만 지배인의 설명을 듣고 있는 필자

남한 정권들과 통일교와의 협력이 지속되고 있음을 과시하기도 했다.

2012년 9월에는 문 총재가 타계하자 이번엔 당시 김정은 제1위원장이 자신 명의의 조화와 조의문을 장성택 부위원장을 통해 평양 조문소로 보냈고 북 최고인민회의는 문 총재에게 '조국통일상'을 수여하기까지 했다. 분명한 것은 북측 최고지도부와 통일교 최고지도부와의 관계는 지금까지 알려진 것 이상으로 매우 깊고 신뢰도가 높다는 것이다. 조그런 측에서도 봉수교회의 젊은 담임목사인 송철민 목사를 조문소에 보내 유족들과 함께 조문객을 맞이할 정도로 통일교의 위상은 북측 조그런을 비롯해 종교계, 정계, 경제계, 통일 단체, 언론 등의 주목을 받았다.

앞장에서는 '평양세계평화센터', '정주세계평화공원'과 문선명 총재 생가 그리고 통일교 교회인 '평양가정연합교회' 등 통일교의 종교 부분 사업을 차례로 다루었다. 앞장에 이어 그동안 통일교가 북에서 벌여 놓았던 대북 사업들을 현재 존폐 여부와 상관없이 차례로 다루고

자 한다. 원래 문 총재와 김 주석과의 협의서 체결 시에 '금강산관광개발', '원산항개발', '두만강경제특구개발'도 합의했으나 그 후 실행되지는 못했다. 그러나 그 후 금강산국제그룹을 통해 대북 교류에 본격적으로 나선 통일교는 '평화자동차' 공장 신설과 통일교 예배당이 들어선 종교 시설물인 '세계평화센터' 설립, '금강산 쾌속선 사업' 등을 단계별로 추진해 왔다. '평화자동차'에 딸린 계열사 중에는 '새기술연구소'(자동차연구소)와 '평화자동차 전시장', '평화자동차 부품상점' 그리고 '평화연료공급소(주유소)' 등이 있고 '평화항공여행사'를 통해서는 '평양골프관광', '아리랑공연관광사업', '정주세계평화공원'과 '문선명 총재 생가 순례 관광' 등을 연계해 왔다. 또한 '평화토건'을 통한 건설 사업, '보통강호텔'과 '안산관호텔', '안산관 식당' 등을 통한 숙박업과 요식업을 연계하고 있었으며 '평화무역'을 통해 각종 남북 민간 교역을 주도해 왔다.

1) 보통강호텔

필자는 방북 중 여러 차례 보통강호텔을 방문할 기회가 있었다. 1층 로비에는 김일성 주석과 김정일 위원장이 함께 찍은 대형 사진 두 개가 각각 걸려 있고 호텔 내부는 대부분 고급스런 장식으로 꾸며져 있었다. 해마다 크리스마스 시즌이 되면 로비에 성탄절 트리가 설치돼 있는데 서구 사회 트리와 마찬가지로 네온사인과 장식품들이 매우 화려하다. 로비에 있는 은방울 커피점의 커피는 매우 향긋해 많은 이들이 이용하고 있으며 커피점 옆에는 평양 고려링크사의 사무실이 자리잡고 있어 스마트폰과 인터넷을 사용하려는 투숙객들과 해외 고객들을 위해 서비스를 제공하고 있었다. 호텔 건물 밖을 나가면 호텔과 세계평화센터 중간에 화단이 조성돼 있는데 이곳에 통신기지국의 대형 접시안테나가 설치되어 있다.

1973년 완공됐다는 10층 규모의 보통강호텔은 평양 시내 대동강 지류인 보통강변에 바로 위치해 있기 때문에 '보통강'이라는 이름을 사용하는 것이며 사람들에게 특급 호텔로 불린다. 행정구역상으로 '평양시 평천구역 안산동'에 위치해 있으며 객실 수는 총 163실이다. 1등실(14개), 2등실(56개), 3등실(93개) 등 약 170여 개의 다양한 객실을 갖추고 있으며 건축면적은 29,805㎡로 알려져 있다. 보통강호텔을 건축할 당시 김일성 주석이 무려 아홉 차례나 건축 현장에 현지 지도를 할 정도로 심혈을 기울여 건축했으며 일본 요코하마 항에서 건축자재들을 운반해 건축했다고 한다.

그동안 통일교의 대북 투자사업은 금강산국제관광총회사를 통해 대부분 이뤄졌으며 이 호텔을 북 당국으로부터 최초로 사들인 회사가 바로 금강산국제관광총회사였다. 그런 이유 때문에 1993년 11월부터 통일교가 이 호텔을 인수해 경영을 맡기 시작한 것이다. 북의 호텔들은 모두 국영인 데 반해 이 호텔만큼은 통일교 법인에서 운영한 것이 특색이었다. 1990년대 후반부터 본격적으로 시작된 통일교의 대북 투자액은 당시 현대그룹에 비교하면 아주 미약했다. 현대그룹이 6억 9천만 불을 투자한 것에 비해 통일교는 7천만 불 수준이었다. 그러나 통일교는 이 보통강호텔을 운영하며 어느 정도 재정이 뒷받침되었고 곧이어 평화자동차사도 설립할 수 있었다. 보통강호텔은 주로 남측 인사와 해외 동포들 그리고 외국인 사업가들이 방북 시 주로 머물고 있는 호텔로서 지명도가 높으며 각종 맛있는 산해진미 요리로도 소문이

[사진 15] 보통강가에서 바라본 '보통강호텔' 전경

난 곳이다. 평화자동차처럼 이 호텔도 북측에 양도 절차를 모두 마치고 운영권과 지분을 북측에 넘겨주어 북 자체적으로 운영 중에 있다.

2) 안산관호텔과 안산관

통일교의 대북 사업은 체결 이후 오랜 시간 일관성 있게 추진돼 온 것이 그 특징인데 심지어 남북 관계가 원만하지 않았던 문민정부 시절에도 평양 시내 보통강호텔 인수와 펜션식의 '안산관호텔' 운영에 착수할 정도였다. 필자가 방문한 안산관호텔은 보통강 강물과는 별도로 그 인근의 아름다운 호숫가에 조성되어 있었으며 둥근 형태의 '안산관'이라는 고급식 당도 운영하고 있었다. 이 안산관은 국내외 많은 미식가가 찾고 있었는데 필자도 이곳에서 단고기(개고기) 코스요리를 비롯해 각종 고급 음식을 자주 먹을 기회가 있었다. 그동안 통일교 측은

[사진 16] 호숫가를 중심으로 조성된 펜션식 건물인 안산관호텔과 고급식당인 안산관(둥근건물)이 보인다. 멀리 오른쪽에 보통강호텔이 희미하게 보인다.

보통강 호텔-안산관 호텔-안산관을 하나로 연계해 운영해 왔던 것이며 특히 두 호텔의 투숙객들과 안산관을 찾는 고객들을 위해 일본인 요리사가 일본에서 직접 공수해 온 신선한 재료를 사용해 정성껏 음식을 만드는 곳으로 유명해졌다.

평양에 있는 외국 대사관들은 이 보통강호텔과 안산관을 연회 장소로 선호했고, 평양에 진출한 외국 기업들은 이 두 호텔 객실을 장기 임차해 사무실로 쓰는 경우가 많았다. 특히 안산관호텔의 외형은 호숫가 둘레를 따라 마치 펜션 주택이 늘어서 있는 구조로 세워진 호텔이라서 위압감이 없이 편안한 가정집 같은 느낌을 주었으며 호텔 객실보다는 야영지의 별장 같은 느낌을 주어 고객들에게 명성을 얻고 있다. 보통강호텔 음식점과 안산관에서는 실내에서 만드는 '휘발유조개구이'를 비롯해 각종 다양한 요리들을 제공하고 있어 필자는 지금까지도 그 맛들을 잊을 수가 없을 정도다. 또한 안산관호텔 손님들도 보통강호텔 1층에서 운영되고 있는 고려링크를 찾아가 심카드를 구입할 수 있도록 배려하고 있어 필자도 평양에 체류하는 동안, 이 호텔의 고려링크를 통해 인터넷을 활용하기도 했다.

그동안 통일교 측은 호텔 객실과 식당 등에서 발생하는 수익금과 임대료만으로도 웬만한 투자 경비는 회수했고 흑자경영으로 돌아섰으나 대북 제재 조치와 남북 관계의 경색 등으로 현재는 현상 유지만 되고 있는 것으로 확인됐다. 보통강호텔과 마찬가지로 안산관호텔과 안산관은 북 화폐가 아닌 엔화나 유로화, 미화만 받고 있다. 박상권 회장이 2013년 7월에 필자와 잠시 대화를 나눌 때 했던 말에 의하면 앞으로 통일교 측은 안산관의 좌석 수를 늘리고 대규모로 확장해 음식점 사업을 크게 하고 싶다고 했는데 그 무렵부터 '안산관'이 '원형식당'이라는 이름으로 바뀌며 새롭게 영업을 개시한 것으로 보아 통일교의 운영권과 관련이 깊어진 것으로 보였다.

3) 평화자동차

필자는 평양에서 자동차로 1시간 거리에 위치한 평화자동차 남포 공장을 참관한 적이 있다. 방문했던 시기가 2013년도 봄이었기 때문에 이미 통일교가 북측에 운영권과 지분을 모두 넘긴 뒤였다. 남포항 2㎞ 거리에 있는 '청년도로' 바로 앞에 위치한 정문 입구에 도착하니 공장 총책임자인 양정만 지배인이 미리 나와 따뜻하게 영접해 주었고 그의 친절한 설명을 들으며 공장 내부 시설을 모두 둘러볼 수 있었다. 그뿐 아니라 양 지배인의 배려로 공장 내부에 있는 그의 집무실을 방문해 사업 현황에 대한 브리핑도 청취하며 여러 가지 질의응답도 할

[사진 17] 평화자동차 준공식 단상에는 이미 완성한 제1호 자동차가 전시되어 있고 악단까지 동원해 행사를 지원하는 모습을 볼 수 있다.

수 있었다.

　이 공장의 총 부지가 무려 모두 33만 평이나 된다고 해서 필자가 놀랐으며 부지 주변이 농지와 야산으로 조성돼 있기 때문에 앞으로도 필요하면 부지 확장이 더 가능하다고 했다. 공장 건물은 크게 자동차 종합생산 건물동과 수리와 개조를 담당하는 건물동으로 구분되어 있었으며 전체적으로 공장 시설들은 규모가 방대했고 기술자들과 노동자들은 매우 여유 있는 모습으로 각자의 맡겨진 업무에 열중하고 있는 모습들이었다. 공장을 건설하던 초창기에는 7,000평이나 되는 공장 내부 설비 등을 갖추기 위해 통일교에서 710억 원 정도를 투입했으며 그 결과 연간 1만 대의 조립 생산이 가능한 시설을 갖추게 됐다고 한다.

　행정적으로는 '평안남도 남포시 항구동'에 위치해 있으며 건립 당시 김정일 국방위원장이 직접 33만 평 대지를 지정해 주었다고 한다. 필자가 공장 부지 전체를 두루 둘러보니 공장 정문과 경비실을 비롯해 자동차 생산라인 과정을 담당하는 '제1공장'(자동차 조립 건물동)과 함께 정비와 수리를 담당하는 '수리정비 공장동' 외에 '변전급수건물'과 '연유공급장'이 자리 잡고 있었으며 울타리를 따라 '자동차연구실', '제관장', '도서실', '보위대', '식당 건물', '운수 건물' 등이 즐비하게 있었다. 평화자동차 본사는 남북 양쪽 모두 개설돼 있다고 하는데 남측에는 '서울 강남구 신사동', 북측에는 '평양시 축전동'에 있다고 한다. 원래 '평화자동차총회사'는 북 당국으로부터 공장 부지를 제공받은 1997년 2월 27일부터 본격적으로 준비하기 시작해 1998년 1월 7일 출범했으며 2년 만인 2000년 2월 3일 제1단계 착공식을 거행해 2002년 4월 6일, 공장 건설 공사를 모두 마치고 마침내 준공식을 거행했다고 한다. 준공식과 함께 본격적인 자동차 조립 생산 가동에 돌입했는데 당시 남북경협 역사상 제조업 분야로는 최대 규모였다고 한다. 잘 알려진 대로 '평화자동차사'가 70% 지분을 갖고 북측의 기계 공업 전문 회사인 '조선련봉총회사'가 30% 지분을 갖는 남북 합영회사로 출범했다. 필자는 남측 통일교와 합작을 했던 북측 파트너 회사에 대해 이것저것 질문하기 시작했다.

당시 통일교를 담당한 북측 부서는 '조선아시아태평양평화위원회'(이하, 아태평화위)였으며 당시 김용순 위원장과 송호경 부위원장이 공장이 세워지고 자동차가 생산되기까지 많은 역할과 도움을 주었다고 한다. 현재는 북 '해외 동포원호위원회'에서 통일교를 전담하는 부서와 현대아산을 담당하는 부서가 별도로 마련돼 있다고 한다. 필자는 북측 파트너였던 조선련봉총회사 리정철 총사장이나 량문범 부총사장과 신경림 총부사장 등이 평소 평화자동차의 운영에 직간접적으로 관여를 했는지가 몹시 궁금했다. 그러나 총사장은 잘 안 나타나고 실제로 북측 회사를 대표하는 인물은 신경림 총부사장이라고 했다. 그는 고령이지만 엘리트 출신으로서 매우 개방적이면서도 사상이 투철하고 남측 관계자들과의 대인관계도 매우 좋은 인물이라고 했다. 또한 매우 현명하고 합리적인 경영인이라고 평가해 주었다.

평화자동차 내부 시설 공사가 한창이던 2000년도에는 남측 기술자 10여 명 정도가 직접 이곳에 상주하며 기술지원을 했으며 그동안 이 공장에서 일하는 노동자들의 수가 초창기에는 350명 정도였고 그 이후 자동차 생산이 한창일 때는 500명 정도가 출근해 일을 했다고 한다. 대부분 공장 기숙사에 거주하거나 혹은 남포나 평양에 살면서 매일 출퇴근하는 노동자들이었다고 한다. 이번에 내가 보고 느낀 것은 공장에서 일하는 노동자들과 행정적인 일을 보는 노동자들 모두가 굉장히 순수하면서도 성실하다는 것이었다. 이들은 공장 자체적으로 청년돌격대 조직을 운영하고 있었다.

하루 노동 시간은 일괄적으로 모두 8시간이며 임금은 자체적인 인

[사진 18] 남포공장 북측 근로자들이 머리를 맞대고 기술 회의를 하는 모습

센티브가 있으며 대부분 자발적으로 일을 하거나 배우려는 모습들이라서 노사 간의 문제는 아무런 불상사가 없다고 한다. 한 가지 독특한 것은 남측에서 주도했던 회사이지만 이곳에 일하는 노동자들이 모두 북측 인민들이다 보니 매주 금요일에 되면 '총화시간'을 갖고 있었다. 남측 보수 집단에서는 북 사회 전반에서 시행되고 있는 총화시간을 자기 자신을 비판하는 '자아비판' 시간이거나 이웃과 동료를 고발하는 '몰인정한 상호비판' 시간이라고 왜곡하고 있으나 실상은 현실적으로 매우 필요하고 건전한 모임이다. 이곳 평화자동차 공장의 경우 노동자로서의 자기반성과 발전적인 제안 그리고 공장을 잘 운영하기 위한 아이디어와 노동자들끼리의 화합 등 모두가 다 잘 살기 위한 목적으로 총화시간을 갖고 있기 때문에 필자에게는 매우 바람직한 모임으로 비쳐졌다.

필자가 볼 때 비록 이 공장은 남북 합작회사지만 북의 기간산업을 남측의 통일교가 주도했다는 점에서 여러 가지 의미와 상징성을 지고 있다는 생각이 들었다. 지금까지 통일교의 대북 사업은 통일교와 박경윤 회장이 이끄는 기업이 공동 주주로 참여한 '금강산국제그룹'을 통해 벌여왔으나 평화자동차총회사만큼은 박경윤 회장이 일절 관여하지 않고 통일교만의 고유한 대북 사업이었다. 그래서 이 평화자동차 출범을 계기로 통일교가 단독으로 북에 여러 대북 기업이 진출하게 된 계기가 된 것이다.

공장 안의 거대한 벽면에 부착된 게시판에는 자동차생산 연혁이 그려져 있는데 자세히 살펴보니 공장 완공 후에는 이탈리아 피아트사 제품인 2,500cc급 대형차 '알파로미오'와 소형차 '시에나'를 조립해 생산한 것이 그 시작이었다. 그 후 평화자동차만의 고유 모델을 생산해

[사진 19] 남포공장 내부 현황판에는 2002~2010, 2011~2013까지 생산된 차량 종류를 광고하고 있다.

출시한 연혁을 차례대로 기록하고 있었다. 특히 준공식을 앞두고 김정일 국방위원장의 환갑인 2002년 2월 16일에 맞춰 제1호 완성차를 내놓는다는 계획이 마침내 성공해 준공식 행사 단상에는 제1호 완성차 모델을 올려놓고 행사를 치렀다고 한다. 또한 알파로미오와 시에나가 출시되기 전까지는 일본을 비롯한 제3국에서 중고차를 들여와 수리한 다음 북측 자국민들에게 판매하는 사업을 했다고 한다. 자동차 운전석이 오른쪽에 있는 일제 차량을 왼쪽으로 옮기는 등 여러 가지 수리를 마친 후 고객들에게 판매했으며 일반 차량들을 정비해 주는 사업을 병행하며 오늘날의 평화자동차로 성장시켰다고 한다.

초창기부터 '휘파람', '휘파람2', '뻐꾸기', '뻐꾸기2', '뻐꾸기3', '뻐꾸기4WD', '준마', '삼천리' 등 8개 차종을 생산 및 판매했는데 특히 이탈리아 피아트사의 부품을 수입해 제작한 1,600cc 승용차 '휘파람'은 지금도 평양 시내에 많이 돌아다니고 있었으며 중국 서광자동차 모델을 들여와 생산한 스포츠 유틸리티(SUV) 차량 '뻐꾸기'도 많이 생산했는지 평양 시내에 많이 운행되고 있었다. 그 후 북 고객들에게 가장 인기 있는 '삼천리' 미니버스를 비롯해 지금은 트럭까지 생산하고 있었으며 필자가 방문하기 전 해(2012년)는 평화자동차의 총생산량이 1,500대 정도였다고 한다. 박상권 평화자동차 사장은 북측에 지분을 양도한 이후 현재 명예 회장으로 남아 있고 자동차생산과 판매 등 모든 운영권과 지분을 북측이 넘겨주어 북측 회사가 자율적으로 운영하는 체제로 전환되었다.

4) 평화자동차 전시장

필자가 방문할 당시의 평화자동차 전시장은 통일교가 손을 뗀 직후인데도 아무 일 없다는 듯 여전히 잘 운영되고 있었다. 평양시 광복동 대로변에 자리 잡은 이곳 전시장은 오히려 성황을 이루고 있는 모습이었다. 한 해 생산되는 평화자동차 1,600대가량을 판매하기 위한 고객 유치에 힘쓰고 있는 모습이었으며 일하는 봉사원들 모두가 매우 친절했다. 이곳은 전시장에 비치된 자동차 모델 외에 자동차를 구입하려는 고객들이 미리 타 볼 수 있는 '시험운전용 자동차 전시공간'을 비롯해 부품 가게와 커피점까지 두루 갖추고 있었다. '준마'라는 차량을 제외하면 '휘파람', '창전', '쌍마', '삼천리' 등 각종 승용차와 승합차, 스포츠 유틸리티 차량 등 대부분이 수동 5단 변속기 자동차들이었고 소형화물차 '뻐꾸기3' 등 여러 대의 트럭을 포함해 모두 25개 차종이 전시되어 있었다.

최신 신차들이 전시된 이곳은 여러 단체나 기관에서 한 번에 10대 이상 주문하기도 하고 혹은 한두 대씩 주문하기도 한다. 때로는 중동

[사진 20] 평양 시내에 주차된 평화자동차 모습

이나 러시아에서 해외 근로자로 파견돼 달러를 보유한 본인이나 가족들이 개인적으로 한 대씩 주문하는 경우도 있었으며 소위 신흥 부유층들도 방문해 원하는 자동차 모델을 서슴없이 구입한다고 한다. 또한 사업상 북에 장기 체류하거나 상시 방문하는 해외 동포 사업가들도 차량을 구입하고 있었으나 아무래도 가장 큰 고객층은 국가기관이나 기업소라고 한다. 그다음 고객들은 외국공관인데 현재 북 주재 대사관들과 유럽이나 중국 등 여러 나라의 무역 관계 회사들이 실제로 다양한 자동차 구입을 요청하고 있기 때문에 이들로 인해 요즘은 수요와 공급이 꾸준히 이뤄지고 있다고 한다.

아무래도 북 사회는 자동차가 많지 않은 사회이다 보니 장거리 이동할 때나 수하물을 운반할 경우 마땅한 운송 수단이 없어 소형버스인 '삼천리'가 가장 많이 팔린다고 한다. 이처럼 평화자동차에서 지난 10년간 만든 다양한 종류의 차량들이 현재 북 전역에 운행되고 있는데 예를 들어 '현재자동차가 2만 대 운행된다고 할 경우 다섯 대 중에 한

대는 평화자동차가 만든 차량'이라고 한다. 차량 가격은 미화로 대략 10,000-15,000달러였으며 이는 남측 차량 가격의 60-70% 정도에 불과한 가격이다.

평화자동차 상업광고도 부쩍 늘었는데 공장이 있는 남포시 지역은 물론 아스팔트로 만든 국도와 대로변 그리고 평양 시내 대로변 등에 평화자동차 광고판들이 자주 눈에 띄었다. 특히 옥외 광고판들도 자주 보였는데 광고모델로는 유도 영웅 계순희 선수와 '휘파람'을 부른 인기가수 전혜영이 자동차 이름 '휘파람' 때문에 전속모델로 출연해 인기를 끌고 있었다. 자동차 판매수익금을 보면 2008년에는 가동 6년 만에 50만 달러의 수익금을 냈고, 2010년에는 5.24대북조치의 악조건에도 불구하고 63만 달러, 2011년은 79만 달러, 2012년에는 80만 달러의 수익을 올리며 점차 증가했음을 확인할 수 있었다.

5) 평화자동차 부품상점

평화자동차 부품점은 '평양시 모란봉구역 인흥2동'에 위치하고 있으며 약 200평 규모 공간에 각종 자동차 부품과 액세서리들을 판매하고 있었다. 지난 2007년 4월부터 영업을 시작했다는 이 부품점은 자동차를 꾸미려는 서방세계 마니아들처럼 이곳 평양의 운전자들도 자주 찾아와 구입해 자신의 차량을 개성 있게 꾸미기도 한다. 특히 부품이 필요한 운전자들은 이곳을 직접 찾아와 부품을 구입한 후 자기 손으로 직접 정비나 수리를 한다고 했다. 평양은 남측이나 서방세계처럼 화려한 액세서리를 꾸미고 다니거나 요란스러운 자동차 마니아들이 있는 것은 아니지만 웬만한 액세서리들이 날개 돋친 듯 팔리는 것으로 보아 북에도 새로운 자동차 문화가 유입되고 있는 것은 틀림없어 보였다.

그러나 안타까운 소식 하나는 이곳 '평화자동차'(平和自動車)의 부품상점 말고도 평양 시내에 북과 중국이 합작한 이른바 '평양자동차'(平壤自動車)라는 이름의 전

[사진 21] 평화자동차 부속품 상점 내·외부

시장과 부품 상점이 영업을 하고 있다는 소식을 들었다. 필자가 확인해 보니 '평양자동차'가 태동된 배경이 따로 있었다. 통일교 관계자는 평화자동차그룹이 북에서 자동차 사업을 접은 이유에 대해 "애초부터 우리는 북측에 양도하기로 약속되어 있었다. 북측이 자립할 때가 되고 이윤 추가가 극대화될 무렵이 되면 남북의 평화통일을 위해 자연스럽게 양도할 계획이었다"라며 설명하고 있다. 그러나 이런 여러 가지 이유를 대지만 자동차 사업을 접은 가장 큰 이유는 통일교 측에서 볼 때 수익이 기대에 미치지 못했기 때문이다.

더 근본적인 이유는 문 총재의 죽음을 기점으로 그동안의 수익성을 평가한 결과 크게 기대에 미치지 못했기 때문이며 더 나아가 2009년부터 중국의 자동차회사가 북에 진출하면서 평화자동차가 더 이상 설 자리를 잃은 이유도 있다. 중국이 북에서 자동차 사업을 시작하면

서 북 당국자들도 평화자동차 남포공장을 중국 측 회사와 합병을 하든지 아니면 아주 넘기려는 계획을 세울 수밖에 없는 상황이 됐다. 통일교는 그동안 현상 유지만 했을 뿐 평화자동차의 발전과 사세 확장을 위해 더 큰 투자를 하지 않았기 때문에 북 당국이 이런 모습을 눈여겨보며 사업 평가를 해왔고 결국 통일교 측에 사업 포기를 권유했던 것이다. 이를 증명이라도 하듯 현재 북은 중국 단동의 '중조변경무역유한공사'와 함께 평양에 자동차 조립공장을 설립했고 2011년부터 '평양자동차'라는 상표로 버스와 화물차를 생산하고 있었다. 이에 평양자동차는 2013년 3월에 평양 시내에 대형 전시장을 갖춘 자동차 부품상점도 만들었고 남포가 아닌 평양에 종합자동차 조립생산단지도 조성하고 있었던 것이다.

6) 평화연료공급소(연유공급소)

평화자동차는 대북 기업 최초로 평양 시내와 남포에 주유소 사업을 시작했는데 평양 시내는 '평천구역', '광복구역', '서성구역' 등 3개 구역과 '남포시'를 포함해 모두 4곳에 주유소를 운영하고 있었다. 북에서는 주유소를 '연료공급소'나 '연유공급소'라고 부르며 주차장을 '차마당'이라고 부르는데 필자가 방문한 곳은 보통강변 인근에 있는 평화자동차가 운영하던 연유공급소였다. 매우 친절한 여성 1명과 남성 1명이 유니폼을 입고 주유원으로 근무하고 있었는데 알고 보니 북에서는 주유용 기름이 값비싼 원료라서 직원들이 부정을 저지를 가능성이 높기 때문에 주유원들을 채용할 때는 매우 성실하고 신뢰할 만한 인물 위주로 엄선한다고 했다.

연유공급소는 정부가 직영하지만, 자동차 소유 층들이 증가하면서 돈이 벌리는 사업이 되다 보니 최근 신흥 부자들도 공식적으로 허가를 받고 직접 운영하기도 한다. 요즘은 평화자동차들이 평양 거리를 부쩍 누비고 다니기 때문에 도로 정체현상이 생기는 지역이 있는가 하면 주차 공간 문제도 서서히 늘어나고 있다. 또한 필자가 직접 확인한 바로는 김일성광장과 평양역을 잇는 큰 대로 곳곳에는 CC카메라가

[사진 22] 평화자동차가 직영하는 연유공급소(주유소) 전경. 여성 봉사원이 주유 서비스를 하고 있다.

많이 설치돼 있었고 평양역 광장에는 주차비를 징수하는 여성들이 상시 근무하며 운전자들로부터 주차비를 징수하고 있는 모습을 여러 번 목격하기도 했다.

이런 상황에서 운전자들이 주유를 하기 위해서는 필수적으로 주유소를 방문해야 하는데 북에서는 남측이나 해외에서는 볼 수 없는 독특한 주유 문화가 있었다. 우선 '기름딱지'를 받는 주유소가 늘어나고 있는데 이 딱지는 일종의 '주유 쿠폰'과 같았다. 이 딱지를 주유소에서 구입해 소지하고 다니다가 본인이 주유할 때 현금 대신 주유원에게 건네주면 된다. 주로 유로화나 미화로 판매되고 있었는데 1장에 10유로짜리도 있고 장거리 운전자들을 위해 300유로짜리도 판매한다. 또한

장거리 운전자들은 비상 상황을 대비해 석유통에 따로 담아서 차량에 싣고 다니는 모습을 심심찮게 볼 수 있는데 이는 시골이나 지방에는 주유소가 많지 않아 연료가 떨어지면 바로 채워 넣기 위해서이다.

이명박 정부 시절 대북 사업을 계획하던 남측 정유회사들이 북에서 주유소 사업을 계획하던 중 갑자기 5.24대북제재조치가 발표되는 바람에 수포로 돌아갔다고 한다. 그 후 발 빠른 중국 기업들이 북에 주유소를 설립하기 위해 평양에 진출했다고 한다. 주유소 사업에 진출하는 중국 기업은 민간기업 2개사와 국영기업 2개사였는데 북·중 합작회사인 '중투신용국제투자관리유한공사'(이하 중투신용)와 MOU를 체결했다고 한다. 중투신용은 2003년에 설립한 국제투자 전문회사로 북중 교류, 해외투자, 금융, 지하자원 개발 등을 하는 기업이라고 한다. 과거 북 당국은 인도와 이집트 등에서 원유를 수입해 왔으며 최근에는 중국이 해마다 원유 50만 톤을 북에 수출하고 있으며, 무상 또는 장기 차관 형식으로 50만 톤 정도를 원조하고 있다고 한다.

필자가 알아보니 평양 시내는 평화자동차 주유소 외에도 일반 주유소가 30여 개 더 있는데 이 중국 기업 4개사는 1차로 평양에 주유소 14개를 더 세우고 2차로 전국에 220개를 더 세울 계획이며 북측과 중국 측 기업 4개사가 50%씩 이윤을 나누기로 약속했다고 한다. 석유는 중국산보다 러시아산을 공급한다고 하는데 그 이유는 러시아의 대북 수출량 가운데는 석유가 55%를 차지하기 때문이며 러시아산 석유가 중국산보다 저렴하고 질이 좋아 북측 인민들이 선호한다고 한다. 또한 중국에 밀리지 않으려는 러시아 회사들도 북에 주유소 체인망을 설립하고 있다고 한다.

또한 북에는 외화만 있으면 누구든지 자동차 외에도 개인소유의

[사진 23] 남포공장 내부 종합 안내판 앞에선 필자

'오토바이'나 '써비차'(영업용 차량)에 언제든지 연료를 넣을 수 있다고 하며 거래되고 있는 휘발유 가격은 대략 1kg(1.4리터)에 중국 돈으로 9위안 정도에 팔리고 있다고 한다. 연유공급소 외에도 시중에서 주민들끼리 서로 거래하는 기름은 대부분 러시아산이며 당국에서도 묵인하고 있다고 한다. 평화연료공급소를 비롯해 모든 연유공급소에서는 주로 휘발유(연유)와 디젤유를 판매하고 있다.

　요즘은 평양 시내에 택시들도 무척 늘어났고 승용차도 많아졌는데 특히 평양 시민들이 유선전화나 휴대전화로 '186번'을 눌러서 택시를 부르고 있었으며 전반적으로 주유소가 드문 북에서는 운전 도중에 연료가 떨어지면 교통보안원이 해결한다고 한다. 교통보안원은 경찰청에 해당하는 인민보안부 소속인데, 이들은 교통 위반으로 적발된 차량으로부터 벌금 대신에 일정량의 자동차 연료를 빼내기 때문에 항상 석유를 보유하고 있어 비상시에 공급이 가능한 것이란다. 아무튼 내가 우려되는 것은 현재 중국과 러시아가 북에 진출해 주유소 사업에 뛰어들고 있기 때문에 통일 이후에는 우리들의 미래 시장을 잃을 수도 있다는 안타까운 생각을 해보았다.

7) 평화무역

2005년 5월 설립된 '평화무역'은 평화자동차 회사 계열의 대북 무역회사로서 대표이사는 박상권 회장이다. 자동차부품, 완성차(CBU) 등 자동차 관련 품목뿐 아니라 다양한 대북 지원 물자, 건축자재 등을 취급해 왔다. 특히 그동안 다양한 북한산 제품 등을 국내외로 수출하거나 수입하기도 하며 거래되는 무역 품목들을 운반하고 수송하는 업무를 담당해 왔다. 대북 사업이다 보니 주로 중국 단둥에 설립한 지사가 가장 중요한 교두보 역할을 해왔으며 북측 신의주를 통해 평양까지 각종 물류사업을 전개해 왔다. 평화무역 지사 중에서 가장 중요한 역할을 하는 단둥지사는 '단둥평화무역유한공사'라는 법인으로 등록돼 있으며 현재는 활발하게 운영되고 있지 않다.

8) 평화토건

'평화토건'은 평화자동차회사의 계열사로서 2000년 1월에 설립된 건설회사이다. 대북 사업을 위한 건설 전문기업으로 발족한 이 회사는 2000년 2월에 시작된 평화자동차 남포공장 건설을 필두로 2008년에는 평양 시내 중심가 보통강호텔 앞 부지에 세계평화센터 빌딩을 10년 간에 걸쳐 건설하기도 했다. 평화토건에 의해 평화센터 내부 3층에 통일교 예배당이 세워져 있으며 남측 법인회사가 북측에서 공사를 한 것은 최초이며 완공 후에도 건물 운영권을 소유하는 것도 남북 역사상 최초로 있는 일이었다. 이처럼 그동안 왕성하게 대북 건설 사업을 추진해 온 평화토건은 현재 그 활동이 소강상태에 있다.

9) 평화항공여행사

평화항공여행사는 2003년 4월 11일에 설립한 대북 전문 관광회사로서 평화자동차 대표를 역임한 박상권이 대표이사를 맡고 있는 평화자동차 계열사였다. 이미 일본의 계열회사를 통해 1993년부터 평양, 백두산, 금강산 관광을 실시하고 있었으며 2003년도에 국내 최초로 평양 관광과 백두산 관광을 시작했다. 2004년도에는 여행사 주관으로 중국 심양에서 '세계여자프로권투대회'를 개최하면서 스포츠 이벤트 분야를 새롭게 시작했다. 그 후 2005년 3월에는 '심양세계여자프로권투대회', 6월에는 '평양세계여자프로권투대회'를 열었고 8월에는 역사상 처음으로 평양골프장에서 2005년 '평화자동차배 KLPGA 평양오픈 골프대회'를 개최하는 등 남북의 스포츠 외교까지 그 영역을 확대했다.

평화항공여행사의 운영은 통일교가 대북 교류 사업 차원에서 전개한 관광사업이지만 그 속내를 들여다보면 대북 포교 활동 차원에서 오랜 기간의 준비 과정을 거쳐 추진해 온 것으로 확인됐다. 국내와 해외동포 2천 명이 평양을 관광한다는 프로젝트를 세워 남측 통일부를 상대로 '남북경제협력사업자' 신청을 제출해 승인을 받았는데 이는 금강산관광총회사와 평양관광사업 계약서를 체결한 평화항공여행사가 아태평화위 명의의 확인서를 발급받아 통일부에 사업 승인을 신청했던 것이다.

관광코스는 평양, 남포 관광, 묘향산, 백두산 관광은 물론 평북 정주에 있는 문선명 총재의 생가와 인근의 세계평화공원 조성지 등이 포함됐는데 기존의 방북 관광 비용보다 저렴한 비용을 책정해 고객들에게 인기 상품으로 각광받았으며 실제로 2003년~2005년까지 3년간 약 5,000여 명의 관광객이 평화항공여행사를 통해 북을 방문했다. 그러나 이 관광 상품을 이용한 고객들 대부분은 통일교 신자들이었는데 이는 통일교 신자들이 북 인민들을 직간접으로 접촉할 수 있다는 점에서 본격적인 대북 포교 활동이 시작된 것으로는 해석된다. 또한 통일교의 일반 신자들이 문선명 총재의 평북 정주 생가와 그 인근에 조성 중인 '정주세계평화공원'을 방문하는 일정은 통일교 창시자이자 교주로서의 문 총재에 대한 평신도 교육과 홍보 측면에 큰 기여를 해 왔다.

10) 금강산국제그룹

'금강산국제그룹'은 통일교 박보희와 금강산그룹 박경윤 회장이 공동 주주로 참여해 세운 통일교의 대북 사업 창구이다. 이 금강산그룹에서 평화자동차총회사 설립을 주도한 것이다. 공산주의를 반대하고 대적하는 운동을 활발하게 펼쳐오던 통일교가 1987년 5월 15일 '남북통일운동국민연합'을 출범시키며, '승공(勝共)운동'에서 '남북평화통일운동'으로 방향을 전환하기 시작하며 91년 4월에는 소련을 방문해 고르바초프 대통령과 회담을 가져 국제적으로 관심을 끌었고 연속으로 그해 11~12월에는 북을 방문해 김일성 주석과의 회담을 열어 세계를 놀라게 했다.

이때 대북 사업의 초보자였던 통일교가 도움을 받기 위해 두드린 대북 창구는 당시 유일하게 북과 외부 세계를 연결해 주던 박경윤 금강산그룹 회장이었다. 북 조선노동당 통일전선부(이하 통전부)는 4.19 의거를 계기로 1961년 5월 13일 '조국평화통일위원회'(이하 조평통)이라는 산하 기관을 만들었는데, 1988년부터 북을 드나든 박경윤 회장이 이 조평통과 관계를 맺었던 것이다. 그리고 통일교는 이 박경윤을 통해 조평통의 전금철 부위원장을 접하게 되며 인연이 시작된 것이며 그러던 중 통전부는 1994년 5월 미국, 일본 등과의 관계를 개선하는 창구로 기존의 조평통과는 무관하게 '조선아세아태평양평화위원회'(이하 아태평화위)는 기관을 새로 만들었는데 이를 계기로 조평통은 유명무실해진 것이다.

이에 따라 통일교의 대북 사업 파트너도 조평통에서 아태평화위로 변경된 것이며 금강산그룹은 통일교와 아태평화위를 연계하고 중개하는 그룹이 되어 결국 금강산국제그룹 지분을 통일교와 아태평화위가 각 40%, 박경윤 씨가 20%의 지분 구조를 갖는 회사로 재편성된 것이다. 과거의 통일교 입장에서는 가장 큰 적(敵)으로 여겼던 공산당 단체(통전부)와 동침 관계에 들어간 것이다. 이로써 금강산국제그룹 회장 직함은 박경윤 씨와 통일교의 박보희 씨가 공동으로 맡게 되었다. 이에 대해 박경윤 회장은 "박보희가 나를 찾아와 금강산그룹의 공동회장직을 달라고 요청해서 수락했다"고 해명하면서 자신과 금강산국제그룹은 통일교와 별개의 기업이라며 선을 그었다. 그러나 그동안 일심동체로 통일교와 합작으로 사업했던 기업이기 때문에 통일교와 무관한 회사라고 보기 힘들다.

1991년 12월 6일 문 총재와 김 주석의 회담에서 논의한 경제교류
는 크게 금강산 개발과 자동차 사업이다. 금강산 개발은 금강산국제그
룹이 북측 전문가들을 참여시키고 홍콩의 세계적인 개발 조사 전문회
사에 용역을 의뢰, 약 2년에 걸친 작업 끝에 금강산 개발에 대한 계획
서와 타당성 조사 보고서를 내놓았으며 김일성 주석이 타계하기 직전
이던 1994년 박경윤 회장과 박보희 회장이 김 주석을 찾아가 비준을
받은 것이다. 금강산국제그룹은 금강산을 세계에서 가장 훌륭하고 오
염되지 않은 관광지로 개발한다는 취지 아래 10년에 걸쳐 단계적으로
플랜을 세웠는데 초기 단계에서 연간 50만 명, 최종 완료 시점에는 연
간 300만 명의 관광객을 유치한다는 목표로 계획을 수립했다고 한다.
초기에는 금강산 지역을 개발하고 후속 단계에서는 원산 방향의 해안
지대를 따라 북쪽 방향으로 지경을 넓혀가기로 했다.

94년 1월 27일자로 김일성 주석의 친필 서명까지 받아낸 '금강산
관광개발 타당성 조사'를 통해 금강산국제그룹은 북 정무원으로부터
50년 동안 금강산 관광개발 예정지 안에 있는 토지를 이용할 수 있는
권리를 받아냈다. 그런데 1998년 느닷없이 현대그룹 측이 아태평화위
김용순 위원장으로부터 전격적으로 서명을 받아내 금강산 개발권을
확보했던 것이다. 북에서는 김 주석이 서명한 사업은 소위 '불가침'으
로 통하는 것이 관례인데 금강산국제그룹의 지분을 소유한 주주이기
도 한 아태평화위가 현대그룹과 계약을 맺고 금강산 개발권을 넘겨준
것은 이해할 수 없는 일이었다.

금강산 개발권을 현대그룹에 넘겨준 이유와 결과에 대해 북 당국
은 적절한 해명이 없었고, 박경윤 회장과 통일교 박보희 회장 측도 충

분히 납득하지 못한 상태에 있었지만, 통일교 측은 이 문제에 아랑곳하지 않고 평화자동차 등 다른 대북 사업을 위해 금강산 개발권 문제를 덮고 더 이상 문제 삼지 않았다. 이후 통일교는 김대중, 노무현 정부보다 더 뜨거운 햇볕정책을 고수하며 목적 달성을 위해서는 적과의 동침도 마다하지 않으면서까지 자신들의 종교적 이상세계를 실현하고자 했던 것이다.

김정은 위원장이 한학자 총재에게 보낸 풍산개 한 쌍

문선명 총재 사후 가정연합(통일교)은 한학자 총재를 중심으로 12,000쌍 국제합동결혼식 등 여러 가지 대규모 행사를 거뜬히 치러내는 등 한 총재의 지도 아래 흔들림 없이 제2의 전성기를 맞고 있는 듯 보인다. 게다가 지금까지 각인된 '사이비 정치집단' 혹은 '이단 종교기업'이라는 오명을 벗고자 한국 사회와의 긴밀한 커뮤니케이션을 통해 '생활 종교' 혹은 '국민 종교'로의 변모를 모색하고 있으며 북측과는 문 총재의 죽음으로 인한 빈자리를 메꾸기 위해 새로운 대북 사업을 모색 중에 있다. 한 총재는 2015년 5월 국내 최초로 일반 언론 기자들과의 간담회를 통해 자신의 대북관과 대북 사업에 대한 생각을 아래와 같이 내비쳤다.

나는 평생 위하는 삶을 살아왔어요. 나라를 위한다면 못 할 게 없죠. (방북) 시기를 보고 있어요. 되도록이면 양쪽(남과 북의 정부) 면을 세워 줘야 하잖아요. 북한에서는 (우리에게) 지극정성이에요. 문 총재님과 김일성 주석과의 관계는 굉장히 끈끈했어요. 김정일, 김정은 위원장이 다 (통일교에 대한 김일성의) 유지를 받들었어요….

특히 자신은 김정은 위원장으로부터 이미 초청장을 받아놓은 상태라고 언급했으며 한 총재의 대북관은 아직 통일교 교주로서의 시각에서 북을 이해하고 있음을 확인할 수 있었다. 한편 2013년 2월에는 김정은 위원장이 박상권 회장을 통해 풍산개 암수 두 마리를 한학자 총재에게 선물로 보내기도 했는데 이 풍산개들은 통일교 성지이자 본부로 알려진 '경기도 가평군 설악면 송산리' 천정궁박물관에서 전달됐다. 통일교 절기 중에 하나인 '천일국 기원절' 경축식 오찬 자리에서 한 총재에게 직접 전달된 것이다.

뿐만 아니라 이에 앞서 문 총재의 90세 생일이던 2009년 1월 30일에는 당시 김정일 국방위원장이 보낸 90년 된 산삼 전달식이 가평 '천주청평수련원'에서 있었다. 당시 문 총재의 90세 생일 잔치 자리에는 1천여 명의 축하객이 참석했는데 박상권 회장이 북에서 들고 온 선물 보따리에는 90년, 80년, 60년 된 산삼 세 뿌리와 함께 축하의 글을 자수로 새긴 리본과 더불어 장미꽃 90송이와 백합 90송이를 담은 화병과 화환 등이 가득 들어 있었다. 김정일 국방위원장은 문 총재의 90회 생일뿐이 아니고 매년 생일 때마다 선물을 보내왔다. 이처럼 양측의 최고 지도자는 대를 이어 서로 끈끈한 우정과 의리를 나누며 밀착 관계와 협력 관계를 유지하고 있다.

북조선은 그동안 자주적인 남북통일을 이루기 전까지는 기독교를 포함한 대부분의 종교들이 자국에 유입되거나 확산되는 것을 원치 않았다. 이는 북이 종교 자체를 무조건 거부하는 것이 아니라 남한이나 미국에서 유입된 종교들을 통해 자칫 인민들이 잘못된 사대주의에 물들거나 그동안 지켜왔던 반일, 반미 정신과 반제 정신이 쇠퇴해지는 것을 경계하고자 함이다. 종교 때문에 통일 지향적인 민족정신과 자주 정신을 갉아먹을 것을 염려했기 때문이며 선교를 빌미로 북 영토에 지하교회를 조직해 북 체제를 비판하거나 체제를 전복하려 한다는 기독교에 대한 인식 때문에 북측은 쉽사리 남한이나 미국 교회를 허락하지 않았으나 통일교만큼은 예외로 대해 주었던 것이다.

이제 통일교(가정연합)는 남과 북 모두에 교두보를 확보했기 때문에 본격적인 통일교 왕국을 건설하기 위한 목표를 세우고 사회 각 분야를 향해 전면적으로 뛰어들고 있다. 평화자동차그룹의 박상권 회장이 통일부에 남북 경제협력사업자 승인 취소를 신청(2012년)함으로써 이제 통일교는 평화자동차와의 인연을 모두 끊고 역사의 뒤안길로 사라졌다. 이제 평화자동차에 투자했던 통일그룹은 자동차 사업을 접는 대신, 유통업이나 다른 사업계획으로 전환하며 기존의 자신들의 대북 사업을 이어가고 있다.

제칠일안식일예수재림교회(안식교) 편

[사진 1] 재미 교포 안식교 목회자와 신자들이 방북 기간 중 토요일을 맞이하자 자신들이 체류하는 평양호텔 세미나실 4층에 모여 안식일(토요일) 예배를 드리는 모습

I. 안식교 대북 사역 110년

기독교 개신교(Protestantism)의 한 분파인 '안식교'는 '재림교회'라고도 부르며 영어 명칭의 약어인 S.D.A라고도 부르는 등 그 호칭이 다양

하다. 그러나 교단의 공식 명칭은 '제칠일안식일예수재림교회'(Seventh-day Adventist Church, 이하 SDA)이다. 다른 교파들과는 달리 명칭이 매우 길며 이 즐비한 단어들에서 보이듯 '안식일'과 '예수 재림'이 특별히 강조되어 있음을 알 수 있다. 개신교 분파인 재림파(Adventism)에 속하는 이 교파는 안식일과 예수 재림에 포커스를 맞추는 것으로 다른 교파와의 확고한 차별성을 두고 있으며 이는 곧 이 안식교의 정체성이기도 하다.

토요일을 안식일로 지키는 것과 예수의 재림을 기다리며 준비하는 것을 지상 최고의 교리와 사명으로 여기는 이 교파는 최근 들어 내부적으로 자신들의 교회를 '안식교'라고 부르기보다 '재림교회'라고 호칭을 통일하고 있음도 확인할 수 있다. 또한 미국이나 해외에서는 안식교가 이단으로 취급받지는 않으나 한국교회에서는 이단으로 분류돼 비판받는 실정이다. 그러나 극단적 이단(異端)은 아니지만 성경해석에 있어서 정통 교회와는 다른 여러 가지 이설(異說)을 주장하는 교파로 볼 수 있다. 안식교단의 신학과 교리는 근본주의에 가까울 정도로 보수적이며 정치적, 사회적으로도 매우 보수적이다. 아울러 각 국가의 안식교 신자들은 특정한 이념이나 사상에 개입하지 않고 있으며 정치적으로는 중립을 고수하며 특히 정치문제에는 개입하지 않는 것을 원칙으로 하고 있다.

세계 재림교회(안식교) 본부의 자체 통계에 의하면 2016년 현재 "유엔에 등록된 237개 국 중 216개 국에 1,850만 명의 신자와 14만 8,023개의 교회를 비롯해 병원 173개, 학교 2,164개, 식품공장 21개, 미디어센터 15개, 출판사 63개를 보유할 정도로 성장했는데 이는 전 세계 주요 교단들인 가톨릭, 동방정교, 영국 성공회, 하나님의 성회(오순절파)에 이어 다섯 번째로 큰 규모"라고 한다. 이 엄청난 안식교단의 저력과 인적, 물적 자원을 대북 사역을 통해 지구상의 유일한 분단국 가이자 안식교회당이 없는 북조선 지역에 조용히 사역하는 모습을 보여주고 있다.

재림교회(안식교)의 대북 사역 현장을 가다

안식교(재림교회)가 그동안 조용하고 체계적으로 대북 사역을 해왔다는 사실을 아는 사람들은 많지 않을 것이다. 그렇다고 해서 안식교가 한국 개신교 최대 교단인 예장통합 측처럼 평양 한복판에 교회당(봉수교회와 평양제1교회)이나 신학교(평양신학원)를 직접 건축했다거나 이단 종파로 비판받고 있는 통일교(가정연합)처럼 평양에 종교적인 건물인 '세계평화센터'를 건축해 그 건물 3층 전체를 통일교 교회당으로 꾸미는 가시화된 사역은 하지 않았다. 안식교는 장로교 통합 측이나 통일교처럼 그동안 자신들의 종교적 거점이나 교두보를 북측 영토에 확보하지는 않았으나 한 가지 분명한 사실은 그동안 북 당국과 꾸준히 교류하며 종교적인 부분보다 가급적 보건, 복지, 식량, 의료 등의 복지 분야에서 신뢰를 쌓아왔던 것이다. 이는 북 당국 입장에서 볼 때도 다른 근본주의 기독교 교파들처럼 은밀한 포교 활동으로 인해 불미스런 사건이 발생하지도 않는 등 안식교에 대해 거부감을 느끼거나 부담스럽지 않은 관계로 점차 인식되어 지속적인 교류의 폭을 넓히고 있다.

안식교는 분단 이후 처음으로 자신들이 설립한 국제구호단체인 아드라(ADRA)를 통해 대북 사역을 진출하기 시작했고 그 이후 2008년 5월 30일에는 분단 이후 처음으로 미국 안식교 본부 집행위원회가 금

▲ 세계 선교본부(대총회, 미국 메릴랜드주)

[사진 2] 미국 메릴랜드에 본부를 둔 안식교(재림교회) 세계 선교본부 대총회 건물

강산 북측 지역에 모여 회의를 여는 등 국내외 안식교회 산하 단체와 기구들이 조직적이며 체계적으로 대북 사역을 실행에 옮기고 있었다. 이에 필자는 방북 기간 중 안식교 사역자들의 대북 사역을 직간접으로 목격할 수 있었으며 필자의 다양한 모니터링을 통해 지금까지 재림교회(안식교)가 긍정적 방식의 북한 선교와 대북 구호 사역을 어떻게 해 왔고 그 결과가 어떠했는가를 확인할 수 있었다.

이제 북조선과 안식교와의 관계 그리고 김일성 주석의 가문과 안식교와의 관계 등은 물론 북 당국은 안식교를 현재 어떻게 인식하고 있는지도 알아보았다. 또한 미국 안식교가 최초로 조선에 상륙한 거점 지역이 이북 땅이었는데 지금은 안식교가 이북 지역에 어떤 형태로 남아 있는가도 알아볼 것이며 일제강점기를 거치는 과정에서 안식교의 항일 독립운동과 친일 논란 부분도 다룰 것이다. 특히 지금처럼 남북 관계가 경색된 정국에서는 미주 지역의 안식교를 구심점으로 대북 사역이 추진되고 있기 때문에 미국에서 왕성하게 활동하는 안식교 대북 사역 단체들을 구체적으로 알아볼 것이다. 아울러 미주의 한인 안식교 교회들의 대북 사역 활동을 비롯해 안식교에서 운영하는 각종 대북 사역 기구와 단체들을 상세히 살펴보고 그들의 발자취를 살펴볼 것이다.

또한 지금도 미주에서 정기적인 방북을 하면서 안식교 대북 사역의 첨병 역할을 하고 있는 캐나다 시민권자인 한인 출신 목사의 이야기도 다룰 것이다. 북측 당국에서도 지금까지 호의적이며 긍정적으로 평가하고 있는 안식교 목회자의 대북 활동을 통해 과연 북측이 진정으로 기독교에 원하는 것이 무엇인지도 살펴보고자 한다. 안 목사는 대북 선교의 기초를 다지기 위해 현재 미국에 베이스를 두고 최근 3~4년간 중국과 북측을 부지런히 오가며 대북 사역자 양성 훈련을 주도하고 있는데 몇 차례 방북을 통해 필자와도 자연스럽게 교류하기도 했다.

분단 후 북에서 첫 안식교 집행부 회의가 열리다

분단 이전인 1904년에 북측 지역을 교두보로 삼고 조선에 대한 활발한 선교 활동을 펼쳤던 미국의 안식교단(재림교회) 본부가 드디어 분단 후 63년이 지난 2008년 5월 30일, 금강산 북측 지역에서 역사적인 집행위원회 회의를 열었다. 전 세계의 재림교회(SDA)는 대륙별로 13개 지회로 분류하는데 그중에 남한과 북한이 위치한 동아시아 지역을 관할하는 조직이 바로 '북아시아-태평양 지부'이다. 이 지부가 연례 중간 집행위원회 회의를 의도적으로 금강산에서 개최한 것이다. 이것은 안식교 대북 사역 진출의 첫 신호탄이며 공식적인 선교 활동이 시작됐음을 알리는 메시지로도 볼 수 있는 역사적인 사건이었다.

전 세계 재림교회의 조직과 행정을 잠시 살펴봐야 이 상황을 이해

할 수 있을 것 같다. 재림교단의 중앙정치 조직의 핵심은 대의제(代議制)를 표방하고 있는데 이런 대의제의 기반은 교인들로 구성되며 이 교인들이 모여 지역 교회를 이룬다. 또한 이 지역 교회들이 모여 559개의 지방합회(대회)가 구성되고, 이 합회들이 모여 102개의 연합회가 되고, 이 연합회가 대륙 규모로 분할되어 13개의 지회를 이루는 조직으로 구성되어 있다. 마지막 최상위 그룹은 5대양 6대주의 모든 지회가 모두 모여 최상위 의결모임인 대총회(General Conference)를 이루고 있는데 현재 미국 메릴랜드주 실버 스프링스에 교단의 대총회 본부가 위치해 있다.

한국의 안식교는 '북아시아 태평양지회'에 속한 '한국연합회'라는 조직으로 구성되어 있는데 그 규모를 보면 합회 5개와 교회 912개, 20만 명의 교인, 목회자 885명, 문서전도자 277명을 포함해 각 교회와 기관에서 일하는 전체 교역자 수가 총 3,531명이나 된다. 금강산회의 당시 북아시아-태평양지회 대변인을 맡고 있는 글렌 미첼(Glenn Mitchell)은 당시에 회의가 열린 배경과 의미에 대해 다음과 같이 의미 있는 발언을 했다.

한반도 분단 이전에는 북한에도 안식교 교회당들이 있었다. 이번 회의가 북한에서 열린 것은 역사적, 상징적 측면이 강하다. 안식교가 1년 6개월 전인(2007년 초)부터 북한의 대표적 의료기관인 '김만유 병원'의 장비 개선 사업을 지원해 왔다. 의료 장비 개선은 비용이 많이 드는 사업으로 개인 기부자들이나 교회 기금 등으로 충당하는 장기적인 지원 사업이다. 그리고 2008년에는 고품질 야채 생산을 위해 1만 달러 상당의 비료를 북한에 지원하기도 했다. 이번에 금강산에서 집행위원회 회의가 열린 것은 안식교가 북한에 큰 관심을 갖고 있기 때문이며 우리 안식교는 남한뿐 아니라 북한에서도 종교의 자유가 허용되는 날이 오기를 바라고 있다.

미첼 대변인이 언급한 "남한에서도 종교의 자유가 허용되어야" 한다는 부분은 여러 가지를 암시하고 있는데 이 말의 뜻은 아직도 한국 기독교 교계에 팽배해 있는 안식교(재림교회)를 향한 배척과 이단 시비 논쟁 때문에 한국도 여전히 북한처럼 척박한 선교지로 보고 있다는 것을 암시하기도 한다.

이처럼 금강산회의가 개최된 의도는 전 세계적으로 꾸준한 성장세를 보이는 재림교회(안식교) 본부가 교세의 여력을 코리아 반도 땅에 불어 넣고자 애쓰는 모습으로 비춰졌다. 이는 또한 직접적인 선교의 길이 막혀있는 북측 영토에 선교의 기틀을 마련하려는 자구책의 일환이었던 것이다. 이날 금강산 회의를 마친 후 참석한 임원들은 현대아산과 북측 농업 당국이 함께 운영하는 '금강산협력농장'을 견학했는데 마침 이 농장에는 강원도에서 안식교 목회를 하는 양양제일교회 김석만 목사가 9년째 북측 농부들을 대상으로 영농기술을 가르치고 있는 농장이었다.

110년 전 최초로 이북 지역에 전파된 안식교

한국의 안식교가 선교 2세기를 맞이한 지도 벌써 10년이 지났다. 안식교가 공식적으로 조선 땅에 전래된 시기는 1904년이며 전래 당시 선교 중심지가 현재의 북측 지역이었다. 그래서 이 해를 기준으로 한국의 안식교는 대대적으로 선교 100주년 행사를 치렀고 벌써 10년 세월이 훨씬 지난 것이다. 조선 선교 초기에는 주로 진남포, 용강, 강서, 중화지역을 중심으로 전파된 안식교는 그 이후 남북이 분단되기 직전까지 평안도 순안 지역을 거점으로 교회, 학교, 병원 등을 건립하며 왕성한 선교 활동을 이어갔다.

1904년 하와이로 이민을 가던 손흥조는 5월 하순, 일본 고베항에 하선해 하와이로 가는 배를 기다리던 중 일본인 재림교회 전도사 쿠니야 히데에게 전도를 받고 최초의 조선인 안식교 신자가 되었고 하와이행을 포기한 손흥조가 조선으로 다시 돌아가는 귀국선에서 독립운동가 임기반에게 전도했으며 귀국 후 이 두 사람의 활동을 기점으로 조선의 재림교회가 시작되었다. 이듬해인 1905년 미국 캔사스 출신의 스미스 목사(W. R. Smith)가 조선의 초대 선교사로 부임해 지금의 평양 순안공항 지역에 선교 본부를 정하고 본격적인 활동을 시작해 조선 땅전체로 영역을 확대할 만큼 부흥하자 1910년에 교단 본부를 평양 순안에서 서울로 이전하게 됐다.

1943년 12월 일제에 의해 안식교가 강제 해산되었으나 해방 후 재건되었고 한국전쟁이 발발하자 구제위원회를 조직해 세계본부 대총회의 지원을 받아 전쟁 중에도 활발한 구호 활동을 전개했으며 전쟁후에는 수십 개의 보육원을 설립해 전쟁고아들을 돌봤다. 그리고 전쟁이 끝나고 수십 년의 세월이 흐른 1995년부터 안식교에서 운영하는 국제구호단체 ADRA를 통해 대북 활동을 하며 다시금 선교의 맥을 이어간 것이다.

그러다가 지금으로부터 10년 전인 2005년 12월에 들어서자 북 외무성은 자신들의 영토 내에서 활동하는 모든 NGO 간부에게 모든 구호 활동을 정리하고 돌아가라는 요청에 따라 ADRA도 철수할 수밖에 없었다. 그러나 이후로도 안식교 목회자들과 구호단체 책임자들은 다양한 방식으로 방북을 추진하거나 대북 접촉을 시도해 다시금 조용하게 활동 중에 있는 것으로 확인되고 있다. 이런 와중에 캐나다와 미국에 거주하는 목회자, 기업인, 언론인으로 구성된 '북조선 바로알기 방북단'이 조직됐는데 이때 목회자 중에 필자를 비롯해 캐나다 시민권자인 1.5세 한인 목회자인 안식교단의 안재완 목사가 포함된 것이다. 필자는 그를 통해 현재 국내외 안식교가 주도하는 대북 사역을 가까이서 파악할 수 있게 되었다.

대북 사역에 앞장서는 미주의 안식교 목회자

남북 관계의 경색과는 무관하게 미주에서도 안식교 목회자들의 일시적인 단순 방북은 지속적으로 있어 왔으며 김대중, 노무현 정부 시절에는 남측의 안식교 목회자들의 일시적 방북도 있어 왔다. 안식교의 배시언, 유영길 두 목사의 단순 방북을 비롯해 미국 남가주의 최희만 장로를 비롯한 전문적인 대북 구호 사역자들의 방북은 계속 이어져 왔다.

그런 가운데 미국에서 사역하는 안재완 목사가 2012년 연말부터 지금까지 꾸준한 방북을 통해 대북 사역을 활발하게 전개하고 있다. 자신이 지도하는 미션스쿨(Mission School)에서 디렉터(Director) 역할을 하고 있는 안 목사는 지난 2012년 10월 2~11일, 1주일간 평양에서 열린 10.4선언 5돌을 기념해 개최된 남과 북, 해외 동포 대표단의 통일 포럼에 참석한 이후 지금까지 지속적인 방북을 통해 선교의 기초를 다지고 있는데 이 포럼에 필자도 미주 동포 대표단 일원으로 참석하면서 그와 인연을 맺었으며 그 이후로도 각자가 방북해서 활동할 때마다 서로 마주치는 등 그의 대북 활동을 가까이에서 지켜볼 수 있었다.

안 목사는 그 후 2013년 4월 27일~5월 10일까지 '우리는 하나'(We Are One)라는 대북 사역 단체의 후원으로 미주와 캐나다의 안식교 신자들과 실향민 출신의 안 목사 모친을 포함해 모두 여섯 명의 장년 신자들을 이끌고 방북했는데 4월 30일~5월 7일까지는 방북 일정, 5월 8~10일까지는 두만강 선교교육센터 방문일정, 5월 10~14일까지는 한국의 교육 현장 탐방을 하고 돌아올 정도로 북조선 바로알기 운동과 대북 사역에 열심을 내고 있었다.

안 목사의 부모는 실향민이라서 어릴 때부터 조국의 남북 분단과 통일문제를 항상 고민하였고 북녘 동포를 생각하며 복음에 대한 열정을 품고 대북 사역을 준비해 왔다고 한다. 요즘 매우 보기 드문 1.5세 영어권 목사인 그는 초등학교 4학년 때 부모와 함께 캐나다로 이민 온 후 성장한 후에는 다시 한국의 삼육대학교로 유학을 다녀왔으며 신학교 졸업 후 첫 목회 부임지가 자신이 성장한 캐나다 토론토 안식일교회(재림교회)였다고 한다. 지금도 모친이 여전히 토

[사진 3] 김일성 광장에서 거행된 행사에 참관 후 재미 동포 안식교 목회자와 잠시 조우한 필자

론토에 거주하고 있으며 북을 떠난 지 63년이 되는 모친을 모시고 함께 방북하기도 했다. 그에게는 캐나다가 제2의 고향 같은 곳이지만 대북 사역을 위해서 지금은 미국 미시건주에서 목회와 선교사역을 병행하고 있는 중이었다.

특히 2010년 4월에 미시건주 Berrien Springs 지역에 있는 '제칠일안식일예수재림교 앤드류스한인교회'(Andrews Korean Seventh-day Adventist Church)에서 두 영어권(Living Springs Fellowship & Living Word Fellowship) 사역 담당 목사로 부임해 2세들을 교육하고 있으며 자신이 책임을 맡고 있는 '미션스쿨'(Mission School)에서 북한 선교 인력 양성을 위한 교육과 훈련을 담당하고 있다고 한다.

내가 목격한 안식교의 대북 사역 목회자

필자가 볼 때 안 목사는 상당히 긍정적이고 차분해 보였다. 한국 개신교에서는 아직도 안식교를 이단으로 분류하고 있어서 그런지 장로교 출신의 필자도 처음에는 안식교에 대한 경계심과 편견 때문에 서먹서먹했으나 그의 생각과 행동 그리고 그리스도인다운 모습에서 경계심이 사라졌다. 또한 그 이전에 필자가 풀러신학교 유학 생활 중에 알게 된 삼육대 김기곤 총장의 둘째 아들 김현민 목사와 교제하면서 안식교 목회자들만의 특유한 경건함과 신실함으로 안식교에 대한 관점이 바뀐 계기가 되었다. 필자가 거주하는 미국을 비롯한 해외에서는 안식교에 대한 이단 시비가 거의 없거나 관대한 편인데 유독 한국 교계에서는 아직도 이단 시비 논쟁이 뜨겁다.

비록 안 목사는 40대의 젊은 나이지만 안식교 목사로서의 품위와

[사진 4] 중국 심양공항에서 만난 미주에서 대북 사역을 하는 안식교의 안재완 목사와 함께 평양행 고려항공 수속을 밟고 있는 모습

자세 그리고 재림신앙과 경건주의를 한 몸에 지니고 있었으며 요즘 보기 드문 겸손하고 온유한 목회자로 보였다. 안식교 신자들을 인솔해 지속적인 방북 활동을 하는 그를 평양 여기저기서 마주치기도 했고 행사 참관하는 장소가 필자와 중복돼 함께 다니며 탐방하는 경우도 있었으며 그가 LA 지역을 방문하면 별도로 교제의 시간을 가질 수도 있었다. 특히 그는 북 당국에서 가끔 베푸는 저녁 회식에서 제공되는 주류를 다른 이들과는 달리 전혀 입에 대지 않았을 뿐 아니라 채식을 기반으로 한 음식을 선호했으며 고기와 기름진 음식에 대해 절제하는 안식교의 전통을 보여주었다.

또한 안식교를 철저히 믿는 안 목사 일행은 방북 중에 토요일(안식일)이나 주일(일요일)이 돌아오면 예배 문제 때문에 고심하는 모습을 엿 볼 수 있었는데 평양에는 아직도 공식적으로 안식교 교회당이 없기

[사진 5] '평양 제3 인민병원'을 방문해 병원장으로부터 병원 운영 실태를 브리핑 받고 지원대책을 논의하는 필자와 안재완 목사(맨 왼쪽 반쯤 보이는 이가 안 목사, 그 옆 선그라스를 낀 이가 필자)

때문에 어쩔 수 없이 칠골교회나 봉수교회를 방문해 주일예배를 드리는 모습도 목격할 수 있었다. 소위 '일요일 예배'(주일예배)를 전혀 인정하지 않는 안식교의 입장에서 볼 때 안 목사의 행동은 매우 파격적이고 열린 자세로 보였다. 그러나 안 목사는 매주 토요일(안식일)이 되면 가장 먼저 자신이 인솔해 온 안식교 신자들과 함께 자신들이 체류 중인 호텔의 조용한 공간을 빌려 진지하게 안식일 예배를 드리는 모습도 목격할 수 있었다.

뿐만 아니라 안 목사가 인솔한 신자들은 대부분 '우리는 하나'(We Are One)라는 단체에 소속한 '의료지원단' 겸 '북한 바로알기 방문단'인데 그들은 하루 일과를 시작하기 전에 먼저 예배를 드리는 모습을 보여주었다. 북녘 사회가 기독교 중심으로 돌아가는 사회는 아니지만 세간에 알려진 것과는 달리 대체적으로 서로의 신앙과 정견을 존중해 주기 때문에 외국에서 방문한 기독교 신자들끼리 모여서 예배를 드리는 것은 모두 허용한다. 그러나 북측 인민들이나 시민들에게 전도를 한다거나 예배를 드리는 모임에 끌어들이는 행위는 철저히 금지하고 있다. 간혹 마주치는 안 목사의 표정은 항상 밝고 평안했으며 북측 동포들과도 형제자매처럼 허물없이 지내는 친화력을 보이기도 했으며 출국을 앞두고 북녘 동포들과 이별하는 상황이 되면 못내 아쉬워하는 인간적인 모습도 목격할 수 있었다.

특히 자신들을 초청한 북측 당국과의 관계도 원만하게 잘 이끌어가는 성품이라서 안내원이나 북 당국자들도 안 목사의 인격과 활동을 매우 긍정적으로 평가하고 있었으며 안 목사가 인솔한 안식교 신자들의 생활 자세에 대해서도 높이 평가하고 있음을 엿볼 수 있었다. 또한 때로는 재해를 입은 북 동포들에게 복구 지원금을 전달하거나 봉수교회나 조그련에 특별 헌금을 하는 등 다양한 방식으로 구호 활동과 지원 활동을 하는 것도 목격했다. 이처럼 안식교 신자들과 구호단체 관계자들을 이끌고 여러 차례 방북을 하면서 북에 대한 다양한 현실 체험과 객관적 시각을 제공해 주는 역할을 했음에도 불구하고 그의 방북 활동을 두고 안식교 내부에서 여러 가지 오해와 억측들이 제기되어 결국 자신이 속한 단체의 임원직을 사임하기까지 했다.

필자가 볼 때 안 목사는 나름대로 청교도적인 생활의 모범과 진실성을 보여주었으며 기존 정통 교회와는 다른 안식교(재림교회) 소속임에도 불구하고 복음의 보편적 가치를 추구하며 남북문제와 통일문제를 접근했던 합리적이고 열린 목회자였다. 특히 안 목사와 그가 소속한 단체와 관련된 여러 가지 의혹들은 전혀 사실무근이라는 것을 필자는 잘 알고 있기 때문에 그런 소문들과 오해들을 접했을 때 멀리서나마 안타까운 생각이 들었다. 많은 이들이 북을 방문하고 귀국하면 근거 없는 과장된 소문들로 반드시 홍역을 치르듯 곤욕을 치르기 마련이다. 필자도 이미 여러 차례 경험한 바 있어 안 목사를 바라보며 동병상련처럼 안타깝게 생각했던 것이다. 안 목사가 최초로 방북한 계기는 남가주지역 안식교계의 원로 지도자인 최희만 장로의 소개로 시작된 것이었고 안 목사는 안식교 교리를 벗어난 어떤 행동을 하지 않은 것을 필자가 잘 알고 있기 때문이다. 결국 안식교 내부의 이런 여러 가지 오해와 의혹들이 사실이 아님에도 불구하고 안 목사는 소문에 대한 책임을 지고 '우리는 하나'라는 단체의 임원직에서 사임할 정도로 강직함도 지니고 있었다.

안식교에서 진행 중인 4단계 대북 사역 계획

남북 관계가 적대적으로 심화된 현재의 상황에서는 남과 북의 일대일 직접 교류는 극히 제한되어 있다. 특히 한국교회는 많은 대북 사역 단체들이 있지만, 실제적으로 현장경험을 가르치고 배울 수 있는 선교센터가 전무한 실정이며 인력양성 시스템도 엉성하고 부실하며 비현실적이다. 그러기에 오히려 미주에 있는 영어권 2세 대학생들을 위한 구체적인 대북 사역 훈련은 그 의미가 크다고 하겠는데 이런 와중에 안재완 목사가 추진하고 있다는 대북 사역자 양성을 위한 미션스쿨(Mission School) 사역은 매우 현실적이며 북측을 자극하지 않는 통일 지향적인 방법인 듯하다.

그는 '앤드류스 제자훈련센터'(Andrews Discipleship Center) 건물에서 대학생들을 대상으로 1단계 훈련을 시작해 조·중 국경 지역인 두만강변의 '뉴스타트요양원'(선교교육센터)에서 집중적으로 훈련을 시

[사진 6] 북한 선교 인력 양성 제1단계 교육 장소인 Andrews Discipleship Center 전경

킨다. 이렇게 해서 마지막 4단계까지 교육과 훈련이 지속된다. 이 사역은 '우리는 하나'(We Are One)라는 단체와 평화교류협의회 산하 'Mission North Korea'와 연계해 있으며 훈련을 마치면 '미션스쿨'과 '우리는 하나'의 후원으로 안식교 사역자들과 평신도들을 위한 북한 선교 세미나를 지속적으로 개최하기도 한다.

'우리는 하나'와 '미션스쿨'에서는 미주에 있는 영어권 2세대를 위한 4단계의 북한 선교 훈련 과정을 운영해 왔는데 주목적은 북한 선교를 위해 헌신할 수 있는 인재를 발굴하고 교육하여 통일과 북한 선교의 비전을 갖도록 하는 데 있다고 한다. 먼저 1단계는 입학한 대학생들이 1년에 세 차례 미션스쿨 기숙사에 머문다. 각각 3, 4, 7일간(Thanks Giving, Winter, Spring Break) 머물면서 북한 선교에 관한 개론학을 교육받는데 오전에는 북을 직접 다녀온 사람들의 경험들을 듣게 되고, 오후에는 북과 관련된 영문 책자들과 인터넷을 통해 수집한 북한 문화를 익히며 마지막에는 그것을 토대로 선교전략을 계획하며 저녁에는 예배와 기도회로 선교사로서 마음의 자세를 다지는 시간을 갖기도 한다.

[사진 7] 북한 선교 인력 양성 제2단계 교육 장소인 두만강 뉴스타트요양원(선교교육센터) 전경

2단계는 주로 여름에 진행되는 5주 과정의 프로그램이다. 첫 주는 미션스쿨 기숙사에 모여서 선교사의 삶과 한국의 언어와 문화를 배우게 되며, 둘째 주는 한국에 나가서 English Bible Camp에서 봉사하면서 경험을 쌓는 훈련을 한다. 나머지 마지막 2주는 북과 지리적으로 제일 가까운 두만강에 위치한 선교교육센터를 직접 방문해 자신들의 눈으로 직접 북한 땅을 바라보며 선교의 꿈을 스스로 가질 수 있도록 한다.

선교교육센터로 활용 중인 두만강가의 뉴스타트요양원으로 대학생들을 데리고 가서 집중적인 '북한 바로알기'와 '북한 선교를 위한 경험'을 갖게 하는 프로그램인데 창문만 열면 두만강이 바로 보이는 북한과 지근거리에서 2주 동안 숙식하며 예배와 기도를 통해 북한에 대해 실전 교육을 받고 돌아오는 것이다. 바로 강만 건너면 북한 땅인데, 갈 수는 없지만 그곳을 바라보며 민족 분단의 아픔을 나누고 분단의 현실을 느낄 수 있는 기회를 갖는다. 선교를 하기 전에 먼저 북한을 먼 거리에서 바라보고 민족 통일과 선교 의지를 불태울 수 있게 한다는 취지라고 한다.

3단계는 매년 5월에 개최되는 2주간의 프로그램을 말하는데 이 프로그램은 1, 2단계를 거치고 나서 북한 선교에 대한 열정이 가득 찬 대학생들이 직접 방북해 평양이나 지방을 탐방하는 것을 말한다. 북에 대한 문화를 직접 배우거나 병원, 학교, 요양원 등 학생들이 직접 기관을 찾아 봉사할 수 있도록 도와주며 특별히 영어 교사로 갈 수 있는 가능성에 포커스를 맞추고 있다고 한다. 안 목사는 이를 위해 미주에서 북한 선교 인력양성 교육을 받는 학생들이 '우리는 하나'라는 단체의 이름으로 직접 방북해 구체적으로 각 사회봉사 시설에서 봉사하는 것이 가능한가를 타진하기 위해 2013년 5월과 10월에 방북하기도 했다. 방학을 이용할 수밖에 없으며 3개월에서 1년을 시간을 낼 수 있는 사람들이 생기면 그런 사람들을 대상으로 집중교육을 한다.

4단계 프로그램은 미주에 거주하는 30~40대 영어권 평신도 중에서 내과의사, 치과의사, 한의사, 약사, 검안사, 간호사 등 메디칼 그룹 인재들을 모아 그들과 함께 방북해 그들의 각 전공과 특성을 살려 전문 분야에서 봉사할 수 있도록 하는 코스이다. 이를 실행하기 위해 미주에서 처음으로 30~40대 Korean American(영어권 청장년) 지도자들이 Upper Room Church(다락방교회)에서 이 일을 구체적으로 상의하기 위한 첫 모임을 갖기도 했다. 선교 인력양성 프로그램을 운영하는 데 필요한 재정은 각 개인이 부담해야 하며 여름 프로그램은 1인당 2,200불, 방북 프로그램은 3,500불 정도로 예상한다. 대학생들에게는 부담스런 금액이기 때문에 고등학생 시절부터 미리 알려주거나 출석하는 교회에서도 사전에 관심을 가지도록 하여 선교자금을 미리 마련하도록 준비시킨다는 방침이다.

미주지역의 안식교 산하 대북 사역 단체들의 활동

대북 구호 사역과 북한 선교 사역을 위한 국내외 안식교 기구와 단체는 그 분야가 다양하다. 우선 한국 안식교의 사단법인 평화교류협의회가 설립한 'Mission North Korea'가 있고, 미주 한인 안식교에서 설립한 '미주한인 해외 동포 원호기구'(혹은 미주한인재림교회 원호기구)가 있는데 이 원호 기구는 북조선의 고아들을 돕는 '한 핏줄'(KARRA)과 연계되어 있다. 'KARRA'라는 단체는 2005년부터 나진선봉지역의 고아들을 위해 빵 공장을 설립했는데 어린이들에게 빵을 생산하고 보급하는 데 어려움이 없도록 공장 설비와 재료를 공급하고 있는 단체다. 2004년 1월부터 「한 핏줄」이라는 북 전문 소식지를 발행해 미주지역에 보급하고 있다.

또한 안식교의 '아태지회'와 '한국연합회'가 공동으로 설립한 'K-Project'가 있는데 이 단체는 평양 '김만유 병원' 개건 사업(리모델링)을 추진하기 위해 특별히 설립된 기구이다. 아울러 낙후된 북의 여러 병원의 의료시설을 지원하기 위해 '북아태지회'와 로마린다 병원 측이 공동으로 의약품 등을 제공하거나 병원을 개건하려는 목적으로 세워졌다. 미주 안식교 원로 최희만 장로가 'K-Project' 추진위원회장을 맡아 이끌어왔으며 당시 이재룡 북아태지회장, 김대성 목사, 이용태 한국 종합의료원장 등이 힘을 합해 김만유 병원의 의료 장비와 기술적 부분을 지원하는 사업을 구상하며 지원해 왔다.

또한 북측의 양로원 연합단체(조선연로자방조련맹)을 돕고, 치과병원 및 덴탈사업을 돕는 '삼육의료구호봉사단'(ASIMA, America Sahmyook International Medical Association)이 있다. 이 봉사단은 2003년 4월 30일에 처음으로 발족된 '조선연로자방조협회'(HelpAgeDPRK)의 조직을 재정비해 다시 '조선연로자방조연맹'이라는 이름으로 출범했는데 북 노인들의 복지와 건강, 권익 보호를 위해 이 연맹을 후원하고 있다.

또한 미 서부뿐 아니라 중동부 지역 중심으로 조직된 북한 선교 그룹들은 모두 6개 그룹이 있는데 그중에서 대표적인 단체가 바로 이민 2세대들을 주축으로 구호 활동을 하는 '우리는 하나'(We Are One)라는 그룹이 있으며 미국인들이 설립해 평신도제자훈련을 하는 'ASAP'(Adventist Southeast Asian Project)라는 선교단체가 있다. 또한 앤드류스대학교 캠퍼스 앞에 'Global Care Partners'라는 메디컬 전문 대북 사역 단체가 있다. 이처럼 안식교 산하 여러 대북 사역 단체들이 있는데 시너지 효과를 발휘하기 위해 네트워크를 형성해 하나로 묶어서 사역하는 방향을 모색하고 있다.

첫 번째 미주 한인 1세 중심으로 결성된 '우리는 하나'라는 그룹은 2012년 5월 26일 설립되었는데 이사장에는 의사 출신의 임성근, 고문에는 타계하기 전까지 로스엔젤레스의 최희만 장로가 맡아왔다. 이 단체는 북측에 재정이나 물자로 직접 돕기보다 미주의 125개 재림교회와 신자들이 북에 대한 관심을 직접적으로 갖도록 유도하며 통일과 북한 선교를 위해 구체적으로 교회들이 어떻게 행동해야 하는지를 이끌어 주는 역할을 한다. 신자들을 깨워 대북 사역에 대한 도전을 주고 스스로 깊이 연구해 사역을 준비하도록 교육을 하는 역할이다.

ASAP라는 선교단체는 앤드류스대학교(Andrews University) 인근에 위치해 있다. 안식교 재단에서 설립한 대학으로서 미시건주에 있는 전체 대학 랭킹 1위에 속하는 이 대학교에서 약 2마일 떨어진 곳에 위치해 있는 ASAP는 현재 총재를 맡고 있는 Judy Aitken 여사가 설립했다. 평소에는 베트남, 라오스, 캄보디아 등 동남아지역을 담당하는 단체이며 1년 예산이 150만 불이다. 이 단체는 미주에 있는 안식교 신자들을 중심으로 모금과 선교 활동을 하고 있는데 여기에 한인 부부인 Martin & Liana Kim 목사 부부가 홍보 담당으로 봉사하고 있다.

그래서 그런지 지난 2012년 10월에 열린 ASAP 이사진 회의에서 앞으로의 사업 방향을 동남아시아 중심으로 하되 그 첫 사업을 북한 선교 방향으로 결정했다. ASAP 이사진 12명 중 3명이 Korean American이기 때문에 그들의 관심이 많이 반영된 결과였던 것이다. 이 단체의 선교 철학은 직접 선교사를 보내는 것보다 그 지역 본토인을 훈련시켜 그들이 자국에서 봉사하는 것이 더 효과적이기 때문에 그런 방식으로 교육한다. 안재완 목사가 이끄는 미션스쿨도 이 사역에 합류해 북한 사역을 준비한다는 방침이다.

또한 앤드류스대학교 캠퍼스가 위치한 Berrien Springs 지역에는 'Lake Union Conference'(LUC)라는 연합회가 있는데 이 연합회에서 'Global-Care-Partners'라는 메디컬 전문 대북 선교단체를 설립했다. 이곳은 2009년도부터 북한 의료계의 각종 의학실험실에 새로운 기술과 장비를 보급하고 향상시키는 일을 해왔다. 특히 Marcia Kilsby (Ph.D.)라는 여성 교수가 매해 두 차례씩 정기적으로 방북해 의료진들에게 2주간씩 의료검사기계 사용법과 기술을 전수하고 있으며 북측 의대 교수들에게 Department of Medical Laboratory Sciences(의료과학 연구 분야)를 직접 교육시키고 있다.

이들의 방북 비용과 북 의료진 교육에 필요한 재정은 Kilsby 교수가 미국의 비영리단체의 스폰서를 받아서 직접 해결한다. 평양을 제외한 다른 지역에는 혈액 검사를 할 수 있는 병원이나 전기 시설이 미비

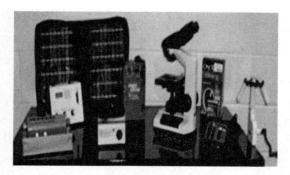

[사진 8] Kilsby 교수가 직접 개발한 태양열 에너지로 작동하는 휴대용 혈액 검사기와 관련기기들 모습

하기에 태양열 에너지로 작동하는 휴대용 혈액 검사기를 Kilsby 교수가 직접 개발했으며 매번 새로운 의료기기를 준비해서 방북하고 있다. 기초 의료 수준에 불과한 질병 진단과 건강 검진이 북녘의 동포들에게는 꿈만 같은 일로 받아들여지고 있는 것이 현실이며 이런 기계는 한 대당 가격이 $5,000 정도 한다.

미주 이민 사회에 불고 있는 한인 안식교회들의 북한 선교 열풍

현재 미주의 한인 사회는 안식교(재림교)가 주도하는 대북 사역이 매우 활발히 진행되고 있다. 지난 2015년 6월 27~28일에는 이틀간 '제1차 미주 북한선교대회'가 400명의 안식교 신자와 대북 사역자들이 참여한 가운데 캘리포니아에 위치한 가든 그로브한인재림교회에서 열렸으며 작년에 이어 올 2016년 7월 30일에도 제2차 대회가 열렸다. 이처럼 미주 안식교 산하 여러 북한 선교 단체가 미주지역 안식교회들의 연합체라는 하나의 우산 아래 모여 서로 협력하며 일관된 채널을 통해 사역을 하려는 노력들을 하고 있다.

[사진 9] 제1차 대회 이후 미주 안식교의 북한 선교 리더 400명이 Los Angeles에서 개최된 북한 선교 포럼에 참석해 경청하는 모습(2015. 9. 15.)

이런 미주대회를 여는 이유는 안식교의 여러 대북 단체가 서로 분산돼 각개전투식으로 사역하는 것보다는 하나로 통합돼 서로 조율한다면 더욱 효과적인 결과를 볼 수 있기 때문에 시작된 것이다. 특히 요즘처럼 남북 관계가 악화된 경우에는 남한에서 직접 방북하기가 불가능하기 때문에 남한 안식교회들이 어쩔 수 없이 미주 내 선교단체들을 활용해 활동하는 실정이다. 그러기 때문에 북미주 안식교회들의 모임인 '북미주한인재림교회협회'가 통합 채널로 사역을 진행해야 더 풍성한 결실을 맺을 수 있다는 데 뜻을 같이한 결과이다.

제1차 대회는 '북한선교대회(포럼) 및 바로알기'라는 행사 제목으로 개최됐으며 400명의 리더가 모여 북한 사역을 계획하는 자리였다. '북아시아 태평양지회'(이하 북아태지회) 북한선교부가 주관하고 '북미주한인재림교회협회'가 주최한 1회 대회는 미주 전역과 남한 안식교의 북한 선교 전문가들이 모여 북 내부의 실정을 객관적으로 알고 선교를 위한 전략을 함께 고민하는 자리였다. UN자문위원인 김양일 회장이 수십 차례의 방북 경험을 바탕으로 '북한 정세와 동향'을 발표해 참석자들이 북을 정확하게 이해하도록 도움을 주었고, 둘째 날엔 미주 지역에서 활동하는 북한 구호 단체와 선교 단체들의 사역 보고가 있었다.

제2차 대회도 2016년 7월 30일 남가주 인랜드에 소재한 로마린다 한인 안식일교회에서 성황리에 개최됐다. 제1회처럼 '북아태지회' 북한선교부가 주관하고 '북미주한인재림교회협회'가 주최했는데 이번엔 '남가주재림교회(안식교) 목사회 및 장로회'가 후원했다. 특별히 이날은 한국의 대통령 직속 기구인 평통 본부 운영위원인 홍명기 회장(밝은 미래재단 이사장)과 OC(오렌지카운티)-SD(샌디에고) 평통의 권석대 회장 등 다수의 평통 위원들이 참석해 큰 관심을 나타냈으며 지난해처럼 안식교 신자 300명이 참석했다.

이날 평통 위원들이 특별한 종교적인 행사에 모일 수 있었던 계기는 로마린다 재림교회의 수석 장로이면서 평통 본부 임원인 홍명기 회장의 영향력 때문이었다. 통일에 대한 불을 지피며 안식교의 고유한 대북 사역에 대한 전략을 논하는 이날 1부 예배에서 북아태지회장을 맡은 이재룡 목사가 몽고, 중국, 일본, 대만 그리고 한국과 북에 대한 재림교(SDA) 현황에 대한 보고를 했는데 정확한 통계수치로 여겨져 눈여겨볼 만했다.

현재 북아태지회 내에 있는 재림교회는 모두 6,500개 교회이며 교인 수는 72만 명에 이르고 있다. 특히 중국 교회는 4,500개 교회에 교인 수가 40만 명에 달한다. 중국의 종교정책이 완화되어 인민들의 종교 활동이 좀 더 관대해지면 교인 수가 폭발적으로 증가할 것이다.

이어서 2부 순서에서는 한국인으로서 북아태지회 선교부장을 맡고 있는 김시영 목사가 북한 선교 현황을 보고했다.

SDA(안식교) 대총회 산하 구호재단인 ADRA는 전 세계 130개국에 구호사업을 펼치고 있는데 2002년에 북한에 빵 공장을 설립해 하루에 빵을 5만 개 생산했고 쌀가루로 우유를 생산해 무려 32,300명에게 공급했으며 그 외에도 지금까지 수많은 방법으로 북한을 도왔다. 또한 미주 재림교 '한 핏줄 구호재단'도 북 나진선봉고아원 아이들을 도왔으나 현재는 대북 지원 정국이 좋지 않아 관망하고 있는 상태이다. 해방 이전부터 북에서 신앙생활을 하던 재림교인들이 아직도 믿음을 지키고 있는 실정으로 알고 있다. 한국 재림교단에서는 십일금(십일조)의 1%를 북한 선교를 위해 떼어놓고 북한이 개방되기만을 기다리고 있으며 탈북 주민 29,500명에 대한 선교정책도 펴고 있다.

이처럼 미주 안식교회들은 혼연일체가 돼 대북 지원 활동과 복음 전파를 위해 힘쓰는 모습을 보여주었는데 장로교 목회자인 필자는 이들을 통해 많은 도전을 받았다. 지금까지 미주와 한국에 있는 일반 개신교회들의 대북 사역 행태들은 극우 보수 성향에 치우쳐 정책을 펴왔기 때문에 그동안 국내외 선교사들이 체포되거나 억류되는 등 불미스러운 사건들이 연달아 발생했다. 내재적 접근과 통일 지향적 선교 정책은 온데간데없고 제국주의적 선교와 일방적 선교만 판을 치고 있는 현실에 비해 안식교(재림교회)는 차분하고 조용하게 우선 보건, 복지, 식량, 의료지원 등에 앞장서면서 북 당국과의 신뢰 회복과 관계 개선부터 힘을 쏟고 있음을 볼 수 있다.

미주 안식교의 교세와 사회적 영향

　미국에는 안식일을 지키는 한인 신자들이 많으나 그 중 영향력 있는 대표적 신자 두 명을 꼽으라 한다면 우선 닉슨부터 부시까지 무려 일곱 명의 미국 대통령들의 법률자문위원과 법률고문을 맡았던 고한실 박사가 있다. 또한 듀라코트라는 회사를 설립해 미주 한인 사회의 거부가 되어 기부왕으로 잘 알려진 로마린다교회 수석 장로 홍명기 회장을 들 수 있을 것이다. 홍 장로는 '미주도산안창호기념사업회' 총회장직을 비롯해 한인 이민 사회에서 독보적인 저명인사로 자리매김을 하며 각종 사회사업과 장학금 사업, 선교후원금 등을 재정적으로 지원하는 통 큰 활동을 이어가고 있으며 한국의 삼육대 캠퍼스 건물에는 자신의 이름을 딴 '홍명기홀'이 있을 정도이다. 또한 자신이 출석하는 로마린다교회가 1천만 달러를 투자해 1,200명 수용 규모로 예배당 건

[사진 1이] 평소 도산 안창호 기념 사업에 열중하는 안식교의 홍명기 장로(로마린다교회 수석 장로, 듀라코트 회장)

축을 하는 데도 앞장서고 있다.

홍 장로가 도산 안창호 기념 사업에 관여하게 된 이유는 안창호 선생도 재림교회와 밀접한 관련이 있기 때문이다. 도산은 한국 재림교회의 기초를 놓은 임기반이라는 인물과 동향 친척이자 후원자였으며 임기반은 독실한 안식교 신자인 이석관의 장녀 이혜란(안혜란)과 안창호의 결혼을 성사시킨 인물이기도 하다. 친일 논란이 있는 춘원 이광수도 안창호의 동서 김창세 박사를 통해 안식교를 알게 되어 매주 안식교 성경 공부를 했다.

뿐만 아니라 요즘 트럼프가 공화당의 공식 후보로 당선되기 전, 경선 초반에 혜성같이 나타나 이목을 집중시킨 신경외과 의사 '벤 카슨'(Ben Carson)이 안식교 장로이다. 또한 현재 미국 의회 상원 원목으로 사역하는 '베리 블랙'(Barry C. Black) 목사와 미 국방성 펜타곤 원목 '윌리암 코넬 브롬리'(William Connell Bromley) 목사 등이 안식교 재단에서 운영하는 앤듀류스 신학대학(Andrews University) 출신의 안식교 목사들이다. 전 세계적으로 토요일을 안식일로 지키는 안식일교회 교인은 약 1,900만 명이 있으며 미국에만 120만 명이며 미국 전역에 흩어져 있는 한인 안식교 교회는 130여 개, 남가주 지역에만 약 25개가 되며 교인 수는 약 12,000명 정도이다.

한편 미국의 안식교 재단은 무려 100년 전부터 미국인들의 건강과 교육에 투자해 지금까지 40여 개가 넘는 유명한 병원들을 미 전역 대도시에 세웠는데 동가주와 남가주에만 대형 병원 3곳이 있다. 필자가 거주하는 남가주지역에는 글렌데일의 Adventist Hospital, 다운타운 동쪽의 White Memorial Hospital, Loma Linda University Hospital 등 큰 병원들이 운영되고 있다. 또한 안식교 재단에서 운영하는 남가주

지역의 대학교 중에는 가장 오래되고 유명한 Loma Linda University의 의과대(School of Medicine)와 치과대학(School of Dentistry)이 매우 유명하다.

안식교 국제구호단체 ADRA의 대북 지원 현황

미국을 비롯한 안식교 산하 각종 기관과 단체들 그리고 각종 모임 중에는 북을 돕기 위해 다방면으로 애쓰고 있는 경우가 많다. 특히 구호단체의 경우는 더 적극적이다. 거슬러 올라가면 안식교는 1950년 한국전쟁 중에 본격적인 구호사업을 시작해 현재 ADRA를 통해 북조선뿐 아니라 국내외에서 각종 재난 구호와 방지, 개발사업, 복지사업 등을 활발하게 전개하고 있다. 세계 안식교 재단의 국제구호기구인 'ADRA'는 ADVENTIST DEVELOPMENT & RELIEF AGENCY의 약자인데 한국에는 ADRA KOREA가 있으며 1995년부터 본격적으로 북을 지원하기 시작했다.

미국 메릴랜드주 실버스프링스에 본부를 둔 ADRA는 UN 산하 협조기구로 활동하고 있으며 전 세계 126개 국가에 조직을 갖고 있다. ADRA는 현재 안식교(재림교회)라는 종교적 색채를 탈피해 초교파적인 구호기구로서 탈바꿈했고 구호기구로서 세계적으로 명성을 떨치고 있다. 특히 ADRA는 Switzerland 지부를 통해 북측 아동들의 영양지원, 에너지 개발, 병원 개선 사업 등을 해왔으며 룡천역 폭발 사고 때는 병원 재건축에도 참여하기도 했다. 또한 평양에 빵 공장 운영을 통해 2005년에는 칼슘 강화 빵 990만 개를 만들어 369곳 유치원 어린이 2만여 명에게 매일 두 개씩 제공하기도 했으며 하루 5톤 분량의 영양강화 빵과 비스킷을 생산해 평양 지역 학생들에게 공급하기도 했다.

이와는 별도로 한국에 세운 ADRA KOREA는 사단법인 삼육국제개발구호기구로서 재단 본부는 서울 동대문구 회기동에 있다. ADRA KOREA는 지부를 다섯 곳(동중한, 서중한, 영남, 충청, 호남)에 두고 있으며, 지사(지역)는 다시 구회(지구)와 분회(교회)로 나눠 조직을 갖추고 활동하고 있다. ADRA KOREA는 대북 사업도 왕성하게 전개해 1996년과 1997년 북한 홍수 피해 지역을 지원하였고, 빵 공장 사업, 사리원 아동병원 개축과 메탄가스를 이용한 전력발전 사업, ADRA 스위스 지부와 함께 룡천역 폭발 사고와 관련한 복구 개발사업, 북조선 어린이 병원 개발과 어린이 건강향상 프로젝트와 일반 종합병원 재건 프로젝트를 지원해 왔다.

특히 북측에 세워진 ADRA KOREA의 빵 공장 가동은 지난 2002년 8월에 평양공장이 완공되어 평양지역 25,000명의 어린이에게 매일 혜택을 주었고 평양의 중심부에 위치하고 있어 출퇴근하는 35명의 여성 근로자를 빵 공장에 고용해 매일 5만 개의 빵을 생산해 왔다. 이는 일주일에 6차례씩 평양과 사리원에 있는 95개 보육원과 유치원에 공급하고 있는 규모로서 단일 공장으로는 가장 많은 생산 규모였다. 생산비는 빵 10개당 1천 원이 소요되기 때문에 국내외 안식교 신자들이 지속적인 모금 활동을 벌여 충당하며 운영

[사진 11] 평양 ADRA 빵 공장에서 생산된 다양한 영양 빵들이 판매용으로 진열되고 있다.

해 왔다.

또한 북측에 어린이병원 두 곳을 개축 및 수리를 지원해 왔는데 그 중에서 황해북도 사리원에 있는 병원은 50년대 건축된 노후된 건물인 데다가 여러 차례 수해를 겪어 거의 무너져 내릴 것 같은 상태에 있는 병원을 재건하기도 했다. 이 병원을 재건하기 위해 수만 달러를 투입해 개축과 수리를 통해 수도시설, 난방장치, 벽 보수, 하수펌프, 멸균된 수술실, 외과 도구 등을 새롭게 갖추고 운영하기도 했다.

최근에는 북에 대한 미국의 적대적 정책으로 인해 대북 제재와 압박이 더한층 기승을 부리는 가운데 일부 평양 주재 국제구호단체를 이용해 미국과 서방 세계에서 자행하는 스파이 행위들이 빈번히 발생해 다른 국제구호단체들이 선의의 피해를 입고 실정이다. 북 당국은 혐의가 있는 구호단체 관계자들을 추방하는 등 현재도 대북 구호 활동이 안정적인 상황은 아니다. 그러나 국내외 각 ADRA 지부와 ADRA KOREA는 이에 아랑곳하지 않고 모든 안식교 목회자와 신자들이 합심해 북한 돕기 바자회와 모금 운동, 각종 북한 선교 행사를 통한 재정확보를 통해 대북 구호 지원금을 마련하고 있으며 동시에 미주를 중심으로 일어나고 있는 북한 선교 대회나 기도회 그리고 후원 행사가 정기적으로 열리고 있는 현

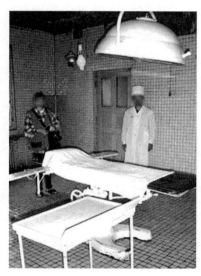

[사진 12] ADRA 의료팀들이 낙후된 병원시설 개선을 위해 시설물을 돌아보고 있다.

상들은 안식일교회(재림교회)가 추구하는 대북 사역의 미래를 밝게 앞당기고 있다는 생각을 하게 된다.

II. 일제강점기 의명학교와 신사참배

평양 순안공항은 안식교 '의명학교'가 있던 자리

필자가 몇 년 전 평양을 방문할 때의 일이다. 중국 심양을 떠난 고려항공 여객기가 순안공항에 내려앉자, 이전의 낯익은 오래된 공항 청사는 보이지 않고, 새로운 임시 공항 역사가 서 있었으며 그 부근에는 건축 장비들의 굉음과 함께 수많은 건축 노동자가 먼지를 풀풀 날리며 새 공항 신축공사에 열중하고 있었다. 국제공항 역사를 새로 짓는다는 것은 그만큼 세계로 통하는 길목이 넓어진다는 뜻이어서 나는 매우 기쁘고 뿌듯하게 생각하던 적이 있었다.

평양 중심부에서 24Km나 떨어진 곳, 이곳이 바로 '평양의 관문'이자 북 유일의 공항인 '평양 순안국제공항'이며 필자가 방북할 때마다 이용하는 고려항공의 허브 공항이기도 하다. 김정일 국방위원장의 지시로 2011년 9월부터 시작된 순안공항 제2청사 건축 공사는 그 후 여러 차례에 걸친 김정은 국무위원장의 적극적인 관심과 지도로 4년 만인 2015년 7월 1일 준공식을 거행하고 정상 운영을 시작했다. 아쉽게도 나는 하필이면 공사가 한창 진행 중이던 기간에 여러 차례 방북하느라 불편을 겪기도 했다.

그런데 알고 보면 이 순안공항은 일반인들이 잘 모르는 안식교와 관련된 역사와 여러 사연이 서려 있는 유서 깊은 곳이다. 김대중 정부가 남북정상회담을 성사시킨 직후 남한의 대학가에서는 북 대학과의 교류를 추진하려는 프로젝트들이 유행처럼 봇물을 이룬 적이 있었다. 서울에 있는 명문대들을 비롯해 지방 여러 대학까지 서로 앞다투어 북 영토 안에 제2 캠퍼스를 설치한다거나 학술교류를 통한 유적답사와 공동연구, 농촌 봉사 활동 등 6.15 정상회담의 열기를 타고 다양한 접촉들을 시도했는데 이때 안식교가 설립한 삼육대학교에서는 평양에 분교설립 추진을 시도했다.

왜냐하면 김대중 대통령이 평양에 첫발을 내딛는 순안공항 자리가 삼육대 전신인 순안(順安) '의명학교'(義明學校)가 있던 자리였기 때문이다. 평양에 제2 캠퍼스 건립 추진을 밝혔던 삼육대학교의 역사를 잠

[사진 13] 공사가 진행 중인 평양순안공항에서 관제탑을 배경으로 기념 촬영하는 필자. 관제탑 위치가 바로 해방 전 안식교가 운영하는 의명학교 캠퍼스 자리였다.

시 살펴보면 1906년 미국의 안식교 선교사들이 지금의 평양 순안비행장 터인 '평안남도 평원군 순안면 포정리 석박산' 기슭에 기와집으로 된 학교를 건축하면서 시작됐다. '의명'(義明)이란 뜻은 '밝은 진리' 혹은 성경에 등장하는 '의로운 태양,' 즉 예수 그리스도를 상징하는 것으로서 기독교적 교육의 가치와 이상을 실천한다는 이름이다.

분단 이후 남북의 정상이 처음 만나는 감동적인 장면을 통해 순안공항의 모습은 마치 오래 감춰졌던 베일이 벗겨지듯 온 세상에 적나라하게 공개됐다. 그 당시를 떠올리면 공항 규모가 생각했던 것보다 작고 아담했으며 낙후된 듯 보였지만 깨끗하고 질서 있는 모습으로 비쳐졌다. 과거 이 공항 터전에 자리 잡은 의명학교는 일제강점기 체제하에서 여러 우여곡절과 변천 과정을 통해 결국 서울 태릉에 마지막 둥지를 틀어 발전을 거듭하며 오늘날의 삼육대학교가 되었던 것이다.

그러니까 1906년 10월 10일 현재의 순안공항 터전에서 출발한 의명학교는 그것을 계승한 '조선합회사역자양성소'(교단 신학교)를 모체로 '삼육신학원'과 '삼육신학대학'으로 발전해 현재 안식교의 메카인 삼육대학교가 된 것이다. 평소 이런 역사를 대략 파악하고 있던 필자는 평양 순안공항을 이용할 때마다 옛날의 의명학교 터전을 의식해서 그런지 자꾸 공항 주변을 두리번거리는 습관을 갖게 되었다.

또한 순안공항을 바라볼 때마다 필자와 함께 미주에서 통일운동과 사회운동을 활발하게 동참하고 있는 동곡 권용섭 화백을 떠 올리곤 한다. 그는 이미 한국에 거주할 때부터 '서중한'(안식교가 지역별로 구분한 교구 명칭) 지역의 민락교회를 다니던 안식교 신자였는데 미국에 이민 온 후에도 계속해서 독도 알리기와 통일운동, 평화운동에 주력하고 있는 분이다. 국내외에서 독도 화가로서 매우 명성이 높은 그는 과거

2000년대 초반 남측의 경제협력단과 함께 평양을 공식 방문하던 중 순안공항에 도착해 수묵화로 공항을 직접 그린 적이 있는데 필자도 그 그림을 본 적이 있다. 흑백으로 그려진 공항 건물에는 과거 의명학교가 은은하게 오버랩되는 듯한 인상과 영감이 느껴지도록 그려진 것이 인상 깊었다.

신사참배 결정 파동 후 지역사회에 양도된 '의명학교'

2000년 6월 13일 오전 10시 정각, 김대중 대통령이 역사적인 남북 정상회담 차 도착했던 평양 순안공항의 관제탑이 서 있던 그 자리가 바로 의명학교의 교사(校舍)와 안식교 교회당, 교사들과 선교사 숙소 등이 즐비하게 들어서 있었던 장소다. 나는 이 사실을 알고부터는 순안공항 관제탑을 바라볼 때마다 마치 십자가 종탑을 보는 듯한 착각을 일으키게 하며 의명학교 건물이 연상되면 자꾸 오버랩되기도 했다. 그러나 아쉽게도 순안공항은 지금부터 5년 전인 2011년 가을부터 국제적인 신청사 준공을 위해 연일 수많은 인력이 동원되는 대규모 공사가 벌어지는 바람에 이제는 과거의 흔적을 영영 볼 수 없게 되었다. 공사가 시작되기 전에는 과거 의명학교 담장 등 유적들이 어느 정도 남아 있었다.

나는 이번 방북기에는 의명학교가 어떻게 설립됐으며 어떤 변천 과정을 거쳐 학교가 문을 닫았는지 구체적으로 알아보기로 했다. 또한 안식교가 신사참배와 친일 혐의로 논란에 휩싸이기도 했는데 사실 여부를 구체적으로 확인하고자 한다. 필자는 이곳에서 시작된 의명학교가 우리나라의 국운이 기울어 가던 구한말 개교해 성장하는 과정에서 일제강점기의 민족적 수난을 거쳤고, 다시 남쪽으로 내려와 한국전쟁의 비극과 전후 복구 사업과 근대화와 산업화, 민주화 그리고 세계화의 과정 등 긴 세월 동안, 민족교육의 횃불이 되고자 노력했던 것을 확인할 수 있었다. 최근 필자는 국제적인 초현대식 공항으로 변모한 평양 순안공항을 바라보며 비록 이 장소가 과거 재림교회(안식교)와 관련된 학교였지만 개화기와 초창기 조선 민중들에 대한 교육의 산실이었다는 사실 때문에 역사의 숨결이 느껴지는 것을 느낄 수 있었다.

　의명학교는 우리가 알고 있는 것과는 달리 1906년 최초로 개교할 때의 이름이 '양성학교'였으며 그 후 발전을 거듭하며 '의명학교'라는 이름으로 거듭났고 계속해서 성장하는 과정에서 일제강점기를 맞아 신사참배의 수락 여파로 후유증을 겪다가 결국 1937년 7월, 학교가 순안 지역 안식교 신자들로 조직된 이사회로 무상으로 인계되는 결과가 초래됐다. 그리고 그해 9월 1일, 안식교 교단으로부터 독립된 지역 학교로 거듭나며 학교 명칭도 '순안아카데미'(Soonan Academy)로 변경

[사진 14] 1907년 현재의 순안공항 터에 '양성학교'라는 이름으로 세워진 후 1909년에 '의명학교'로 개칭된 1920년대 의명학교 캠퍼스 전경

돼 순안 지역 중등교육기관으로서 새롭게 출발했다.

그러나 학교는 비록 안식교 교단으로부터 행정적으로 분리되었지만, 이사진들이 모두 안식교 교인들이었기 때문에 한동안은 안식교의 고유한 교육이념인 '삼육교육'에 따른 방침을 벗어나지 않았으나 1938년에 개정된 '제3차 조선교육령'에 따라 마침내 1943년도에 이르러 학교 명칭이 '순안중학교'로 개칭되고, 종교적인 색채에서 완전히 벗어난 일반 중학교로 탈바꿈하며 의명학교 시대는 종지부를 찍고 말았다. 의명학교의 설립과 변천 과정을 좀 더 구체적으로 알아보도록 하자.

'순안사숙'에서 '순안국제공항'까지

'의명학교'가 일반 중학교인 '순안중학교'로 바뀌면서 훗날 다른 곳으로 이전되고 그 자리에는 군부대가 들어섰다. 한국전쟁 중에 이 부대 안에서 군 비행장이 건설되었고 전쟁이 끝난 후 1959년 2월에 들어서 드디어 '순안비행장'이라는 이름의 공항이 탄생한 것이다. 북 역사상 최초로 국적 항공이 취항하며 민간 공항으로서의 첫 운항이 시작된 것이다.

그렇다면 이제부터 '의명학교'의 역사를 구체적으로 살펴보도록 하자. 의명학교는 조선 최초의 안식교 파송 선교사였던 스미스(W. R. Smith) 목사에 의해 1906년 10월 10일에 '양성학교'라는 이름으로 시작됐다. 정확히 말하면 원래 '의명학교'의 전신은 '양성학교'(養成學校)이며 이 양성학교의 모태는 '순안사숙'(順安私塾)이다. 순안사숙까지 거슬러 올라가면 학교의 변천사는 순안사숙-양성학교-의명학교-순안아카데미-순안중학교 등의 순서로 변천 과정을 거친 후 군부대가

들어선다.

그럼 '순안사숙'이 태동하게 된 계기부터 알아보자. 1905년 11월 미국 안식교 선교사로서 조선 땅에 입국해 진남포에 머물던 스미스 목사가 있었다. 그런데 당시 안식교를 받아들인 지 얼마 안 된 신자로서 순안 지역의 유지였던 김두형이라는 관리가 있었는데 그는 진남포에 베이스를 두고 있던 스미스를 찾아가 여러 이유로 인해 선교본부를 진남포에서 순안으로 이전할 것을 건의했던 것이다. 그 후 김두형의 건의와 선교부의 승인으로 선교본부가 순안으로 이전하면서 스미스는 이때부터 순안 지역에서 왕성한 선교 활동을 하기 시작했다. 그 결과 1906년 5월경 순안에서 22명에게 침례를 베풀었고 늘어난 신자들을 위해 그해 10월경 '순안면 남창리'에 초가 한 채를 구입해 교회당을 만들고 서당식 학교를 운영하기 시작했다.

이 남창리 교회당에 출석하는 어린이들과 주변 마을 아이들을 대상으로 김병엽이라는 인물이 한문 위주로 공부를 가르치며 서당식 학원으로 출발한 것이 바로 '순안사숙'이다. 순안사숙이 처음 개교한 날이 바로 1906년 10월 10일이라서 안식교에서는 이날을 '의명학교'가 태동한 날로 보고 있으며 오늘날 삼육대학교를 비롯한 삼육 계열의 모든 학교의 연혁에는 이날을 개교일로 기념한다. 그렇다면 순안사숙 이후 '양성학교'가 개교한 계기를 알아보자.

남창리교회를 통해 사숙을 운영하던 스미스 목사는 정식으로 학교를 인가받아 건축을 하기 위해 당시 순안 지방 유지였던 김두형을 통해 평안남도 관찰사에게 학교 설립 계획을 설명했고 그 결과 관찰사로부터 '평원군 순안면 포정리 석박산' 기슭에 위치한 나라 소유의 땅 45에이커(55,000여 평)를 무상으로 제공받는 데 성공했다. 학교가 위치한 당시의 '순안'(順安)은 평원군(平原郡) 내에 속한 하나의 면(面) 단위 이름이었으며 평양 중심부에서 60리나 떨어진 전형적인 농촌 마을이었다.

'포정리'는 안식교(재림교회) 본부와 사택이 위치한 남창리 맞은편 지역이라서 학교를 세우기에 적합한 곳이었다. 1907년, 교단 지원금과 동료 선교사 등을 통해 무려 693엔의 건축자금을 모집한 스미스 목사는 이 자금으로 기와집 형태의 7칸(60×12피트) 규모의 교사(校舍)를 짓고 1907년 6월 18일 건축 허가서를 제출했다. 그리고 그해 9월 12일 드디어 보통과(4년제)와 고등과(3년제)의 학교설립에 대한 승인을 받고 이때부터 학교를 본격적으로 운영하기 시작했다. 개교 당시 첫 입학생은 9세부터 29세까지 다양한 연령을 지닌 학생들이 모집됐는데 남학생 5명, 여학생 6명이 입학을 했다. 교사로는 교장 스미스를 비롯해 샤펜버그, 임기반, 하동협 등이 학생들을 가르쳤다. 스미스가 학교를 건축한 의도는 안식교 복음 전파와 교육사업을 짊어질 청소년 인재를 양성하기 위한 '사역자 양성 과정'(Korean Workers Training Course) 개념이었으며 그렇기 때문에 학교 이름도 '양성학교'(Training School)라고 불렀던 것이다.

그렇다면 '양성학교'에서 언제 '의명학교'로 명칭이 바뀌었는가? 양성학교는 개교 5년 만인 1909년에 12개 학교, 18명의 교사, 179명의 학생이 공부하는 규모로 발전하면서 학교 이름도 '의명학교'로 변경됐다. 이때 설립자이자 초대 교장 스미스 목사는 교장직에서 물러나고 제2대 교장에 러셀 목사가 부임했다. 이듬해인 1910년 경술국치 한일합방이 시작되면서 대부분의 일반 학교들이 폐교됐지만 의명학교만은 남았으며 그런 와중에 미국에서 안식교 선교사로서 이희만(Howard M. Lee) 목사가 러셀의 후임으로 부임하기 위해 입국했고 이듬해 1911

| 스미스
(W.R.Smith) | 로설
(러셀) | 이희만
(Howard Lee) |

[사진 15] 의명학교 설립자이자 초대 교장 스미스(1906년 10월), 2대 교장 러셀(1909년 3월), 3대 교장 이희만(1911년 4월)의 모습

년 4월부터 3대 교장에 이희만 선교사가 취임해 학교를 이끌어가기 시작했다. 그리고 학교는 이희만의 열정으로 발전을 거듭해 3.1운동이 벌어진 1919년에는 12개 학교, 286명의 재학생으로 발전했고, 1925년에는 31개 학교, 1,081명으로 증가했다.

1926년부터는 학제를 보통과 6년, 고등과 5년으로 연장해 일본인 학교와 동등한 수준의 교육을 실시할 수 있게 되었으나 1930년대 들어서 일제에 의한 '제2차 조선교육령' 때문에 학교는 중대한 기로에 들어서게 됐다. 1931년 만주사변을 일으키며 제국주의적 야욕을 드러낸 일제는 조선 민족의 말살과 식민지 정책을 영구화하기 위해 폭압적 동화정책의 하나인 '황국신민화 정책'을 시행하면서 그 수단으로 미션스쿨에도 신사참배를 강요하기 시작한 것이다. 본격적인 신사참배 강요는 1935년 11월 14일 평안남도지사 야스다케(安武)에 의해 도내 공사립학교 교장들에게 내려진 지시에서 시작되었다.

이희만 교장이 이끄는 의명학교는 여러 우여곡절 끝에 1936년 1월 17일 이희만, 우국화(E. J. Urquhart), 변손(H. F. Benson)과 정성걸 등 안식교 지도자 4인이 평안남도지사를 방문해 신사참배 수용 의사를 전달함으로써 기독교 미션스쿨의 정체성에 치명적 위기를 맞았다. 신사참배가 시행되자 내부의 논쟁과 분열에 휩싸이던 의명학교는 결국 존폐위기에 놓이게 됐다. 아무리 자의가 아닌 일제의 강압에 의해 결정했다고 해도 신사참배 수용 결의는 학교 교직원들과 전국의 안식교 교인들과 목회자들에게 큰 상처를 주었다. 또한 안식교 안팎의 도전과 비난을 받으며 진통을 겪다가 분열을 겪게 된 것이다.

결국 23년간 의명학교 교장직을 맡아 온 이희만 목사는 이 사태에 대한 책임을 지고 교장직을 사임하고, 1936년 12월 2일 조선 땅을 떠나게 되었으며 이에 대한 대책으로 본부에서는 그의 후임으로 이성의 목사를 교장에 임명했으나 학교와 지방의 일부 관계자들의 반대로 교장에 취임하지 못했다. 할 수 없이 벤슨 목사를 교장에 취임시켰으나 그 역시 환영을 받지 못했다. 이는 의명학교에서는 신사참배 수용 이후 목사들의 지도력과 권위가 크게 약화됐기 때문이다. 이런 내외적인 이유들로 인해 안식교는 의명학교를 순안 지역주민들에게 양도하기로 결정하고 의명학교 시대를 마무리 짓게 된다.

새로운 학교 운영자들은 학교 명칭을 '순안아카데미'(Soonan Academy)로 결정하고 순안 지역의 새로운 중등교육기관으로서 출발했는데 의명학교가 지역사회에 넘어간 계기는 1937년 7월 초에 개최된 안식교의 '조선합회 평의원회'에서 당시 지역 인사 이경일 선생에게 무상으로 양도하기로 결의하면서 시작됐다. 의명학교 운영을 포기할 수밖에 없었던 또 다른 이유는 당시 상황이 안식교 교육이념을 실현할 수 있는 상황이 안됐기 때문이었다. 의명학교가 양도될 당시 245명의 학생 중에 144명이 비기독교인이었는데 이처럼 비기독교인 학생 비율이 절반을 넘으면 미션스쿨로서의 교육이 힘들게 된다. 아울러 고학력 출신의 교사들이 증가하면서 안식교 특유의 교육 방식에 대한 도전과 갈등도 큰 요인이 되었다. 또한 1936년 신사참배 결정 이후 더욱 강력해진 일제의 간섭과 황민화 교육정책은 안식교 재단의 의명학교에 큰 부담이 되었다.

마침 이런 상황에서 순안 지역의 안식교 산하 병원과 학교 등이 서울로 이전하면서 지리적으로 외진 농촌 지역에 있던 의명학교에 대해 소홀할 수밖에 없었다. 결국 안식교의 조선합회 지도자들은 의명학교 구성원들의 요구를 더 이상 물리치지 못하고 1937년 7월, 학교를 그곳의 교인들로 조직된 이사회에 무상 인계했고 9월 1일, 순안 지역의 주체였던 이경일 교감이 교장에 취임함으로써 교단으로부터 독립된 지역 학교로 변신했다.

한편 '순안 아카데미'로 새 출발 당시의 학생 수는 모두 373명, 교사는 21명이었으며 학교 규모와 교육과정 그리고 기타 모든 시설 면에 있어서 매우 훌륭한 중학교였다. 학교는 비록 안식교 교단으로부터 행정적으로 분리되었지만 이사회 이사들이 모두 신자들이었기 때문에 한동안 삼육교육이념에 따른 기독교교육을 벗어나지는 않았다. 그러나 1938년 일제에 의해 개정된 '제3차 조선교육령'에 따라 1943년에 학교 명칭이 '순안중학교'로 개칭됐다. 이때부터 더 이상 삼육교육이념을 구현하지 못하고 완전히 일반 중학교로 탈바꿈하고 말았으며 이로써 순안 지역은 명실상부한 중등교육기관이 새로이 탄생하게 된 것이다.

그렇다면 이 순안중학교에 어떻게 현재의 평양 순안공항이 들어서게 되었는지 구체적으로 알아보도록 하자. 최초의 근대식 학교로 설립된 의명학교 주변에는 1911년 포정초등학교, 1927년 순안중견농민학교, 1939년 농민학교(공립학교)가 각각 설립되어 면 단위 지역이지만 골고루 학교들이 들어섰다. 안식교로부터 탈피해 일반 중학교가 된 순안중학교는 발전을 거듭하다가 40년대 후반 들어 군부대가 들어오는 것 때문에 인근 지역으로 이전하게 된다. 옮긴 주변에는 이미 순안소학교, 남양중학교 등이 이웃하고 있었다. 그 후 순안중학교는 지역사회에서 사회주의 교육기관으로 자리를 굳혀오다 2003년 10월 31일, 북 교육성에 의해 학교 이름이 '영웅순안중학교'라는 이름으로 변경됐다. 일반 중학교가 영웅중학교 호칭을 부여받는 경우에는 북 최고 지도자나 국가의 인정을 받아야만 하며 전국의 학교들보다 모범을 보이거나 공로가 있는 경우에만 해당되는 일이다.

한편 순안중학교가 있었던 자리에 들어선 군부대는 한국전쟁(조국해방전쟁)이 치열하던 시기에 인민군에게 포로로 잡혀 온 UN군 장병들이 동원돼 군 비행장을 건설하기 시작해 이때부터 이곳이 공항으로서의 역사가 시작됐다. 그리고 전후 복구 작업이 마무리될 무렵인 1959년 2월 '순안비행장'이라는 이름으로 정식 공항으로서의 업무가 최초로 시작됐는데 개장 직후 가장 먼저 평양과 모스크바 노선이 개설됐다. 그러다가 1989년 제13차 평양 '세계청년학생축전'을 계기로 활주로를 대폭 확장하고 일부 개건 공사를 해 사용하다가, 2011년 가을부터 제2청사 공사가 시작돼 2015년 7월 1일 준공식을 갖고 현재 국제 규모의 최신 시설을 갖춘 국제공항으로의 변모에 성공했다.

안식교와 의명학교가 가장 먼저 신사참배를 수용한 내막

의명학교의 신사참배 사태를 이해하기 위해서는 당시 시대적 정황을 비롯해 일반 개신교에서 있었던 신사참배 문제에 대한 구체적인 움직임에 대해 알아둘 필요가 있다. 앞서 언급한 대로 일제는 황국신민화정책의 일환으로 만주사변 이후 조선인에 대한 신사참배를 강요하기 시작했는데 조선에서 신사참배가 강요된 첫 번째 사례는 1932년 1월에 전남 광주 지역 기독교계 학교에서 자행한 '황군기원제'로 출발해 3월 21일 평양의 '춘기황령제', 9월 21일 평양의 '만주출정 전몰전사위령제' 등의 관제 행사에서 기독교 정체성을 훼손시키며 노골적인 신사참배를 요구했다. 그러나 대부분의 기독교 학교는 교리상의 이유를 들어 정면으로 거부함에 따라서 신사참배 문제가 사회 전면에 불거지며 등장하게 되었다.

그리고 1935년 11월 14일 일본인으로서 평안남도의 도지사에 재직 중이던 '야스다케'(安武)가 도내 공사립학교 교장들을 소집해 노골적인 신사참배 지시가 내려지면서 사태는 본격화됐다. 야스다케는 공사립중등학교 교장회의 석상에서 각 교장을 향해 교사와 학생들에 대한 평양 신사참배 지침을 하달했다. 이미 한 달 전에 서울 정신여학교와 경신학교가 신사참배를 수용하며 굴복한 사례가 있었는데 여기에 힘을 받은 일제가 평남도지사를 통해 평양 지역 기독교 학교들마저 굴복시키려는 의도가 있었던 것이다. 서울 지역 미션스쿨보다 더 보수적인 기독교가 사회의 주류를 이루는 평양 지역을 굴복시키려는 총독부의 모략은 적중했다. 이때부터 각급 학교들은 내부적으로 갈등하며 들끓는 계기가 됐다.

그러나 도지사의 예상과는 달리 이날 참석한 평양숭실학교장 맥큔(윤산온, G. S. McCune) 목사와 숭의여중학교장(대리) 정익성 선생, 의명학교장 이희만 목사 등 3명의 지도자는 기독교재단의 학교설립 취지와 성경 교리상 신앙적으로 수용할 수 없음을 알리고 이에 불응했다. 평양 지역의 대표적인 미션 계통의 학교장들에게 신사참배에 대한 강경한 입장을 보여주려는 일본의 의도가 빗나간 것이다. 그러나 회의를 마친 직후 도지사는 서면을 통해 "신사참배는 국민 교육상의 요건이므로 금후 참배에 응하지 않을 때에는 단호한 제지가 있을 수밖에 없다"는 내용을 해당 학교에 공문으로 전해왔고 이 통고문에 따라 각 교단과 학교들은 나름대로 입장을 정리하기 위해 고심하기 시작했다.

그중에서도 숭실학교와 의명학교가 이 문제에 대해 가장 많은 고민을 했던 것으로 확인됐다. 특히 숭실학교 측은 평양신학교의 박형룡 박사, 산정현교회의 주기철 목사 등 교단 신학자와 목회자들과 많은 협의를 거친 후 드디어 1936년 1월 18일, 교리적인 이유를 들어 도지사에게 신사참배 거부 의사를 공식적으로 밝혔다. 그 결과 일제 총독부에 의해 숭실전문학교, 숭실중학교, 숭의여자중학교는 1937년 10월 29일, 강압적으로 폐교되고 말았다.

그러나 안식교 재단의 의명학교는 장로교 재단의 숭실학교와 동일

[사진 16] 제27회 총회에서 신사참배 수용을 만장일치로 가결한 총회장 홍택기 목사와 김길창 목사 등 지도부 일행들이 총회가 끝난 후 남산에 올라가서 신사참배를 하는 장면(사진 출처: 「조선일보」 1938년 9월 10일자 보도)

한 입장에 처했으면서도 결단을 내리지 못하고 계속 고심하기 시작했던 것이다. 이희만 교장은 도지사가 학교장을 소집해 신사참배를 요구하자 반대 의사를 표명한 날로부터 사흘 뒤인 1935년

11월 17일, 도지사의 통첩을 받자, 그해 12월 초순 필리핀 마닐라에서 개최된 원동지회(Far Eastern Division) 추기 평의원회에서 이 문제에 대해 다시 논의 후 최후 결정을 하기로 결의했다. 다행히 야스다케 도지사는 "교단의 상부 지도자들과 논의한 후 내년 1월 중순에 다시 와서 최종 결정안을 통보해 달라"며 최종적인 결정을 할 수 있도록 시간적 여유를 주었다.

그러나 마닐라에서 열린 '원동지회' 회의에 참석한 결과 "자체적으로 해결하라"는 답변만 듣고 돌아올 수밖에 없었다. 그리고 필리핀에서 돌아온 후 '조선합회'(Chosen Union Mission) 지도자들은 12월 하순 합회본부에서 평의원회를 개최해 신사참배 문제에 대한 대책을 구체적으로 강구하였는데 결국 이 회의에서 신사참배를 승인하는 것으로 최종가결한 것이다. 평의원회의에서 신사참배 결정을 하게 된 원인을 살펴보면 의명학교 측이 조선합회를 통해 마닐라에서 열리는 원동지회의 지도와 답변을 요청했으나 신통한 답변이 없자 신사참배에 대한 사안은 결국 안식교 최고의결기관인 '대총회'까지 올라가 논의됐다. 그러나 신사참배에 관해 사전 지식이 전혀 없던 대총회는 일본 측에 자문을 구하면서 일이 더 복잡하게 됐다.

대총회는 미국에서 일본으로 파송된 안식교의 미션 책임자인 필드 목사를 비롯해 '안식교 일본합회'에 자문을 구했던 것이다. 일본합회는 자신들의 정부(일제) 방침과 주장을 상당 부분 수용한 상태였기 때문에 "조선에 대한 신사참배가 국가의식에 해당한다"고 자문해 주었다. 결국 의명학교는 이러한 대총회의 지도와 원동지회의 미지근한 결정, 이를 취합한 조선합회 지도자들의 최종 결정에 따라 마침내 1936년 1월 17일 신사참배를 수용하기에 이르렀다. 이로써 의명학교의 신사참배 문제는 치욕적인 결론으로 모두 일단락되었다.

그러나 이틀 후인 1936년 1월 19일자 「매일신문」 2단 1면에는 신사참배에 서약한 안식교와 의명학교에 대한 수치스런 기사가 보도됐다. 큰 사진에 선명하고 커다란 글씨의 제목으로 기사화됐는데 기술된 기사 내용은 대략 다음과 같다.

소화 10년인 1935년 11월 14일 평안남도 각종 사립학교 중학교장 회의 후 회의에 출석하였던 각 학교장들이 평양신사에 참배하려 할때에 맥퀸 평양 숭실학교장과 숭의여자중학교장 오. 알. 스왈렌과 순안 의명학교장 이희만 3인이 참배를 거절한 바 있었다. 이로 인하여 신사참배에 대한 문제가 불거져 수개월 동안 평안도 당국과 학교 당국의 관계가 악화되던 때에 의명학교장 이희만 씨가 안식교조선연합회로부터 우국화 씨와 의명학교 벤손 씨와 정성걸 씨와 함께 17일 오전 11시 반에 평남도청에 안무지사를 방문하고 신사와 종교와는 전연 다른 것임을 깨달았다고 하여 국민교육상 필요하다고 신사참배를 수락한다는 전갈을 전하고 문서로 서약을 하여 안무지사(야스씨)로 하여금 만족케 하여 서로 악수하는 일이 생겨났다. 이때에 영문으로 된 서약서도 함께 제출하였다. 이로 인하여 평양 숭실학교와 숭의여학교도 수일 내로 원만히 해결하게 되리라고 관측한다.

기사 내용에도 언급됐듯이 이희만 선교사는 처음에는 개인적인 양심과 신앙적 신념에 의해 신사참배를 거절하고 불응한 것이 분명한데 어처구니없이 교단 상부 지도부의 신사참배 수락 지침 때문에 이런 결과가 초래된 것이다. 그 결과 안식교(재림교회)가 평양 지역 개신교계에서는 최초로 신사참배를 실행에 옮긴 교단으로 낙인이 찍혔고 그로 인해 기독교계와 교육계 그리고 사회 전반에 걸쳐 안식교에 대한 부정적 인식을 갖게 하는 과오를 남겼다.

신문 기사에는 이희만, 우국화(E. J. Urquhart), 변손(H. F. Benson) 등 3인의 선교사와 더불어 정성걸이라는 인물이 눈에 띄는데 그는 3인의 외국인 선교사들과 동행해 도지사와 함께 기념사진 촬영까지 하였다. 그가 동참한 이유는 안식교 조선합회가 신사참배를 수용하기로 결의했다는 통고문과 외국 출신 선교사 일행들의 통역을 담당하려는 목적이었다. 그러나 정성걸의 동생 정원걸은 일본에서 안식교의 복음 전파와 문서 전도 활동을 하는 과정에서 일본 경시청으로부터 불온사상을 지닌 반체제 인물로 지명되어 감시를 받아 오던 중 혹독한 조사를 받거나 핍박을 당하는 동안에 형님 정성걸은 배교적인 행위를 함으로써 두 형제가 서로 다른 길을 걷게 되는 모습도 볼 수 있었다.

우국화 목사는 당시 조선안식교연합회장(조선합회장)을 맡고 있었는데 그전에도 시조사 편집국장, 서선대회장 등으로 조선에서 폭넓게 일한 미국인 목사이며, 벤슨 목사 역시 의명학교에서 교편생활을 하다가 이희만의 후임으로 잠시 교장에 취임했던 인물이다. 이처럼 이희만 교장은 대총회와 원동지회 그리고 조선합회의 지침과 결정을 받들고 자국인 동료 선교사들과 합심해 이런 과오를 실행에 옮긴 주범으로 역사에 기록된 것이다.

'의명학교'의 신사참배 결의 후 개신교단들의 잇따른 수용

한편 숭실학교에 신사참배 문제가 제기되었을 때 숭실학교가 소속된 미국 북장로선교회 측에서는 두 가지 입장이 팽팽하게 맞서고 있었다. 1935년 12월 13일 밤, 숭실학교장 맥큔(G. S. McCune)을 중심으로 북장로교선교회 실행위원회 위원장 허대전(J.Cordon Holdcroft), 소열도(T.S. Solau), 노해리(H. A. Rhodes)는 맥큔(윤산온) 집에 모여 심야까지 심의한 후 마침내 신사참배를 거부하기로 과감하게 결정했다. 윤산온은 "신사의 제식에 있어서 종교적인 여러 가지 요소가 포함되어 있는 것과 또한 신사에서 신들을 경배하고 있는 사실이 확실하므로 기독교 신자인 나로서는 신앙 양심상 신사에 참배할 수 없다"는 내용이 들어간 장문의 답신을 평안남도지사에게 보냈다.

하지만 언더우드 선교사를 중심으로 한 또 다른 진영은 신사참배가 종교적 행위가 아니라 국민의례와 같은 것이기 때문에 그것에 순응하더라도 미션스쿨을 유지하는 것이 조선교회 미래를 위해 더 바람직한 것이라는 입장을 견지했다. 이렇게 두 진영으로 나뉘어져 신사참배와 교회학교 운영 문제에 대해 진지한 논의를 하던 조선의 북장로선교회는 뉴욕 선교부와의 논의 끝에 1936년 7월 1일에 학교를 폐교하고 철수하기로 최종결정했다.

한편 일제는 안식교 교단 지도자들과 의명학교 관계자들에게 어떤 방식으로 압력을 가했길래 신사참배를 수용할 수밖에 없었는가를 알아보자. 당시 안식교 관계자에 의하면 "일제는 수다한 정사복 경찰들이 일일이 회의에 참석해 감시했고 평의원 각자 한 사람에 대한 사전 방문을 통해 반대의견을 내놓지 못하도록 위협해 놓았다"고 증언했다. 그동안 숭실학교 맥큔 교장 사택에서 벌어진 심야토론 후에 신사참배 거부 결정을 내린 사실을 묵과했던 일제는 안식교에 대해서는 조직적으로 개입한 정황이 확인된 것이다. 일제는 이 무렵부터 강력한 정책과 조직적 개입으로 개신교 교단과 미션스쿨을 집중 공략했는데 의명학교가 신사참배를 받아들인 후 연이어 감리교, 성결교, 장로교, 성공회, 가톨릭 등도 교단적 차원에서 잇따라 신사참배를 수용하기 시작했다.

한편 북장로선교회 측과 숭실학교장 맥큔의 신사참배 거부 결정에도 불구하고 조선예수교장로회는 1938년 9월 9일 제27회 총회에서 신사참배 수용을 만장일치로 가결하는 최악의 결과를 낳았다. 이에 앞서 일제는 장로교의 신사참배 수용을 관철하기 위해 우선 평북노회를 강제로 설득해 1938년 2월에 이 노회가 신사참배 수용을 결정하도록 유도한 후 총회 전까지 전국 23개 노회 중 17개 노회가 신사참배를 결의하도록 하였다. 그리고 총회 당일 강압적 수단이 동원된 긴급절차에 의해 만장일치로 신사참배 수용을 가결하도록 이끌었다. 이때 결정된 장로교의 신사참배에 대한 입장은 다음과 같이 조선예수교장로회 총회장 홍택기 이름으로 가결된 내용이다.

아등은 신사는 종교가 아니오, 기독교의 교리에 위반하지 않는 본의를 이해하고 신사참배가 애국적 국가의식임을 자각하며, 또 이에 신사참배를 독선여향하고 추후 국민정신 총동원에 참가하여 비상시국하에서 통후 황국신민으로서 적성(赤誠)을 다하기로 함.

그리고 이날 참석한 총대(각 교회에서 총회 회원으로 파견된 목사와 장로들)들은 총회가 끝난 후 남산에 올라가서 신사참배를 하였다. 이처럼 안식교와 의명학교를 비롯해 개신교단의 신사참배 수용은 자의가 아닌 일제의 강압과 회유 공작에 의해 결정된 만큼 의명학교 구성원들은 물론 전국의 재림교인들에게 큰 상처를 안겨 주었다. 대부분의 재

[사진 17] 남산신궁에 모여 신사참배 의식에 참여하는 수천 명의 평양 지역 학생들

림교인들은 신앙적인 이유로 신사참배 자체를 용납할 수 없는 분위기 속에서 괴로워했고 교단 지도자들의 결정을 무효화하는 반발 움직임도 있었다.

신사참배를 인정하는 용기와 정직함이 필요하다

안식교는 보수적인 교리와 근본주의적인 신학 그리고 철저한 교단 신조(信條) 등을 볼 때 결코 신사참배를 허용하거나 수용할 교파가 아니다. 그러나 의명학교는 1936년 1월 17일 마침내 신사참배를 수용하면서 평양 지역의 미션스쿨 중에서 가장 먼저 실행에 옮기는 학교와 교단이 되고 말았다. 독립협회 회원으로서 초기 안식교의 기초를 닦은 임기반을 비롯한 안식교 출신 선각자들과 독립운동가들의 정신은 결코 신사참배를 허용하지 않았으며 그들의 정신을 이어받은 교직자와 교인들도 정서상으로 신사참배를 용납할 수 없었다. 또한 안식교 재림

복음을 최초로 받아들인 평안도 지방의 교인들은 일제강점기에서는 교회와 신앙보다도 일제에 의해 고통받는 조국의 독립을 가장 먼저 염원하며 자신들을 희생한 사람들이 많았다. 여타 개신교 교단처럼 안식교 신자 중에는 개인적으로는 교회 활동을 중지당한 채로, 교역자들은 목회 활동을 중지당한 채로 독립운동에 뛰어든 항일 인물들이 다수 존재하는 교단이었다.

그러나 오늘날의 안식교는 과거 신사참배에 대한 과오를 은폐하거나 다른 개신교단들과 비교하며 합리화하는 모습들을 간혹 볼 수 있었다. "일제가 신사참배를 관철하기 위해 강압적으로 회유와 협박을 해서 어쩔 수 없는 선택이었다" 혹은 "신사참배를 앞장서서 추진한 이희만 교장은 미국 선교사라서 당시 조선인의 정서를 잘 파악하지 못해 발생한 일이다"라는 주장이나 "이희만 교장은 신사참배를 종교가 아닌 단순한 국가의식의 대상만으로 여겼다"는 주장도 설득력이 없다. 평양 지역의 다른 미션스쿨 지도자들과 의명학교 지도자들이 동일한 상황에서 선택의 기로에 있었고, 같은 의식을 공유하고 있었으나 결국 다른 미션학교들은 학교를 폐쇄하면서까지 신사참배를 거부해 끝까지 신앙의 지조와 절개를 지켰다. 여기에 대해서 의명학교와 안식교 교단에서는 어떤 변명의 여지는 있을 수 없다.

분명한 것은 안식교의 신사참배 문제가 어디까지나 최고 의결기관인 '대총회'에서 내린 결론이었고 더 나아가 전 세계 안식교 조직을 오대양 육대주로 구분한 아시아 지역의 의결기관인 '원동지회'가 '조선합회'(Chosen Union Mission)의 자율적 의사에 맡겨 결정하도록 지침을 주었기 때문에 그 책임을 회피하기 어렵다.

또한 "의명학교장 이희만 목사는 이 씨 성(性)을 가진 조선인으로 착각하기 쉬우나 조선인이 아닌 미국 사우스 랭캐스터 아카데미 교수 출신의 미국인이라서 조선인의 정서가 부족했다"라는 항변도 별 설득력이 없다. 그는 23년간 조선에서 근무하며 오히려 일제 치하에서 고통받는 조선 민족의 정서와 아픔을 이해하는 데 다른 외국 선교사들보다 더 정확한 판단력과 통찰력을 지닌 교육가이자 선교사였기 때문이다. 이희만은 단순히 안식교 재단에서 세운 학교의 책임자 그 이상의 의미가 있는 인물이다. 그는 당시 조선의 안식교 교회 전체를 상징하는 실무자로 볼 수 있는 위치로 볼 수 있기 때문이다.

신사참배에 대한 책임이 표면적으로는 이희만 교장과 그리고 동행한 우국화, 변손, 정성걸에게 있으나 내면적으로는 '원동지회' 지도자들과 관계자들의 무력함, '대총회' 지도자들의 사려 깊지 않은 판단과 무지함 그리고 '조선합회'의 지도자들과 목회자들의 안일하고 단순한 역사의식 등이 결합되어 빚어진 총체적 불의가 그 원인이었으며 외국 지도부들의 비신앙적인 선교관이 그 한몫했다. 선교의 목적만을 성취하고자 무리한 정책을 추진해 오던 선교부 지도자들의 무모한 결정이 이런 결과를 초래했으며 결국 신사참배 수용은 이득보다는 많은 손실을 보게 됐다.

일제강점기에서는 기독교는 물론 천주교와 불교 등 종교계 전반에 걸쳐 신사참배를 시행했기 때문에 어느 특정 교파를 대상으로 지적하는 것은 도긴개긴으로 볼 수도 있다. 순서와 시기는 다르지만 모두 다 신사참배에 참여했기에 "가장 먼저 수용했다"라는 말은 사실 큰 의미도 없으며 꺼낼 필요도 없다. 시대적 정황을 볼 때 신사참배라는 사실 하나만으로 안식교(재림교회)를 친일로 규정하는 것은 무리가 있다. 그러나 안식교는 신사참배 사건 외에도 그 이전으로 거슬러 올라가면 경술국치로 불리는 1910년 당시 합일합방을 기념하는 행사들을 안식교 교회들이 앞장서 개최한 일도 있었으며 안식교에서 발행하는 「교회지남」 잡지를 통해 당시 편집자들과 책임자들이 황국신민 발언과 함께 일제에 충성하라는 글을 여러 차례 기고하기도 했다. 기고자들과 편집자들은 외국 선교사들이 아니라 조선의 안식교 지도자들의 말과 글에서 친일을 주장했다는 사실도 잊어서는 안 된다.

항일, 독립운동을 했던 안식교의 신자들과 목회자들

신사참배가 결의되자 오히려 신사참배를 반대하는 움직임이 끊임없이 일어났다. 장로교에서는 평양의 주기철, 주남선 목사를 중심으로, 신의주에서는 이기선 목사를 중심으로, 경남지방에서는 한상동, 손양원, 이인재, 손명복을 중심으로, 만주에서는 한부선 선교사를 중심으로 반대운동이 전국적으로 확산되었다. 결국 일제의 탄압에 의해 개신교 200여 교회가 문을 닫고 2,000여 신자가 투옥되었으며 약 50명의 목회자가 순교를 당한 것으로 통계가 나왔다.

이 시기에 일반 개신교 교회는 물론 안식교 교단도 두 가지 상반된 행동 양태를 보여주었다. 하나는 일제의 강압과 회유에 굴복하거나 편승해서 저지른 친일 행각이었으며 다른 하나는 민족정신과 순수신앙을 지키기 위한 항일 행적이다. 대다수의 개신교 지도급 인사들과 제도적 교회들, 기독교 기관들은 친일 행각을 보여준 반면, 비록 소수에 불과하지만, 몇몇 목회자와 신자들이 신사참배 거부 운동이나 항일운동 등 저항운동을 펼쳤던 것이다.

신사참배를 결행한 안식교에서도 자세히 살펴보면 항일투쟁과 독립운동을 했던 인물들이나 신사참배에 불응해 고초를 겪거나 순교를 감당한 목회자들도 소수 존재했다. 안식교의 배경수 목사나 이응현, 손홍조 등을 비롯해 이명준 전도사, 강태봉 전도사는 신사참배에 불응했을 뿐 아니라 항일 투혼을 발휘한 목회자들이며 비록 국가기관의 공적인 검증과 교회로부터 순교자로 인정을 받지 못한 채 역사 속에 묻혀 있으나 언젠가는 올바른 평가가 이뤄져야 한다. 또한 신앙과 양심에 따라 신사참배를 거부하고 일경의 체포 고문으로 감옥에서 순교한 최태현 목사가 있으며 평신도로서 항일투쟁과 독립운동에 앞장섰던 최경선 선생이 있다. 대표적으로 최태현 목사와 최경선 선생 2인의 항일 행적을 마지막으로 살펴보도록 하자.

한국 국가보훈처 기록에 의하면 안식교 신자 최경선(1898년생)은 3.1만세운동의 여파를 몰아 1919년 3월 2일, 평안남도 대동군 용산면 소재 안식교회당에서 500명의 시위대를 인솔해 만세운동을 주도했고 이후 재차 시위운동을 계획했지만, 일제의 감시로 여의치 않자 같은 해 6월 중국 상해로 건너가 대한민국 임시정부 산하의 대한독립청년단에 가입하였다. 이 단체는 평안남도 청년층들 위주로 조직된 일종의 별동대로써 단원을 200명으로 한정하고 임시정부 교통국과 긴밀한 연락 관계를 유지하며 국내 연락망과 선전 활동을 전개하였다고 한다.

또한 최 선생은 군자금 모집에도 노력하였는데 대한독립청년단의 기관지 「청년혈」(靑年血)을 발행하였고 1919년 8월 임시정부의 '애국금수합위원'(愛國金收合委員)으로 위촉되어 활동하였다. 또한 재무총장 최재형(崔在亨)의 지시로 국내로 들어와 황해도, 평양 등지에서 독립운동자금을 모집하기 위해 활동을 계속하던 중 1920년경 일경에 붙잡혀 10개월여의 옥고를 치르는 등 여러 가지 독립운동의 근거가 인정돼 정부는 2007년도에 그의 공훈을 기려 국가보훈처를 통해 '국민훈장 애족장'을 수여했다.

최경선의 부친은 평양 '칠곡안식일교회'를 설립한 주역 중 한 명이며 가족 모두가 독실한 안식교 신자들이었다. 그러나 최경선은 한국전쟁을 겪는 도중 1.4후퇴 때 부인과 자녀들 절반을 남기고 월남했다고 한다. 아들 한 명과 딸 둘 만을 데리고 월남한 그는 자녀들 뒷바라지로 평생 고생을 하면서도 끝내 부인을 잊지 못한 채 독신으로 지내다가 생을 마감했다. 큰딸은 안식교 신앙생활을 하다 중풍으로 쓰러져 자신의 선친이 독립유공자로서 추서가 된 기쁨을 전달받지 못하고 운명했으며 아직도 생존해 있는 나머지 딸은 안식교회를 다니지 않고 있다. 또한 최경선의 장남은 의명학교 전신인 2년제 '양성학교'를 졸업했으나 세상에 빠져 술로 탕진하다가 부친보다 먼저 운명하는 불행을 겪기도 했다.

이번에는 신사참배를 거절하고 일제의 요구에 불응해 고문당하는 도중 감옥에서 순교한 최태현 목사(1888년 11월 4일)의 이야기다. 2차 세계대전이 일어나며 조선의 정세도 급변하게 되어 조선에서 근무하던 외국 선교사들도 대총회의 지시로 철수하는 상황이 됐다. 당시 합회장이었던 미국인 원룸상 목사는 본국으로 철수하게 되자 1941년 2월, 회의를 열어 최태현 목사를 합회장으로 선출했는데 최 목사의 선출은 조선인으로는 처음으로 합회장에 선임되는 기록이다. 그동안 조선합회는 대총회의 지원 자금으로 운영되고 있었는데 전쟁으로 인해 지원금이 끊겨 최 목사는 어려운 살림살이로 합회와 선교 사업을 이끌어 나가야만 했다.

그 후 최 목사는 합회장의 직무상 여러 교회를 탐방하는 과정에서 일경과의 접촉과 교제에서 오해를 불러일으킨 것 때문에 전격 사임하고 그의 후임으로 이선의 목사가 선임됐다. 이런 와중에 1943년에 접어들어 신임 합회장으로 오영섭 목사가 피선되고 최태현 목사는 한국연합회 고문으로 추대되었다. 1개월 동안 신구 회장 간의 업무 인수인계를 하는 도중이던 1943년 2월 4일, 갑자기 종로경찰서 고등계 형사가 들이닥쳐 합회 지도자 여섯 명을 구속한 것이다. 제13회 조선합회가 끝난 지 불과 3주 후의 일이었으며 이날 체포된 목사들은 최 목사를 비롯해 오영섭, 김상철, 박창옥, 김예준, 이성의 등 6인이다.

이들이 체포된 내막은 어처구니없게도 안식교 내부에 있던 신자 김덕기(金悳基)를 비롯해 고희경(高喜京), 정(鄭) 모 씨, 강진하(康鎭夏), 이(李) 모 씨, 김(金) 모 씨 등 모두 여섯 명의 밀고자가 일경에 신고해 발생한 사건이다. 이들 6인은 훗날 반민족행위특별재판부에 이 밀고죄로 체포되어 회부돼 1949년 8월 재판을 받기까지 했다. 이들의 밀고로 결국 두 명의 아까운 목사들이 숨졌다.

한편 이 안식교 지도자들이 구속된 이유는 신사참배와 관련해 명

[사진 18] 최태현 목사와 함께 체포 구금됐던 5인의 안식교의 지도자들. 왼쪽부터 박창옥, 이성의, 김예준, 오영섭, 김상철 목사

목상으로는 "천황 폐하 대신 하나님을 섬긴다"는 것이었으며 진짜 구속한 목적은 안식교 지도부를 구속해 교회들을 자발적으로 해산하게한 다음 교회들을 무력하게 만들어 신자들에게 신사참배를 강요하기위함이었다. 일경들은 최 목사와 나머지 구속된 목사들에게 미국 스파이 혐의와 안식일 교리 문제 그리고 신사참배 문제 등에 관해 취조하며 무자비하게 고문하였다. 특히 취조가 막바지에 이르렀을 때 최 목사에 대해서는 더욱 잔악한 고문을 가했는데 1주일에 걸친 극심한 고문 때문에 결국 사망에 이르게 된 것이다. 결국 6월 2일 아침, 최 목사는 고문에 의해 인사불성이 되어 쓰러져 급히 경성요양병원으로 이송해 응급치료를 실행하였으나 회생하지 못하고 저녁 8시경 숨지고 말았다.

한편 안식교 조선합회는 신구 합회장을 포함해 6명의 지도부가 종로경찰서에 연행되어 구속되자 즉시 합회장 대행위원 3인을 세웠는데 이 대행위원들은 선교 사업을 지속하면서 구금된 지도자들의 석방을 위해 다각적인 노력을 기울였다. 그러나 일제는 오히려 구속된 6인을 '전시보안법' 위반으로 몰아붙였으며 안식교(재림교회)를 '적성기관'(敵性機關)으로 처리해 교회 재산까지 몰수하려 했고 최태현 목사를 고문으로 살해했다. 이러한 위협 속에서 최태현 목사가 순교한 지 반년이 지난 1943년 12월 27일, 일제는 1년 가까이 구금돼 극도로 지친 나머지 5인의 지도급 목사들과 3인의 대행위원들을 경성요양병원에 소집해 교단 해산성명서에 서명 날인하도록 강요했으며 이들은 어쩔수 없이 일경의 요구에 순응했고, 다음날인 28일 교회해산성명서를 발표하고 각 교회에 공문을 발송할 수밖에 없는 불행한 사태가 발생한 것이다.

최태현 목사는 원래 침례교 출신으로서 침례교신학교에서 신학을 마친 후 함경남도 안변에서 침례교 전도사로 봉직하던 중 1910년 원산에서 안식교 전도회를 통해 안식교를 받아들이며 개종한 인물이다. 그 후 황해도와 평안남도에서 안식교 전도사로 봉직하다 중국 북간도 (연변)에서 선교사로 사역하기도 했다. 그 후 안식교의 중진 목회자가 되어 중한대회장을 역임하고 순안 의명중학교에서 성경교사로 제자들을 양성하기도 했다. 또한 서선(평안남북도 지역)과 서한(황해도 지역) 대회장으로 봉직 후 조선연합회장을 지내다가 해방을 2년 앞둔 1943년 6월 2일, 55세로 숨진 것이다. 한국 정부는 국가보훈처를 통해 최태현 목사의 항일행적과 독립운동 업적이 인정돼 '건국훈장 애국장'(원본과 메달)을 수여했다.

그런데 안식교에서 순교자로 존경받는 최태현(崔泰鉉) 목사에 대해 현재 인터넷상이나 세간에서 간혹 친일 논란이 발생하고 있는데 이

[사진 1의 옥중에서 일경의 고문으로 순교한 안식교의 최태현 목사(왼쪽)와 그의 막내아들 최희만 장로(오른쪽). 미주 안식교 발전에 공헌했으며 왕성한 대북 사역 활동 중 최근 타계했다.

는 '민족문제연구소'에서 발표한 '친일인명사전'에 등재된 두 명의 다른 최태현(崔台鉉, 崔泰顯)과 동명이인이라서 생긴 오해에서 발생한 해프닝이다. 최태현(崔台鉉)은 일제 시기 경기도 안성군수, 여주군수, 경기도 지방토지조사위원회 임시위원을 지냈고 황해도 봉산군수, 평산군수와 황해도 지방토지조사위원회 임시위원, 평산군교육회 회장을 지내는 동안 친일 행각으로 한국병합기념장, 다이쇼(大正) 천황 즉위 기념 대례장, 쇼와(昭和) 천황 즉위 기념 대례장, 훈 6등 서보장을 수여받은 대표적인 친일파이다. 또 다른 최태현(崔泰顯)은 일제강점기 함경남도 원산경찰서 경부, 안변경찰서 경부, 북청경찰서 경부, 혜산진 경찰서 경부, 함경남도 경찰부 경무과(경시), 함경남도 경찰부 순사교습소 소장을 지내는 동안 친일 부역 혐의로 한국병합기념장을 받은 친일파이다.

최태현 목사는 아내 이안나와의 슬하에 장남 최옥만, 차남 최승만, 막내아들 최희만 등을 두었으며 장녀 최옥선과 4녀 최옥화 등 자녀들 모두가 미국에 거주해 왔다. 그러다 안식교 신자였던 장녀 최옥선 집사는 2011년 6월 21일에 미국 조지아주 달톤 시에서 향년 98세로 소천했고 2년 후에는 로즈미드안식교회를 출석했던 막내아들 최희만 장로가 2013년 2월 23일(월) 새벽에 향년 84세로 소천했다. 최 장로는 안식교의 '남가주연합전도회' 회장으로 왕성한 활동을 했으며 그 결과로 70명에게 합동 침례를 베푸는 성과를 내는 등 미주 지역 한인 안식교 계의 원로로서 목회협력과 선교사역, 방송 사업에 공헌을 해왔고 북한 의료지원 사업 등에 큰 공헌을 했던 인물이다.

III. 김일성 주석과 안식교

김일성 주석 가문과 안식교와의 관계

안식교가 조선에 들어온 시기는 1904년으로 일반 개신교보다 10년 정도 늦게 들어왔다. 그러니까 한일합방이 되기 6년 전 안식교 최초의 선교사 스미스(W. R. Smith) 목사가 현재의 평양 지역이었던 평안남도 대동강 하류의 진남포, 용강, 강서, 중화 등 여러 지역에 직접 복음을 전파하며 조선 재림교회(안식교) 역사가 시작됐다. 특히 일본의 '쿠니야 히데' 목사가 진남포에 방문해 특별집회를 열었으며 나흘 후 미국 안식교 선교사 신분의 일본 미션책임자 필드(F. W. Field) 목사가 연이어 방문해 힘을 보태주며 50일간 안식교를 전파하자 많은 이들이 받아들여 71명이 침례를 받고 안식교 신자가 되었으며 이를 계기로 용강군 선돌(입석리), 강대모루(강서군 남3리), 용동(용강군 구룡리), 바매기(중화군 한곡리) 등에 안식교 교회당이 세워진 기록적인 결실이 맺혔다.

안식교는 교세가 더 확산되면서 김일성 주석이 태어난 대동강 하류 만경대 남리(南里) 마을에도 칠골안식교회당이 세워지게 되었다. 이를 입증이라도 하듯 김일성 주석의 생가와 동향이던 서울 동도교회 최훈(崔薰) 목사가 필자에게 해방 전 만경대 주변 마을들에 세워진 장로교회와 안식교회와의 관계를 증언해 준 적이 있었는데 매우 흥미로운 내용이었다. 한기총 5대 회장과 대한예수교장로회 합동교단 69회 총회장을 지낸 개신교 원로였던 최 목사는 교회를 은퇴한 후 경기도에 '천마산기도원'에 머물고 있었는데 이때 필자가 여러 번 찾아가 해방 전 이북교회 상황과 김일성 주석에 관한 기독교 관련 증언 자료를 수

집했던 적이 있다. 그 후 2008년 최 목사가 노환으로 타계하자 미국에서 치른 그의 장례식 때 필자가 운구 위원으로 참여하기도 했다.

최 목사의 조부 최재식은 일찍 개화해 만경대 고향마을에 '송산리교회'를 세운 주역이었으며 부친 최병록도 기독교 학교인 평양숭실학교 출신이었다고 한다. 1926년생인 최 목사가 태어나 자란 곳은 평양시 최남단 대동강 한가운데 양각도를 건너가는 나룻터에서 아주 가까운 곳이었는데 유년 시절에는 고향 송산리에 있는 신망학교(信望學校)라는 국민학교에 입학해 6년 과정을 마치고 서울로 올라와 경성상업학교에 다닌 후 졸업하고 다시 고향으로 와서 평양철물조합에 근무했고 해방이 되자 송산리에 있는 송산국민학교에서 교편을 잡았다. 그후 교사직을 사임하고 고향에 재건교회를 설립해 전도사가 되었으며 1947년에는 고향마을을 떠나 안식교가 운영하는 '의명학교'(義明學校)가 있는 '순안면(順安面) 원일리 28번지'로 거처를 옮겨 그곳에서 재건교회의 담임전도사로 본격적인 목회자의 길에 들어섰다고 한다. 김일성 주석의 고향집과 주변에 있는 마을 교회들에 관한 그의 증언을 들어보자.

나는 김일성 주석과 같은 고향인 만경대이다. 같은 만경대라도 김성주(김일성 주석)는 남리(南里)에 살았고 나는 송산리(松山里)에 살았다. 그 시절에는 개신교 지도자들이 안식교를 이단시하는 풍조 때문에 조그마한 고개를 사이에 두고 두 동네가 서로 갈라져 있었다. 남리에는 안식일교회 예배당이 있고, 송산리에는 장로교 교회당이 있어서 서로 갈라져 지냈던 것이다. 두 동네는 안식교에 대한 편견 때문에 처음부터 사이가 좋지 않았다. 그런데 해방 후 김일성 주석이 평양에 입성하고 본격적인 활동을 하기 시작하자 남리(안식교)에 있던 사람들은 김일성의 정책을 지지하며 가깝게 지냈으나 송산리(장로교)에 사는 사람들은 김일성과 반대 입장에 서는 상황이 되었다. 그러던 중 1947년도 무렵 송산리에 군관학교가 들어선다는 소식이 전해지면서 송산리 마을 주민 20여 세대가 다른 지역으로 이주하는 사건이 발생하였다.

최훈 목사의 이 같은 증언을 뒷받침하는 자료들은 내게 많이 있다. 우선 북에는 김일성 주석의 출생지가 공식적으로 '평남 대동군 고평면(古平面) 남리(南里)'로 표기되어 있는데 현재의 행정구역상으로는 '평양 만경대구역 만경대동'이다. 또한 장로교단이었던 송산교회의 주소는 '평안남도 대동군 고평면(古平面) 송산리(松山里) 196번지'였는데 이곳도 역시 현재의 행정구역상 김일성 주석의 출생지와 동일한 '평양 만경대구역 만경대동'이다. 1952년에 행정구역을 개편할 때 송산리, 남리, 내리, 서리를 합해서 '만경대리'를 만들었다가 그 후 1963년에 '만경대동'이 되었기 때문이다.

송산교회가 있던 자리에는 지금의 군사대학(국방대학원)이 위치해 있는데 김일성 주석도 자신의 회고록에서 "송산이라면 지금의 군사대학이 있는 곳인데 거기에 장로교 계통의 례배당이 하나 있었다"라고 기술하고 있어 그곳에 군사대학이 들어섰음을 증명하고 있으며 필자도 방북 일정 중에 간혹 만경대 지역을 지나칠 경우에는 군사대학 부근을 지나게 되는데 그곳이 바로 송산교회가 있던 자리였음을 상기한다. 그곳은 멀찌감치 송산유원지도 바라보인다. 김 주석은 어린 시절의 추억을 떠올리며 일요일에 예배를 드리는 송산교회를 다닌 것을 분명히 밝히고 있다.

어른들이 례배당에 갈 때면 아이들도 따라가서 례배를 보군 하였다. 신자의 대렬을 늘이려고 례배당 측에서는 이따금씩 아이들에게 사탕도 주고 공책도 주었다. 아이들은 그것을 받아보는 멋에 일요일만 되면 패를 지어 송산으로 밀려 가군 하였다. 나도 처음에는 호기심이 나서 동무들과 함께 가끔 송산으로 다니였다. (중략) 나는 어머니가 례배당에 갈 때에만 송산으로 다니였다.

그런데 예전부터 필자가 의아하게 생각하는 김일성 주석과 안식교에 관련된 소문이 내 귀에 종종 들려왔는데 확인해 보니 그것은 안식교 내부에서 오랫동안 끊이지 않고 나도는 확인되지 않은 소문이었다. 내용인즉 "유년 시절의 김일성과 그의 일가친척들이 모두 안식일교회당에도 다녔다"는 것이다. 안식교 신자들은 지금도 "여러 가지 정황으로 보아 김 주석이 어릴 적에 가끔 다닌 교회가 안식일교회였으며 주일학교도 안식일교회에서 운영하는 주일학교에 다녔다"고 주장할 뿐 아니라 "만경대 송산리에는 장로교회가 있었고 남리에는 칠골안식일교회가 있었는데 김일성의 조모 리보익은 그 칠골안식일교회의 독실한 신자였으며 외할아버지 강돈욱도 칠골안식일교회 장로였다"는 증언도 잇따라 나오고 있었다.

이번 장에서는 이런 여러 소문의 진상에 대해 필자가 다양한 자료와 경로를 통해 확인하고 연구한 이야기를 나눠 볼 것이다. 그러나 김일성 주석의 가문과 안식교와의 관계에 있어 연구하던 중 필자가 주목하는 인물은 정작 김일성 주석이 아니라 사촌 동생 김원주(金元柱)와 할머니 리보익이었다. 왜냐하면 이 두 인물은 김 주석에게 가장 많은 영향을 끼쳤던 가장 가까운 친족으로서 실제 안식교와 연관이 있는 것으로 파악됐기 때문이다. 지금부터 이런 이야기들을 뒷받침하는 자료들을 통해 자세히 알아보도록 하자.

'만경대 사적관'에 전시된 김일성 친가의 항일투쟁 사료들

필자가 김일성 주석의 생가 인근에 있는 '만경대 고향집 사적관'을 방문할 때 해설사로부터 들은 기억으로는 김성주(김일성)가 태어날 당시 만경대는 20여 호 농가가 모여 있는 전형적인 농촌 마을이었다고 한다. 이 사적관은 생가에서 오른쪽으로 약 200미터가량 떨어진 언덕에 아름다운 나무들 사이에 아늑하게 자리 잡고 있었다. 김 주석의 60세 탄생을 2년 앞둔 1970년에 개관되었다는 이곳은 김 주석과 일가친척들의 다양한 항일투쟁 발자취를 여러 사료와 함께 전시해 놓았다. 이곳 '만경대사적관'은 김 주석의 '친가 혈통'을 중심으로 전시된 사적관이라고 한다면 외가 혈통을 중심으로 전시된 곳을 참관하려면 칠골

[사진 20] 만경대 김일성 주석의 생가. 안방에는 김 주석의 조부모 사진을 비롯해 해방 후 할머니 리보익과 첫 상봉을 하는 장면 등 7개의 액자가 걸려 있었다.

[사진 21] 항일투쟁으로 일찍 단명한 3인의 가족사진이 만경대 생가 웃방에 걸려있다. 왼쪽부터 삼촌 김형권, 동생 김철주, 사촌동생 김원주

교회당 옆에 있는 '칠골혁명사적관'으로 가야만 한다.

사적관 1호실에는 어린 시절의 김성주가 부친에게 교육받는 모습을 형상화한 석고상이 있고, 2호실에는 유년 시절을 보낸 1920년대의 만경대 전경을 보여주는 사판이 있다. 또한 증조부 김응우, 조부모 김보현과 리보익의 생활상을 보여주는 자료들과 부친 김형직의 청소년 시절과 활동에 대한 자료들이 전시되어 있고, 3호실에는 부친 김형직이 조선국민회를 결성한 발자취들과 모친 강반석, 삼촌 김형권, 동생 철주 그리고 사촌 동생 김원주의 다양한 사료들이 전시되어 있었다. 4호실은 김성주의 어린 시절과 성장 과정을 보여주는 다양한 자료들이 전시되어 있으며 마지막에는 이런 자료들을 기초로 제작한 영상물을 10분간 관람할 수 있는 코스가 마련돼 있었다. 또한 마지막 5호실에는 김성주가 어린 학창 시절 온몸으로 겪었던 '배움의 천리길'과 '광복의 천리길'에 대한 관련 자료들이 전시되어 있었다.

우선 삼촌 김형권의 자료를 보면 김형권은 국민부(國民府) 군자금 모집대 최효일(崔孝一)과 함께 1930년 8월 풍산군 안산면 내승리(豊山郡 安山面 內中里) 주재소의 송산(松山) 순사부장을 권총으로 사살하고

[사진 22] 김일성의 삼촌 김형권의 항일투쟁을 보도한 「동아일보」 기사가 전시되어 있다.

또 동년 9월 3일 북정(北靑)서의 강성(岡城) 순사를 권총으로 부상을 입힌 사건 등으로 체포돼 1932년 4월 4일 경성복심법원에서 징역 15년(최효일 사형, 박차석 징역 10년)을 언도받고 수감 중 고문의 후유증으로 옥중에서 운명했다. 이 사건은 당시 「동아일보」에 모두 6회 정도 상세히 보도됐는데 이곳에 기사가 스크랩되어 전시되었다.

친동생 김철주는 1926년 소학교에 다닐 때 형님 김성주(김일성)가 조직한 '새날소년동맹'의 성원이 되어 신문 「새날」 발행에 참여하던 중 1930년대 초반 항일유격대에 입대해 1935년 연길의 석인구 인근에서 일본군과 전투 중 20세의 나이로 전사해 그의 유해를 아직도 발견하지 못해 평양 대성산 혁명열사릉에는 가묘(假墓)만 조성돼 있다.

부친 김형직은 평양숭실학교를 다니던 중 기독교인들 중심의 항일 조직인 조선국민회를 조직해 활동하다 1918년 2월 18일 평안남도 일경에 의해 검거돼 형사소추를 받았으며 1925년 4월, 일제에 의해 작성된 관헌 기록 중에는 "대정 8년(1919년) 3월, 조선독립 소요사건의 주모자"로서 체포를 피하려 "동년 5월, 대안으로 도주했다"고 기록됐다. 조선국민회 사건 이후 중강진으로 이사해 3.1만세운동을 지도하며 깊이 관여했다. 김형직은 1924년 말 일제에 체포되어 평북(지금의 량강도) 포평(葡坪)에서 후창(厚昌)으로 압송당하는 도중 김형직의 친구가 일본 경관에게 술을 먹이고 취하게 한 틈을 타서 압록강을 건너 무송(撫松)까지 극적인 탈출을 했는데 이 과정에서 두 번이나 심한 동상을 입었다.

그럼에도 불구하고 1925년에는 길림성 무송현으로 옮겨 '무림병원'을 차렸고 정의부(正義府) 계열 무장단체인 백산무사단(白山武士團)과 연계해 활동하며 민족주의 운동단체 등을 망라해 의원을 통해 번 돈으로 정기적인 자금을 공급하는 데 기여하다가 감옥에서 얻은 병과 탈출 시 발병한 동상 후유증 등으로 건강이 악화돼 1926년 6월 25일, 32세의 나이로 운명했다. 김형직의 항일투쟁 발자취는 량강도 포평혁명사적지(포평교회)와 황해도 은율에 있는 사적관(은율읍교회) 등에 기념할 정도로 그의 활동 범주는 다양했다.

이처럼 만경대 사적관에는 부친 김형직과 삼촌 김형권, 친동생 김철주, 사촌 동생 김원주 4인이 생애 마지막 순간까지 항일운동을 전개하다 고귀하게 운명했다는 사실들을 구체적인 관련 사료들을 제시하며 입증하고 있다. 마침 이들에 대한 항일투쟁 전력은 대한민국 정부와 학계에서도 이미 검증된 사안이며 필자도 객관적인 연구를 통해 입증한 바 있다. 그런데 필자가 주목한 인물은 남측에 그다지 많이 알려지지 않은 김원주(金元柱)였다. 안식교와 연관이 있다는 김일성 주석의 사촌 동생 김원주에 대한 관련 자료를 찾아보도록 하자.

김일성 주석의 사촌 동생 김원주의 발자취

김일성 주석과 사촌 동생 김원주(金元柱)의 혈연관계를 파악하려면 가계도를 잠시 살펴봐야 한다. 김송령(김일성의 고조부)과 나현직은 슬하에 독자 김응우(김일성의 증조부)를 두었으며 김응우는 장성해 부인 이 씨와 결혼해 독자를 낳았는데 그가 바로 김보현(김일성의 조부)이다. 그리고 김보현(金輔鉉)은 리보익(李寶益)과 결혼해 6남매(3남 3녀)를 낳았는데 그중 삼 형제가 바로 김형직(金亨稷), 김형록(金亨祿), 김형권(金亨權)이며 장남이 바로 김일성의 부친 김형직이다. 그 아래 남동생들이 차남 김형록, 삼남 김형권이며 세 자매는 김구일녀(金九日女), 김형실(金亨實), 김형복(金亨福) 순이다.

김일성 주석의 조부모 김보현과 리보익은 해방 후 손자(김일성)가 집권한 상태에서도 만경대에서 평범한 농민으로 살았으며 세 아들 중 끝까지 만경대에 거주한 사람은 차남 김형록(김주석의 둘째 삼촌)뿐이다. 김일성의 할머니 리보익은 항일 투쟁하던 큰아들 김형직과 작은아들 김형권 등 두 아들을 일찍 떠나보내고 유일하게 둘째 아들 김형록만 남겨 놓은 상태였다. 또한 막내 삼촌 김형권은 생전에 만주에서 김영실이라는 딸 하나를 두었는데 그녀는 해방 후 만경대 혁명학원을 다녔지만 전쟁 시기에 폭격으로 사망했고, 둘째 삼촌 김형록은 현양신과의 사이에 6남매를 두었는데 그 중 김원주(金元柱), 김창실, 김원실 등이 있는데 김원주가 바로 안식교 재단에서 운영한 의명학교를 졸업했다.

해방 후 귀국한 김일성 위원장은 곧바로 조선인민군 지도자를 배출하는 사관학교의 모체가 되는 '평양학원'을 설립해 사촌 동생 김원주와 김원주의 부인, 외삼촌 강용석, 할머니 리보익의 조카 김병렬 등을 비롯한 일가친척들을 평양학원 1기생으로 대거 입학시켰다. 평양학원은 조선인민군 건군의 초석이 되는 사관학교를 말하는데 훗날 이곳 출신들이 초기 조선 인민군 지도부의 핵심들이 되었으며 한국전쟁 발발 시 주도적 역할을 했던 인물들이다. 김일성이 1945년 11월 17일 평양학원 설립 지시를 구체적으로 내린 후 몇 개월의 준비 과정을 거친 후 1946년 1월 3일 '평남 용강군 다미면 지울리'에서 개교식을 가졌는데 여기에 김원주가 학교의 기초를 닦는 데 중추적인 역할을 감당했다. 이 학교는 처음에 정치반과 군사반을 둔 4개월의 단기 코스였으나 사실상 사관학교 형태로 운영되었다.

북에서 발간된 역사 사전에는 김원주가 "1927년 9월 22일 출생"해 "1957년 6월 27일 운명"했다고 기록됐으며 특히 "음력으로 1927년 8월 27일 출생"했다며 소상하게 덧붙이기도 했다. 북에서 공식적으로 발표한 김원주의 일대기를 요약해 보면 '조국의 광복과 인민의 자유와 해방을 위해 적극 투쟁한 반일혁명투사이며 열렬한 공산주의자'로 인민들의 존경을 받고 있는 것으로 평가하고 있다. 또한 고향과 출생지는 '평안남도 대동군 고평면 남리 만경대'(오늘의 평양시 만경대구역 만경대)이며 형님 김일성의 항일무장투쟁에 대한 모습을 가까이서 소식을 접하면서 영향을 받아 1940년대 초에는 김일성의 외척이 되는 강희원(康希源)과 함께 의기투합해 강선제강소 소년공(노동자)으로 들어가 힘겨운 고역에 시달리면서 "일제 침략자들과 착취계급의 본성을 깨닫고 노동자들을 결집해 지하혁명조직을 결성했다"고 한다.

또한 노동운동과는 별도로 "반일 지하혁명조직인 '조국해방단'을 결성해 혁명투쟁을 전개해나갔으며 일제의 무기를 빼앗아 자체 무장하며 수령(형님 김일성)의 항일무장조직을 지원하고 후방에서 일제의 군용지 습격, 무기 탈취를 위한 습격전 등을 벌여 일제를 불안 속에 몰아넣는 과정에서 1945년 5월 일제에 검거되었다"고 기술했다. 이어서 "김원주가 체포되자 김일성의 사촌 동생이라는 사실이 신문 기사의 특호 활자로 찍혔고, 체포 즉시 말로 형언하기 힘든 심한 고문을 당했으며, 여러 가지 방법의 회유와 기만을 당했으나 끝까지 굽히지 않고 싸웠다"고도 기록됐다.

이처럼 김원주는 해방을 맞아 출옥했으나 고문의 상처와 후유증으로 몸이 매우 쇠약해졌음에도 불구하고 잠시도 쉬지 않고 북 인민정부에 협력하며 인민군 창설 사업에 몰두했으며 그 후에도 계속 군사교육 부문에 정력적으로 활동하였으며 전쟁 중에는 "허약한 몸도 돌보지 않고 자신의 자리를 지키며 끝까지 헌신하였다"고 한다. 특히 전쟁 중에는 "후방의 안전과 인민들의 생명 재산을 보호하기 위해 투쟁하다가 전쟁이 끝나갈 무렵부터 건강 상태가 더욱 악화되었으며 전후에도 계속 사회 안전 부분에서 중책을 맡고 활동하다가 1957년 6월 27일 31세를 일기로 세상을 떠났다"고 기록돼 있다. 이외에도 김원주의 행적에 대한 자료는 마침 남측 통일부 장관을 지낸 강인덕 박사가 신문 인터뷰를 통해 자신이 직접 알아본 사실에 대해 증언해 주었다.

1972년 남북적십자회담이 시작돼 7.4남북공동성명이 발표될 때 남북 대화 사무국장 자격으로 평양을 방문했다. 이산가족이었던 나는 북에 거주하는 넷째 형님이 아직 생존해 있었는데 관리들에게 직접 알아보니까 형님이 '당(黨)학교'에서 당사(黨史)를 가르치고 있다고 했다. 처음에 북에 끌려갈 당시 여러 가지 이유로 처형될 형편이었는데 김일성 주석의 사촌 동생 김원주가 살려주었다는 얘기를 들었다. 만약 김원주가 죽지 않았으면, 넷째 형님이 좀 더 편하게 살았을 것이다.

강 박사의 증언을 통해 김원주의 인품과 폭넓은 대인관계를 엿볼수 있는 대목이다. 그 당시는 항일투쟁의 방편으로 공산주의에 가담해 활동하던 시절이었기 때문에 김원주의 활동은 한 마디로 노동운동을 통한 항일투쟁과 노동운동을 통한 공산주의 혁명운동을 병행했다는 것이다. 특히 그가 설립했다는 '조국해방단'에 관한 내용은 강 박사의 증언에서도 뒷받침해 주고 있다.

> 우리 집안은 일제강점기 때 항일운동을 했는데, 형님들은 '조국해방 단' 소속으로 활동했다. 형님들은 1944년 '조국해방단' 소속인 것이 드러나 형무소에 수감됐다가 1945년 광복 후 겨우 풀려나왔다. 그리고 인민정부는 항일무장단체인 '조국해방단'을 민주청년동맹의 기관 단체로 만들려고 했으며 (중략) 김원주가 넷째 형님과 '너, 나' 하는 사이로 조국해방단 소속이었다.

그 후 필자가 대성산 혁명열사릉에 참관할 때 묘지들을 돌아보며 확인한 바로는 삼촌 김형권, 동생 김철주, 사촌 동생 김원주 등 항일투쟁에 참가한 가족들의 묘지는 원래 만경대에 있었으나 김일성 주석의 부친 묘소를 제외한 나머지 3인은 혁명열사릉이 조성될 때 이장되어 지금까지 이곳에 안장돼 있었다. 그렇다면 손자 김원주에게 안식교 신 앙과 삶에 영향을 끼쳤다는 할머니 리보익에 관해 잘 알려지지 않은 활동 내용을 구체적으로 살펴보도록 하자.

두 손자(김성주, 김원주)에게 큰 영향을 끼친 할머니 리보익

　김일성(김성주) 주석은 그의 회고록에서 할머니 리보익에 관해 많은 분량을 애틋하고 허심탄회하게 술회했다. 자신의 가문에서 가장 큰 고생을 했던 분으로 그리고 세상에서 가장 존경하는 어른으로 자신의 할머니를 언급할 정도로 많은 영향을 받았다. 특히 자신이 항일유격대를 이끌며 한창 일제와 투쟁하던 시절에는 자신 때문에 할머니가 두 차례나 일제에 의해 억류된 사건이 있었는데 이 사건을 통해 할머니의 대한 미안한 마음과 존경의 마음을 나타냈다. 김일성으로 하여금 제국주의와 맞붙어 싸울 동기부여와 용기를 더욱 제공해 준 이 사건의 발단을 들여다보자.

　일제가 김일성을 체포하기 위한 공작의 일환으로 엄동설한에 김일성의 할머니를 1년 반이 넘도록 만주 산악지방으로 끌고 다니며 두 차례나 회유하는 데 이용했는데 첫 번째는 서간도 산악지방을 1년 가까이 끌고 다녔고, 두 번째는 북간도를 서너 달 끌고 다니며 할머니를 혹사시켰는데 김일성 주석은 훗날 당시를 회상하며 할머니에 대한 평가를 다음과 같이 했다.

　할머니는 공산주의자도 아니고 직업적인 혁명가도 아니다. 학교를 다닌 적도 없고 조직적인 혁명교양을 받은 일도 없다. 그런데 어떻게 되여 글도 모르는 촌늙은이가 적들과 그처럼 당당하게 대결할 수 있었으며 매사에 처신을 그처럼 지혜롭고 대바르게 할 수 있었는가고 말입니다.

위대한 수령 **김일성**동지의 할머니 리보익녀사

일제의 간악한 강압책동으로 만주로 끌려가 고생하던 당시 리보익녀사께서 드시였던 후주려관(상)과 그때의 사실에 대하여 쓴 출판물자료

[사진 23] 일제는 항일유격부대를 이끌던 김일성을 체포하기 위한 작전으로 귀순공작반을 가동해 할머니 리보익을 두 차례나 북간도와 서간도를 1년 반을 넘게 끌고 다니며 회유를 했다(관련된 내용이 수록된 『세기와 더불어』 회고록 캡처).

　　이제부터 회고록 내용을 통해 할머니 리보익이 두 차례나 끌려다닌 이야기를 알아보도록 하자. 일제는 중일전쟁 무렵 항일유격대장이던 김일성을 체포하기 위해 혈안이 되었는데 그중에 하나가 바로 대대적인 귀순공작이었다. 학창 시절 동창생들과 교사들, 연고자들, 옥중에서 전향한 자들, 일가친척 등 닥치는 대로 귀순공작에 끌어들였으며 나중에는 조부모에 대한 손자 김일성의 효성을 악용해 만경대 고향집까지 가서 할머니를 붙잡아 백두산 일대를 휘젓고 다닐 정도로 이리저리 끌고 다니며 온갖 고초를 겪게 했다. 이 사건은 화성의숙 시절의 동창생 박차석이 연루되었으며 리종락과 박차석이 일제에 회유당해 김일성을 설득하려고 할머니를 귀순공작에 동원시킨 것이다.

　　처음에 이 두 사람은 만경대 집을 찾아와 김일성의 조부모에게 뭉칫돈 수백 원을 내놓으며 회유를 했으나 할아버지가 돈뭉치를 마당에 내동댕이치며 "내 아들 형직이와 형권이가 죽은 것만 해도 가슴이 터진다. 내 눈앞에서 썩 물러들 가라"고 호령하자 하는 수 없이 할머니 리보익을 총대로 위협해 만주로 데리고 간 것이다. 당시 몽강 일대에서 부대를 이끌고 전투를 벌이던 김일성은 자신의 할머니가 장백현 가재수라는 마을에 끌려와 연금되었다는 통보를 받았는데 처음 그 소식을 듣자마자 몸이 떨리고 속에서 불이 일어나 견디기 힘들었다고 술회했다.

영하 40도가 되는 엄동설한에 고령의 노인을 이리저리 끌고 다니며 고생시키는 적(일제)을 향해 분통을 터트리면서도 작전상 할머니를 지척에 두고도 구출하지 못하는 손자는 안타까운 심사에 할머니를 생각하며 눈물을 흘리기까지 했다고 한다. 일제 사주를 받은 귀순공작단원들에게 친할머니가 붙잡혀 와 온갖 수모를 당하며 1년 가까이 서간도의 산악지방을 끌려다닌 것이 장손으로서 가슴에 맺힌 한과 불효로 남아 있던 것이다. 그러나 리보익은 비굴하지 않고 당당하게 버티며 공작단과 맞서 싸운 결과 다시 만경대로 돌아올 수 있었다.

그러나 얼마 지나지 않아 할머니는 또다시 공작단에 붙잡혀 가는 고초를 당하게 된다. 이번에는 지난번과는 달리 림수산이라는 인물이 주도하는 공작반에 의해 붙잡혀 갔는데 이번에는 북간도 땅으로 끌려다니며 온갖 고생을 했다. 당시 김일성은 안도현 처창즈 부근에서 활동하던 중 할머니가 또다시 끌려와 만주에서 고생하고 있다는 소식을 접했다고 한다. 이번 공작반원 대다수가 일본인 특무들로 구성되었는데 알고 보니 림수산이라는 자는 하필 김일성의 주력부대에서 참모장을 하던 인물이었는데 일제의 회유에 넘어가 배신을 한 것이다. 만경대로 간 림수산은 원래 삼촌 김형록을 인질로 끌어가려 했는데 조부모의 완강한 반대로 할머니를 끌고 간 것이다.

그러나 할머니에게 있어 김형록은 슬하에 아들 삼 형제 중 유일하게 살아서 대를 이을 아들이라서 조부모는 길길이 날뛰며 반대했다고 한다. 나라의 독립을 위해 이미 장남(김형직)과 삼남(김형권)을 잃었는데 차남(김형록)마저 끌려가는 것을 도저히 볼 수 없다며 사생결단으로 항거하자 옆에 있던 김형록 역시 "조카(김일성)를 잡는 놀음에는 나설 수 없다"며 버티었다. 그러자 림수산 일당은 할 수 없이 할머니를 다시 끌고 간 것이다. 아들을 대신해 북간도의 험한 산천을 몇 달 동안 강제로 끌려다닌 할머니는 이번에도 말로 형언할 수 없는 온갖 고초와 수모를 겪었으나 이번에도 지난번처럼 지조를 굽히지 않고 지혜롭고 호탕하게 맞서며 대처한 리보익을 일제는 다시 만경대로 데려다주었다.

이런 할머니였기에 김일성 주석은 유년 시절과 소년 시절을 회고할 때마다 어머니 못지않게 할머니가 정신적으로 큰 비중을 차지하고 있었으며 어머니의 등에 업혔던 기억보다는 할머니와 고모(김형실)에게 업혀 다닌 추억이 더 많았다고 했다. 특히 아버지 김형직이 세상을 떠난 후부터 가문의 장손인, 자신에 대한 할머니의 사랑은 몇 곱절 더 강했으며 부친이 운명하고 장례식을 치른 몇 달 만에 무송 양지촌에 조성된 부친 묘소를 찾았을 때 비로소 할머니 마음의 중심을 알게 되었다고 한다.

할머니는 묘 앞에 엎드려 슬프게 곡을 한 다음 "증손아, 이제는 아버지가 메고 있던 짐을 네가 메야겠구나. 너는 아버지의 뒤를 이어 기어이 나라를 찾아야 한다. 나나 어머니에게 효도를 못 해도 좋으니 조선을 독립하는 일에 몸과 마음을 다 바치거라." 나는 할머니의 그 말씀에서 큰 충동을 받았습니다. 만일 그때 할머니가 조선 독립이 아니라 앞으로 부자가 되거나 출세할 생각이나 하라고 하였더라면 나는 그다지 큰 감동을 받지 못했을 것입니다.

김일성은 이날 큰 감동을 받고 독립운동에 더 큰 결의를 다졌다고 했다. 그 후 리보익은 항일투쟁을 하던 장남과 막내아들을 나라에 일찍 바치고 유일하게 남은 차남 김형록의 핏줄이자 자신의 손자인 김원주를 장손 못지않게 끔찍이 위해주며 한집에서 살았다고 한다. 왜정 말기 부모를 모시며 만경대에 살던 김형록은 일제의 눈길을 피해 남포 앞바다에 가서 남몰래 고기잡이를 해가며 간단한 어업으로 생계를 유지하고 있었다. 김원주 역시 김성주(김일성)와 마찬가지로 할머니를 매우 잘 따랐는데 해방 후 귀국해 사회주의 인민정부를 세우며 분주하게 활동하던 사촌형 김일성을 돕는 데 적극적이었으며 할머니도 자신의 자녀손들이 김일성을 돕는 일에 앞장서도록 주도적으로 이끌었다.

그렇게 해서 할머니 리보익은 김일성이 만든 평양학원(조선인민군 사관학교)의 토대를 놓는데 자신의 조카 김병렬은 물론 손자 김원주와 손자며느리 등 온 가족을 창설 멤버로 활약하게 했다. 비록 시골 농부의 아내에 불과한 촌로이지만 할머니 리보익은 틈틈이 만경대의 교회를 다니며 기독교에 대한 이해를 통해 신세대 문물을 받아들였으며 빼앗긴 나라를 되찾기 위해 자식들도 희생시킬 수 있는 철저한 애국주의자이자 민족주의자였다. 또한 리보익은 해방을 맞아 귀국해 집권한 장손(김일성)이 정부를 수립하고 국가수반이 되어 막강한 권력을 지녔음에도 불구하고 죽는 날까지 만경대에서 평범한 농민으로 생활하다 1959년 10월 83세를 일기로 세상을 떠났다.

김 주석의 조모와 사촌 동생이 안식교 신자였다는 주장을 확인

필자는 앞서 밝힌 대로 일제 치하 감옥에서 순교한 안식교 지도자 최태현 목사 이야기를 언급했는데 그의 막내아들 최희만(안식교 장로, 미국 남가주 거주 중 타계)의 생전 증언을 통해 김원주가 안식교 신자였음을 확인할 수 있었다. 최희만은 김일성의 사촌 동생 김원주와 함께 순안에 있는 안식교 계통의 의명학교를 다녔으며 김원주와는 친구 관계로서 같은 반 학생이었다고 한다. 더 나아가 최희만의 누나 최옥화(안식교 집사, 미국에 거주 중 타계)가 직접 자신들(김원주, 최희만)이 속해 있던 반을 가르치는 교사였다고 한다. 최옥화 선생은 당시 미혼이었으며 대개 외국 선교사들이 교사로 근무했던 의명학교에 조선인 신분으로 교편생활을 했던 수재였다고 한다.

'평원군 순안면 포정리 석박산' 기슭에 위치한 의명학교의 부지는

[사진 24] 해방 후 만경대를 방문해 할머니와 고모들과 함께 다정하게 기념 촬영하는 김일성. 앞줄 왼쪽부터 고모 김형복(金亨福), 할머니 리보익, 김일성, 고모 김형실(金亨實). 뒷줄은 김일이 어린 김정일을 안고 있다.

당시에도 5만 5천 평이나 되는 엄청난 크기라 마치 대학교 캠퍼스 수준이었으며 부지 내에는 의외로 학교 건물이 아주 많거나 웅장하지는 않았다고 한다. 학교가 위치한 순안은 평양 중심부에서 60리나 떨어져 있고 만경대에서는 먼 거리는 아니다. 당시 재학생들이 순안에 있던 학교를 통학하려면 대부분 기숙사에서 생활하며 공부를 해 학업을 마쳤으며 학교에는 채플실(예배당)이 있어서 1주일에 두 차례 의무적인 예배가 드려졌고 교과목에는 성경 과목이 별도로 있었다고 한다.

그뿐 아니라 최옥화 선생은 한동안 김일성과 김원주의 친할머니인 리보익의 만경대 집에서 함께 기거하기도 했는데 손주를 끔찍이 아끼던 할머니의 배려와 요청으로 간혹 만경대 김원주의 집에서 생활했으며 할머니와 함께 가까운 칠골 안식교회당을 다녔다고 한다. 한편 김원주와 최희만이 다닌 의명학교는 신사참배를 수용(1936년 1월 17일)하는 과정에서 미션스쿨로서의 정체성에 큰 타격을 입었고 이 때문에 학교가 안식교 교단으로부터 독립(1937년 7월)해 지역 학교로 탈바꿈하

[사진 25] 순안 의명학교 재학생들의 졸업식 기념사진(1916년도 졸업사진)

며 학교 이름도 '순안아카데미'(Soonan Academy)로 바뀌었고 그 후 1943년에는 학교 명칭이 또다시 '순안중학교'로 개칭되어 일반 중학교가 됐다. 일반 학교가 됐지만 대다수의 교사와 학생들은 여전히 안식교 신앙을 갖고 있었다고 한다.

한편 김원주와 최희만은 의명학교를 졸업하며 모든 중등학교 교육을 무사히 이수했으나 고등학교 과정은 만경대 인근 지역에 없었기 때문에 당시 상급학교를 진학하려면 평양 지역에 있던 당시 사람들은 주로 서울로 진학하는 경우가 많았는데 이때 최희만도 집안 어른들의 권유로 서울로 유학을 가기로 결정하고 유학 준비를 마쳤다고 한다. 이때 김원주도 최희만과 함께 서울로 유학을 갔으며 김원주의 입학 절차도 최옥화 선생을 비롯한 최희만 집안에서 도움을 주어 성사되었다고 한다. 그런데 입학한 지 얼마 지나지 않아 38선이 그어지며 국토가 분단되는 과정에서 만경대 고향집에서 김원주를 데려갔다고 한다. 아마도 김일성이 귀국하며 집권하는 분주한 과정에서 믿을만한 인재가 필요한 상황이었기에 자신의 사촌 동생 김원주를 데려간 듯하다. 만경대 집안에서 김원주를 데려간 후에는 더 이상 만날 수 없던 최희만은 그 후 김원주의 생사 여부조차 확인할 길이 없이 평생을 살아왔다.

그 후 재미교포가 된 최희만은 미주의 안식교 장로로서 평양 김만유병원 개건과 의료지원 등을 위한 대북 지원 사업을 위해 여러 차례 방북하는 과정에서 김원주의 행방에 대해 알아보았는데 그 결과 60세도 안 되어 사망했다는 답변을 받았다고 한다. 그러나 필자가 확인한 대로 김원주는 고등학교 과정을 서울에서 공부하던 중 고향 만경대의 부름을 받고 학업을 중단한 채 평양으로 올라간 후에는 사촌 형님인 김일성이 직접 개교한 조선인민군 사관학교(평양학원)를 개교하는 사업에 공헌했고, 자신도 1946년 1월 3일 제1기생으로 입학한 사실이 확인됐다.

또한 이와는 별도로 어린 시절부터 할머니 리보익의 사랑을 듬뿍 받으며 성장한 김원주는 유달리 영특하고 의협심이 강했으며 할머니에게는 유일하게 살아남은 둘째 아들 김형록의 핏줄이어서 김원주에 대한 할머니의 사랑은 매우 애틋했다. 평소 할머니를 가까이하며 영향을 받은 김원주는 할머니가 믿는 안식교의 영향을 받으며 칠골의 안식일교회당을 따라다닌 것으로 확인됐다. 또한 안식교 재단의 의명학교를 입학해서 졸업할 때까지 무사히 다녔으며 해방 후 사회주의 건설의 바쁜 와중에서 교회와 멀어진 듯하다.

김일성 주석의 가문과 안식교와의 관계에 대해 증언해 준 인물은 또 있다. 안식교 신자로서 항일 독립운동을 했던 근거가 확실해 국가보훈처로부터 훈장을 받은 최경선 선생과 그의 자녀들은 자신의 부친이 칠골에 있는 안식일교회를 세운 주역이었으며 손자 김원주가 할머니의 신앙을 물려받아 독실한 안식교 믿음을 소유한 것으로 증언해 주

[사진 26] 선교 개척기 안식교 전도대원들이 가가호호 다니며 문서 전도를 하는 모습. 당시 서적 대금을 치를 수 없는 농부들은 곡식이나 물건 등 현물로 지불했다.

었다. 김원주가 할머니의 영향 아래 안식일 신앙을 소유했고 마을에 있던 안식일교회당을 다닌 것이 확실한 것으로 보인다. 지금도 북의 기독교를 이끌어가는 조선그리스도교연맹(조그런)에서 공식적으로 운영하는 칠골교회당 인근에는 한국전쟁 이후에도 오랫동안 칠골 안식일교회당이 남아 있었으나 근래 들어 대규모 아파트단지가 들어서며 도시가 개발되는 과정에서 철거되었다고 한다. 그러나 초기 한국교회사가들과 북 연구가들은 김일성 주석과 그의 부모 김형직, 강반석이 속한 교단이 일반 개신교 교단 중에 하나인 감리교나 장로교회를 다닌 것으로 파악하고 있다. 또한 목사와 장로가 유난히 많았던 김일성 주석의 외가 어른들도 일반 개신교를 다닌 것으로 파악하고 있으나 사실에 근거해 더 깊이 파악해야 할 과제이다.

IV. 안식교의 이북 선교 역사

해방 전 이북 안식교회는 78개, 목회자 27명, 신자 2,665명

1940년 당시 1천 명 이상의 신자를 보유한 이북 지역의 개신교 교파는 모두 다섯 곳인데 그 순위를 보면 장로교, 감리교, 성결교, 안식교, 성공회 순이다. 당시 안식교(재림교회) 교세를 보면 신자가 2,665명, 교회당이 78개, 목회자가 27명 정도였다. 지역별로 구체적으로 살펴보면 평안남도는 신자가 1,639명, 교회당은 41개, 목회자는 12명으로 가장 많았다. 반면 평안북도는 4개의 교회당을 1명의 목회자가 순회형식으로 돌보며 사역했는데 신자 수는 전무한 것으로 나왔다. 그러

[사진 27] 진남포에서 개최된 안식교 첫 총회(1904. 9. 27.)

나 황해도는 신자 289명, 12개 교회당, 7명의 목회자를 두었으며 함경
남도는 661명의 신자와 14개 교회당, 3명의 목회자를 두었고 함경북
도는 76명의 신자와 7개 교회당, 4명의 목회자를 두었다.

이는 1940년 당시 이북 전체 개신교 신자 23만 명에 비해 교세가
약한 편에 속한다고 볼 수는 있으나 당시 안식교 선교본부의 중심 역
량이 서울을 비롯한 이남 지역에 집중하던 시기라서 남과 북이 균형을
보여주는 통계로 나왔다. 당시 이북 지역 전체 개신교 교회당은 2,100,
목회자는 2천 명에 이르며 68.1%가 평안도, 10.8%가 함경도, 나머지
는 서북지역에 거주하는 것으로 나왔다.

그러나 이북의 안식교 교세는 분단을 거치고 5년이 지난 1946년에
들어서는 교회와 예배소, 가정안식일학교를 전부 합해 55곳으로 줄어
들었다. 더구나 해방 정국의 소용돌이와 한국전쟁 발발의 와중에서 이
북의 개신교 그룹들이 대거 월남하는 과정에서 안식교 신자들도 남으
로 대거 이동하는 양상을 보여줌으로써 이북은 안식교가 거의 공동현

상(空桐現象)에 가까울 정도로 한산했으나 이처럼 많은 신자가 월남하는 와중에도 북에 남아 있는 신자들과 목회자는 다소 존재했는데 그렇다면 그들은 사회주의 체제하에서 안식교 신자로서의 정체성을 과연 어떻게 유지했으며 그 후 지금까지 어떤 방식으로 신앙생활을 하고 있는지 사뭇 궁금하지 않을 수 없다. 이제 안식교 마지막 편으로 분단 70년이 지난 이 시점에서 해방 직후와 한국전쟁 이후에 북녘의 안식교 신자들이 과연 어떻게 지냈는지 알아보도록 하자.

분단 후에도 이북 안식교 신자들은 신앙생활을 활발히 하다

1945년 10월 18일부터 열흘간 서울에서는 안식교 신도대회가 열렸다. 이날 안식교의 교단 대표라고 할 수 있는 조선합회장을 비롯한 교단 임원들과 교단 월간지 「시조사」(時兆社)의 임원 선출이 이뤄진 후 이들을 기초로 '합회평의회'가 열렸다. 임원 선출 후에는 재림교회(안식교) 신자들의 근황과 교회당 실태를 조사하기로 결정했는데 남한 뿐 아니라 남북을 모두 아울러 전국적으로 실시하기로 하고 우선 38선 이북 지역의 교회 탐방책임자를 선출했다.

그 결과 함경북도와 강원도 순방 책임에는 김진탁 장로와 박원실 목사, 평안남북도와 황해도 순방에 김동규 선생과 김봉덕 목사가 결정됐다. 선택된 책임자들은 비밀리에 38선 이북을 넘어 그곳에서 신앙생활을 하고 있는 신자들에 대한 정확한 실태를 파악한 후 그 결과를 평의회에 보고하기로 했다. 그리고 그들은 실제로 다녀온 직후인 1946년 초 무렵에 교단 월간지 「교회지남」(教會指南) 2, 3월호(합병호)에 그 결과를 게재하기에 이르렀다.

[사진 28] 안식교 교단 총회라고 할 수 있는 '제13회 연합회 총회' 후 참석자들의 기념 촬영

　그 내용을 잠시 살펴보면 38선 이북 지역에서도 특별히 주목을 끄
는 곳이 순안 지역이었다. 그곳은 한때 안식교 선교본부와 병원, 목장,
농장, 학교 등 여러 기관이 들어선 곳이며 이북에서는 안식교 신자들
이 가장 많이 집중된 지역이라 실사 방문단의 관심과 염려도 집중될
수밖에 없었다. 그렇다면 실사 방문단의 구체적인 활동 내용을 살펴보
도록 하자.

　이들은 비록 국토가 분단되어 정국이 어지러운 상황이지만 1945
년 12월 23일 오전을 기해 38선을 넘어 사리원, 재령, 흑교, 순안, 립석
리, 평양, 장매리, 진남포 등 당시 안식교회(재림교회)가 세워져 있던
곳들을 골고루 방문해 신자들을 격려하고 교회의 문제점들을 일일이
점검했다. 분단 직후에는 38선이 그어졌어도 경계가 아주 심하지 않
아 월북이 가능했던 시기였다. 어떤 지역은 예배당이 허물어져 재건축
상황에 직면해 있는 것을 보며 신자들을 위로하기도 했고 어떤 곳에
가서는 사경회(부흥회)를 직접 개최해 활력을 불어넣기도 했다.

그리고 평양 지역을 방문해 가장 중심 교회였던 평양교회당을 방문해 열다섯 명 정도가 모인 상태에서 이북 지역만의 독립된 '합회평의회'도 개최하였다. 이 회의에서는 교회 재건을 위한 활발한 논의가 오가는 등 평양 지역 안식일교회의 발전과 부흥을 모색하는 자리가 되었다. 이처럼 짧은 기간 내에 평양을 비롯해 이북 전역을 골고루 순회한 방문단은 전반적으로 큰 결실을 거두고 47일 만인 1946년 2월 8일 다시 38선을 넘어 다시 서울에 있는 합회본부로 무사히 복귀했다.

그리고 그들은 그해 다시 이북으로 재차 올라가 조선 최초로 설립된 안식교회당인 입석리(선돌)교회에서 신도대회를 열었다. 입석리는 시골 지역임에도 불구하고 약 200명의 신도가 참석할 정도로 당시로서는 대성황을 이루었으며 분단 상황에서도 부흥의 열기도 보여주었다. '평안남도 용강군 입석리(선돌)'에 세워진 이 교회는 안식교 역사상 최초로 세워진 4개 교회 중에서 가장 먼저 설립된 교회(1904년 9월 17일)라서 그 의미가 매우 컸다. 이들은 북조선대회를 정식으로 조직하고 대회장과 임원을 선출해 분단과 해방 이후 사회주의 인민정부가 들어서는 과정에서도 자립적인 운영을 해왔던 것이다.

또한 실사 방문단은 1946년 11월부터 47년 1월까지 60일간 또다시 순회하는 중에 평안남도 순안교회에서는 청년수양회를 열었다. 이때 약 40명의 청년이 참가했는데 앞서 밝혔듯이 초기 안식교 본부와 학교는 서울이 아닌 이곳 평양 순안에 본거지가 있었기 때문에 주민 중에 유독 안식교 신자들이 많았으며 청년들과 청소년층에서도 신자 그룹이 많았다. 이들은 숙식에 불편한 점이 많았음에도 불구하고 사경회 형식으로 진행된 집회 기간에 아무런 불평 없이 화목한 분위기를 만들어 가며 수양회를 참석해 주변에 있던 일반인들까지 감동을 받을 정도였다.

수양회에 참석했던 청년들은 그 후 동지회를 조직해 각 지역 교회 선교 사업을 돕기 시작하는 등 남측 합회에서 조직한 실사 방문단의 이북 지역 탐방 사역은 해방과 분단 이후에도 지속적으로 확장되었고 이후 각 교회도 선교적 부흥이 일어나 새로운 신입 교인들이 속속 들어왔다. 그럼에도 불구하고 앞서 언급했듯이 이북 지역의 안식교 교세가 1940년에 신자 2,665명, 교회당 78개, 목회자 27명 정도였으나 5년이 지나고 해방 이듬해인 1946년에는 교회당이 55곳으로 대폭 줄어들었다. 그래도 통계상으로는 이남의 54곳보다 한 곳이 더 많은 수였다. 아무튼 한 가지 분명한 사실은 해방과 분단 이후 북조선인민위원회 김일성 위원장이 주도하는 체제하에서도 안식교나 일반 개신교에 대한 직접적인 종교적 억압은 없었다.

한국전쟁 이후 이북의 안식교 신자들이 겪게 된 갈등과 어려움들

위와 같은 이북 지역 실사 방문단과 남측 조선합회 측의 활동 기록들에 의하면 해방과 분단 이후의 이북 안식교 신자들은 정치적으로 급변하는 상황에서도 실망하지 않고 교회 재건을 위해 의지를 불태우고 있었던 것으로 보인다. 그러나 한국전쟁이 발발하면서 상황은 급변해 하루가 다르게 교회들의 상황이 악화되어 갔다. 방문단이 그동안 여러 차례 38선을 넘어 이북 지역의 신자들을 격려했던 기쁨도 잠시, 전쟁이 발발하자 남진과 북진 등의 역전 상황들이 연이어 발생하며 안식교 신자들도 집단행동을 취하며 이동할 수밖에 없었다.

1950년 6월 25일 전쟁이 발발하자 북조선 인민군들은 사흘 만에 서울을 점령했다. 그리고 연이어 9월 15일 맥아더의 인천상륙작전 결과 다시 국군에 의해 사흘 만에 서울이 수복되는 등 전세는 엎치락뒤치락하는 반전이 지속됐다. 9.18서울수복 이후 힘을 얻은 UN군과 국군은 압록강까지 밀고 올라갔으나 그해 10월 중국 공산당에서 파견한 중국인민지원군의 참전으로 불과 석 달도 안 된 1951년 1월 4일(1.4후퇴) 인민군이 서울을 재탈환하며 UN군과 국군은 서울에서 후퇴하게 된다. 이때 중공군이 내려온다는 소식에 이북에 잔류해 있던 안식교 신자들도 황급히 남하할 수밖에 없었는데 남쪽으로 향하는 피난민 대열은 치열한 전투와 갖가지 상황으로 인해 그야말로 아비규환이었다.

특히 9월 28일 서울수복이 될 때 안식교 교단 지도자들과 책임자들은 서울 수복의 기류를 타고 이북의 신자들과 접촉하기 위해 당시로서는 큰 위험을 무릅쓰고 다시 이북 지역에 실사 방문단을 파견하기로 결의하였는데 이때 방북단 단장은 오영섭 목사가 맡았고 이해성 목사를 비롯한 이북에 고향을 둔 몇 사람들이 동행했다. 나머지 사람들은 이북 지역을 시찰하는 오 목사의 임무를 도와주었으며 여러 우여곡절 끝에 전시 교회 현황을 파악한 후 무사히 서울로 귀환했다

해방 후의 이북 지역 안식교 신자들과 일반 개신교 신자들의 근황을 파악하려면 먼저 주지해야 할 사실이 있는데 그것은 바로 외국에서 입국한 선교사들이 입국 후에 시행했던 선교방식이었다. 당시 선교사들은 사회 참여를 하려는 조선의 신자들을 비신앙적인 것으로 몰아갔으며 특히 일제의 침략과 조선 강점기의 근본 문제를 회개와 기도로 극복해야 한다고 가르쳤으며 이로 인해 신자들이 맹목적인 신앙인이 될 수밖에 없도록 유도했다. 결국 이때부터 개신교 신자들로 하여금 자신들이 당면한 역사문제와 사회적인 문제들을 등한시하거나 외면

하는 내성을 길러 주었으며 이로 인해 신자들이 지니고 있는 의식의 폐해가 심각했다. 그들의 이러한 선교방식은 제국주의적 선교 논리를 기초로 하였으며 교리적으로 볼 때도 일반 개신교 선교사들은 신자들이 이 땅에 살아가면서 이루어 가야 하는 '오는 천국'보다는, 육체가 죽어서 가는 '내세 천국'에만 집중하거나 몰입하도록 하였다. 그 결과 신비주의 신앙과 근본주의 신학이 뿌리내리며 조선 교회를 묶어나갔다. 따라서 이런 실정을 간파하고 있는 북조선 인민정권은 전쟁이 끝나고 전후 복구 사업을 마치자마자 종교 자체를 "지배계급이 피지배계급을 억압하고 착취하는 도구이며, 제국주의 침략의 도구로 리용"해 왔음을 선포한 것이다.

그럼에도 불구하고 북에 잔류한 안식교 신자들은 인민정부하에서의 신앙생활 유지를 위해 자구책 마련과 적응 대안이 필요했다. 특히 안식교 신자들에게 있어서 안식일(토요일)을 지키는 일은 목숨처럼 소중한 일이었다. 우리가 잘 알고 있는 대로 구약성경에서 강조한 '안식일'은 정확하게 말해 토요일만 해당되지 않고 금요일 해 질 무렵부터 토요일 해 질 무렵까지 해당되기 때문에 안식일교회에서는 지금도 금요일 저녁예배와 토요일 예배를 연속으로 드린다. 그러나 일반적으로 안식일 예배를 언급할 때는 토요일 낮 예배를 지칭한다. 주중에 드리는 수요예배도 일반 개신교는 일요일부터 계산해서 셋째 날이 되는 수요일에 예배를 드리지만, 안식일교회는 토요일부터 계산해서 세 번째 되는 날 화요일에 예배를 드려왔다. 이런 전통을 예로부터 지켜왔던 이북의 안식교 신자들은 철저하게 안식일 예배를 지키기 위한 과정에서 초기에는 북 당국과 갈등을 빚기 시작했다.

특히 부모가 안식교 신자인 자녀들 혹은 학생 신자들은 매주 토요일이 되면 학교를 결석하는 문제가 심각하게 대두되었다. 동시에 안식교를 믿는 직장인들이나 노동자들도 토요일이 돌아오면 자신들의 직장과 일터에 결근하는 것이 사회문제화되었으며 결국 인민정부에서는 안식교 신자들을 특별 종교인그룹으로 분류하기에 이르렀다. 대다수 이북 인민의 직업은 공장이나 농장에 출근해 작업을 하는 경우가 많았으며 전후(戰後) 복구 작업에 동원되는 경우가 많았다. 안식교 신자들도 예외는 아니기 때문에 이들도 매주 토요일이 돌아올 때마다 종교적인 문제로 빈번하게 갈등이 발생하자 이를 파악한 북 당국에서는 내각 차원에서 관여하며 신자들에 대한 문제를 정책적으로 해결해 나가기 시작했다.

안식교 신자들은 토요일이 돌아오면 일터로 출역할 때 아예 처음부터 안식일을 선언하고 일절 노동을 거부해 왔기 때문에 이들을 정책적으로 배려하여 토요일은 휴무토록 원만한 방법으로 해결했다. 처음에는 상급자들과 책임 일꾼들이 신자들과 종교적인 문제로 갈등과 마

[사진 2의 진남포교회 설립 초기 초가로 지은 예배당 앞에 선 신자들

찰을 빚었으나 신자들의 신념이 워낙 확고해 결국 꺾이고 말았다. 신앙의 주관과 고집이 완강하면 북 당국자들도 별도리가 없었던 것이다. 그 대신 노동문제에 있어서 노동성과는 매우 중요하기 때문에 신자들은 토요일에 휴무하는 대신 일요일(주일)에도 작업을 하는 다른 작업장으로 보내는 경우가 많았다. 안식교 신자들은 평소 요령을 피우거나 태만한 경우가 거의 없고 대개 성실하고 근면한 모습을 지니고 있기 때문에 이런 모습들이 평가받아 정상 참작이 된 것이다.

반종교정책을 추진하는 냉엄한 상황에서도 안식교 신자들의 이런 '노동각성'(勞動覺醒)을 자타가 공인하니 배려하게 된 것이다. 당시에도 안식교 신자들은 대개 경건하고 자기 생활을 청교도적으로 꾸려나가는 습관이 몸에 배어있기 때문에 일요일부터 금요일까지 일터나 직장에 출근하면 남들보다 더 부지런히 일하는 풍토가 있어 당국이 안식일(토요일) 예배를 허용한 것이다. 또한 이 문제와는 별도로 북에 남은 안식교 신자들은 간혹 '공민증거부'(公民證拒否)라는 특이한 죄목 때문에 논란거리가 발생하기도 했다. 북 정부 당국은 초창기부터 모든 인민에게 공민증을 부여했는데 당시 안식교 신자들은 주로 예수 재림과 종말신앙을 갈망하는 교리적 속성 때문에 "성경책만 소지하면 되는 것이지 이런 증명서는 별로 필요가 없다"라는 반응과 인식을 지녔기 때문에 발생한 결과였다.

이처럼 이북에 남은 안식교 신자들은 북에서 벌어지는 정치적, 사회적 상황을 기독교 종말론적 사관과 근본주의적 교리의 관점에서 이해하고 받아들였던 것이다. 뿐만 아니라 이북 지역의 안식교 신자들은 한국전쟁 무렵부터 안식일 준수의 시련과 함께 비무장 전투원의 신념에 대한 어려움을 겪게 되는데 그 첫 사례는 청년 신자들이 북 당국으로부터 여러 차례 인민군 지원 입대 요청을 받고도 끝내 순응하지 않으면서 벌어졌다.

평안남도 강서군과 대동군에 거주하는 이창수, 김봉락, 박영락, 최순영 등 청년들은 정상적인 징집 통보를 거부하는 바람에 이들은 결국 1950년 3월, 다시 강제징집을 당했다. 그러나 이들은 징집된 후 훈련소에서도 끝내 집총 훈련을 거부하는 바람에 일단 귀가 조치를 당하였으며 그중에서 김봉락은 전쟁 발발과 함께 인민군에 재징집되었는데 인민군대에 입대한 이후에도 계속 집총을 거부하는 바람에 인민군 당국은 어쩔 수 없이 그를 피복창에 근무하도록 배치시키는 등 이북에 잔류한 안식교 신자들은 병역 문제와 안식일 성수 문제로 인해 사회적인 갈등을 빚어왔다.

안식교가 처음 이단으로 몰린 곳은 이북 지역

미국의 안식교 선교사가 1904년 평안남도에 도착해 활동을 시작한 이래 진남포와 순안에서 시작된 안식교는 순식간에 평안남북도와 평양 지역 그리고 전 이북 지역으로 퍼져나갔다. 첫 교회당이 세워지면서 교회 간판을 달아야 하는데 당시 조선 언어에 익숙지 않은 선교사들은 개종자들과 조선 신자들의 도움을 받아 교단 명칭을 '예수재강림 제7일 안식회'로 번역해 한동안 사용해 왔다. 이런 와중에 안식교보다 앞서 뿌리내리고 있던 개신교의 장로교, 감리교 교단들은 안식교의 빠른 확산 때문에 큰 위협과 도전에 직면하게 된다. 안식교와 일반 개신교 양측이 교리적, 신학적 논쟁을 벌이며 반목과 대립이 심화되는 오늘날의 한국교회 상황과는 달리 당시에는 '기존 신자들 빼내기식'의 집단 개종 문제 등 현실적인 문제로 이단 시비가 촉발된 경우가 많았다.

안식교가 이단 논란에 휩싸이게 된 몇 가지 대표적인 사례를 들어보면 아래처럼 다양한 이유들이 있었다.

첫째, 기존 개신교에서 신앙생활을 하던 신자들이 무더기 혹은 삼삼오오 안식교로 개종하는 과정에서 시비가 붙어 기성 교회 교인들을 뺏어 가거나 집단 개종시키는 파렴치한 교파로 인식되었다(입석리교회 사태).

둘째, 미국에서 파견된 안식교 선교사들이 조선인들의 정서와 문화를 이해하지 못해 국민적 분노를 유발할 만한 사회적 사건을 발생시켜 안식교에 대한 사회적 불신과 도덕적 신뢰가 약화되면서 이단 시비가 심화되었다(허시모 선교사 사건).

셋째, 일제 총독부의 신사참배 강압에 못 이겨 평양 지역 미션스쿨 중에서 안식교와 의명학교가 가장 먼저 신사참배를 시행함으로써 신앙적으로는 배교행위, 민족적으로는 친일 혐의를 받아 사회적인 비난과 함께 이단 시비도 강화되었다(이희만 교장의 신사참배 수용 사건).

넷째, 안식교에서 주장하는 안식일교리와 예수재림교리, 구원론과 종말론 등 성경의 민감한 교리 부분을 해석함에 있어 기존 개신교 파들과 상당한 견해차와 간극이 있어 일반 개신교회들이 수용 내지 타협이 어려워 기존 개신교회들로부터 지속적인 견제와 배격의 대상이 되었다.

이뿐 아니라 안식일 성수 문제로 인해 발생하는 토요일 등교 거부, 토요일 직장 출근 거부, 병역의무 거부와 집총 거부, 음식에 대한 편견 등 독특한 교리 문제 해석으로 인해 사회적인 물의가 지속되면서 문제화되어 이단 시비가 지속되어 왔다.

1) '집단 개종 사건'으로 인한 이단 시비 촉발

미국 선교사들에 의해 안식교 교회가 전파되고 교회가 성장하는 과정에서 기존 개신교 교회들로부터 이단으로 비판 받아오던 안식교 선교본부는 다른 국가와 마찬가지로 조선에서도 주로 의료사업과 낙농 사업, 농장과 농업 분야 사업, 교육사업 등 다양한 분야의 사업에 힘을 쏟으면서 폭넓은 선교의 그물을 던졌다. 안식교가 확장되면서 앓게 되는 성장통(成長痛) 중에 가장 큰 아픔은 이단 논란이다. 이단으로 몰리게 된 첫째 요인이 바로 집단 개종 사건들이었다. 1904년 평남 진남포를 필두로 순안 지역과 평양 지역 등에 안식일교회당이 세워지자, 기존 장로교회와 감리교회 신자들이 안식교로 개종하는 사태가 속속 발생하게 되었다.

특히 최초의 안식교 선교사 스미스 목사는 일본의 '쿠니야 히데'(國谷秀)라는 목사를 초청해 진남포 지역에서 특별 집회와 전도를 가졌으며 나흘 후에는 또 다른 일본 책임자인 미국인 선교사 '필드' 목사가 방문해 50일간 안식교를 전파하자 수많은 사람이 받아들였고 71명이 침례를 받는 결과를 얻었다. 그리고 입석리 (선돌)교회, 강대모루교회, 용동교회, 바매기교회 등 무려 네 개의 교회당이 연속으로 세워졌는

[사진 30] 조선 최초의 안식교 선교사로 입국한 스미스 목사 (W. R. Smith) 내외 사진(1905. 11. 17.). 그는 1906년 여름, 선교본부를 진남포에서 순안으로 옮겼다.

데 그중에서 가장 먼저 세워진 교회가 바로 '입석리교회'였다. 1904년 9월 17일 '평안남도 용강군 입석리(선돌)'에 세워진 입석리안식교회는 이미 설립될 당시부터 32명의 교인이 출석하는 형국이었다.

그러나 안식교 순회 전도단은 전혀 예수를 믿지 않는 비신자를 대상으로 전도하면서도 이미 기존에 개신교 교회를 다니는 사람들도 접촉하며 안식교 교리를 가르쳤다. 그 과정에서 기존 개신교 신자들이 동요를 일으키며 자신들이 다니던 교회를 탈퇴하고 안식교로 개종하면서 문제가 불거지게 됐다. 이를 입증이라도 하듯 선돌교회 교인 중 대다수가 이웃에 있는 감리교회 신자들이었는데 이들은 일본에서 온 순회전도단의 영향을 받고 개종한 것이었다. 감리교 측에서는 멀쩡한 신자들을 갑자기 빼앗겼다는 생각에 감정적으로 접근하며 개종 문제를 해결하였고 그 과정에서 안식교를 적대시하기 시작했다.

감리교 신자들이 무더기로 개종하자, 감리교 평양연회 측은 비상회의를 열고 황정모, 이인승 목사와 노블(William Arthur Noble) 선교사 등을 급파해 개종자들을 대상으로 설득 작업을 벌였으나 별 효과가 없었다. 개종자들은 연회 목사들에게 "현재 예배를 드리는 일요일이 왜 주일인지를 성경적으로 답변해 달라"며 항변했으나 설득하려던 목회자들은 아무도 명확한 답변을 제시하지 못한 채 돌아가고 말았다. 연이어 다른 감리교선교사인 모리스(C.D. Morris) 목사가 설득차 찾아왔으나 모리스 역시 교리적으로 속시원한 답변을 하지 못했다. 게다가 사태를 수습하는 과정에서 개종자들에게 역정을 내며 분노하는 모습을 보이는 등 사태를 수습하고 회복하기에는 오히려 역부족이었다.

반면 현장에 있던 안식교 교역자는 차분하고 온유한 모습으로 성경적으로 토요일이 안식일이라는 증명을 논리적으로 답변하자 그 모습을 본 개종자들은 오히려 더욱 확신을 굳히는 계기가 된 것이다. 한 편 교회 중직자들을 안식교에 빼앗긴 선돌감리교회는 그 후 힘을 잃고 자립하지 못하다 결국 4, 5년 후에 '진지동 감리교회'와 합병하고 말았 다. 이처럼 교인들을 억울하게 빼앗겼다고 생각한 기존 개신교회들의 입장에서는 안식교에 대해 반목과 질시를 노골적으로 드러냈으며 그 사건 이후 연이어 전국적으로 발생한 집단 개종 문제로 인해 결국 기 존 개신교와 안식교는 이단 시비 논쟁에 휩싸인 것이다.

2) 안식교 선교사 허시모 사건 등으로 인한 이단 시비 강화

두 번째 요인은 외국에서 입국한 선교사가 유발한 비도덕적이고 충격적이 사건으로 인해 안식교의 이단 시비가 사회적으로 강화되는 계기가 되었다. 이 사건은 안식교가 부정적인 교파로 몰리게 된 가장 큰 원인을 제공한 사건으로서 1925년 여름에 발생했다. 조선에 개신 교 선교사가 최초로 입국한 것은 1884년이며 미국 북장로교를 시작으로 미국 감리교, 호주 장로교, 영국 성공회, 미국 남장로교, 미국 남감리교, 캐나다 장로교, 안식교, 성결교, 구세군 등 다양한 교파들이 20 여 년간 약 500명(499명) 정도가 활약했다. 이 선교사들의 역할을 객관적으로 볼 때 순기능과 역기능 등 다양한 면이 존재하나 당시 1920년 대 중반은 기독교라는 종교가 소위 '문명국가의 종교'라는 기존의 이 미지를 잃어버리고, 그저 하나의 보수적인 세력으로 추락하며 지식인들의 비난을 받기 시작했던 시기였으며 더구나 허시모 사건은 사회주의 계열의 반기독교운동이 전개되기 시작한 시점에 터져 걷잡을 수 없는 비난을 받아야 했다.

사건의 개요를 살펴보도록 하자. 당시 순안병원(위생병원)을 운영하던 안식교 선교부에서는 농업 선교의 일환으로 과수원을 경영하고 있었는데 1925년 여름, 과일이 익어 갈 무렵이 되자 동네 아이들이 과수원 담장을 넘어 사과를 훔쳐 가는 일이 빈번히 발생하자 당시 순안병원 의사였던 허시모(H. Heysmer) 선교사는 이 사실에 분노해 범인을 잡기 위해 망을 보던 중 동네 남자 어린이 한 명이 사과를 훔쳐 달아나는 것을 목격하고 현장에서 붙잡았다.

허시모는 이날 자신이 붙잡은 12살 된 김명섭이라는 남자 어린이 양 볼에 초산은(硝酸銀)으로 '됴덕'(도적)이라는 두 글자를 새기며 사건이 시작됐다. 피부에 치명적으로 작용하는 화학약품으로 어린이 얼굴에 주홍글씨를 각자(刻字)한 이런 엽기적인 사건은 1년 뒤 언론을 통해 세상에 알려지며 사태가 악화되기 시작했으며 그 결과 전국적으로 안식교 반대 운동과 함께 이단 시비 논쟁 그리고 선교사 추방운동을 유발했다. 당시 이 사건을 처음 보도한 신문이 바로 「조선일보」였는데 지금과는 달리 당시 진보적인 기자들이 많이 근무해서 그런지 이 사건을 '전 조선 민족에 대한 모욕'이라며 대서특필했고 기사 내용들은 온 독자들과 국민에게 공감대를 이끌며 다른 신문들도 연일 합세해 보도함으로써 결국 1년 반이 지나 허시모는 검찰에 고발됐다.

[사진 31] 안식교의 의료선교사 허시모가 어린이의 양 볼에 '도적'이라는 주홍글씨를 새긴 혐의로 법정에서 재판을 받는 장면 (「매일신보」 1926년 7월 31일자 기사)

결국 본부 선교부에서는 사건 당사자인 허시모를 병원에서 면직 해임했고 그는 일제 치하에서 운영되는 재판정에서 징역 3개월의 실형을 받아 감옥생활을 마친 후 그해 12월 본국으로 추방되었다. 사태가 크게 벌어질 당시 순안 선교부에서는 국제선교본부에 서신을 보내 허시모를 소환하고 책벌하라는 격문을 보내는 등 사태를 진정시키느라 애를 썼으며 피해보상은 얼마든지 하겠다는 약조까지 했다. 한편 안식교 선교사뿐 아니라 조선에 있던 다른 개신교 선교사들까지 합세하며 철저히 해결할 것을 선교부에 통보하고 인류 앞에 사죄하는 성명서까지 발표했다. 일반 선교사들도 이 문제가 자신들에게 미칠 악영향을 걱정해서 자구책으로 행동했던 것이다.

이처럼 허시모 사건은 조선기독교 역사에서 매우 큰 의미를 가져다주는 매우 자극적인 사건이었고, 사회적 파장과 물의가 빚어진 엄청난 사건이었다. 허시모(許時模)라는 이름은 당시 조선에 체류하던 외국인들에게는 영어 본명과 함께 조선식 이름을 함께 부여하던 풍습에 따라 붙여진 '헤이스머'(C. A. Haysmer)의 조선식 이름이었다. 이제부터 사건의 진실을 제대로 파악하기 위해 기독교사에 실린 사건의 개요부터 살펴보자.

1925년 여름에 자기 집 과수원에 들어와 사과를 따 먹은 그 지방 어린이(12세) 김명섭의 뺨 좌우에, 염산으로 '됴젹'이라는 글자를 크게 써서 한 시간 동안이나 (햇)볕에 말린 후 풀어놓았으니, 이로 인해 됴적이라는 두 글자는 영원토록 그 아이의 뺨에서 사라지지 않는 것이 되었다.

미국 선교사가 우리나라 어린이의 얼굴에 범한 이 사건은 시대별로 회자되었고, 그 결과 해방과 함께 분단 된 이북의 각종 출판물에는 미제 선교사를 비난할 때마다 중심 소재로 활용되기에 이르렀다. 1982년 12월에 발행된 「천리마」 잡지를 확인해 보면 이 사건이 사실보다 과장되거나 덧붙여진 것을 볼 수 있다.

지난날 선교사의 탈을 쓰고 조선에 기어들었던 미제 승냥이 놈이 조선의 한 어린이가 사과밭에 떨어진 사과 한 알을 주었다고 하여 그 이마에 청강수로 도적이라고 새겨놓는 천인공로할 만행을 감행하였다는 것은 널리 알려진 사실입니다. 이것이 미제 침략자들의 승냥이의 본성입니다.

이뿐 아니라 허시모 사건은 이북 학생들의 교과서에도 자주 등장하게 되는데 그 내용을 요약하면 다음과 같다.

어떤 어린아이 한 명이 선교사의 과수원에서 떨어진 사과 한 개를 주웠는데 그것을 목격한 선교사가 사나운 개 한 마리를 풀어서 아이를 추격했으며 결국 아이는 개에게 잡히면서 심하게 물어 뜯겼다. 그것도 모자라 선교사 놈은 아이를 나무에 묶어 놓고 '청강수'(염산)로 이마에 '도적'이라고 새겨놓았다.

해방 이후 지금까지 북에서 가장 최우선으로 삼았던 이슈는 반제 운동 차원의 반일 반미운동이었으며 반미는 그 뿌리를 반기독교에 두고 있다. 실제로 미국에 대한 미움과 증오의 상징물인 황해도 '신천 학살 박물관'에 방문해 전시실을 둘러보면 벽에 걸려 있는 대형 유화에 사과나무에 묶어 놓은 어린아이를 사냥개가 물어뜯는 섬뜩한 장면을 볼 수 있다. 그리고 십자가를 목에 걸고 목사 가운을 입은 매부리코 미국 선교사가 청강수(염산)로 이마에 '도적'이란 글자를 새기고 있는 대형 그림도 볼 수 있었는데 이는 바로 허시모 선교사 사건을 근거로 형상화한 것이다. 또한 신천군민 학살에 가담했던 인물 중에는 십자가 목걸이를 한 참전 미군 'Chaplain'(군종장교) 목사를 지명해서 그려 놓기도 했다. 당시 미군 군목은 북 당국으로부터 신천 서부교회와 동부교회 신자들 그리고 신천성당과 각 면 단위에 있던 교회 신자들을 학살한 혐의를 받고 있다.

이처럼 당시 전 조선 사회를 떠들썩하게 했던 이 사건에 대해 훗날 남과 북은 서로의 정치적, 종교적, 사회적 입장에 따라 다양하게 활용해 왔다. 그러나 필자가 확인한 결과 다소 과장되거나 잘못 알려진 내

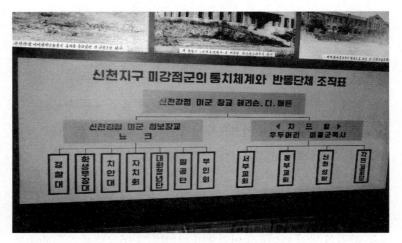

[사진 32] 신천군민 학살 당시 미군 Chaplain(군종장교)이 담당한 신천군 내 기독교와 천주교 신자들에 대한 학살 실행 조직표

용들도 많아 사건의 실체적 진실이 왜곡된 것을 볼 수 있다. 실제로 허시모가 '도적'이라는 글자를 새긴 것은 이마가 아니라 양쪽 뺨이며, 독극물인 '염산'(鹽酸)이 아니라 '초산은'(硝酸銀)을 사용한 것이다. '초산은'이라는 화학물질은 염산에 비해 치명적인 상처를 남기지 않는 특성이 있으며, 옛날에 납땜하는 땜장이들이 사용하던 청강수(靑剛水)와는 달리 시간이 지나면 자연스럽게 지워지는 물질이다. 사건 당사자였던 허시모도 아이에게 교훈을 주기 위한 의도로 글자를 아이의 뺨에 일시적으로 남겨두려 한 의도를 갖고 있던 것이다.

또한 어린이를 잡았을 때 허시모는 그 부모를 동시에 불러오도록 해 과수원 피해 보상금으로 당시 화폐로 5원을 부모에게 요구했으며, 그것이 여의치 않자, 벌금 2원을 내고 2주간 노동을 할 것을 제안했다. 그러나 그마저도 납부할 형편이 안 된다는 것을 부모에게 확인한 허시모는 결국 양 볼에 '도적'이라는 문자를 새기기로 부모와 합의한 것이다. 그 대신 글자는 몇 주 후에 소멸될 것이라는 단서를 달고 실행에 옮긴 것이다. 그러나 이런 사실에도 불구하고 허시모의 행동은 비난을 면할 수 없게 되었다.

불행하게도 어린이의 뺨의 새겨진 글자는 잘 지워지지 않아 실제로 1년이 다 되어가도 흉측한 모양의 상흔으로 남아 있었기 때문이다. 이에 대해 허시모는 "아이가 자꾸 흙 묻은 손으로 얼굴을 비비는 등 이물질이 들어가는 바람에 그렇게 되었다"라며 발뺌하거나 합리화하는 태도로 일관하였다.

허시모는 처음부터 이 사건에 대해 자신이 잘못했다는 생각을 갖고 있지 않았으며, 나중에 문제가 불거지며 확산되자 사과문을 내기는 했으나 재판 진행 중에 피해자 어린이 측과 몰래 합의를 보면서 사건을 대충 무마시키려 했던 사실도 발각됐다. 이 사건은 1925년 9월경에 발생했으나, 언론에 의해 일반인들에게 알려진 것은 이듬해인 1926년 6~7월경이었다. 이때 「조선일보」를 포함한 일반 신문들이 대서특필함으로써 재판까지 진행되었고, 사람들의 이목을 끈 것이다. 이로써 이 사건이 사회적으로 부각되는 바람에 안식교가 들어온 이래 최대 위기를 맞게 된 것이다.

그러나 허시모 사건은 서구 사회의 죄에 대한 개념이 당시 조선 사회의 '서리 문화'와 충돌한 사건으로 볼 수 있는 것이다. 허시모는 사건 당시는 물론 미국으로 추방된 이후에도 자신이 잘못했다는 생각을 수용 안 했을 가능성이 많다. 그는 절도라는 범죄는 당연히 불법이며 응징의 대상이라고 생각했고, 그래서 범인은 자신이 저지른 죄에 상응하는 배상을 해야 하며, 그 배상이 돈으로 지불되지 않을 때는 다른 방법으로라도 이루어져야 한다는 미국적 사고를 실천했던 것이다. 그런데 어린아이의 뺨에 각인된 주홍글씨 상처가 덧나며 흉터가 생기면서 일이 크게 확산된 것이다.

허시모의 세계관은 우리나라에서 전통적으로 내려오는 '서리 문화'에서 나타나는 다른 형태의 '죄(罪) 개념'과 충돌하였던 것이다. 우리나라에도 '절도'(竊盜)라는 개념은 고조선 시대부터 존재했지만, 그것이 사회적으로 적용되는 방식과 또한 거기서 나타나는 유연성(유도리)은 전적으로 차원이 다른 것이다. 어느 국가이든 '죄'라는 것은 절대적인 도덕 명제이기에 앞서 사회적인 합의에 기초한다는 것을 허시모는 인식하지 못했던 것이다. 또한 그런 것을 떠나 허시모는 의료인으로서 갖추어야 할 기본 소양과 인격, 자질 등에도 다소 문제를 지녔으며 더구나 예수 그리스도의 복음을 전파하는 선교사로서의 자질과 소명의식 등이 부족했던 인물로 보이며 파송되기 전에 받아야 할 필수적인 선교사 훈련도 부재한 것으로 보였다.

당시 일반 개신교는 이 사건을 호재로 여기며 사회적 분위기에 편승해 자신들의 교단에 속한 외국인 선교사들을 앞세워 이 사태에 대해 격분하는 메시지를 보냈으며 이전보다 더 노골적으로 안식교를 이단시하고 배척하는 분위기를 드러냈던 것이다.

3) 신사참배와 친일 논란으로 인한 사회적 지탄과 비난

세 번째로 한국에서 아직도 안식교가 이단으로 배척받은 이유 중에 하나가 바로 역사문제와 관련한 신사참배와 친일 논란이다. 일제강점기 안식교 교단과 안식교단에서 운영하는 의명학교는 평양 지역에서 가장 먼저 신사참배를 수용했다는 이유로 기존 개신교회들로부터 지탄을 받아왔다. 숭실학교를 비롯한 평양 지역의 다른 미션스쿨 지도자들은 학교를 폐쇄하면서까지 신사참배를 거부해 끝까지 신앙의 지조와 절개를 지켰으나 의명학교와 안식교 교단 지도자들은 굴복하고 만 것이다. 분명한 것은 안식교의 신사참배 문제를 최종적으로 결의한 것은 어디까지나 최고 의결기관인 '대총회'에서 내린 결론이었고, 더 나아가 전 세계 안식교 조직을 오대양 육대주로 구분해 조직한 아시아 지역 의결기관인 '원동지회'가 '조선합회'(Chosen Union Mission)의 자율적 의사에 맡겨 결정하도록 지침을 주었기 때문에 그 책임을 회피하기 어렵다. 자세한 내용은 앞에 상세히 수록돼 있기 때문에 생략하기로 한다.

일제강점기에 기독교는 물론 천주교와 불교 등 종교계 전반에 걸쳐 신사참배를 시행했기 때문에 어느 특정 교파를 대상으로 친일 논란을 지적하는 것은 무리가 따른다. 대부분의 종교가 신사참배와 친일 부역 혐의를 자행했기 때문이다. 다만 그 순서와 시기가 다를 뿐 모두 다 가담했기에 "안식교단이 가장 먼저 수용했다"라는 말은 큰 의미가 없으며 시대적 정황을 볼 때 신사참배라는 사실 하나만으로 친일로 규정하는 것은 무리가 있다. 그러나 안식교는 불행하게도 신사참배 사건 외에도 그 이전으로 거슬러 올라가 보면 1910년 당시 합일합방을 기념하는 행사들을 안식교 교회들이 앞장서 개최한 일도 있었으며 안식교에서 발행하는 월간지 「교회지남」을 맡은 편집자들과 책임자들은 각자의 기고문을 통해 황국신민 발언과 함께 일제에 충성하라는 글들을 여러 차례 기고하기도 했다. 당시 기고자들과 편집자들은 외국 선교사들이 아니라 바로 순수 조선인 토박이들이었다. 이처럼 안식교 지식인들과 언론인, 학자들의 말과 글에서 친일을 주장했다는 사실을 잊어서는 안 된다. 이런 사실들이 진보 세력들과 민족주의 세력을 기반으로 한 진보적 개신교인들에게 빌미가 되어 그동안 이단 공격을 받게 된 것이다.

4) 일반 개신교와의 신학적, 교리적 괴리로 인한 이단 논쟁 심화

특히 기존 개신교인들의 안식교로의 집단 개종사태는 이북 지역뿐 아니라 이남 지역에서도 연달아 발생했는데 이남에서의 초기 사건은 울릉도에서 발생했다. 울릉도 장로교회 신자 40명이 안식교로 집단 개종하는 사건을 필두로 전국적으로 유사 사건이 확산됐고, 결국 1915년 조선예수교장로회(현, 대한예수교장로회) 총회에서 개신교 역사상 최초로 안식교를 이단으로 규정하며 이단 논쟁이 본격화되었다. 그 후 1995년에 장로교 통합 측 교단은 안식교 교리 중 영혼멸절, 영원지옥부재설의 이유로 이단으로 규정했다. 또한 그 여파로 장로교 고신측 교단은 2009년에, 기독교대한감리회는 2014년에 각각 이단으로 규정했다.

아직도 개신교 교단 중에는 안식교회를 이단으로 보는 견해가 지배적이고 일반인들도 안식교를 선입견부터 가지고 보는 경향이 있다. 또한 이런 성경적, 교리적, 신학적 문제 외에도 사회적으로 야기되는 여러 문제 때문에 백 년이 넘는 한국 안식교가 지금도 이단 시비에 시달리고 있다. 안식교 신자들의 무조건적인 토요일 휴무 선언에서 비롯된 토요일 직장 출근 문제, 토요일 학교 등교 문제 그리고 병역의무거부와 집총거부 등의 문제가 사회 이슈화돼 이단 시비에 더욱 휘말리게 계기가 됐다. 이런 일들은 안식교의 고유한 성경 해석과 교리 문제에서 비롯된 것이라서 앞으로도 개선될 전망은 없을 것으로 보이며 한국 사회에서의 이단 논쟁은 갈수록 심화되어 가고 있는 양상이다.

앞서 밝힌 대로 병역 문제는 이북 지역과 마찬가지로 이남에서도 비슷한 사례가 발생했는데 춘천안식일교회 신자 박재식이 한국전쟁 중이던 1952년 4월 해병대 입대 중 상관 명령 복종 불이행으로 구타를 당해 6개월여의 입원 치료를 받는 고초를 겪었고, 2개월 후에는 전북 김제의 김인용 청년이 제주도 모슬포 육군제일훈련소에 입대 후 구타를 당하던 중 미군 고문관의 개입으로 구조되기도 했다. 이후 정전협정 직전인 1953년 6월 30일 안식교 한국연합회장은 국방부에 안식교 신자들이 군 복무 시에 집총 훈련을 면제하고 비전투병과에 배치시켜 줄 것과 토요일에 안식일을 지키도록 허락해 줄 것을 진정하기도 했다.

그럼에도 불구하고 연이어 1956년 7월 영남 삼육중고교의 교사 박해종, 김웅호 그리고 김웅호의 동생 김창호 등 3인이 육군군법회의에서 집총거부 문제로 3년 형을 언도받은 경우가 발생했다. 이들은 예비역 소집에 응했다가 집총 거부로 군법회의에 회부되었는데 실형이 언도된 후 70여 일간 복역한 후 집행유예로 출옥하였다. 그 후 1956년 12월에는 충청북도 진천 출신인 허승희 씨가 역시 집총 거부로 6년 형을 선고받고 복역 6개월 만에 석방되었다. 1958년 이후 논산훈련소에서는 집총 거부자에 대하여 구타와 고문 대신 무조건 6개월 이상의 징역의 형을 가하기 시작했고, 그 후 집총 거부자에 대한 실형 선고와 함께 최고 10년형까지 언도한 사례가 있었다.

현재는 안식교 군 복무자들의 집총 거부가 '여호와의 증인' 신자들처럼 심각하게 대두되지는 않고 있다. 그동안 양심적 병역거부 이야기가 나올 때마다 안식교(재림교회)도 자주 언급이 되어왔으나 최근에는 교단 차원에서 병역 거부를 주도하거나 신자들에게 병역 거부를 유도하거나 설파하지 않는다. 교리상 토요일에는 쉬어야 하는 문제에서 비롯된 사건들로 2000년대 초반까지 군 교도소에는 안식교 출신 장병들이 단골손님이었고, 징계 사유는 대부분 상관 명령과 지시에 대한 불이행이었다. 현재는 입영통지서를 받은 대다수의 재림교회 청년은 정상적으로 군에 입대해 군 복무를 잘 마치고 있다.

다만 2010년부터는 안식교 본부와 국방부와의 지속적인 교류를 통해 논산훈련소 영내에 안식일교회당을 별도로 세우고 자대에서 토요일에 교회 가는 것을 간부들이 허락해 주도록 약속을 받아냈다. 다만 안식교의 종교 활동은 입대 전 등록된 신도들에게만 가능하도록 했다.

이처럼 초기 이북 지역에서 시작된 안식교에 대한 이단 시비 논쟁은 이후 이남 지역으로 확산되었으며, 현재까지 한국교회에서 지속되고 있는데 그렇게 된 데는 분명한 이유가 있다. 현재 전 세계의 1,800만 명 장로교 신자 중에 무려 600만 명이 한국교회에 분포하고 있으며, 그들이 한국 장로교의 대부분을 차지하기 때문이다. 장로교의 신학과 교리는 안식교와 마찬가지로 매우 확고하고 단호해 이단 문제에 대처하는 과정에서 서로 팽팽한 논쟁을 벌일 수밖에 없는 구조이다. 그러나 '이단'(異端)과 '이설'(異說) 그리고 '사이비'(似而非)는 철저히 구분해야 한다.

초기 안식교 선교사들은 거의 모두, 자녀들이 희생됐다

그러나 안식일교회(재림교회)는 이런 여러 가지 이단 시비에도 불구하고 국내외에서 출판 사업, 의료사업, 교육사업, 농업 분야, 건강 분야 사업 등으로 자신들이 속한 지역사회에서 시민들과 지역민들을 섬기며 봉사하는 헌신적인 교파임에는 틀림없다. 또한 기존 일반 개신교를 향해 주일성수 문제에 대한 이슈를 던지거나 예수의 재림에 대한 신앙을 점검하는 계기를 제공해 왔다. 뿐만 아니라 조선 개척 초기의 안식교 선교사들은 척박한 조선 땅에 와서 자신은 물론 그들의 가족들이 각종 질병과 풍토병으로 인해 갖가지 고통을 겪으며 희생해 왔다. 지금도 서울 마포 합정동 한강 변에 자리 잡은 외국인 선교사 묘역에 가면 안식교 선교사들의 묘지 몇 개가 일반 선교사들의 묘지와 나란히 자리 잡고 있다. 몇몇 안식교 선교사와 가족들은 이곳에 묻혀 있지만 아직도 초기 선교지였던 이북 땅에 묻혀 있는 선교사들과 그들의 자녀는 의외로 많다.

조선 안식교 역사상 가장 최초의 선교사였던 스미스(W. R. Smith) 목사는 어린 딸과 십 대 아들이 죽어 평양 순안 언덕에 묻어야만 했고, 23년간 의명학교 교장으로 봉직한 이희만(Howard M. Lee) 목사도 아들 한 명이 사망해 순안 언덕에 묻어야만 했다. 뿐만 아니라 조선안식교 초대합회장을 지낸 전시열(C.L. Butterfield) 목사도 두 아들 중 한 명이 사망해 조선 땅에 묻어야만 했으며 오벽(H.A. Oberg) 목사는 조선연합 회장으로 17년간 재임했는데 그의 딸도 죽어 쓸쓸히 조선 땅에 묻어야 만 했다. 그뿐 아니라 안식교 월간지였던 시조사 편집책임자로 일한 클로우스(J.C. Klose) 목사도 딸 한 명이 죽어 조선 땅에 매장해야만 하 는 등 안식교 선교사들의 이 같은 희생과 헌신 그리고 경건한 삶이 없었 더라면 오늘날의 한국 안식교의 토대는 마련되지 않았을 것이다.

예수그리스도후기성도교회(몰몬교) 편

[사진 1] 솔트레이크 시에 위치한 몰몬교 성전(Salt Lake Temple)의 야경

I. 몰몬교의 대북(對北) 선교

몰몬교와 북조선과의 관계

몰몬교와 북조선과의 관계에 대해 폭넓게 살펴보면서 현재 북측의
몰몬교 교세에 대해서도 자세히 알아보고자 한다. 아울러 미국에서 활

동하는 대표적인 몰몬교 출신 대북 관련 저명인사들을 파악해 그들의 활동을 면밀히 관찰해 그들로 인해 대북 정책에 미치는 영향도 알아보고자 한다. 특히 현재 국제사회는 물론 북미 간 혹은 남북 간에 매우 예민한 사안으로 부각되고 있는 북 인권 문제를 전문적으로 다루는 로버트 킹(Robert King) 대북 인권 특사(US Special Envoy for North Korean Human Rights Issues)는 과거 몰몬교 선교사를 지원해 다녀올 정도로 독실한 몰몬교 신자이다. 그래서 그가 몰몬교 종교인으로서 어떻게 대북 특사 활동을 조화롭게 수행하는지를 살펴보았다.

평소 살펴보니 몰몬교의 선교적 마인드를 가지고 있는 킹 대사가 북을 이해하는 방식이 객관적이고 내재적인 접근방식이 아니라 미국의 대북 고립 압박 정책을 고수하는 방식을 취하고 있는 것으로 드러나고 있는데 그의 이런 대북관과 종교관도 점검할 것이다. 아울러 지난 2012년 미국 대선에서 보수적인 공화당의 대선후보 미트 롬니(Mitt Romney) 매사추세츠 주지사가 오바마 대통령과 최후 대결을 벌였는데 그는 자신을 포함해 온 가족이 독실한 몰몬교 집안이다. 그가 대선에 출마해 선거를 치르는 과정에서 미국뿐 아니라 전 세계적으로 몰몬교가 폭발적인 관심을 받았으며 실제로 미국의 몰몬교 교인 수가 650만 명으로 증가하기도 했는데 그가 지니고 있는 대북관도 살펴보았다.

또한 서북미 지역에는 미주 한인 이민 역사상 가장 성공적인 교포로 인정받아 온 신호범(愼昊範, Paull Shin, Ph. D.) 박사가 독실한 몰몬교 신자인데 그는 워싱턴 주 상원 부의장을 지냈으며 90년대는 주한 미국 대사로 거론되기도 했던 인물이다. 그는 자신을 입양한 양부를 따라 평생 몰몬교 신자로 살면서 어느 때는 일본에 몰몬교 선교사로 파송되는 등 미국과 한국의 몰몬교에서는 매우 비중 있는 몰몬교 지도자 역할을 해왔으나 정계에서 은퇴하기 전에 장로교로 개종했다. 그러나 개종한 이후에도 자신을 키워준 몰몬교와는 단절하지 않고 기본적인 교류를 이어오고 있는 것으로 확인되고 있다. 아쉽게도 북에 대한 객관적 이해 부족으로 그가 현직에 있는 동안 보수적인 성향에서 크게 벗어나지 못했던 그의 대북관에 대해서도 알아볼 것이다.

미 서부지역에는 청와대 대통령 직속 기구인 민주평통자문위원회(평통) LA평통위원장을 지낸 차종환(車鍾煥) 박사가 독실한 몰몬교 신자인데 그는 이곳 미국에서 몰몬교의 남가주한인공보위원회 위원장을 지냈으며 이민을 오기 이전에도 동국대학교 부학장을 지내면서 몰몬교의 제7대 서울지방 부장을 맡을(1966~1969) 정도로 몰몬교에서는 중요한 인물이다. 그는 지금도 미주 한인 이민 사회에서 대북 전문가로서 통일문제뿐 아니라 북조선의 농업과 식물, 생물학 분야의 권위자로 활동하는 한편 최다 저술가로서 기네스북에 오르는 등 미주 한인 사회의 비중 있는 인물이다.

한편 몰몬교의 본고장 유타주에 있는 브리검영대학교(BYU)에서 아시아언어학을 전공하던 중 한국에 몰몬교 선교사로 파송된 스네든이라는 청년이 중국에 체류 중 갑자기 방북해 지금까지 10년 넘도록 평양에서 영어 교사를 하고 있다는 의혹이 제기되고 있는 상황이라 필자는 이에 대한 사실 여부를 확인해 보았다. 스네든에 대한 납치 의혹을 제기한 측의 주장에 의하면 김정일 국방위원장이 집권하던 시절이던 2004년 8월 스네든이 중국 윈난(雲南)성에 있는 북조선 식당에서 식사를 마친 후 갑자기 실종됐는데 알고 보니 10년이 지난 현재 평양에서 영어 교사를 하고 있다는 주장이다.

또한 스네든은 북에서 결혼해 현재 부인과 두 자녀까지 두고 있다고 하는데 그 같은 소문들이 사실이라면 스네든의 네 식구들만 해도 이미 북에는 몰몬교 신자가 4명이 되는 셈이 된다. 특히 영어 교사를 하던 중 당시 김정일 국방위원장의 세 자녀(김정철, 김정은, 김여정)을 대상으로 한 때 영어 전담 교사를 맡기도 했으며 그 후 다시 영어 교사 생활을 하고 있다는 것이 그들의 주장인데 필자가 볼 때는 일고의 가치가 없는 낭설에 불과하다.

필자는 이러한 스네든의 실종 문제와 현재 북에 거주한다는 사실 여부를 점검해 보았으며 이와 더불어 현재 북조선의 몰몬교 교세에 대해 살펴볼 것이다. 또한 몰몬교 차원에서 1995년부터 추진된 곡물, 의약품, 의료지원, 농업, 산림 등의 다양한 인도적 대북 지원 사업이 어떻게 추진되고 있는지를 살펴볼 것이며 마지막으로 북 당국은 몰몬교를 어떻게 인식하고 있는지의 여부도 알아볼 것이다.

정통 교회는 아직도 이단으로 취급, 사회적으로는 기독교의 한 교파로 인정

2016년 현재 '몰몬교'(Mormonism, Mormons)의 정식 명칭은 '예수그리스도후기성도교회'이며 영문 명칭은 'The Church of Jesus Christ of Latter-day Saints'(이하 LDS)라고 부른다. 몰몬교가 처음 창건될 당시는 기존의 개신교 교회 명칭과 혼선을 빚을 정도로 흡사해 '그리스도의 교회'(Church of Christ), '예수 그리스도의 교회'(Church of Jesus Christ), '하나님의 교회'(Church of God) 등의 다양한 명칭을 사용했으며 1834년부터 '후기 성도 교회'(Church of Later Saints)라고 불렸다. 그 후 1838년부터 다시 '말일성도 예수그리스도의 교회'(Church of Jesus Christ of Latt

er Day Saints, 약칭 LDS Church)로 사용되는 등 명칭에 대한 변동이 자주 있었다.

그러나 오랫동안 사용해 오던 '말일성도(末日聖徒) 예수그리스도 교회'라는 명칭은 어감상 좋지 않고 오해의 소지가 있어 다시 번역되어 사용되고 있다. 왜냐하면 한국에 처음 소개될 당시인 1955년에 'Latter-day'를 일본어식 '말일'로 번역해 사용한 것이기 때문에 한국 몰몬교 본부 측에서는 2005년 7월 1일을 기점으로 현재와 같이 다시 '예수그리스도후기성도교회'로 재개칭해 사용하고 있다. 그동안 외부에서는 '몰몬교회', '몰몬교'로 지칭해 왔지만, 그것은 자신들의 교회에서는 실제로 수용하는 명칭이 아니기 때문에 사용하지 않도록 권유하고 있다. 현재는 자기들 내부에서는 간략히 표기할 경우 '교회' 혹은 '예수 그리스도 교회'라는 명칭만을 사용할 것을 당부하고 있으나 통상적으로 일반인들은 '몰몬교'라는 명칭을 아직도 편하게 사용하고 있다. 또한 몰몬교 또한 일반 기독교 교파들처럼 원류에서 갈라진 분파가 많기 때문에 몰몬교에 대한 기초적인 역사와 연혁을 알아야 몰몬교에 대한 올바른 이해를 할 수 있다. 몰몬교의 유래를 잠시 살펴보도록 하자.

몰몬교는 미국 북동부 뉴잉글랜드지역의 버몬트(Vermont) 출신의 '조셉 스미스 2세'(Joseph Smith, Jr.)가 19세기 초 미국에서 일어난 이른바 '제2차 대각성'이라 불리는 기독교 부흥기에 맞춰 자신을 따르는 추종자들과 함께 뉴욕주에서 창교했다. 그는 1823년 숲속에서 기도하던 중 천사 모로나이(Moroni)로부터 고대 기록이 담긴 금판을 얻어 하나님에게 신권(神權)과 교의(敎義)를 회복하는 사람으로 선택되었다고 주장했고, 그 후 1830년 금판에 새겨진 글을 번역해 몰몬경(Book of

Mormon)이라는 책으로 출판하며 본격적으로 포교 활동을 시작했다.

1830년 미국 뉴욕주의 맨체스터에서 시작한 몰몬교는 설립자 스미스 2세와 동료 6명이 시온(하나님의 나라)이 아메리카 대륙에 수립된다고 믿었으며, 2천 년 전 초기 기독교 교회의 권위와 조직을 회복하겠다는 목표로 창립했다고 한다. 이듬해인 1831년에는 미국 중서부 오하이오주의 커트랜드(Kirtland)로 교회 본부를 옮기고, 초기 기독교 공동체를 모방해 '에녹협동교단'(United Order of Enoch)을 세워 교세를 넓혔고, 1836년에는 미주리의 콜드웰 카운티(Caldwell County)에 '파 웨스트'(Far West)라는 정착촌을 세워 새로운 종교 공동체를 세우려 했으나 현지 주민들과 무장 충돌까지 벌어지는 갈등을 빚는 바람에 결국 1839년 미시시피강 유역인 일리노이의 핸콕 카운티(Hancock County)로 옮겨 '나우부'(Nauvoo)라는 종교 공동체를 세웠다.

그러나 독특한 몰몬교리와 신자들의 행동양식은 기존 사회제도와 정통 교회들로부터 수용되지 못하고 연속적으로 추방과 박해를 받기 시작했는데 특히 독자적인 신정정치(神政政治)를 따르던 몰몬교는 이곳에서도 주민 조직과 갈등을 빚었다. 1844년 결국 조셉 스미스 2세와 그의 친형 '하이럼 스미스'(Hyrum Smith)는 일리노이주의 카테지형무소에서 민병대에 의해 살해되었다. 그가 피살된 후 그 뒤를 이은 브리검 영(Brigham Young)도 일리노이주에서 추방당하며 1847년 로키산맥 너머 유타주의 솔트레이크시티(Salt Lake City)로 옮겨 정착하면서 지금까지 교세를 크게 확장시켜 왔다. 이처럼 뉴욕주에서 시작된 박해가 오하이오, 미주리, 일리노이 등을 거쳐 1847년 현재의 유타주로 들어간 그들은 솔트레이크시를 거점지역으로 확보한 후 스미스 2세의 후계자인 브리검 영의 지도하에, 그곳에서 독특한 신앙공동체를 건설

했다.

 그 후 신도들은 서부의 여러 도시들을 개척하고 정착하는 데 성공했으며, 브리검 영은 유타주의 초대 지사를 지내기도 했으나 1857년 몰몬교회의 신정정치와 일부다처제의 관습을 둘러싸고 주민들과 갈등이 확대되면서 무장 충돌이 벌어졌고, 급기야 연방에서 파견된 군대와 자위권을 행사하려는 몰몬교 민병대 사이에 교전이 벌어지기도 했다. 결국 브리검 영은 평화 협상 제안으로 1858년 '알프레드 커밍'(Alfred Cumming)에게 주지사 자리를 물려주었다. 원래 멕시코 영토였던 유타주는 1896년에야 미국의 정식 주로 편입되었기 때문에 이 지역에서 몰몬교회의 영향력은 계속해서 크게 두각을 나타내며 오늘날에 이르고 있으며 현재 유타주 주민의 60% 정도가 몰몬교(예수그리스도후기성도교회)의 교인으로 조사되었다.

 그러나 몰몬교회의 교리에는 고대 성경 시대와 같은 조직과 신앙

[사진 2] 템플 스퀘어(Temple Square) 광장 맞은편에 위치한 몰몬교 대회장(Conference Center)의 위용. 내부 회의장은 21,000석의 좌석을 보유했으며 2000년 3월에 완공했다. 1년에 두 번 이곳에서 몰몬교 연차대회가 열린다.

을 유지해야 한다는 것을 강조하고 있기 때문에 당시에도 성경 시대와 마찬가지로 일부다처제의 관습을 유지해 왔는데, 이 문제가 주민들과 갈등을 빚는 큰 요인이 된 것이다. 1889년 결국 미국 정부는 몰몬교회의 일부다처제가 국법에 위배된다며 교회의 모든 재산을 동결하자 몰몬교 본부 4대 회장인 윌포드 우드러프는 1890년 교회가 더 이상 일부다처제를 인정하지 않겠다는 선언문을 발표하였고, 1904년에는 6대 회장 조지프 F. 스미스 시니어가 일부다처제를 옹호하는 교인에 대해서는 파문하겠다고 선언하며 오늘에 이르고 있다.

　그 후 발전을 거듭한 몰몬교회는 정통 기독교 교단으로부터는 이단시되었으나 사회적으로는 배척과 질시에서 벗어나 점차 기독교의 일파로서 인정받으며 세계 각국으로 퍼져 그 사회에 깊이 뿌리내리고 있다. 1830년 뉴욕주 시골 마을의 작은 농장에서 여섯 명이 모여 시작한 짧은 역사에도 불구하고 몰몬교는 전 세계 160개국에 1,600만 명에 육박한 신자를 거느리고 있는데 2012년 통계상 전 세계 몰몬교 신자는 14,137,100명이며 2014년 기준으로는 1,530만 명에 달할 정도로 확장됐고, 전 세계적으로 하루 1,000명씩 신자가 늘어날 만큼 성장 속도가 매우 빠르다. 특히 몰몬교는 미트 롬니(Mitt Romney)가 2012년 미국 대선에서 공화당 후보로 나오면서 오바마 대통령과 대결하는 과정에서 미국뿐 아니라 전 세계적으로 폭발적인 관심을 받으며 미국 내 몰몬교 회원(신자들)은 650만 명으로 증가되는 기폭제 역할을 했다. 이는 전 세계 신자의 42%가 되는 수이며, 나머지는 전 세계에 골고루 퍼져 있다. 650만 명의 교세는 미국 내 가톨릭, 남침례교회, 연합감리교회에 이어 네 번째로 큰 규모의 교파이다.

몰몬교의 조선 전래와 연혁

필자는 몇 해 전 북조선에는 과연 몇 명의 몰몬교 신자가 존재하고 있는지 궁금해 위키백과에 확인한 결과 현재 북에는 다섯 명의 몰몬교 신자가 존재한다고 표기되어 있음을 확인한 적이 있었다. 그 수는 12년 전 북으로 갔다는 소문에 근거한 스네든 선교사와 그의 가족들을 의미하는 것인지는 몰라도 다양한 확인과 검증 작업이 필요하다고 여겨졌다. 이북의 몰몬교 상황을 이해하기 위해서는 동일한 아시아권인 남한의 몰몬교 역사에 대한 파악이 우선적으로 필요하다. 다른 외국 개신교 선교사들의 조선 입국 루트를 볼 때 거의 이북 지역을 통해 선교 거점을 확보했으나 몰몬교의 선교 역사는 그리 오래되지 않아 평양이나 이북 지역이 아닌 서울에서 시작되었다.

몰몬교가 조선에 전래된 시기를 보면 1910년 1월 일본에서 선교사로 근무하며 선교부 회장을 지낸 '엘머 테일러'(Elmer Taylor)가 미국으로 귀국 직전 조선에 건너와 전임 선교사 파송 여건과 시기 등을 저울질하기 위해 부산에 도착했다. 그는 서울을 거쳐 중국 단동을 거치는 등 모두 두 달을 체류하며 조사 활동을 벌인 후 미국으로 귀국하며 상세히 보고하면서 조선에 대한 선교 행정이 본격화되었다. 그 후 32세의 나이에 미국 몰몬교의 최고위직인 십이사도에 임명된 '데이빗 맥케이'(David Oman Mckay)가 1921년에 조선을 방문했는데 이것이 공식적인 최초 방문으로 기록되어 있다. 맥케이는 조지 앨버트 스미스 회장의 뒤를 이어 78세의 고령에 제9대 교회 회장이 되었다.

또한 조선인으로 가장 먼저 최초로 몰몬교 신자가 된 사람은 1927년 하와이에서 침례를 받은 김재한으로 알려져 있으나 그는 국내로 돌아오지 않고 미국 하와이에서 살다가 그곳에서 타계했으므로 조선 최초의 몰몬교 신자는 김호직(金浩稙)으로 기록된다. 김호직은 김재한보다 한참 후에 침례를 받았으나 귀국 후 국내에서 최초의 몰몬교 활동을 했기 때문

[사진 3] 한국 몰몬교 최초의 교회 모임. 1951년 대학생들을 중심으로 영어 성경 공부를 시작하며 포교가 본격화되어 이후 부산처럼 서울, 대구 등지로 확산되었다.

이다. 1951년 미국 유학 중에 침례를 받고 신자가 된 후 한국으로 귀국한 그는 1952년부터 최초의 몰몬교 활동을 시작하면서 본격적인 몰몬교 시대의 서막을 알렸다. 그는 이승만 정부에서 문교부 차관, 유네스코 한국 대표 등을 역임하는 등 사회적으로 승승장구하며 자신의 입지를 활용해 왕성한 포교 활동을 전개했다.

한편 이와는 별도로 1945년 제2차 세계대전 말 조선에 주둔한 일제의 항복을 미군 편에서 이끌어 낸 '덴마크 젠슨'(Denmark C. Jensen) 대령이 독실한 몰몬교 신자였는데 그는 다른 신자들과 함께 2차 대전 이후 처음으로 조선에서 몰몬교를 전파했다는 기록이 있다. 또한 일제로부터 해방 직후 미군정 기간에 몰몬교 신자 군인이었던 '루드 로빈슨'(Ruth Robinson) 하사가 12명의 다른 군인들과 함께 인천항으로 입국해 1년간 체류하면서 조선인들에게 몰몬교를 전파하다가 이듬해인 1946년 10월 26일 미국으로 귀국했다.

그 후 1950년 6월 한국전쟁이 발발하며 몰몬교를 믿는 미군과 UN군의 참전을 통해 부산에서 본격적으로 포교가 시작되었는데 우선 미

[사진 4] 한국 최초의 몰몬교 신자가 된 김호직(金浩稙) 박사. 미국 코넬대 유학 중이던 1951년 침례를 받고 신자가 된 후 귀국해 최초의 몰몬교 활동을 시작했다. 이승만 정부에서 1956. 6. 18.까지 교육부차관을 지냈다.

군 중심의 모임을 가진 후 한국인들도 참석을 권유하며 포교가 시작됐고 미국 코넬대학교에서 유학하던 김호직이 귀국해 미군들의 포교 활동과 맞물려 몰몬교의 확산은 더욱 본격화되었다. 당시에도 몰몬교의 포교 정책 중 가장 중요한 전략 중에 하나인 영어교육은 포교 대상자들과의 가장 유용한 접촉점이 되었는데 당시에도 한국인들의 영어교육 열풍과 맞물리며 선교사들은 청소년들과 대학생 그리고 그들의 부모들에게 인기를 차지하며 자연스럽게 접촉하는 등 그 결과 영어 공부 모임은 전쟁을 치르는 와중에도 큰 효과와 결실을 거뒀다.

몰몬교가 한국에 뿌리내리는데 가장 큰 공헌을 한 김호직 박사는 그의 가족들도 전도하여 1952년 부산 송도 앞바다에서 그의 아들 김신환과 그의 딸 김영숙을 포함한 4명이 한국 역사상 몰몬교의 첫 수침자(몰몬교 교리에 따라 침례를 받은 신자)들이 되었다. 이처럼 전쟁의 혼란기에도 불구하고 대구와 부산 등지에서 시작된 영어 공부 열풍과 모임이 확산되며 침례자들은 점점 늘어났다. 이때 가장 왕성하게 활동한 사람이 미군 군목 '스펜서 파머'(Spencer Palmer)였는데 훗날 그는 다시 한국으로 몰몬교 선교사로 파송돼 사역하며 한국학에 관한 많은 연구 성과를 남겼다.

한국전쟁 후 2년 뒤인 1955년 8월 2일 당시 '12사도 정원회'의 회장이 한국을 방문한 것을 계기로 일본 몰몬교 선교본부에서 한국에 선교사를 파송하였고 이에 따라 한국에 지방부가 조직되며 김호직이 초대 지방 부장으로 임명받았다. 이듬해인 1956년 4월 20일 미국 몰몬교 선교사들이 정식으로 한국에 파송되어 두 달 후인 6월 3일 한국 지방부 서울지부가 조직되며 서울고등학교 강당에서 예배를 보았다. 그 후 1966년 9월 10일 한국 땅에 최초로 몰몬교 방식의 표준 건물이 대지 1,145평에 건평 322평으로 서울 동대문구 용두동에 동부 지부 예배당으로 헌납되었다.

한국 몰몬교의 발전과 국제적 위상

1957년에는 초대 한국 지방부 회장을 지낸 김호직 박사에 의해 '한국몰몬교회재단'이 설립되었으며, 1962년 7월에는 '한국선교부'가 조직되기에 이른다. 1967년 3월에는 '몰몬경'이 한국어로 번역되었고, 1968년 10월 『교리와 성약』, 『값진 진주』 한국어 합본이 번역 출간되었고, 1970년에는 한국어 찬송가가 번역 출판되었다. 그 후 2005년 7월 1일 몰몬교의 중요한 세 가지 경전인 『몰몬경』, 『교리와 성약』, 『값진 진주』가 다시 한글 개역판으로 출간되었다. 몰몬교에서는 성경책을 특별히 구별하기보다 이 3권의 책들과 함께 하나의 경전으로 보고 있다.

1973년 3월 8일에는 아시아 국가 중에는 일본에 이어 두 번째로 서울 스테이크(교구조직)가 조직되었으며 세계 교구 조직상 북아시아 지역에 소속되었다. 그 후 발전을 거듭한 한국 몰몬교는 아시아 대륙의 첫 번째 성전인 서울 성전이 '서울 서대문구 창천동'에 장소를 정하

[사진 5] 몰몬교는 전 세계에 132개의 성전이 운영 중이며 한국은 서울 서대문구 창천동(신촌)에 서울 성전이 있다. 일반 개신교회가 주일예배를 드리는 예배당(성전) 개념과는 다르게 신전으로 활용된다.

고 1981년 4월 1일 성전 건설 계획을 발표했고, 1983년 마빈 애쉬톤(Marvin J. Ashton) 사도의 감리하에 기공식이 거행되었으며, 1985년 12월 14일 당시 부대관장이었던 '고든 힝클리' 장로에 의해 헌납되었다. 그 후 한국 몰몬교는 전국에 17개의 스테이크, 4개의 선교부, 6개의 지방부 및 단위 교회로서 150여 개의 와드와 지부로 발전되었으며 교인 수 10만 명, 400여 명의 선교사들이 선교부에 소속되어 다양한 선교 활동과 사회봉사 활동을 하고 있다.

뿐만 아니라 최초의 한국인 몰몬교 선교사로 파송받은 이영범 장로를 필두로 한국 몰몬교인들이 각국에 선교사로 임명되고 있으며 한인상 장로가 한국인 몰몬교 지도자로서 사상 최초로 총관리 역원(칠십인 제2정원회)으로 선출되었고, 칠십인 제2정원회에 고원용 장로가, 칠십인 제1정원회에 최윤환 장로가 선출되기도 했다. 또한 북아시아 지역 칠십인 정원회에 김창호 장로, 정태걸 장로, 구승훈 장로가 선출될 정도로 한국 몰몬교는 국제적으로 그 위상이 높아지고 있으며 2005년 7월에는 한국 전래 50주년을 기념했으며, 2015년에는 전래 60주년을 맞았다.

몰몬교는 조직의 특징상 '총관리 역원'이라는 최상위 의결 기구를 두고 있는데 그중에 '제1회장단'을 필두로 '12사도 정원회'가 그 뒤를 잇고 있으며, 그 뒤로는 '70인 정원회'를 두고 있는 등 핵심 지도자 그룹을 별도로 두고 있다. 또한 일반 기독교의 교구와 구역 조직처럼 '지부'와 '와드'(Ward) 그리고 '스테이크'(Stake)로 분류되며 몰몬교 신자들에게 있어 가장 크고 중요한 핵심 장소는 그들이 신전(神殿)으로 여기는 '성전'(신전, Temple)이다. 이 성전 건물은 일반 기독교 교회당 건물과는 달리 십자가를 세우지 않고 그 대신 지붕 위 꼭대기에 천사 모로나이의 황금빛 동상이 세워져 있다. 성전에서는 일반 성당과 교회당에서 매주 주일예배나 미사를 드리는 개념과 매우 다르게 활용되고 있는데 이곳에서 산 사람과 죽은 사람을 위한 특별한 의식만을 집행하는데 사용하고 있다. '죽은 자'들이란 주로 자신들의 조상들이나 가족들을 의미하며 주로 성전에서는 이들에 대한 침례 의식을 치른다.

교구조직을 잠시 알아보도록 하자. 몰몬교의 가장 기초 조직인 '지부'(Branch)는 200명 미만의 회원(신자)을 가진 조직을 말하며, 그 조직을 관리하는 자를 '지부회장'이라 부른다. 지부보다 큰 규모는 '와드'(Ward)인데, 와드는 일반 기독교 교회당 건물과는 달리 십자가를 세우지 않은 교회당을 두고 있으며, 보통 200~300명의 회원(신자)으로 구성되어 있다. 와드는 대단위의 단일 교회가 없고 직업적인 성직자가 없는 것이 특징이다. '스테이크'(Stake)는 와드보다는 2~3배 정도는 큰 규모인데, 3명의 '대제사'로 구성된 스테이크 회장단과 12명의 대제사

로 된 고등평의원회(高等評議員會)로 이뤄진다. 이처럼 스테이크는 보통 1,500~2,500명의 신자를 가진 규모로서 일반 기독교나 가톨릭의 교구 규모라고 볼 수 있다. 보통 1개의 스테이크는 10여 개의 와드(단위 교회)로 구성되어 있는 것이 관례이다. 그렇다면 과연 남한이나 미국의 몰몬교는 북조선에 몰몬교 선교를 하고 있는지는 사뭇 궁금하지 않을 수 없다.

[사진 6] 몰몬교 성전은 예배를 드리는 교회당과는 달리 각 국가에 한두 개 정도만 건축이 허락된다. 특히 죽은 사람을 위한 침례의식을 치르거나 특별한 의식만을 집행한다.

2004년부터 북에 체류하고 있다는 몰몬교 선교사에 대해서

영국 일간지 「데일리 메일」은 2016년 9월 1일 한국에 거주하는 납북가족자모임 대표 최성룡의 증언을 인용해 지금부터 12년 전이던 2004년에 실종된 미국인 몰몬교 선교사에 관한 충격적인 보도를 했다. 유타주 소재 몰몬교 재단의 브리검영대학에 재학 중 한국으로 건너와 몰몬교 선교사로 근무했던 '데이빗 스네든'(David Sneddon)이라는 젊은 선교사가 한국에서의 선교사 활동을 마치고 아시아권을 대상으로 비즈니스를 하기 위해 중국을 여행하던 중에 이북으로 납치됐다는 주장이다. 뿐만 아니라 스네든이 실종 당시 20대 초반의 청년 김정은(현, 국무위원장)의 개인 영어 교사를 했다는 내용까지 포함된 것이다.

이처럼 남한과 일본의 납북자 가족 모임에서는 그의 실종이 북측과 연루되었다는 의문을 제기하고 있는데 필자가 볼 때 스네든이라는 20대 중반의 건장한 청년을 외국에서 납치해 북에 끌고 갔다는 주장은 실제로 불가능한 일로 여겨진다. 그러나 납치라는 방법 외에 다른 어떤 사연이나 내막이 있을 것으로 보이며 필자도 현재 확인 작업 중에 있다.

[사진 7] 한국에서 몰몬교 선교사 활동을 하던 시절의 스네든. 브리검영대학교에서 Asian Languages 를 전공하던 중 몰몬교 선교를 위해 한국으로 들어왔다. 학부를 졸업한 후 대학원에서 국제비지니스와 국제법률을 전공할 계획이었다고 한다.

스네든은 대학에서의 언어전공과 한국에서 선교사로 근무한 경력 때문에 한국어가 매우 유창한 것은 틀림없는 사실이다. 의혹을 제기한 사람들의 증언에 의하면 스네든이 2004년 8월, 중국 윈난(雲南)성을 여행하던 도중 북조선 식당에서 식사를 마치고 나온 뒤부터 종적을 감췄다고 한다. 가족들과 몰몬교회 측은 실종 직후부터 납치 의혹을 제기했지만, 중국 당국은 스네든을 찾기 위한 인근 수색 작업을 진행했다. 그러나 사망이나 실종과 관련된 아무런 단서나 흔적을 찾지 못했고, 결국 중국 공안 당국은 "스네든이 하이킹을 즐기며 여행하던 중 사고를 당해 강물에 익사한 것"으로 처리했다. 물론 시신은 발견되지 않았으나 스네든의 가족들에게는 공식적으로 사망 통보를 하며 사건은 일단락됐다. 그러나 스네든의 가족은 그날 이후 지금까지 12년 동안 아들을 찾기 위해 백방으로 찾아 헤매던 중 뜻밖의 영국 신문의 보도를 접한 것이다.

아들이 몰몬교 선교사로 한국에서 일했다. 그가 한국어가 매우 유창했기 때문에 북한의 타깃이 된 것 같다. 나는 그동안 스네든이 강물에 빠져 사망했다는 중국의 공식 통보를 믿지 않았으며 아들이 살아 있다는 것을 그동안 마음속에서 느낄 수 있었고 굳게 믿고 있었다. 우리는 아들의 송환을 위해 계속 싸울 것이다.

아직 살아 있다면 2016년 현재 36세가 된 아들이 현재 죽지 않고 살아 있다는 사실 하나만으로 그의 부모는 안도의 한숨을 쉬고 있으며, 모친 캐슬린(Kathleen)은 기쁨과 함께 아들의 송환을 위해 계속 싸울 것이라는 의지를 보이고 있다. 의혹을 제기한 사람들은 스네든이 평양에 버젓이 살아 있는 것은 물론 심지어 이북 처녀와 결혼해 슬하에 두 자녀까지 두었으며 현재 영어 교사로 일하고 있다고 터무니없는 주장을 한 것이다.

필자가 스네든의 부모와 접촉해 알아본 결과 그의 가문은 몰몬교 개척 초기부터 뼛속 깊이 몰몬교를 신봉해 왔던 가정이며, 부부는 매우 차분하고 지적인 인텔리였다. 스네든의 부친 로이 스네든(Dr. Roy Sneddon)은 토목공학 박사로서 평생 건설회사에 몸담아 일했으며 모친 캐슬린(Kathleen)은 도서관 과학 분야 전공의 석사학위를 취득해 대학에서 근무하던 중 스네든의 실종 사건을 당하면서 지금까지 10년 넘게 아들을 찾는 데 시간을 보내고 있다고 한다. 부부는 슬하에 7남 4녀를 두었는데 이 중에서 10번째로 태어난 아들이 스네든이며, 11명의 자녀 중에 무려 8명을 스웨덴, 일본, 스위스, 독일, 폴란드, 한국 등 해외 선교사로 보낼 정도로 강직한 몰몬교 믿음과 사명을 지니고 있었다.

또한 스네든은 평소에도 각별히 아시아인들과 아시아 문화를 동경하고 좋아해서 학부 과정을 아시아 언어와 아시안 비지니스를 전공과목으로 택할 정도였으며, 유달리 언어 기술을 습득하는 능력과 재능이 있어 뛰어난 언어 구사력을 지녔다고 한다. 경영 감각도 뛰어나 큰형과 함께 한국에서 'Multiling Corporation'라는 회사를 차리고 한국 판매 담당 대표로 사업을 했으며 실종되기 한 해 전 여름에도 서울에서 체류했다고 한다. 이 회사는 프록터 & 갬블 혹은 델 컴퓨터와 같이 다국적 번역 서비스를 제공하는 회사인데 스네든의 큰형 마이클이 설립자이며 스네든도 형과 함께 회사의 소유주로 되어 있다. 또한 부모의 말에 의하면 스네든은 미국으로 귀국하면 브리검영대학교를 마치고 대학원에서 국제법과 비즈니스 연구를 수행할 계획이었다고 한다.

납북되었다고 문제 제기한 최성룡 대표의 주장은 날조된 허구

앞서 밝힌 대로 사건 직후부터 한국과 일본의 납북자 관련 단체는 아무런 근거나 정확한 물증 없이 일본인이 추측한 낭설에 불과한 내용 하나만을 가지고 그가 북조선에 의해 납치됐을 가능성을 꾸준히 제기해 왔으며 미 정보기관도 스네든의 납북과 관련한 일부 사실을 파악하고 있는 것으로 알려졌다. 현재 스네든의 납북 의혹은 UN에도 통보된 상태이며 아울러 지난 2016년 2월에는 미국 의회에 스네든의 납치 의혹에 대한 조사를 촉구하는 결의안이 제출됐다. 그러나 오히려 미국무부는 "현재로선 스네든이 납북됐다는 사실을 입증할 만한 그 어떤 확실한 증거가 아직 발견되지 않았다. 스네든을 찾기 위한 노력을 앞으로도 계속하고 있다"고 밝히면서 납북설에 대해서 신중한 입장을 취하고 있다.

그럼에도 불구하고 워싱턴 정가의 대북 인권 단체인 '북한자유연합'에서는 스네든의 구출과 납북자 조사결의안을 통과시켜야 한다는 서명운동을 시작하기도 했다. 그러나 이런 반북 단체들이 제기하는 여러 의문은 명확한 근거 자료가 제시되지 않은 채 막연한 의혹만으로는 진상 규명이 힘들 뿐만 아니라 오히려 본인들이 무고죄에 의해 곤경에 처할 수 있음을 알아야 한다.

스네든의 납치 의혹을 제기한 측에 따르면 한국에서 몰몬교 선교사로 일했던 스네든이 평양에 입국한 초기에는 영어 교사로 근무했지만, 나중에 김정일 국방위원장의 지시에 따라 당시 20세의 김정은(현 국무위원장)과 세 살 아래(17세) 여동생 김여정 그리고 세 살 연상(23세)의 김정철에게 영어를 가르쳐 왔다는 주장이다. 김정일 국방위원장의 세 자녀의 영어 개인 교사로 활동한 이후에는 다시 학생들에게 영어를 가르치고 있으며, 2016년 현재로 36세인 스네든은 몇 년 전 '김은혜'라는 북측 여성과 결혼해 슬하에 두 자녀가 있다고 한다. 뿐만 아니라 북조선식 이름을 부여받아 '윤봉수'라는 이름도 갖고 있다는 것이다.

그러나 생각해 보라. 북측 최고 지도자 가문에서 아무리 원어민 영어 선생이 필요하다 해도 중국 한복판에서 멀쩡한 사람을 백주 대낮에 납치해서 가정교사로 채용할 정도로 영어 교사가 절박하거나 희소한 것이 아니다. 북조선 내에는 수많은 외국어대학이 있고, 유창하게 잘하는 교수나 학생 등의 인적 자원들과 외교관 계통의 유능한 영어통들이 헤아릴 수 없이 많다. 그럼에도 불구하고 이런 터무니없는 스토리로 북측 최고 지도자 가문을 매도하는 것은 뼛속 깊은 반북 반공사상의 결과에서 비롯된 명예훼손일 뿐이다.

스네든의 실종 문제가 구체적으로 국제사회에서 공식 거론되기 시작한 시기를 잠시 살펴보면 지난 2012년으로 거슬러 간다. 유럽의회가 2012년 6월 29일 개최한 북한 인권 청문회에서 일본인 납북자 가족 모임인 '북한에 의한 납치피해자 가족연락회'의 마쓰모토 데루아키 회장에 의해 스네든의 문제가 구체적으로 제기된 것이다. 일본인들은 스네든의 부모와 형이 일본 도쿄에 있는 자신들의 단체를 찾아와 논의하며 그의 실종 사태에 대해 면밀히 조사하는 과정에서 이북을 의심할 만한 정황들이 많다고 여겨졌다고 증언했다.

역시 이날 청문회에는 로버트 킹 대북 인권 특사가 증언자로 나와 자신이 파악한 이북의 인권 실태, 미국 정부의 입장, 유엔 등 국제사회의 북 인권상황 개선 노력을 설명하면서 스네든의 실종 문제를 거들면서 본격화되었다. 그러나 이런 주장들은 북을 반인권 국가로 매도하고 날조하려는 저의가 깔려 있음을 금세 알아차릴 수 있다.

과거에도 납북가족자모임 대표 최성룡은 김정일 위원장과 김정은 위원장에 대한 잘못된 정보와 자료는 물론 날조된 내용을 사실인 양 언론에 공개한 전력이 많았기 때문이다. 또한 필자가 근거를 요구하며 직접 이메일로 최성룡 대표에게 문의하였으나 "죄송합니다. 아직도 확인 중에 있습니다"라는 짧은 답변만 돌아왔다.

이 문제를 최초로 제기한 최성룡은 이명박 정권 시절인 2008년 10월 "김정일은 자유세계의 언론에 의하면 막내아들 김정운(25살)의 치명적인 사고와 병으로 충격받고 풍을 만나 움직이기 힘든 반신불수 상태라고 합니다"라는 인터넷 게시물을 납북자 가족 사이트에 게재하는 등 북 지도자들에 대한 허무맹랑하고 날조된 이야기들을 퍼트려 왔다. 무지몽매한 사람들은 당시 그 내용을 믿었으나 훗날 김정은 위원장이 건강한 모습으로 북조선의 지도자로 취임해 왕성하게 활동하는 것을 보고 난 후에야 가짜임이 밝혀졌다. 이처럼 납북자와 실종자 등의 문제를 구실삼아 무조건 북녘의 지도자들을 악마화하고 있는 인물들이 너무 많다.

몰몬교의 대북 사역 실태와 인도주의 활동

몰몬교가 1985년부터 2010년까지 세계 178개 국가에 제공한 식량, 의료품, 의류 등 자선 구호품을 돈으로 환산하면 무려 13억 달러에 이른다. 2011~2015년까지 기간에도 막대한 예산을

[사진 8] 다국적 몰몬교 자원봉사자들이 재난 현장과 구호 현장에서 봉사하는 모습

투자해 세계 각처에서 발생하는 재난이나 비상사태에 그 어느 종교 단체나 기독교 교파보다 가장 먼저 구호품과 구호의 손길을 전하고 있다. 2차 세계대전 직후에는 황폐해진 유럽 지역에 미국 정부보다 먼저 구호 활동을 시작했으며 1992년 LA흑인폭동이 발생하였을 때도 제일 먼저 LA 한인타운에 구호 물품을 제공한 곳도 몰몬교였다. 이 밖에도 가난한 사람, 과부, 보육원 등을 지속적으로 도와주고 있으며 홍수, 화재, 지진, 쓰나미, 전쟁 등으로 어려움을 겪는 국가나 지역주민들을 위해 피해 복구 및 지원 활동을 해 주고 있다.

또한 건조한 지역에 우물 파기나 농사 기술 등을 지원해 왔는데

1985년에는 미국과 캐나다 지역 신자들이 하루 동안 특별금식을 하여 640만 달러의 금식 헌금을 모아 당시 가뭄과 내전으로 엄청난 기아 상황에 처한 에티오피아에 음식과 약품을 지원하기도 했다. 또한 미국의 허리케인 샌디 피해 복구 활동을 비롯해 시리아 내전, 필리핀 태풍, 일본 지진과 쓰나미 등 대규모 재난 피해 복구 활동을 비롯해 아이티와 칠레 지진, 파키스탄 홍수 피해 복구 활동, 사모아 쓰나미 피해 복구 활동 등 헤아릴 수 없이 많다.

또한 몰몬교가 추진해 온 대북 지원 사업을 보면 우선 김일성 주석이 타계한 이후 대홍수와 가뭄, 냉해 등의 천재지변으로 식량난을 겪던 시기인 1995년부터 본격적인 대북 구호사업을 시작했다. 1995년 8월 여름 최악의 대홍수 이후 악화된 식량 위기에 클린턴 행정부는 22만 5천 달러의 수해 지원금을 제공하고 민간 종교 단체들의 대북 수해 지원을 인도적 차원에서 승인한 적이 있었는데 이때 가장 앞장선 종교 단체가 바로 몰몬교였다. 이때부터 밀가루, 옥수수, 비료, 농약, 의료기구, 묘목, 담요 등을 지속적으로 지원해 왔다.

특히 당시 몰몬교 북아시아지역 회장을 맡고 있던 '데이빗 소렌슨'(David Eugene Sorensen)은 1997년 5월 1일부터 10일간 평양을 1차 방문한 데 이어 6월 21일~24일까지 2차로 방문해 몰몬교를 대표해 지원 사업을 진두지휘했다. 당시 김수만 UN북한대표부 차석대표 초청으로 2차 방북이 성사되었으며 일행 4명과 함께 평양과 인근 지역을 다니며 그동안 6억 원의 식량과 구호 물품을 전달했다. 당시 소렌슨 장로가 방북 후 언론과 몰몬교에 보고한 내용은 다음과 같다.

기아를 면하기 위해서는 적어도 1백만 톤의 식량이 필요하다고 들었

[사진 9] 몰몬교 북아시아지역 회장으로서 고난의 행군 당시 여러 차례 북을 방문해 구호 활동을 펼친 故 데이빗 소렌슨(David Eugene Sorensen) 장로의 모습(왼쪽). 황해남도 사과 농장 지원을 주관했던 마이클 링우드(Michael T. Ringwood) 몰몬교 북아시아지역 회장의 모습(오른쪽)

으며 이 밖에 비료와 농약, 의약품, 연료, 분유 등도 외부 지원 없이는 수급이 될 수 없는 상황이었다. 옥수수와 분유, 비료, 농기계 등을 추가로 보낼 계획이며 이 가운데 상당한 물량을 한국에서 구매하는 방안도 강구 중이며, 이미 제공된 구호 물품들이 효과적으로 배분되는 현장을 이번에 확인했다. 군인, 공무원, 학생들이 농부들을 도와 작물을 재배하는 등 식량난 해결에 최선을 다하는 모습을 보았는데 앞으로 농업 생산성 향상을 위해 기계와 기술지원도 늘릴 생각이다. 몇몇 농장을 선정해서 기계영농의 시범 케이스로 육성하는 것도 고려 중이다.

이와는 별도로 당시 한국의 몰몬교 신자들도 북 동포들을 돕기 위해 '하루 두 끼 굶기 운동'을 펼쳐서 모은 기금으로 대북 지원금을 납부해 몰몬교 아시아 지도부를 감동하게 했다고 한다.

황해도에 30만 그루의 미국 몰몬교(LDS)산(産) 사과 농장 운영 중

필자는 몇 년 전 여의도 면적과 동일한 '대동강 과수 농장'을 참관한 적이 있는데 이곳은 온통 가도 가도 끝없이 사과나무 농장이 펼쳐져 있었다. 그러나 이곳 외에도 북에는 더 유명한 과수단지가 있는데 그곳은 바로 황해남도 '과일군'(郡)이다. 이곳은 대동강 과수 농장이 조성되기 전까지는 북 전체 사과 생산량의 절반 이상을 차지하였으며 농경지의 70% 이상이 사과, 배, 복숭아, 포도 등을 재배하는 특수 지역이다. 북측은 2006년 4월 북미 친선 우호와 문화 친선 교류 차원에서 미국의 컨트리 악단인 '트레일 밴드'를 초청해 공연한 적이 있는데 이들이 공연을 마친 뒤 단원들을 모두 과일군으로 데려가 미국이 지원한 사과나무가 자라고 있는 것을 보여주면서 친선과 우호를 각인시켜 준 적이 있었고 이어서 2008년 2월에도 뉴욕 필하모닉 오케스트라의 평양공연 당시에도 단원들을 과일군으로 데려가 참관시킨 적이 있다.

이처럼 필자가 볼 때 미국인들이 방북하는 경우에 북 당국자들은 반드시 그들을 과일군에 있는 과수 농장을 참관시키는 반면 해외 동포가 방북하면 대동강 과수 농장을 참관시키는 것으로 확인되었다. 황해남도 서쪽으로는 황해가 흐르고 있으며 이곳은 과일군이라는 특이한 이름의 지역이 위치해 있다. 1967년 10월에는 농장지구 일대가 '과일군'으로 분리되면서 22개 마을은 과일군으로, 풍해리를 과일읍으로 개편하면서 현재의 과일군은 1읍(과일읍) 24리로 구성되어 있다. 순수한 우리말인 '과일'이라는 글자가 들어간 읍(邑)과 군(郡)이 생긴 것이며 실제로 과일군은 이름 그대로 과일만을 집중적으로 생산하는 군(郡)이 된 것이다.

이곳 '과일군'(郡)은 갈수록 북 전체 사과 생산량을 초과하면서 현재는 절반 이상을 차지하고 있는데 그렇게 되기까지는 미국 몰몬교의 지원으로 심겨진 30만 그루의 사과나무가 크게 한몫을 했다. 당시 몰몬교 북아시아지역 총책임자인 마이클 링우드(Michael T. Ringwood) 회장은 미국 워싱턴주의 사과나무 30만 그루를 이곳 과일군으로 보내는 데 실무적으로 앞장섰던 인물인데 그로 말미암아 현재 황해남도에는 미국 몰몬교산(Made in LDS Church) 사과가 본격적으로 생산되고 있던 것이다.

최근 6년간 북한에 사과나무 묘목 30만 그루를 보냈다. 과수원 주변 주민들은 사과나무들을 'LDS사과'로 불렀지만 'LDS'가 우리 교회(몰몬교) 약칭이라는 사실을 모르고 사용하고 있었다. LDS를 단순히 외국의 인도주의 구호단체 정도로 알고 있었다. 우리가 보낸 묘목들은 황해도 과일군의 과수원 등 4곳에서 재배되고 있으며 우리가 보낸 사과나무를 통해 지역주민들이 자립할 수 있기를 원한다. 우리가 북을 지원하는 목적은 그들이 우리의 도움을 필요로 했기 때문이며 그동안 우리가 북을 지원하면서도 외부에 적극적으로 알리지는 않은 것은 예수의 말씀을 실천하고 북 당국을 배려한 차원이었다.

이처럼 황해남도 과일군(郡)에 산재한 서너 곳의 농장에는 일명 몰몬교산 사과나무 농장(Apple Falm LDS Church)이 운영되고 있는 것이다. 링우드 회장은 당시 세 차례 방북해 교회에서 보낸 사과나무들이 잘 자라고 있는 것을 확인했다고 한다. 한편 과일군에 대한 몰몬교의 사과나무 묘목 지원은 미국의 국제 구호단체인 머시코(Mercy Corps)의

[사진 1이 드넓은 면적에는 사과나무들과 버팀목들이 조화를 이루며 끝없이 펼쳐져 있다.

대북 지원과 협력해 이루어졌다. 오리건주에 본부를 둔 이 단체는 1996년부터 북한 농어업 분야에 대한 기술지원을 해오다 2000년 봄부터 사과나무 1만 그루를 보낸 것을 시작으로 해마다 수만 그루씩 지금까지 모두 수십만 그루의 사과나무를 과일군으로 보냈다. 일명 '사과나무 프로젝트'라는 이 대북 지원 사업은 머시코의 낸시 린드버그 회장과 기술진이 직접 방북해 매번 추진되었다.

사과나무 대목을 심은 과수원과 그에 따른 부수적인 물품들을 지원한 머스코는 2004년 처음 황해남도 과일군에 보낸 사과나무 대목 10만 개가 성공적으로 번식하는 것을 확인한 후 2010년 4월에는 또다시 10만 개의 사과나무 대목을 황해북도 연탄군의 과수원에 보냈다. 오레곤의 과수원에서 보내는 사과나무 대목은 북한의 토양에서 잘 자라고 생산력이 우수해 2004년 과일군에 보낸 10만 개의 대목이 2010년도에는 80만 그루로 번식했다고 한다. 머시코는 2000년부터 수십만 달러를 투자해 식량난 개선과 산림 복구의 두 가지 효과를 주는 사과나무 지원 사업을 해 왔는데 처음 3년은 뿌리줄기가 아닌 총 7만 2천 그루의 나무를 보내며 살충제 등을 지원했다. 이뿐 아니라 미국무부 산하 국제개발처(USAID)에서 받은 100만 달러의 지원금으로 황해남도 해주의 소아병원, 산원 등과 과일군의 병원 등 5개 병원에 발전기를 비롯해 초음파기와 X-선 촬영기 등을 설치하고 기술적 자문을 해 왔다.

II. 미국 정치계에서 활동하는 몰몬교 신자

몰몬 교리의 영향을 받아 보수적 성향에 머물고 있는 신자들

한국에 몰몬교가 전파된 이래 지금까지 한국에서 선교사 활동을 마치고 미국으로 돌아간 선교사들은 무려 2만 5,000명에 달하며 이들 대부분은 한국을 매우 우호적으로 바라보면서 미국에서 활동하고 있다. 그 결과 미국의 몰몬교 회원(신자) 중에는 이른바 친한파(親韓派)가 많아 미국 정부와 중요기관, 연구소나 기업 등 사회 요소에서 다양하게 일하고 있기 때문에 한국 사회 일각에선 미국 내에서 활동하는 친한파 몰몬교와 교류를 강화해야 한다는 의견이 제기될 정도이다. 또한 몰몬교는 규정상 대외적인 정치문제와 종교 문제에 대해 그동안 "그 어떤 종교와도 결코 논쟁해서는 안 된다"는 규율을 가지고 있기 때문에 상대 종교와 종교적인 의견차이나 마찰이 발생할 경우 몰몬교 신자들은 자신들이 믿고 있는 것을 상대에게 차분하게 알려주는 방법 외에 다른 불미스러운 행동을 취하지 않는다. 그래서 그런지 몰몬교는 내부적으로도 분쟁이 없을 뿐 아니라 외부와의 관계에서도 분쟁이나 다툼이 거의 없다.

정치적인 입장도 마찬가지다. 몰몬교는 "정치적인 문제에는 일절 관여하지 않는 게 원칙이다"라는 규정 때문에 한미관계나 한일관계, 남북문제에 대해 그들의 정치적 소신을 밝힐 수 있는 부분이 제한적이다. 그래서 그런지 몰몬교가 전 세계 각국에 흩어져 자신들의 교리를 전파하고 있지만 북에서는 아직도 공식적인 선교 사업을 시도조차 하지 못하고 있다. 다만 1995년부터 다양한 인도주의적 대북 구호사업을 하고 있으나 그마저도 외부에 거의 알리지 않았다. 왜냐하면 대북지원에 대해 호의적으로 보는 사람도 있지만 적대적으로 보는 시각도 많아 정치적인 문제가 개입될 소지가 크다는 것을 알기 때문이다. 미국에서는 몰몬교가 네 번째로 큰 교파로 정착했으며 심지어 남아메리카에서는 몰몬교가 아주 큰 종교 단체로 자리매김하고 있고 전 세계 1,600만 명에 이르는 몰몬교 신자 중에는 영어를 사용하는 몰몬교 신자보다 스페인어를 사용하는 몰몬교도들이 더 많다.

오늘은 몰몬교 선교사 출신의 로버트 킹 대북 인권 대사가 그동안 벌여왔던 다양한 활동들을 토대로 그의 대북관과 대북 인식론을 살펴보며 그가 매우 보수적인 몰몬교 교리의 영향을 받아왔음을 확인하고자 했다. 미국의 유명 몰몬교 신자 중에는 미트 롬니 전 공화당 대통령 후보나 메리어트 호텔의 존 윌러드 메리어트 회장 등이 있으나 그중에서도 지난 2012년 미 대선에서 공화당 후보로 출마해 오바마와 최종 대결을 벌였던 롬니가 지니고 있던 초강경 대북 정책론과 그의 대북관을 살펴보면서 몰몬교 선교사 출신의 롬니가 몰몬교의 영향을 얼마나 많이 받아왔는가를 살펴보았다. 아울러 당시 롬니와 미국 복음주의의 상징적 대부인 빌리 그레이엄 목사의 만남을 통해 그들의 만남 이후 어떤 결과가 벌어졌는가도 살펴보았다. 필자는 특정한 종교가 추구하는 목표로 인해 그곳에 몸담고 있는 신자들이 얼마나 큰 영향을 받고 있는가를 다시 한번 확인할 수 있는 기회가 되었다.

몰몬교 선교사 출신의 로버트 킹 북한 인권 대사

지난 2009년 9월 오바마 대통령으로부터 북한 인권 특사(United States special envoy for North Korean Human Rights Issues)로 임명된 로버트 킹(Robert King)은 북을 상대해야 하는 업무의 특성상 평소 북측과의 관계가 매우 껄끄러운 상황에 처해 있을 수밖에 없다. 그의 주 임무가 북의 인권 문제를 다루는 직책이라 북측의 오해와 비난을 받는 일은 다반사였다. 또한 미국과 북조선과의 관계에 있어서 때로는 '민간 대 민간' 혹은 '당국 대 당국'의 대화를 주도하는 역할을 해야 하기 때문에

[사진 11] 2009년 9월 오바마 대통령으로부터 국무부 대북인권 특사로 임명된 로버트 킹 대사의 모습. 그는 몰몬교 선교사 출신의 독실한 신자이다.

그의 역할은 피스 메이커처럼 막중하다고 볼 수 있다. 그러나 그의 주관적이고 강경한 대북 인식 때문에 2013년 8월 당시 북에 억류 중인 한인 출신 미국 시민권자 케네스 배 선교사의 석방을 추진하기 위해 방북을 추진했지만 북과의 소통 부재로 결국 결렬되었으며 특사로 임명된 후 지금까지 단 한 번도 북을 방문한 적이 없는 대북 전문가이다.

특히 그의 직책은 북미 관계의 전반적인 현안을 포괄적으로 논의하는 임무뿐 아니라 북 인권 문제와 핵 문제에 대한 현안을 다루는 임무를 부여받았기 때문에 그의 특사 직책은 대사급(ambassador) 직위와 동일하다. 킹은 미국 몰몬교의 본고장 유타주에 있는 브리검영대학교(Brigham Young University, 이하 BYU)를 졸업한 후 '터프트대학교'(Tufts University)에 있는 플레처 법률외교대학원(The Fletcher School of Law and Diplomacy)에서 박사학위를 취득한 학구적인 관료 출신이다. 그는 미국 뉴잉글랜드 선교부(New England Mission)에서 몰몬교 선교사로 파송돼 봉직할 정도로 그의 몰몬교 이력은 화려하며 그의 아내 '케이 킹'(Kay King) 또한 독실한 몰몬교 신자이다. 케이는 남편 킹처럼 미국무부에서 잔뼈가 굵은 여성으로서 '국무부 부차관보'(deputy assistant secretary of state for legislative affairs)를 지내는 등 매우 보기 드문 몰몬교 출신 고위 공직자 부부이다.

그러나 로버트 킹 대사는 미국 의회가 위탁한 북 인권 문제 연구기관과 인권 단체들이 제기한 여러 의혹과 문제 제기에 대해 객관적으로 접근해서 가장 정확한 증거자료를 확보하고 진위 여부를 판가름해야 함에도 불구하고 그는 북의 실상에 대해 매우 무지하고 인권 문제에 대한 의혹들도 가장 피상적 수준에 머물러 있다. 그의 이런 취약한 대북관과 대북 인식으로 인해 그의 업무 능력은 매우 빈약하며 북과의 대화와 교류 자체가 불통 중에 있다. 오죽하면 남한에 있는 NCCK 목회자들이 그를 찾아가 설전을 벌였겠는가?

킹 대사와 NCCK 대표단 목사들과의 설전

개신교 목회자들과 성공회 신부들로 구성된 NCCK(한국기독교교회협의회) 산하 화해통일위원회 소속 22명의 대표단은 지난 2016년 7월 18~30일까지 북미 간의 평화 조약 체결을 위해 LA, 시카고, 인디애나폴리스, 워싱턴 등을 횡단하며 캠페인을 진행한 적이 있었다. 미국 현지 교회에 한반도 평화 조약 체결의 중요성을 알리는 동시에 서명운동 참여를 독려하고, 미국 정계에 평화 조약 체결의 절실함을 설득하려는 목적의 방문이었다. 특히 18~19일 이틀에 걸친 첫 기착지로서 LA를 방문한 대표단들은 한인 교회 지도자들과 평화 활동가들과 함께 캠페인과 간담회 등을 개최했는데 필자도 이 당시 동참했다. 특히 대표단과 미주 목회자들은 LA 연방청사로 자리를 옮겨 평화 조약 체결을 촉구하고 남한에 사드 배치를 반대하는 연대 집회를 열었다.

26일에는 마지막 기착지인 워싱턴 D.C.에 도착해 감리교 빌딩에서 미국 NCC 총무인 '짐 윙클러'(Jim Winkler) 목사의 초청 만찬을 시작으로 사흘간의 캠페인을 시작했고 27일 오전에는 공화당의 '코리 가드너'(Cory Gardner) 상원의원실 정책담당관인 트랜트 비숍과 만남을 갖고 북에 대한 정책이 제재보다는 대화와 협력을 하는 것이 중요하다는 것을 강조하고 그동안 모아온 평화 조약 체결을 청원하는 서명부를 전달했다. 이어서 미 하원 '아시아태평양위원회'(아태위) 의장 비서관인 조나단 사라거와 함께 회의를 진행하면서 아태위가 준비하고 있는 북

[사진 12] 북미 간의 평화협정체결 촉구를 위해 NCCK(한국기독교교회협의회) 산하 화해통일위원회 소속 대표단이 LA를 방문해 현지 목회자들과 간담회를 마친 후 기념 촬영한 모습. 뒷줄 왼쪽에서 여섯 번째가 필자, 앞줄 왼쪽에서 두 번째가 존 캅 교수(2016. 7. 19.)

한인권법안에 대해 의견을 아래와 같이 교환하였다.

> 북한에 대한 경제제재 조치 해제와 함께 북한 체제에 대한 위협을 해소하는 것이야말로 북한의 인권 문제보다 선행되어야 하며 북한의 인권은 분명 개선되어야 하지만 인권 문제가 적대 정책의 축으로 이용되거나 대북 압박의 수단 등 정치적인 의도로 오용되어서는 안 된다. 압박이 아닌 대화만이 북 인권을 증진하는 지름길이다.

이어서 이날 오후에는 미국무성의 북한 인권 대사인 로버트 킹과 한 시간 동안 만남을 통해 북 인권 문제를 논의하는 과정에서 북 인권 문제를 놓고 한바탕 설전이 벌어졌다. 인권 대사 집무실에 딸린 어느 하나의 부속실에서 대표단을 만난 로버트 킹 대사는 북의 인권 상황이 매우 심각하다는 것을 추상적으로 지적하면서 특히 종교의 자유가

[사진 13] 킹 대사와 NCCK(한국기독교교회협의회) 대표단 목회자들과 북 인권 문제에 대한 견해 차이로 설전을 벌이는 모습

없다는 식으로 무조건 강조만 했다. 그러나 대표단은 로버트 킹의 대북 인식론에 맞서 북은 종교의 자유가 제한적이지만 교회나 성당, 사찰 등이 있고, 남한 기독교 대표단이 평양에 가면 언제나 봉수교회와 칠골교회, 가정교회 등지에서 교인들과 함께 예배를 드릴 수 있으며 사회주의 특성상 종교를 권장하지도 않고 그렇다고 억압하지도 않는 체제임을 알려주었고, 대부분의 현재 북측 기독교 신자들은 그리스도인으로서의 진정성을 느낄 수 있다는 견해를 밝히면서 킹 대사와 정면충돌했던 것이다.

이와 함께 백악관에 보내는 평화 조약 체결 청원서 서명부를 전달하면서 인권이 완벽한 나라는 없으며 인권을 가지고 압박하기보다는 인권이 문제가 있다면 개선되도록 국제사회가 북을 지원해야 하며, 미국이 기독교 국가로서 예수 그리스도의 사랑과 상호 존중의 정신에 따라 북에 대한 적대적인 외교정책에서 대화를 통한 새로운 관계를 만들어 가야 하고 이를 위한 첫 단계가 바로 북과 미국의 평화 조약이라고 강조하였다.

그러나 킹 대사를 만나고 나온 대부분의 목회자들은 마치 "소귀에 경 읽기"처럼 매우 편협되고 주관적인 인식을 지닌 불통 인사로 보였다고 입을 모았다. 현재 로버트 킹 특사는 남한 외교부의 이정훈 인권대사를 비롯해 일본 측 가토 가츠노부 납치 문제 담당상과 함께 3국 공조를 통해 북 인권 문제를 대북 압박용으로 활용하는 데 가장 주도적으로 앞장서고 있는 실정이다.

프랑스로 2년간 몰몬교 선교사를 다녀온 미트 롬니

2012년 미 대선에 공화당 최종 후보로 출마해 오바마와 겨루었던 미트 롬니의 종교는 창립 당시부터 5대째 이어져 내려오는 독실한 몰몬교 가문이다. 그동안 미국의 역대 대통령들의 종교를 볼 때 전통적인 기독교에서 벗어난 적이 없었는데 미국에서도 이단으로 분류된 몰몬교를 믿는 후보가 나온 것이다. 이로 인해 미국 내 기독교계와 종교계에서도 논쟁이 분분했었다. 롬미는 연 소득이 230억에 달하는 억만장자임에도 불구하고 비행기는 항상 이코노미스트석을 애용하는 검소한 실용주의자이며 호텔 스위트룸에 체류하면서 호텔 식사비용이 너무 비싸다며 맥도날드 햄버거를 사 먹는 등 몰몬교식 청렴을 추구하는 생활 패턴을 지녔다.

그는 유타주에 위치한 몰몬교 계열의 '브리검영대학'(BYU)을 졸업한 후 프랑스로 건너가 2년간 몰몬교 선교사로 헌신적인 활동을 할 정도로 몰몬교에 심취해 있는 정치인이다. 종교인으로서 몰몬교에 자신

[사진 14] 독실한 몰몬교 신자로서 2012년 미 대통령선거에서 공화당 후보
로 출마해 오바마와 대결했던 미트 롬니 후보

의 삶을 온전히 맡기다시피 해온 그는 결혼 전 그의 부인이 원래 일반
기독교인이었으나 결혼식을 올리기 전에 자신을 따라 몰몬교로 개종
하도록 했다. 롬니는 몰몬교 교리와 규정에 따라 수입의 십일조를 철
저히 헌금하고 있으며, 동성결혼과 낙태를 강하게 반대하며 술과 담배
는 물론 커피조차 입에도 대지 않았다. 몰몬교의 교리를 보면 가정을
파괴하는 성적(性的) 범죄를 가장 큰 죄악으로 여기고 있으며 이에 따
라 술, 담배, 커피는 물론 심지어 홍차까지 입에 대지 않았다. 그런 것
들이 개인의 삶과 가족의 평화를 깰 수 있다는 요인으로 보고 미리 차
단하려는 차원이었다.

아무튼 당시나 지금이나 몰몬교는 기독교 보수주의 진영으로부터
이단으로 비판을 받고 있기 때문에 당시 CNN의 여론조사에 의하면
응답자들의 17%가 "몰몬교 후보에게는 절대 투표하지 않겠다"고 답
변하는 등 그의 종교를 둘러싸고 의견이 분분했었고 득표에 부정적인
영향을 줄 것이라고 전망했으나 오히려 당시 그의 인기가 급상승했다.

그러나 치열한 접전 끝에 결국 오바마에게 패하고 말았으나 오바마 지지 세력과 롬니의 지지 세력의 선거에서 롬니의 종교 문제는 그다지 중요하게 작용하지 않았음이 확인되었다. 만일 롬니가 오바마를 누르고 미국의 제44대 대통령에 당선되었다면 미국 역사상 최초의 몰몬교 신자 대통령이 탄생할 뻔했다.

몰몬교 정치인의 상징 롬니와 복음주의 상징 빌리 그레이엄

잘 알다시피 몰몬교는 정통 기독교가 이단 종파로 여기고 있다. 특히 성경 지대(바이블 벨트)라고 부를 정도로 철저하게 복음주의적인 조지아주, 루이지애나주, 사우스캐롤라이나주, 알라바마주, 미시시피주 등 미 남부지역에는 정통 복음주의에 목숨을 건 기독교인들이 많이 거주하고 있음에도 불구하고 지난 2012년 대통령 선거에서는 이 지역들이 모두 롬니를 지지했다. 이유는 여러 가지가 있으나 이런 남부지역이 흑인 대통령에게 표를 준다는 것은 상상하기 어려운 일이며, 오바마가 흑인이라는 사실 외에도 사회적 이슈에서 볼 때 남부 보수주의자들은 낙태를 합법화하고 동성애자들의 결혼을 허락하는 공약들을 내세운 오바마를 극렬하게 반대했다. 차라리 몰몬교 신자에게 표를 찍더라도 오바마는 지지할 수도, 받아들일 수 없는 것이 그들의 입장이었다.

이런 와중에 미국 대선 후보들은 최근까지 수십 년간 현직 대통령들의 신앙적 멘토 역할을 해왔던 빌리 그레이엄 목사를 한 번 정도는 반드시 방문하는 것이 일종의 통과의례가 되었다. 그런 맥락에서 롬니도 대선을 몇 개월 앞두고 그레이엄 목사 자택을 방문했는데 이때 93세의 빌리 그레이엄은 롬니와 만난 뒤 그에 대한 호평을 아끼지 않았으며 공화당 후보인 그를 도울 수 있는 일이라면 기꺼이 모두 할 것이라며 공개적인 지지를 선언했다. 미국 복음주의 최고 지도자로 알려진 그가 비록 롬니가 몰몬교라는 종교를 믿고 있지만 문제 삼지 않겠다는 것이다.

대통령 후보를 만나 그를 위해 기도할 기회를 가질 수 있게 되어 영광이다. 감동적인 것은 미트 롬니의 성공 이력보다 가치와 도덕에 대한 그의 강한 확신이었다. 나는 이번 선거가 끝나면 94살이 될 것이다. 미국은 현재 교차로에 서 있다고 생각한다. 나와 함께 미국인들 다수가 국가를 위해 그리고 결혼에 대한 성경적 정의를 지지하고 생명의 신성함과 종교적 자유를 수호하는 후보를 찍게 해달라고 기도했으면 좋겠다.

한편 빌리 그레이엄은 롬니가 다녀간 한 주간 뒤 '빌리 그레이엄 전도협회'(Billy Graham Evangelistic Association, 이하 BGEA)의 웹 사이트에서 '이단'(cult)으로 규정한 이단 종파들 명단에서 몰몬교를 삭제했는데 이에 관해 CNN 방송이 BGEA 측에 문의했더니 총책임자인 켄 바룬은 이메일 성명을 통해 다음과 같은 입장을 표명했다.

빌리 그레이엄 복음주의 협회에서 가장 중요시하는 일은 항상 예수 그리스도의 복음 전파였다. 우리는 이번 선거의 쟁점이 되었던 무엇에 관한 신학적 논쟁에 동참하고 싶지 않아서 웹페이지에서 관련된 글을 삭제했다. 대선과 관련해 정치적으로 연관된 신학 논쟁에 우리가 연관되기를 원하지 않는다.

한편 그 이전에 빌리 그레이엄의 장남이자 아버지의 뒤를 이어 전도협회 회장을 맡고 있는 프랭클린 그레이엄 목사는 기독교 방송 네트워크(MSNBC)에서 "롬니가 기독교인이라고 생각하느냐"라는 인터뷰 질문에 "대부분의 기독교인들은 몰몬교를 기독교로 보지 않는다. 물론 그들도 예수 그리스도를 믿지만 우리가 교리적으로 수용하지 못하는 것들을 믿고 있다"라고 답변했다. 그러면서도 "롬니의 몰몬교 신앙은 내게 전혀 문제가 되지 않는다. 가장 중요한 것은 대통령으로서의 자질이 있는 사람을 뽑는 것이다. 가장 근사한 기독교인이라고 해서 국정 운영의 확실한 열쇠를 가지고 있는 것은 아니다"라고 말하면서 롬니를 지지할 의사를 강력하게 드러냈다.

이처럼 현재 미국 대선이나 총선에서는 후보자의 종교를 문제시하지 않고 있으며 그것보다는 후보자의 정책적 선택과 이념적 선택 등 정견이 선택의 기준이 되고 있다. 미국은 국교를 인정하지 않는 나라이고 공직자를 뽑을 때 후보자의 종교보다는 정책적 선택이 정치 행위를 결정하는 중요 요소로 작용한다. 그러나 미국의 보수적 복음주의자들의 정책적 선택은 종교적 가치 판단에 근거를 두고 있으며 그래서 미국 개신교의 몰몬교 후보 지지라는 결정은 정치적일 뿐 아니라 종교적으로도 중요성을 지녔던 큰 사건이었다. 그렇다면 미트 롬니의 대북관과 그가 공약으로 내세운 대북 정책은 어떠했는가를 살펴보도록 하자.

부시나 오바마보다 강경한 대북 정책을 폈던 미트 롬니

2011년 연초가 되자 미트 롬니는 북조선 측과 이란 문제를 오바마 대통령의 외교 정책에서 대표적 실패 사례로 들며 오바마 대통령의 대북 정책을 정면으로 비난했다. 오바마가 대화를 통해 북핵 문제를 해결하겠다고 호언장담했지만 별로 진전이 없다는 점을 꼬집으며 외교에서 대화와 협상을 앞세우면서 너무 많은 양보를 하고 있다고 비판한 것이다. 당시 오바마 행정부는 임기를 마무리하는 현 시점에도 핵 문제 해결 전까지는 북한과 대화를 거부하는 '전략적 인내' 정책을 펴고 있다. 이때부터 시작된 롬니의 강경한 대북 정책론은 시간이 흐를수록 강도가 점점 더해 갔다.

그해 7월 20일에는 필자가 거주하는 LA지역을 찾아와 노스 할리우드에 있는 밸리 플라자 쇼핑몰에서 통상적인 기자회견을 마치고 회견장을 빠져나가는 롬니를 붙들고 필자 일행이 잠시 대화를 나눈 적이 있었다. 당시는 김정일 국방위원장이 건재하던 시기였는데 "북한 문제에 대한 당신의 의견을 듣고 싶다. 북측 지도자들과 대화할 계획이 있는가?"를 질문했다. 그는 잠시 머뭇거리더니 "이 문제와 관련해 따로 언론과 대화할 기회가 있을 것이다"라는 짧은 답변을 한 후, 마치 '할 말은 많지만 아직은 준비가 안 됐다'는 표정을 지으며 총총걸음으로 사라진 적이 있었다.

그러나 그 이후부터 그가 주장하는 대북 정책론을 살펴보면 북을 '악의 축'이라고 했던 조지 부시 대통령의 취임 1기 때보다 더 강력하고 무모했다. '엘리엇 코헨'(Elliot A. Cohen) 존스홉킨스대학교 교수가 정리한 '롬니의 대선 백서'에는 롬니의 강경한 대북 성향이 그대로 드러나 있었으며 북핵 프로그램에 대해 매우 단호하고 강경한 모습을 엿볼 수 있었다.

북한에 대한 미국 정책의 실수는 환상에 불과한 협력을 기대하며 당근을 계속 주려는 것이었다. 세계가 그렇게 했지만 돌아오는 것은 추가 도발과 핵 프로그램 확산이었다. 수년간 북한은 핵무기를 개발하면서 필요한 물자와 외교적 보상을 쌓았다. 그러나 미트 롬니는 다르게 할 것이다. 평양이 계속 핵 프로그램을 개발하고 추가 도발을 하면 보상 대신 처벌을 받을 것이라는 점을 명확히 할 것이다. 동맹들과 함께 북한 정권과 거래하는 금융기관들과 회사들을 단속하는 등 강력한 제재를 펼칠 것이다. 북한의 불법 수출을 막는 핵 확산 방지 구상을 강화해 북한 선박에 대한 조사를 늘리고 외국 항구들이 북한 선박의 입항을 거부하도록 할 것이다. 이 조치들은 북한 정권을 지탱하게 했던 교역 수입을 막고 북한이 핵 프로그램을 공급하는 길들을 차단할 것이다.

또한 롬니의 대선 백서 외에도 2012년 공화당 정강 정책에는 "우리는 고통받은 북한 주민들의 인권 회복과 평화와 자유 가운데 있기를 원하는 그들의 바람이 성취되기를 기대한다. 완전하고 검증 가능하며 복구 불능한 북핵 프로그램 폐기와 북한의 핵 확산 활동에 대한 완벽한 설명을 원한다"라고 명시되어 있는데 롬니의 대북 정책론은 이런 공화당의 정강과 맥을 같이하고 있다. 또한 한술 더 떠 롬니는 북의 최대 후원자인 중국의 동참을 촉구하며 심지어 '북한 정권 붕괴 후'를 같이 대비하자며 제안을 하기에 이른다.

중국은 북한에 대해 정치, 경제적 지렛대를 갖고 있지만 북핵 프로그램 폐기를 위해서 쓰지 않고 있다. 중국이 자신들과 국경을 접한 북한의 불안정과 북한 정권의 붕괴를 두려워하고 있기 때문이다. 북한이 붕괴했을 경우 야기되는 인도주의적, 안보적 이슈를 중국 혼자서 떠맡지 않을 것이라는 점을 분명히 한다. 우리는 북한 정권이 경제, 정치적 모순의 무게로 무너질 경우 발생하는 수많은 문제들을 함께 풀어나갈 수 있는 자세한 계획을 준비하고 있다.

이처럼 미국의 정치지도자가 북 붕괴론을 공개적으로 주장한 것은 롬니가 최초이다. 당시 롬니의 외교 안보 자문역을 맡고 있는 미첼 리스 전 국무부 정책실장은 "북한이 핵보유국 지위를 인식시키기 위한 것 외에 다른 목적으로 대화를 원하고 있다고 보기는 힘들다. 6자 회담에서 어떤 대화가 가능한지 모르겠다"라며 6자 회담에 부정적 인식을 드러냈다. 뿐만 아니라 북한을 타협의 대상이 아닌 '타도해야 할 악'으로 규정한 존 볼턴 전 유엔대사가 롬니 지지를 공개적으로 선언했다. 심지어 롬니는 그해 연말(2011년 12월) 김정일 국방위원장이 타계하자 조의를 표하기보다는 '무자비한 폭군'이라는 표현을 사용하며 신랄하게 비판하는 외교 상식에 어긋나는 몰염치를 보여주었다.

그는 북한 주민들이 굶주리고 있을 때 사치품을 쓰면서 살아온 무자비한 폭군이었다. 그는 무모하게 핵무기를 개발해 다른 불량 국가들에 핵과 미사일 기술을 팔았으며 동맹인 한국에 무력 침공을 저질렀다. 사람들은 전혀 그를 그리워하지 않을 것이다. 그의 죽음으로 미국이 우방들과 함께 북한을 잘못된 길에서 나오게 하고 지역 안보를 보장하는 기회가 왔다. 미국은 이를 위한 리더십을 발휘해야 한다. 북한 주민들은 오래되고 잔인한 국가적인 악몽에서 고통받고 있다. 나는 김정일의 죽음으로 이것이 속히 끝내기를 희망한다.

또한 며칠 뒤에는 폭스뉴스와의 인터뷰에서 북을 이란, 쿠바, 베네수엘라 등과 함께 국제 평화와 안보를 위협하는 깡패 국가라고 비난하면서 "북한에 대한 최선의 정책은 강력한 경제제재를 가하는 것"이라고 주장을 하기까지 했다. 이처럼 그의 잘못된 대북 인식은 왜곡된 북한 정보와 자료가 미국 지도부에 제공되고 있음을 여실히 보여주는 것이며 그런 자료를 기초로 해서 자신들의 대북관이 형성되어 잘못된 대북 정책을 수립하기 때문이다. 필자가 보기에 만일 미트 롬니가 대통령에 당선됐다면 지금보다 더 북미 관계가 악화되었거나 전쟁이 발발했을 가능성이 농후하다고 여겨졌다. 미국 지도자들의 잘못된 대북관은 왜곡된 정보 수집과 자신들이 믿는 종교적 신념이 어우러져 탄생하는 것임을 새삼 느낄 수 있었다.

III. 몰몬교, 몰몬교 신자들과 북조선

몰몬교 신자들이 생각하는 북조선

한국의 몰몬교는 선교 초기부터 지금까지 일반적으로 개신교회로부터 이단으로 비판받고 있는 실정이다. 그런 연유로 인해 몰몬교 측은 한국 사회나 일반 기독교와의 친밀한 접촉점을 찾고자 부단히 노력하고 있는 모습을 볼 수 있다. 최근 2015년 5월 22일에는 서울 연세대 신학관 채플실에서 한국종교학회가 주최한 행사에서 "몰몬교와 다른 종교와의 만남"을 주제로 몰몬교 핵심 인사인 제임스 팔코너(James E. Falconer) 박사의 강연이 열렸다. 한국 종교학계에 몰몬교를 알리는 자리였지만 개신교 대학의 상징인 연세대학교 캠퍼스 안에서 몰몬교 핵심 인사의 강연이 공개적으로 개최된 것은 매우 이례적인 일이다. 물론 게타 마사코(氣多雅子) 일본종교학회 회장을 비롯해 해외에서 여덟 명의 종교학계 인사가 참여하는 등 다양한 종교인들이 참석한 자리였다. 이날 많은 관심을 불러일으키며 종교학자 등 200여 명의 청중이 채플실을 가득 메웠다.

뿐만 아니라 한국 몰몬교는 지난 2009년 8월 12~15일까지 개신교 재단의 숭실대학교 캠퍼스에 세워진 '한경직기념관'에서 몰몬교 청년 신자들의 가장 큰 대회이자 축제인 '2009 전세계한인청년대회'를 열었다. "시온으로 모이자"는 행사 주제로 개최된 이 행사를 학교 측에서는 몰몬교가 주관하는 행사인 줄 모르고 장소를 대관해 줬다가 첫날만 장소 사용을 허락하고 그 이후 모든 일정을 취소시키는 해프닝이 벌어지기도 했다. 이처럼 몰몬교는 앞으로도 이런 방식으로라도 한국의 개

[사진 15] (왼쪽) 한국종교학회가 주최하고 연세대 미래융합연구원 종교와사회연구센터와 연세대 신과대 한국기독교문화연구소가 공동 주관한 '2015년 춘계한국종교학대회'에서 몰몬교 대표로 제임스 팔코너 박사가 강연했다. (오른쪽) 지난 2009년 8월 12~15일까지 개신교 재단의 숭실대학교 한경직기념관에서 몰몬교 청년 신자들의 가장 큰 축제인 '2009 전세계한인청년대회'가 열렸다.

신교계와 한국 사회 속에 뿌리내리기 위해 조용히 들어와 자신들을 알리는 일에 적극적으로 행동할 것 같다는 생각이 들었다.

그렇다면 지난 일반 개신교와는 달리 몰몬교 신자들은 일반적으로 과연 북조선을 어떻게 생각하고 있을까? 필자는 유타주의 브링엄영대학교에서 영국연구소 소장으로 근무하는 제임스 팔코너 박사를 통해 그가 생각하는 북에 대한 이미지를 잠시나마 엿볼 수 있었다. 1962년 당시 주한미군이었던 아버지를 따라 처음 한국에 방문한 그는 장성한 후에 다시 한국을 찾아와 6년 가까이 몰몬교 선교사로 활동했다. 그가 서울에서 선교사로 근무하던 1968년 1월 21일, 그날은 마침 팔코너 선교사가 중무장한 북측의 특수부대원들이 청와대를 습격하는 과정을 현장에서 직접 목격했다고 한다. "종로에 있던 몰몬교 사무실로 가던 도중 광화문 일대에서 군인들이 버스를 막아 세웠으며 서로 총격전이 벌어졌다. 나는 당시 영화를 촬영하는 줄 알았다"라고 회고했다.

이처럼 한국에 관심이 많은 몰몬교 간부의 눈에 비친 북의 이미지는 전쟁과 테러의 이미지로 각인돼 있었으며 그 외 많은 한국과 미국 등 국내외 몰몬교 신자들과 간부들도 아직도 북을 바라볼 때 편향된 관점에서 크게 벗어나지 못하고 있었다. 그럼에도 불구하고 오늘은 미국 서부지역에서 대표적인 몰몬교 간부로 활동하며 대북 전문가와 통일운동에 앞장서는 차종환 박사에 대해 알아보고자 한다. 아울러 한인 몰몬교 선교사 출신으로 워싱턴주 상원 부의장을 지낸 신호범 박사의 대북관과 사역을 살펴볼 것이다. 그는 몰몬교 일본 선교사 출신으로 또한 한국에 파견된 몰몬교 한국선교부장 출신으로서 그동안 미국 서북부지역 한인 사회에서 대표적으로 성공한 한인 지도자로서 활동해 왔는데 그가 한국전쟁을 겪으며 형성된 대북관을 통해 워싱턴주 정가와 한인 사회에서 어떻게 대북 사역에 기여했는가를 살펴볼 것이다. 또한 마지막으로 필자의 은사로서 기존 정통 개신교단과 몰몬교단과의 관계 회복에 오랫동안 힘을 써온 미국 파사데나에 소재한 풀러신학교의 마우어 총장의 성향과 폭넓은 활동을 살펴보고자 한다.

몰몬교 한인공보위원회 위원장을 지낸 차종환 박사

독실한 몰몬교 신자인 차종환 박사는 몰몬교에서 '남가주한인공보위원회' 위원장직이라는 교역자급의 중책을 맡아 온 인물이다. 또한 그는 이민 오기 이전부터 한국 몰몬교의 초창기 '역대 지방부장 및 스테이크장'(교구장) 연혁에도 올라와 있을 정도로 핵심 인물이었다. 잘 알려진 대로 제1대 '서울지방부장'은 한국 최초의 몰몬교 신자인 김호직(1956~1959) 박사가 맡았고, 2~4대는 김 박사의 뒤를 이어 미국 선교사들이 맡았는데, 그 후 차종환 박사가 제7대(1966~1969) 지방부장을 맡을 정도로 한국 몰몬교에서도 지도자급이었다. 또한 차 박사는 '서울지방부'의 명칭과 교구조직이 변경되면서 새로 신설된 '한국중앙지방부'의 제1대(1969~1970) 부장을 연이어 맡을 정도로 비중 있는 몰몬교 핵심 인물이었다.

그는 1966년 동국대에서 이학박사(도목생육에 미치는 초생부초의 영향) 학위를 받은 후 동국대 교수와 부학장을 지내며 왕성하게 교수 활동을 하던 중 박정희 정권으로부터 해직당해 결국 미국으로 건너올 수밖에 없었다. 그러나 이민 온 후에도 1976년 C.C.U.에서 농학박사(사막식물의 생리생태학적 연구), 1986년 P.W.U에서 교육학박사(한미교육제도 비교 연구)를 받으며 재미교포 학자로서의 자리를 굳혔다. 또한 남

[사진 16] 수백 권에 달하는 자신의 저서만을 모아둔
서가에서 포즈를 취한 남가주 몰몬교의 차종환 박사

가주에 거주하며 대북 사역과 몰몬교 사역을 균형적으로 수행해 온 그는 통일운동과 대북 사역에 적극적으로 활동하였으며 현재 미주 이민 사회의 원로로서 교포 사회에서 큰 영향력을 행사하고 있다.

이민 오기 전에도 동국대를 비롯해 서울대, 고려대, 이화여대 등에서 강의했던 그는 동국대 박사학위에서 멈추지 않고 학구적인 열정을 이어가며 미국 UCLA 대학원에서 Post Doc(박사 후 과정)을 이수하여 객원교수를 역임하는 것을 필두로 그의 전공에 따라 미국 Bateson 원예대학장, 한미농생물협회장, 유타주 BYU(브리검 영 대학교) 초빙교수(1970) 등을 역임하는 등 몰몬교 출신의 학자로서 캐릭터를 유지하며 미국 사회에 봉사하였다.

또한 2007년 8월 24일에는 대통령 직속 LA민주평통 13기 회장에 취임해 교포들의 통일 의식구조 개선에 노력하는 한편 UCLA 연구교수 시절부터 무려 120편의 학술논문을 발표하는 과정에서 북조선의 농업 발전을 위한 '농축호분 비료와 토양개량'과 관련한 특허를 취득하는 등 대북 학술 전문가로서의 위치를 굳혀왔다. 그동안 학술 교류와 대북 지원 등의 목적으로 여러 차례 방북했던 그는 2014년 7월에도 중국 연변 조선자치주 현황을 파악한 후 방북해 두만강 너머 나선특별지역을 답사하고 이어서 북측 본토에 있는 5대 명산 중에 하나인 칠보산을 마지막으로 탐방해 5대 명산 답사를 모두 마쳤다. 북조선의 자연 보존 실태와 식물 생태계를 연구하는 그는 귀국 후에는 몰몬교회당에서 방북 보고회를 개최해 미주 동포들에게 북의 종교 현황과 자연 보존 실태, 생물학 실태 등에 대한 실상을 알리기도 했다.

필자와도 미주 한인 사회에서 통일운동과 대북 사역 현장에서 자주 접촉하는 차 박사는 갈수록 냉각되어 가는 남북 관계를 화해시키기 위한 첫걸음은 해외 동포들이 북을 올바른 관점에서 이해하는 것이라고 판단하고 있으며, 우리 조국이 세계화로 진입하기 전에 우선 남한만이라도 동서 화합을 이루고 그다음 남북의 긴장과 대결 문제를 해소해야 한다는 주관을 갖고 있다.

나는 남북 간의 이질화를 해소하고 동질성을 회복하기 위해서는 무엇보다 통일의 대상인 북한을 객관적으로 올바로 알아야 한다는 입장입니다. 남북 화해의 해법은 먼 곳에 있는 것이 아니라 북한을 왜곡하지 말고 있는 사실 그대로 올바로 직시하고 그것을 기초로 민족의 관점에서 이해해야 합니다.

그는 이런 지론을 갖고 남북문제와 통일운동에 접근하고 있다. 또한 종교인으로서 몰몬교 '남가주한인공보위원회'(Southern California Korean Publis Affairs Committees)에서 공보위원장직을 맡아 온 차 박사는 미주 한인 사회에서는 '개척자상 제정', '영사의 날', '개척자의 밤',

'족보사업', '대북 구호 및 지원 사업'과 '빈곤 국가 지원 사업', '장학금 지원 사업' 등을 폭넓게 벌이는 한편 세계적인 베스트셀러『성공하는 사람들의 7가지 습관』의 작가로 널리 알려진 스티븐 코비 박사를 몰몬교 회당으로 초청해 간증과 강연 집회를 주최하는 등 서부지역 몰몬교회의 발전과 신자들의 수준 향상을 위해 일하면서 동시에 미주 교포사회에 자연스러운 방식으로 몰몬교를 선교하고 있다.

또한 몰몬교 서부지역 지부장도 맡아 온 그는 그동안 몰몬교 본부 차원에서 시행하는 대북 지원 정책 일환으로 개교회 별로 매달 6천 달러를 헌금하는 제도를 마련해 대북 지원을 하는 사업에도 앞장서 왔다. 몰몬교가 전 세계 대북 지원 단체 중 가장 많은 금액을 지원하는 기구가 되도록 힘써왔으며 한인 몰몬교 신자들이 자발적으로 이 사업에 동참하도록 지도력을 발휘하여 왔는데 그 결과 LA 인근 4개 몰몬교회에 출석하는 6천 명의 회원(신자)들 절반 이상이 매달 20달러를 대북 지원 헌금으로 꼬박 지출하도록 했다. 2002년 9월에는 유진벨 재단이 남가주 한인 사회에서 벌인 대북 지원 모금 운동을 하는데 남가주 몰몬교회들이 앞장서 가장 큰 역할을 하기도 했다.

그뿐 아니라 차 박사는 지난 1964년부터 저술 활동을 시작해 2013년 1월까지 40년간 무려 250권의 단행본 저서와 180편의 학술논문을 출간했다. 이는 국내 도서 251권과 영문 도서 5권, 'Desert in Plant Ecology' 외 180편(국내 학술지 60편, 국제 학술지 120편)의 학술논문을 집필해 세계 기네스북 등재를 대행하는 '한국기록원'에 의해 공식 인증을 받기도 했으며, 2013년 1월 9일에는 이를 기념하기 위해 대한민국 국회에서 전 현직 중진 국회의원들이 참석한 가운데 기념식을 개최하기도 했다.

미국에 입국한 1976년부터 집필된 그의 저서들은 단순한 서적의 의미를 넘어 미주 한인 역사와 동포들의 권익을 위한 법률문제, 통일문제와 남북문제, 건강, 미용, 교육 분야, 자녀 교육, 식물학 등 다방면에 걸쳐 집필되었으며, 각 권에 그가 겪은 40년간의 한인 이민사가 그대로 반영되었다. 특히 농학, 이학, 교육학 등 여러 개의 박사학위를 소유한 그는 몰몬교를 믿는 종교인의 관점에서 직접 관여했던 해외 민주화운동과 통일운동 그리고 동포 권익 향상 운동과 장학사업 등에 관한 생생한 내용들을 수록했다. 이학박사로서 식물학자이기도 한 그는 직접 발품을 팔아 남한의 독도를 비롯해 북측의 5대 명산 등 우리나라 전체를 두루 돌아다니며 식물학 관련 전문 서적들을 열정적으로 집필해 왔다. 특히 남쪽에서는 쉽게 방문할 수 없는 백두산과 묘향산, 금강산, 구월산, 칠보산 등을 직접 학술 탐방하며 이북 지역의 식물학 실태를 집대성한 저서들은 한국에서 대학교의 생물학과 교과서로 사용되고 있으며 최근에는 독도 관련 서적을 세 권이나 출간했다.

또한 다양한 사회 봉사활동에 대한 공로를 인정받아 '교육공로상'(제1회 한인회 주최)과 쿼바시에서 수여한 '북미주 한국인 지도자상'을 수상(1993)했으며 'LA시 우수시민봉사자상'(1994), 국무총리 표창장(1995)을 수상했으며 2005년에는 노무현 대통령으로부터 '국민훈장 목련장'을 비롯해 다수의 훈장과 포상을 받았다. 서울대 사범대 생물학과를 졸업하고 동국대 대학원에서 박사학위를 받은 그는 서울대학교 사범대학 부속 중고등학교 교사와 동국대 교수에 재임 중이던 1976년, 유신정권에 의해 부당하게 해직되어 미국으로 이민을 간 후, 40년 만인 2006년이 되어서 노무현 정부가 마련한 '해직 교수 구제특별법' 관련 재판에서 명예 회복 판결을 받는 등 파란만장한 생애를 살아왔다.

미국에 정착한 차 박사는 UCLA 연구교수로 22년간 재직하는 동안 남가주한인회 부회장, 남가주 호남향후회 1~2대 회장, 한미교육연합 회장, 한미교육연구원장, 남가주 서울대 대학원 동창회장, 평통 2기 자문위원(1983), 한미농생물협회장(1984), 국민화합 해외 동포협의회 명예 회장, 우리민족서로돕기운동 LA지부고문 및 회장, 재외동포 지위 향상 추진위원회(한국) 고문, 한반도 통일연구회 부회장, 남가주장학재단 이사장, 한인공제회 이사장, 평화문제연구소 연구위원, LA평통회장 등 그동안 40여 단체장을 맡아 활발한 봉사활동을 펼쳐왔다.

특히 그가 믿는 몰몬교 신앙을 바탕으로 인재 양성을 위한 목적으로 지난 76년 '한미교육위원회'를 조직해 현재까지 수백 명에 달하는 학생들에게 장학금을 전달해 왔으며 매년 10여 명의 학생들에게 장학금을 지급해 오다 몇 해 전부터는 1년에 40여 명에게 장학금을 전해주고 있다. 조국과 미주 한인 사회에 대한 차종환 박사의 이러한 봉사와 헌신의 삶은 그가 몰몬교를 믿는다는 이유 하나만으로 폄하되거나 평가 절하되어서는 안 된다고 여겨졌다.

몰몬교 선교사 출신의 워싱턴주 상원 부의장을 지낸 신호범 박사

신호범 박사는 한국전쟁 통에 한국에서 몰몬교 침례를 받은 독실한 몰몬교 신자로서 미국으로 입양된 후 몰몬교 일본 선교사로 파송되었고 그 후 쇼어라인 커뮤니티 칼리지를 비롯해 메릴랜드대, 하와이대, UW, 웨스틴워싱턴대 등 여러 대학에서 30년 동안 교수로서 재직했으며 도중에는 한국 몰몬교의 최고책임자인 한국선교부장으로 발령받아 근무하기도 했다. 정계에 발을 들여놓은 후에는 워싱턴주 하원의원과 상원의원 등 5선에 당선되었으며, 워싱턴주 상원 부의장까지 올라간 그는 자신이 속한 워싱턴주는 물론이고 동부와 서부는 물론이고 미 전역과 해외 동포들로부터 많은 존경을 받아왔다. 아울러 한국 사회에서도 지명도가 높아 각종 강연과 간증, 언론 인터뷰 등이 쇄도하고 있는 신 박사는 평소 필자와도 교류하고 있는데 그가 미국의 정치인으로서, 종교인으로서 어떠한 대북관과 통일관을 지녔는지 사뭇 궁금하지 않을 수 없어 그의 인생 역전 드라마를 대략 살펴보며 확인해 보았다.

1935년 경기 파주 금촌에서 출생한 신 박사는 만 4살 때 모친이 유방암으로 죽자, 부친이 머슴살이를 위해 신호범을 외가에 맡긴 후에는 행방불명되었고, 어린 신호범은 여섯 살까지 외가에서 살다 눈칫밥을 견디지 못해 결국 가출하여 고아로 생활하기 시작했다. 도둑 기차를 타고 상경해 거지 생활을 시작한 그는 서울역에서 구걸하며 친하게 지낸 거지 친구가 철교 위에서 투신자살을 하자 심경의 변화를 일으켜 다시 외가로 귀가했는데, 나중에 알고 보니 당시 그의 부친은 신호범을 외가에 맡기고 머슴살이를 했으며, 그 후 일본으로 돈을 벌러 다녀온 후 재혼해 새 가정을 꾸민 것이었다.

부친은 신호범을 새 살림집에 데려가 초등학교에 보내주었으나 학교생활과 가정생활에 적응하지 못하고 다시 가출해 노숙자 생활을 하거나 남의 집 머슴으로 사는 등 부랑자 생활을 이어가다가 15세 때에 한국전쟁을 만났다. 전쟁이 터지자, 영등포에 사는 부친의 집에서 새 가족들과 함께 남쪽으로 피난을 떠난 신호범은 수원을 거쳐 평택에 도착해 하룻밤을 지낸 후 이튿날 평택강을 건너려는데 마침 인민군의 진로를 막으려는 미군들이 주둔한 것을 목격하고 그곳에서 대기하며 지

내게 되었다. 그러나 그날 밤 그가 묵고 있는 곳에서 난데없는 여자들의 울음소리와 비명이 밤의 적막을 깼고 이어서 동네 어른들의 웅성거림과 함께 한숨 소리가 땅이 꺼지는 듯 들려와 놀란 마음에 현장에 달려가 보니 불량한 몇몇 미군들이 마을 처녀들을 추행하고 겁탈했던 것이다.

에이, 버러지 같은 놈들!
저 몹쓸 놈들, 저러다 동네 처녀들 다 망쳐놓고 말겠어!
으이구, 순 쌍놈들 같으니라구!
남의 나라 돕는다고 와서 도대체 무슨 짓들인지, 나 원 참!
그러게, 차라리 인민군이 더 낫겠네!

마을 주민들의 이런 탄식 소리는 그의 자서전 『공부 도둑놈, 희망의 선생님』 58~59페이지에 나오는 증언 중의 한 대목이다. 그 후 평택에서 인민군을 만나자 더 이상 피난 갈 이유가 없어진 가족들은 다시 서울로 복귀했는데 이는 인민군이 자신들보다 앞서가고 있었기 때문이라고 했다. 이처럼 전쟁 통에서도 어린 신호범의 눈에는 인민군과 미군(UN군), 국군 등 여러 부류의 군인들을 다양한 각도에서 바라보는 계기가 되었다. 그러나 미군들이 저지른 만행을 바라본 신호범은 아이러니컬하게도 미군 트럭을 따라다니다가 결국 미군 부대 하우스 보이가 되었으며 그 결과 몰몬교를 믿는 미군 군의관 장교의 양자로 입적되어 미국으로 이민을 가는 인생 전환점을 맞는다.

그러나 신호범은 훗날 미국 주류사회의 교수와 정치인으로 활동하면서도 조국이 당면한 남북문제와 통일문제에 있어서는 자신의 의견

[사진 17] 필자와 인터뷰를 마친 후 헤어지기 전의 신호범 박사

을 노골적으로 드러내지 않고 살아왔으며 간혹 교회나 단체들로부터 강사로 초청을 받을 때 탈북자들과 함께 강연을 하는 등 보수적인 관점에 머물 뿐이었다. 특히 신 박사는 미국 정계에 발을 들여놓기 전부터 지금까지 오랜 친구로 지내고 있는 충남 당진 출신의 김현욱 전 의원(당시 국회 외교분과위원장)의 영향을 받아서 북에 대한 객관적 시각이나 통일 지향적인 성향은 없다. 김현욱 전 의원은 지금도 미국의 수잔 솔티와 막역한 관계이자 후원자 역할을 하고 있는데 솔티는 지난 2005년부터 미 의회에서 북한인권법안을 통과시키는 데 결정적인 역할을 했던 철저한 반북 인사이며 미국 네오콘 그룹에 속한 강경파 여성이다. 특히 솔티는 풍선 삐라를 살포하는 탈북자 단체 대표인 박상학을 초창기부터 재정적, 정신적으로 지원하며 대북 풍선 삐라를 살포하는 데 가장 앞장서고 있는 미국 측의 총매니저 역할을 하며 대북 삐라 때문에 남북 관계를 경색시키고 있는 장본인이다.

그렇다면 신호범 박사가 미국에 오게 된 과정과 몰몬교 정치인으로서 한인 교포 사회의 지도자로 자리매김한 이야기를 계속 살펴보도록 하자. 신호범은 인천상륙작전에 참전한 미군 트럭과 지프차들을 따라다니다가 결국 미군 장교들의 시중을 두는 하우스 보이로 뽑혔으며 그곳에서 몰몬교 출신의 미군 군의관 레이 폴(Ray Paull) 대위를 만나게 된다. 폴 대위는 전쟁 중이던 1951년에 임기를 마치고 본국으로 귀국하면서 신호범을 양자로 입적하기 위해 임시정부가 있는 부산으로 데려가 입양 수속을 했으며 귀여운 신생아도 아닌 다 큰 청소년을 양자로 삼아주어 미국으로 데려가려 했다. 또한 폴 대위는 자신의 양자인 신호범이 전방 지역에서 포탄을 나르는 하우스 보이 역할이 위험하다고 판단해 서울 명동성당으로 보내 미국에 입국할 때까지 윤 신부가 기거하는 사제관 3층에 살도록 했다.

　신호범은 주일마다 성당의 새벽종을 치고 새벽 6시부터 오후 2시까지 파이프 오르간 페달을 밟으며 사제들의 교회 잡무를 도와주었으며 길 건너편에 있는 영락교회와 명동성당을 오가며 예배와 미사를 드리기도 했다. 미국에 입국하기 위한 비자 수속이 늦어져 3년을 기다리는 동안 폴 대위는 신호범에게 돈을 송금해 주기까지 했으며 그러는 와중에 명동성당을 나와 다시 판문점 부근에 있는 미군 부대에서 하우스 보이로 일을 하던 중 휴전을 맞이했다. 평소 양아버지 폴 대위가 알려준 용산 미군 부대에 있는 몰몬교 교회당을 찾아가 예배에 참석하기도 했던 그는 이 교회당에서 한국 최초의 몰몬교 개척 신자인 김호직 박사(문교부 차관)의 환영을 받으며 교제하기 시작했다. 그 후 양아버지의 신속한 조치로 미국 비자가 나오고 비행기와 선박 티켓을 보내왔으나 여비가 모자라 미 8군에 있는 몰몬교 교회 모임에 참석해 미국행 입국 경비 부족금 110불을 후원받고 부산으로 가서 미국에 입국할 수 있었다.

마침내 신호범의 나이 19세 되던 해인 1955년 9월 부산항 국제부두에서 'S.S. Contest'호라는 이름의 미군 수송 화물선에 올라 이민을 떠난 그는 무사히 미국에 도착했다. 그러나 한국에서 초등학교 정규 교육조차 받은 일이 없었기에 양아버지의 적극적인 도움으로 특별교육 프로그램인 검정고시(GED, General Education Degree)에 도전했다. 검정고시에 합격하면 고등학교를 졸업한 것으로 인정받아 대학교에 입학할 자격을 얻게 된다는 것을 알게 된 그는 고등학교 교장 케니스 화 박사와 영어 교사 에반스 부인의 특별 교육과 양부의 배려로 하루 3시간 잠을 자며 불철주야 공부한 결과 9개월 만에 합격하게 된다. 검정고시로 중고교 과정을 모두 마친 그는 양부의 안내로 유타주 몰몬교 재단 학교인 '브리검영대학'에 입학해 전공을 정치학으로, 부전공은 역사학을 택했다. 이 당시 양부 폴 대위는 낮에는 치과의사로, 밤에는 의과대학교수로 일하며 신호범을 뒷바라지했다.

　　미국에 도착해 몰몬교회를 구심점으로 펼쳐지는 그의 사회생활과 캠퍼스 생활이 적응될 무렵 몰몬교 본부로부터 일본 선교사 파송 초청장을 받고 1956년부터 2년간 일본으로 몰몬교 선교사를 떠나게 된다. 한국의 젊은이들이 군대 영장을 받고 군 복무를 다녀오듯 몰몬교에서는 선교사로 봉사하길 원하는 사람들이 2년간 자비를 들여 다녀오도록 안내하며 그들은 선교사 경력을 평생 자랑으로 여기게 된다. 신호범은 일본 요코하마로 발령받았고 그곳에서 지방부장을 맡아 일요일마다 자신의 구역 교회들을 순회했고 그곳에서 일왕 조카의 사생아였던 시즈에라는 남편과 사별한 두 아이를 둔 여인을 알게 되어 사랑에 빠지기도 했다. 결국 데이트도 해서는 안 되는 선교사의 규정 때문에 타지인 오카야마로 전근 발령을 받은 그는 1958년 선교사 임무를 마치고 무사히 귀국했다.

그러나 선교사 임무를 마치고 귀국한 지 2주 만에 이번에는 군입대 영장을 받아 켄터키 훈련소에 들어가 가수 엘비스 프레슬리 등과 함께 군사훈련을 받은 후 육군 이등병의 계급장을 달고 독일로 파견되었다. 다행히 유럽 전체를 총괄하는 제자교회 소속의 추링클 군목 수하에서 군종부 군종하사관에 임명되어 유럽 전체를 돌아다니며 군종 활동을 했으며 독일 군인교회 피아노 반주자로 부임한 하이드런이라는 미국 유학 중인 여성과 약혼까지 하게 된다. 그는 귀국 후 하이드런이 다른 남자를 만나며 파혼하면서 실연의 아픔을 겪게 되며 다시 대학에 복학했다.

1962년 브리검영대학을 졸업한 그는 외교관 시험에 응시했으나 낙방하고 64년 외교관을 양성하는 펜실베이니아주 피츠버그(University of Pittsburgh) 대학원에서 내셔널 디펜스 펠로십 장학금을 받으며 국제관계학 석사과정에 입학해 국제정치학 석사학위를 받고 졸업한다. 그는 졸업과 동시에 1969년부터 브리검영대학의 하와이 캠퍼스 교수로 초빙돼 강의를 하면서 그의 30년 교수 생활이 시작되었으며 그곳에서 동양사, 국제정치, 세계문화사를 강의했다. 그곳에서 동양학생과장을 맡으며 여러 아시아 국가를 돌며 장학생을 선발하는 일을 도맡아 온 그는 그 후 74년에는 워싱턴주립대에 입학해 중국사를 연구하여 1978년 동아시아학 박사학위를 받고 시애틀 근교 '쇼라인대학교'에서 동양사를 가르쳤다.

이때 한편으로 가족들을 부양하기 위해 부동산 중개인 사업을 시작한 그는 1975년 1월 한국에 거주하는 첫째 이복동생 길범을 초청하는 것을 필두로 77년에는 셋째 인범이와 막내 찬순이를, 80년에는 넷째 욱범을 초청했다. 그리고 신 박사가 몰몬교 한국선교부장으로 부임해 임기를 마치고 귀국하던 89년 7월에는 둘째 봉범을 그리고 이듬해인 90년에 생부와 새어머니를 초청하는 것을 끝으로 부모와 6형제 모두 미국으로 초청해 자신과 가까운 지역에서 살게 했다. 동생들은 학교와 사업을 하도록 뒷바라지했으며 미국에서 아들의 성공을 곁에서 지켜보던 생부는 78세를 일기로 암으로 사망했고, 신 박사가 교수 생활 25년에 접어든 해에는 그의 정신적 지주이자 은인이었던 양부 레이 폴(Ray Paull) 박사도 심장마비로 사망하게 됐다.

한편 부동산 투자 성공으로 경제력도 확보한 그는 25년간의 대학교수 재직 경험을 바탕으로 워싱턴주 한인 사회에서 재력과 지성을 겸비한 지명도 높은 인물로 부상하기 시작했다. 1975년과 1983년 두 차례에 걸쳐 시애틀 한인회장을 역임하고 한글학교 이사장 10년, 대통령 직속 시애틀 민주평통 회장에 두 차례 선출되는 등 지도력을 발휘하기 시작했다. 이 당시 워싱턴주지사가 신호범을 민주당 소속의 의회 출마를 강력히 밀어붙였으나 마침 신호범이 소속된 몰몬교 본부의 댈런 옥스 총무가 한국 선교부장 파송의 중책을 맡기는 바람에 선거에 대한 요청은 취소할 수밖에 없었다. 몰몬교에서의 선교부장이라면 몰몬교 신도들에게 주어지는 최고의 명예직이며, 특히 동양인으로서 선교부장 직책은 유례가 없던 일이었다.

1988년부터 3년간의 한국 선교부장직을 마치고 미국으로 돌아온 신호범은 이번에는 워싱턴주 국무장관으로부터 주 상원이 아닌 연방 하원 출마 제의를 받았다. 두 차례 한인회장과 평통회장 경력 외에도 지역의 구제단체, YMCA, 로터리클럽 등의 이사로서 20년을 봉사해 온 그는 미국인과 동일한 영어 구사력은 물론 훤칠한 용모와 뛰어난 언변 그리고 원만하고 차분하고 대인관계를 장점으로 갖추고 있어 출마해도 손색이 없다고 판단한 것이다. 특히 신호범 박사는 동양학 교수로 있으면서 학생들을 데리고 아시아 여행을 자주 해 각 국가의 문화를 이해하는 것은 물론 한국어, 중국어, 일본어 등의 언어가 가능해 에반스 주지사를 비롯 딕시레이, 존 스펠만, 부스 가드너 등 4명의 워싱턴주지사의 무역 고문을 맡아왔다.

1984년부터 부스 가드너(Booth Gardner) 주지사의 무역 고문을 맡았던 신호범은 1987년 그의 출마 권유를 5년간 미루다가 결국 1991년 미국 민주당 지명을 받아 시애틀시 21지역구에서 워싱턴주 하원에 도전했으며 그해 2월 교포 사회 지도자들의 열렬한 지지 속에 출마 수락연설을 했다. 94%가 백인들 분포 지역에서 선거를 치른 그는 이 지역 3선 현역 공화당 후보인 '잔 백'을 3,300표 차이로 물리치고 한인 최초의 워싱턴주 하원의원에 당선되며 정계에 입문했다. 그러나 1994년에는 연방하원 선거에 낙선했고, 이어 96년 워싱턴주 부지사 선거에 출마해 0.4%로 낙선하는 등 연거푸 고배를 마셨다. 이때 그는 자신이 믿는 몰몬교 신앙의 힘으로 고난과 좌절을 극복하고자 신앙에 더욱 매진하였고 이 당시(1994년) LA의 차종환 박사 등과 함께 『기적의 역사』라는 책을 출간했는데 이 책의 내용은 몰몬교가 유토피아를 건설하는 세계적인 종교로 등장할 것이라는 주장을 담고 있다. 그는 낙선한 상황에서도 여전히 정치활동을 벌이며 동시에 왕성하게 몰몬교 활동도 병행했다.

그러다가 1997년에는 한 해전 12월 31일부로 주한 미대사직에서 전격 사임한 제임스 레이니의 후임으로 물망에 오르기도 했다. 당시 스티븐 솔라즈 연방하원 아시아태평양소위 위원장과 윈스턴 로드 국무부 동아시아 태평양 담당 차관보 등과 함께 최종 경합을 벌였으나 결국 제3의 인물인 스티븐 보스워스(Steven W. Bosworth)가 최종 낙점 돼 주한 미 대사로 부임했다(1997. 12. 15.~2001. 2. 10.) 그가 주한 미 대사 직에 제안을 받고 경합을 벌인다는 소식이 들려오자, 당시 주지사 임 기가 마무리되고 있던 '마이크 라우리' 주지사와 신임 주지사 당선자 '게리 럭'을 포함해 '놈 라이스' 시애틀 시장 등이 백악관의 클린턴 대통 령에게 신호범의 대사 임명을 지원하는 추천서를 연달아 보내는 등 그 를 아끼며 신뢰하는 모습을 여전히 보여주기도 했다.

한편 민주당 소속의 신호범은 98년에는 주 상원의원으로 자리를 옮겨 선거전에 뛰어들어 마침내 상원의원에 당선되며 재기에 성공했으 며 이듬해인 99년 1월 8일 워싱턴 주 상원 의사당에서 실시된 투표 에서는 사실상 만장일치(찬성 46, 기권 2, 불참 1)로 상원 부의장에 선출 되는 등 이민 사회의 성공 신화를 써 나가기 시작했다. 열아홉 살 때 미국에 입양돼 건너온 지 46년 만에 꿈을 이룬 것이며 그 후 2002년 11월 상원의원 재선에도 성공하는 등 그가 자진 퇴임할 때까지 워싱턴 주에서 무려 5선 의원이 되었다. 그러다 지난 2014년 1월 7일, 81세의 나이에 접어들며 기억력 감퇴 현상을 보여 주치의의 정밀 진단을 받은 결과 치매(알츠하이머) 초기 진단을 받자, 건강상의 사유로 워싱턴주 상원의원직을 전격 사임했다. 당시 그의 빈자리는 주 하원이었던 '말 코 리아스' 의원이 그의 후임으로 임명되어 상원에서 활동을 이어갔으 며 2월 17일 열린 그의 퇴임식에는 워싱턴주 정가와 각계각층 거물급 인사들이 대거 참석해 아쉬워했다.

위와 같이 한국의 미국 이민 100년사에 3대 인물로 존경받아 온 그의 그 파란만장했던 인생 스토리는 미국 전역의 교포들과 해외 한인

[사진 18] 워싱턴주 상원 부의장석에서 의사를 진행하는
신호범 박사(Dr. Paull Shin)

들로부터 많은 존경을 받아왔는데 특히『공부 도둑놈, 희망의 선생님』
이라는 자서전을 출간하고 2000년 12월 16일 서울 롯데호텔에서 출
판기념회를 열자, 명망 있는 인사들이 줄을 이었다. 이날 몰몬교의 김
종열, 고원용 지역대표와 이준택 스테이크장(몰몬교 교구장)과 경인 지
역 스테이크장을 비롯한 몰몬교 지도자들은 물론, 김현욱 의원(당시 자
민련 사무총장)이 사회를 봤고 한화갑 의원(국민회의 사무총장)이 축하를
했으며 유재건 의원(국민회의 부총재), 이경재 의원(한나라당)과 김근태
부총재(국민회의), 고병익 서울대 총장 등 상당수의 인사들이 참석하여
그의 폭넓은 대인관계를 확인해 주었다.

그러나 몰몬교에 대한 그의 이력 때문에 한인 사회와 교계에는 후
폭풍 또한 만만치 않았다. 신호범 박사가 상원의원직을 전격 사임한
직후인 2014년 1월에는 그의 몰몬교 이력과 현재 신 박사가 출석하고
있는 장로교회당 건물의 재산권 문제 때문에 현지 교민이 요청한 공개
기자회견이 열리기도 했다. 신 박사가 직접 나타나 밝힌 바에 의하면

현재 자신은 몰몬교에 소속은 두고 있으나 매 주일 몰몬교 예배에는 참석하지 않고 있으며 다만 몰몬교의 기념일이나 종교적인 큰 행사가 있으면 가족들과 함께 참석하고 있다고 해명했다. 2005년도에는 한국 몰몬교 선교 50주년 행사에도 초청받아 참석하는 등 장로교로 이적한 후에도 몰몬교와 지속적인 교류를 하고 있는 것으로 드러나고 있다. 아울러 한국에서도 여의도순복음교회를 비롯한 전국의 유명 교회와 학교 등지에서 간증과 강연 사역을 병행하고 있으며 방송 출연이나 언론 인터뷰에도 적극적으로 응하고 있다.

신 박사가 개신교회와 접촉하게 된 계기는 시애틀에 있는 린우드 베다니장로교회 최창효 담임목사의 설교 테이프를 3년 동안 들으며 은혜를 받고 서서히 개신교회에 발을 들여놓기 시작했다. 베다니장로교회에는 1998년부터 정식 교인으로 등록하며 출석하기 시작했고, 그 후부터 국내외 일반 개신교회의 간증 집회 인기 초청 강사 1순위가 되었다. 일부 한인 교회들은 그가 과거 몰몬교의 열성 신자였고, 몰몬교 선교 활동에도 적극적으로 참여하고 있고, 몰몬교 저술가로 활동했는데 그가 단지 장로교회에 출석하는 성공한 교포라는 이유만으로 아직 개신교회의 세례도 받지 않은 인물을 신학적, 신앙적 검증도 하지 않고 무분별하게 강단에 세우는 것은 문제가 있다고 지적하고 있다.

한편 신호범 박사의 담임목사는 이날 "7~8년 전부터 우리 교회에 이따금씩 나오다가 5년 전부터 정식 교인으로 등록했으나 의회 활동과 강연 활동 등으로 주일 출석하는 일수가 충분치 않아 직분을 주지 않고 있다"고 해명했으며 최 목사의 사모도 "부인과 딸들은 여전히 아직도 몰몬교회에 출석하고 있으며 가끔 신호범 장로를 따라 주일예배에 나오고 있다"고 확인해 주었다. 그러나 신 의원과 함께 『기적의 역사』를 쓴 LA 한미교육연구원 차종환 박사는 "내가 알고 있는 신호범 박사는 아직도 독실한 몰몬교 신자"라고 증언해 주었다. 반대하는 사람들은 신호범 박사에게 따라다니는 '장로'라는 직책도 일반 개신교회의 장로교에서 주어진 직책이 아닌 몰몬교에서 받은 장로 직책이라는 것이다.

그러나 정치인으로서 신호범 박사의 꿈은 소박하면서도 매우 원대하다. 1985년 당시 미국의 레이건 대통령과 캐나다의 멀러니 수상이 미국과 캐나다의 국경지대에서 서로 회동했는데 두 사람 모두 영국 북부 에이레에서 미국과 캐나다로 각각 이민을 왔던 아일리시의 후손들이었다. 이날 양국의 두 지도자는 서로 손을 맞잡고 자신들의 조국 아일리시의 민요를 합창했다고 한다. 이와 같이 먼 훗날 미국의 대통령이 된 한국의 이민 후손과 캐나다의 수상이 된 한국의 이민 후손이 서로 미국과 캐나다가 만나는 나이아가라 폭포 앞에서 서로 손을 맞잡고 아리랑을 부르는 모습을 그리며 그날이 빨리 오도록 60세라는 초로의 나이에 미국 정치에 도전했다고 한다. 그리고 1999년 9월, 2세 정치인 후원 장학회(후원회)를 발족시킨 것도 다 그러한 이유 때문이었으며 미국 50개 주에서 2세 정치인 1명씩만 배출해도 우리나라 동포들은 미국에서 더 높은 긍지와 조국에 대한 애국심이 커질 것을 희망하고 있다.

풀러신학교 총장이 바라보는 몰몬교와 북조선

필자가 선교목회학 박사학위를 취득한 풀러신학교의 도서관 2층 서가에는 필자가 재학 중일 때나 지금이나 변함없이 북조선 전문 서적들이 그대로 진열돼 있다. 때로는 한국에서 건너온 일반 유학생들과 목회자들이 북에서 출판한 다양한 원서들이 서가에 꽂혀있는 모습을 발견하고는 섬찟 놀라는 모습을 필자가 목격하기도 했다. 그뿐 아니라 풀러신학교에서 오랫동안 총장직을 수행한 리차드 마우어(Richard J. Mouw) 총장은 과거 10년 이상 몰몬교와의 대화와 교류를 학교 차원에서 직접 주도해 왔던 인물이다. 그가 총장직에 있던 풀러신학교는 학교 차원에서 북한 문제, 타종교 문제, 이단 문제, 동성애 문제 등 한국의 보수 교회와 보수 신학교에서는 가장 예민하게 취급하는 신학적, 교리적 문제들에 대해 폭넓고 열린 자세로 대안을 제시하여 왔다.

특히 2004년 11월, 당시 미국 유타주 솔트레이크시티를 직접 방문한 마우어 총장은 예수그리스도후기성도교회(몰몬교) 강단에서 직접 설교를 하거나 몰몬교 대학교의 학생을 대상으로 강연을 했다. 이런 마우어 박사의 행적은 교리적, 이념적 관점에서 볼 때 기존 보수 신학자들과 목회자들이 반발할 정도의 파격적 행보였다. 그가 유타주를 방문해 행한 설교 중에 다음과 같은 내용이 있다.

나는 우리 기독교가 그동안 몰몬교가 '거짓된 종교'라고 단순하게 단정 짓고 항상 정죄해 온 것이 늘 공정하지는 않았음을 최소한 인정한다. 복음주의자들이 몰몬교인들에게 죄를 짓는 확연한 패턴이 있다. 그것은 바로 몰몬교의 가르침을 지나치게 단순화하거나 그 영감과 관습에 있어서 무조건 사탄적이라고 제시해 왔는데 이런 행위는 거짓 증언이었다.

마우어 총장의 이 같은 의도는 몰몬교를 개신교와 동일한 친구의 입장에 놓고 진지한 토론을 할 필요가 있다는 의미였으며 그동안 몰몬교에게 가지고 있던 오해와 편견에 대해 경종을 울리려는 것이었다. 그의 행적은 몰몬교 신자들과 전문가들에게는 신선한 파장을 안겨주었으나 기존 보수적인 개신교회들에는 큰 도전과 파문을 불러일으켰다. 몰몬교 신자들이 인구의 약 70%가량을 차지하는 일명 '몰몬교의 주'(state)라고 불리는 유타주에서 행한 그의 설교는 구체적인 화해와 사과의 메시지가 들어가 있다.

우리는 종종 몰몬교 신앙을 가진 교인들의 신앙과 관습에 대해 이야기할 때 심각하게 잘못된 행동을 해왔다. 거짓 증언을 하는 것은 끔찍한 일이다. 우리는 당신들에게 먼저 묻지 않고, 당신들이 무엇을 믿는지를 당신들에게 말해왔다.

뿐만 아니라 몇 해 전 미국의 풀러신학교 한인동문회가 마우어 총장을 초청해 포럼을 개최한 적이 있는데 필자도 처음부터 끝까지 참석

[사진 19] 풀러신학교 신축 도서관 2층 서가에 자리 잡고 있는 북한 원서 코너

해 몰몬교와의 교류 문제에 대해 그에게 질문을 던졌으며 이에 대한 진지한 답변을 들은 적이 있었다. 한국교회나 이민 교회의 평신도들은 대개 보수적인 데 반해 마우어 총장이 실천하고 있는 몰몬교와의 교류는 신자들에게 거부감과 오해를 불러올 수 있는데 평신도들에게 이 사실을 어떻게 설명해야 하며 몰몬교와의 교류를 통해 우리가 얻은 유익과 이득이 구체적으로 무엇이었는지를 질문하자 그는 다음과 같이 답변해 주었다.

> 지난번에 National Associations of Evangelicals 이사회 참석을 위해 유타주에 갔다. 일정 중에 몰몬교의 최고지도부라고 할 수 있는 '12사도'(십이사도) 중 한 명을 만나 기초 복음에 관해 대화를 나누었는데 그 결과 "오직 예수 그리스도만이 우리의 죄를 사해주실 수 있으며, 우리의 행위가 아니라 예수의 은총으로만 구원받을 수 있다"는 점에 서로 동의하고 있다는 것을 확인했다. 나뿐 아니라 그 자리에 참석했던 우리 복음주의권 인사들도 모두 놀라움을 표시했다. 그러나 몰몬교의 교리와 신학 중에서 복음적이지 않은 나쁜 요소들이 많이 있음을 나도 잘 알고 있다. 그럼에도 불구하고 우리가 몰몬교에 영향을 줘서 그 사람들이 올바른 방향으로 돌아오도록 하고자 하는 것은 우리들의 의무이고 사명이다.

마우어 총장의 해명은 간단했다. 우리가 타종교와 타문화 국가에 선교를 하러 가는 경우에는 우선 그 지역의 문화를 파악하고 종교 지도자들을 만나 우리의 신학을 설명하고 어떤 부분이 차이가 있는지를 살펴본다. 만일 그런 식으로 아프리카나 아시아의 어느 나라에 가서 그런 대화를 시도하는 것과 몰몬교 신학자들과 대화를 나누는 것이 크게 다르지 않다는 것이다.

몰몬교 측이 정통 기독교와 교류를 중단하여 대화가 단절된 지 벌써 150년이나 됐다. 그런데 그들이 자신들의 신학 용어 정립이라던가 미래 방향을 점검하기 위해 먼저 우리 학교(풀러신학교)를 찾아온 지가 11년이 넘었다. 우리가 타종교권에 가서 선교를 할 때 그쪽 종교 지도자를 만나 우리의 생각을 전하고 우리도 그들의 주장에 귀를 기울이는 것처럼 몰몬교와의 교류도 선교의 개념에서 이해해 줬으면 좋겠다. 그들이 신학적 용어를 정리하고 생각을 하는 데 우리가 영향을 미칠 수 있다면 좋은 일이다.

지난 10여 년간 미국 복음주의 기독교와 몰몬교의 대화를 주도해 온 그는 다시 유타주를 방문해 '유타밸리대학교'(Utah Valley University)

[사진 20] 항일 투사 김명주 탄생 100돌을 맞아 중국에서 출판된 『불멸의 투사』를 풀러신학교 도서관에 기증하는 필자(오른쪽은 풀러신학교 도서관 책임자)

에서 2천 명의 몰몬교 대학생들이 모인 가운데 다음과 같은 내용의 강연을 했다.

우리와 몰몬교 사이에 오랜 대화를 통해서 깨달은 것 중 하나는 예수와 그의 사역을 이야기하는 방식에 있어서 우리가 알고 있는 것보다 공통점이 아주 많다는 것이다. 예를 들면 복음주의자들은 종종 몰몬경의 기원이나 몰몬교 창시자 조셉 스미스의 선지자적 권위에 대한 의문에 초점을 두지만, 우리는 몰몬경의 내용에 주의를 기울이지는 않아 왔다. 그러나 몰몬경을 읽어보면 많은 교리가 우리 교리와 비슷하게 들리고 사용된 언어도 우리가 말하는 것들과 비슷하게 들린다. 특히 몰몬경 '알마(Alma) 7장 14절'에 나타난 예수 그리스도의 구원 사역을 보면 내가 복음주의 기독교인으로서 단언컨대 그 구절은 예수 그리스도의 복음의 말씀이다. 내가 몰몬교 지도자인 제프리 R. 홀랜드 장로가 2009년 예수 그리스도의 구원에 관해 전했던 설교를 누구의 설교인지 밝히지 않고 풀러신학교 학생들에게 들려준 적이 있었다. 그 결과 풀러의 학생들은 이 설교가 몰몬교의 것인 줄 대부분 몰랐다. 몰몬교와 복음주의 기독교인은 예수 그리스도에 관해 '똑같은 것들'(the same things)을 말하고 있다.

그는 복음주의 기독교와 몰몬교 간의 대화와 협력의 필요성을 강조하며 서로의 차이점보다는 공통점을 이야기해야 한다는 의도였으나 마우어의 이 같은 발언과 행적은 몰몬교를 정통 기독교로 인정하지 않는 보수주의 교회들의 반발을 불러왔다. 또한 이날 유타 대학생 강연에서 삼위일체에 대한 이해와 하나님의 본질, 인간과 하나님 사이의 관계 등의 이해에 대한 교리 차이를 언급하기는 했으나 마우어 박사는 그런 문제들은 본질이 아니라는 것을 강조했다.

> 우리가 함께 찬양하면 이런 모든 교리적인 차이들은 학문적인 희귀한 논의 거리(academic rarities)로 사라질 것이고 이러한 것들은 함께 정의를 위해 일하고자 하는 우리의 소망을 우선시한다면 아마 그리 중요하지 않을 것이다.

이처럼 전 세계 선교학의 메카라고 할 수 있는 풀러신학교의 마우어 박사가 추구하는 '선교적 교회'(missionary church)를 만들어 간다는 것은 쉬운 일이 아니다. 북을 대하고 이해하는 차원도 마찬가지다. 현실에 직면한 북 동포들을 먼저 이해하고 난 후 그들의 마음속에 어떤 생각을 하고 있는지에 대한 질문과 하나님이 어떤 메시지를 주는지를 찾아야 한다. 성경 66권의 말씀을 현장에 맞게 재해석해야 함에도 불구하고 아직도 보수적인 한국교회와 이민 교회들은 북을 적대시하고 왜곡하는 데 앞장서고 있을 뿐이다.